HUMANITIES AND SOCIETY

文化绝望的政治
日耳曼意识形态崛起研究
Fritz R. Stern

[美] 弗里茨·R. 斯特恩 著 杨靖 译

译林出版社

图书在版编目(CIP)数据

文化绝望的政治：日耳曼意识形态崛起研究／(美)弗里茨·R.斯特恩(Fritz R. Stern)著；杨靖译. —南京：译林出版社，2022.10
（人文与社会译丛／刘东主编）
书名原文：The Politics of Cultural Despair: A Study in the Rise of the Germanic Ideology
ISBN 978-7-5447-8899-1

Ⅰ.①文… Ⅱ.①弗… ②杨… Ⅲ.①文化研究－德国 Ⅳ.①G151.6

中国版本图书馆 CIP 数据核字(2021)第 227607 号

The Politics of Cultural Despair: A Study in the Rise of the Germanic Ideology
by Fritz R. Stern
Copyright © 1961 The Regents of the University of California, renewed © 1989 by Fritz Stern
Published by arrangement with University of California Press
Simplified Chinese edition copyright © 2022 by Yilin Press, Ltd
All rights reserved.

著作权合同登记号　图字：10-2022-274 号

文化绝望的政治：日耳曼意识形态崛起研究　［美］弗里茨·R.斯特恩／著　杨　靖／译

责任编辑　张海波
装帧设计　胡　苨
校　　对　孙玉兰
责任印制　单　莉

原文出版　University of California Press, 1961
出版发行　译林出版社
地　　址　南京市湖南路1号A楼
邮　　箱　yilin@yilin.com
网　　址　www.yilin.com
市场热线　025-86633278
排　　版　南京展望文化发展有限公司
印　　刷　江苏凤凰通达印刷有限公司
开　　本　880毫米×1230毫米
印　　张　12.75
插　　页　2
版　　次　2022年10月第1版
印　　次　2022年10月第1次印刷
书　　号　ISBN 978-7-5447-8899-1
定　　价　98.00元

版权所有·侵权必究

译林版图书若有印装错误可向出版社调换。质量热线：025-83658316

主 编 的 话

刘 东

总算不负几年来的苦心——该为这套书写篇短序了。

此项翻译工程的缘起,先要追溯到自己内心的某些变化。虽说越来越惯于乡间的生活,每天只打一两通电话,但这种离群索居并不意味着我已修炼到了出家遁世的地步。毋宁说,坚守沉默少语的状态,倒是为了咬定问题不放,而且在当下的世道中,若还有哪路学说能引我出神,就不能只是玄妙得叫人着魔,还要有助于思入所属的社群。如此嘈嘈切切鼓荡难平的心气,或不免受了世事的恶刺激,不过也恰是这道底线,帮我部分摆脱了中西"精神分裂症"——至少我可以倚仗着中国文化的本根,去参验外缘的社会学说了,既然儒学作为一种本真的心向,正是要从对现世生活的终极肯定出发,把人间问题当成全部灵感的源头。

不宁惟是,这种从人文思入社会的诉求,还同国际学界的发展不期相合。擅长把捉非确定性问题的哲学,看来有点走出自我囿闭的低潮,而这又跟它把焦点对准了社会不无关系。现行通则的加速崩解和相互证伪,使得就算今后仍有普适的基准可言,也要有待于更加透辟的思力,正是在文明的此一根基处,批判的事业又有了用武之地。由此就决定了,尽管同在关注世俗的事务与规则,但跟既定框架内的策论不同,真正体现出人文关怀的社会学说,决不会是医头医脚式的小修小补,而必须以激进亢奋的姿态,去怀疑、颠覆和重估全部的价值预设。有意思的是,也许再没有哪个时代,会有这么多书生想要焕发制度智慧,这既凸显了文明的深层危机,又表达了超越的不竭潜力。

于是自然就想到翻译——把这些制度智慧引进汉语世界来。需要说明的是，尽管此类翻译向称严肃的学业，无论编者、译者还是读者，都会因其理论色彩和语言风格而备尝艰涩，但该工程却绝非寻常意义上的"纯学术"。此中辩谈的话题和学理，将会贴近我们的伦常日用，渗入我们的表象世界，改铸我们的公民文化，根本不容任何学院人垄断。同样，尽管这些选题大多分量厚重，且多为国外学府指定的必读书，也不必将其标榜为"新经典"。此类方生方成的思想实验，仍要应付尖刻的批判围攻，保持着知识创化时的紧张度，尚没有资格被当成享受保护的"老残遗产"。所以说白了：除非来此对话者早已功力尽失，这里就只有激活思想的马刺。

主持此类工程之烦难，足以让任何聪明人望而却步，大约也惟有愚钝如我者，才会在十年苦熬之余再作冯妇。然则晨钟暮鼓黄卷青灯中，毕竟尚有历代的高僧暗中相伴，他们和我声应气求，不甘心被宿命贬低为人类的亚种，遂把移译工作当成了日常功课，要以艰难的咀嚼咬穿文化的篱笆。师法着这些先烈，当初酝酿这套丛书时，我曾在哈佛费正清中心放胆讲道："在作者、编者和读者间初步形成的这种'良性循环'景象，作为整个社会多元分化进程的缩影，偏巧正跟我们的国运连在一起，如果我们至少眼下尚无理由否认，今后中国历史的主要变因之一，仍然在于大陆知识阶层的一念之中，那么我们就总还有权想象，在孔老夫子的故乡，中华民族其实就靠这么写着读着，而默默修持着自己的心念，而默默挑战着自身的极限！"惟愿认同此道者日众，则华夏一族虽历经劫难，终不致因我辈而沦为文化小国。

一九九九年六月于京郊溪翁庄

献给我的父母

就是先知说假预言,祭司借他们把持权柄,我的百姓也喜爱这些事。到了结局,你们怎样行呢?

——《耶利米书》,5∶31

目 录

1974年平装本序 …………………………………………… 001
前　言 ……………………………………………………… 003

第一部分　保罗·德·拉加德和一种日耳曼宗教

第一章　作为学者的批评家 ……………………………… 003
第二章　反现代性的理想主义 …………………………… 028
第三章　日耳曼宗教 ……………………………………… 036
第四章　日耳曼民族 ……………………………………… 054
第五章　德国教育的腐败 ………………………………… 071
第六章　被铭记的先知 …………………………………… 081

第二部分　尤利乌斯·朗本与日耳曼非理性主义

第七章　作为失败者的批评家 …………………………… 097
第八章　艺术与反抗现代性 ……………………………… 116

第九章　艺术、政治与英雄人物 ………………………… 137
第十章　朗本与19世纪90年代危机 ……………………… 153

第三部分　默勒·范登布鲁克和第三帝国

第十一章　作为流亡者的批评家 ………………………… 183
第十二章　美学家的政治转向 …………………………… 204
第十三章　右翼的良知 …………………………………… 220
第十四章　走向第三帝国 ………………………………… 241

结语：从理想主义到虚无主义 …………………………… 262

注　释 ……………………………………………………… 291
致　谢 ……………………………………………………… 326
参考文献 …………………………………………………… 328
索　引 ……………………………………………………… 348

1974年平装本序

　　本书初版（1961年）至今已过去十三年，对现代性的责难再一次成为我们文化的主流。年轻一代（当然不仅是年轻一代）反对物质主义的空虚，反对资产阶级生活的虚伪，反对人与自然的疏离，反对充裕年代的精神贫乏，一言以蔽之，即反对整个"自由资本主义体系"，这与本书所探讨的三位批评家的哀叹有着强烈共鸣。不止于此，当下年轻一代渴望一种新的群居方式，渴望一种新的信仰，渴望与自然融为一体。于是，在历经十年战乱、政治分歧和丑陋的工业化之后，自由的资产阶级文化的短板极为清晰地再一次暴露在世人面前。尽管在许多方面与传统的右翼颇为相似，但这一次的哀叹还带有某种左翼色彩；因而，反现代性的政治表达不再是神秘的民族主义，而是乌托邦的社会主义——期盼一种人道的马克思主义，一种超越先前存在的社会党人政权现实的马克思主义。在德国，抗议者很快蜕变为新的政治正统派。在美国，抗议者的政治表达仍然更为务实；现代性的祛魅（disenchantment）及其通盘影响在文化领域和所谓反文化领域皆有所体现。但在所有的领域，抬升感性贬斥理性之声再度响起——这种声音在我们的文明史上时有所闻。再一次地，对现代性的攻讦也隐含着对西方的批判和憎恶。有时候，正如本书最后一章所揭示的：我们见证了一种类似从理想主义到虚无主义的沉沦。

吊诡的是，当文化方面的哀怨之声再次出现在政治场景中，一些历史学家大约在十年前重提了一种新的决定论，并再次将历史行动的动因归结为经济驱动或经济决定论。然而与此同时，在历史学界内外，越来越多的人士对仅靠物质因素就能解释过去这一信念持反对态度。正如一些专门的研究所显示的：假如我们要理解作为法西斯主义标志的非理性何以能够取得胜利，我们就不得不考虑其背后的文化、精神以及心理因素。为了进一步探索作为心理剧（psychodrama）的政治、投射（projective）政治以及所有政治中的非理性成分，我期待本书能够被证明是有用的。

本书的写作宗旨是解释过去——我们至今仍饱受其困扰。假如此举能够为当下赋予崭新的意义，假如能够帮助我们认识到现代性本身必须加以反思、加以评判，认识到改革运动的危险，即一旦冠以理想主义之名它便无须承担后果和责任，且其为回应民众诉求和期盼所倡导的乌托邦集体主义解决方案其实与民众意愿背道而驰，那么作者本人将为此书出乎意料的及时而满心感激——尽管他更愿意生活在文化绝望的政治仅仅是历史回声的时代。

弗里茨·斯特恩
于哥伦比亚大学

前　言

一切无不始于神秘而终于政治。

——夏尔·贝玑

通常情况下……阅读《耶利米书》并不能帮助我抵挡邪恶——行善的楷模效果更好。

——威廉·詹姆斯

I

本书是文化批评的病理学研究著作。通过分析现代德国三位主要的批评家的思想学说及其影响，本研究旨在展示一种特殊的文化绝望所处的困境及潜在的危险。拉加德、朗本和默勒·范登布鲁克（他们的活跃期从20世纪中期直至希特勒第三帝国兴起）犀利而精准地揭示了德国文化和德国精神的弊端。但他们不仅是德国文化危机的批评者，同时他们也是其表征和受害者。对于他们亲身经历并且已然确诊的文化疾病，他们无法忍受，因此想成为先知——为德意志民族新生指点一条明路。为此他们不遗余力地鼓吹各式各样的社会改革，有铁血无情的和理想主义的,也有民族主义的和乌托邦式的,不一而足。正是当下现实中的这种从绝望到乌托邦的飞跃使得他们的学说带上了某种"迷狂"色彩。

作为道德家和他们所认为的古代传统的卫道士,他们对现代性的进步,即自由主义和世俗主义日益强大的力量大加攻击。他们历数德国工业文明的种种乱象,提醒人们要警惕信仰、凝聚力和"价值观"的沦丧。这三位批评家都是城市和商业文明的天敌,具有反对理性和陈规陋习的英勇气概。他们对德国的现状痛心疾首,并且预言不久的将来,所有德国人都会像他们一样体会到这种切肤之痛。

早在19世纪50年代,作为一名《圣经》学者和满腹幽怨之人,拉加德猛烈抨击了德国智识生活的颓丧和德国民族精神的衰亡。他是俾斯麦政治成功最尖锐的批评者之一,也是反对现代新教教义的杰出辩论家。19世纪90年代,作为一名失败者和精神病患者,朗本写出了一部惊世畅销书,一部非理性的狂想曲,该书谴责德国文化中的整个智性和科学倾向,谴责艺术和个性的消亡,谴责人们滑向了驯顺。在接下来的二十年中,默勒·范登布鲁克,一位天才的文人(自封为"局外人"),对德皇威廉二世时代的市侩主义和自由主义大加挞伐。第一次世界大战后,他成为年轻一代保守主义的领袖。他最著名的作品《第三帝国》出版于1922年,为德国右翼提供了占主导地位的政治神话。

尽管创作于不同时代,这三位批评家对同样一些文化统治力的批判路径却如出一辙。他们不知疲倦地对他们眼中的德国生活的欠缺之处大加谴责,他们的抱怨无疑阐明了德国文化阴暗的一面。他们对德国现状的绝望反映并加剧了他们对德国同胞的绝望。通过他们三位,我们可以发现对社会不满的暗流在不断涌动,直到与国家社会主义这一空洞而虚无的浪潮融为一体。

最重要的是,上述三人都极其厌恶自由主义。拉加德和默勒将自由主义视为一切罪恶的源泉和化身。作为一种政治力量,自由主义在

前言

德国政坛的影响力早已不复存在，为何他们对此仍紧追不舍？这令人大为困惑。理解他们为什么这么做可以帮助我们走进其思想核心。他们之所以抨击自由主义，乃是因为在他们看来自由主义是现代社会的根本前提，他们所恐惧的一切似乎无不肇端于此——资产阶级生活、自由贸易主义、物质主义、国会及政党、缺少政治领袖，等等。甚至，他们在自由主义中感受到了他们所有内在痛苦的根源。他们厌恶孤独，并渴望一种新的信仰，一个具有共同信仰的群体，一个具有确定无疑的价值标准的世界，一种可以将所有德国人联结在一起的崭新的民族宗教。而这一切，无不被自由主义否定。他们由此对自由主义深恶痛绝，责怪自由主义使他们被遗弃，将他们从幻想的过去和信仰中连根拔起。

他们所倡导的改革，他们的乌托邦，都意味着征服这一自由的世界，他们的社会改革和社会批评都带有强烈的主观色彩。拉加德宣布："抽象的真理对我毫无用处。我的目的在于将人民团结在一起，并让他们获得解放。"像后来的其他批评家一样，他转向了民族主义，并将一种新的"民族本性"视为获得拯救的唯一途径。[1] 他们认为，只有一些外部势力的代理人，一些阴谋家，才会试图破坏古老的人民联合体，因此，通过铲除这些制造纷争的代理人，通过各种各样的制度改革，古老的社群将得以重塑。出于他们所有的个人主义和他们坦承的对于国家权力的恐惧，他们对政治的执行力和文化的动员力抱有极大信心。

他们也是实实在在的种族主义者——拉加德和朗本是激进的反犹太主义者，在犹太人的"毒细菌"中看到了让社群解体的邪恶力量。正如拉加德所观察到的，以及默勒所见证的，他们对于国家的分裂惊恐万状。三位批评家一致呼吁元首（Führer）的出现：他将体现并推动国家团结，消除国内的所有冲突。他们的终极愿景是一种新的德国命运，在国内进行大清洗，作为最强大国家屹立于世界民族之林，并为"德意志民族统一"（Germania irredenta）做好充分准备。

简而言之，这便是他们的文化思想，他们共同打造出一种意识形态，一种控诉，一种纲领，同时也是一种神话。我将其称为"日耳曼"意识形态，因为其主旨在于复活一种神秘的日耳曼"民族精神"，并创造出一种能够体现并保有德国人独特精神气质的政治机构。他们所有的作品无不弥漫着混合了文化绝望和神秘民族主义的气息，与同时代人四平八稳无纷无扰的民族主义迥然不同。他们的思想特色和对理想社会的诉求与最近德国关于意识形态的定义颇为吻合："政治的意识形态从来不缺乏狂热的激情和热切的归属感。它是某种驱动力，一种冲动，一种精神力量……真正的意识形态目的在于表达人生的意义何在。"[2] 或许阿尔弗雷德·富耶的定义更为合适，即观念力（idées-forces），因为这些观念将"想象力与意志力相结合，将理想的期盼与理想的实现联结在一起"。[3]

拉加德、朗本和默勒的思想并没有整合成为一个体系，但他们对希特勒崛起之前的两代体面的德国人的"内心情感"产生了深远影响。很显然，这种"观念力"仍然是一种隐形的力量，一种信念的潜流，只有在遭遇危机的时刻方会显现。但是它们培养了对现代社会的理想主义排斥，以及对西方社会理念和制度不完美的怨恨，这在很大程度上削弱了德国民主的力量。

这些"观念力"的感召力因拉加德、朗本和默勒的作品而得到加强，三位作者激情充沛、文风强劲。他们抨击世相、大胆预言，而不是小心立论，他们的写作展现出对智性话语的不屑——贬斥理性，弘扬直觉。他们的行文缺乏幽默，且晦涩难懂，然而其中不乏带有神秘主义和先知性质的格言警句。事实上，数十年间，他们也确实被誉为日耳曼批评家和先知。

我选择这三位代表人物并非因为他们思想的原创性，而是因为他们的思想对德国人生活的影响表明：在现代德国存在着一种文化危机。他们三位是一个病态社会的病态分析家——他们由此在德国历史中扮演了重要却迄今为止一直被忽视的角色。对于这样一个选题，通常学

前言

术史的研究方法显然并不适用。所谓观念史（Ideengeschichte），即对观念展开的批判性阐述，并不能把握这三位的风格和精神，也不足以勾勒出他们在时代背景之下的思想观念。他们的写作源自自身的苦难和体验，因此他们个人传统的心理维度（psychic dimension）与其作品息息相关。因为无意涉足心理分析的范畴，对此我只能给出初步的提示。我试图揭示这种新型的文化不满的重要性，并且表明它是如何将原本毫无政治色彩的哀怨与政治整合在一起的。

因此，本研究旨在探究一种意识形态的起源、内容及其影响。该意识形态不仅酷似国家社会主义，而且国家社会主义者也将它视为其政治遗产的重要组成部分。但它也指向另一个链接（当然并不明显），即日耳曼批评家在他们的生活现实与意识形态理想之间的紧张关系中预见到了那些心怀不满之人，到了20世纪20年代，后者会在希特勒身上找到理想的避风港。这或许可以解释：以往对希特勒成功之道的阐释似乎已涵盖了一切，从《魏玛宪法》第48条的风险到大财阀（Big Business）担当的角色，但我们似乎忽略了对在政治上可被利用的文化不满情绪的探究——这种不满长期根植于德国文化之中。

II

国家社会主义在德国的成功并不能掩盖以下事实：民族主义者对现代文化的攻讦在西方属于普遍现象，它的诞生既早于国家社会主义，其寿命也比后者更长。1927年，就在国家社会主义最终崛起之前，两位欧洲作家以不同的语调提醒世人注意这一运动，并称之为"保守主义革命"和"知识分子的背叛"。

奥地利诗人胡戈·冯·霍夫曼斯塔尔（他本人日后也成为这一运动的支持者）当初曾论及许多德国人致力于

寻求共同的纽带(Bindung)而非自由……德国人争取自由的任何一场斗争都不及这场争取被强制(Zwang)的斗争来得更持久更猛烈,这种拒绝向强制力屈服本身只是因为后者还不够强制……[它开始时是]对16世纪精神动荡的内在抵抗,我们通常从文艺复兴和宗教改革这两个方面来把握它。我提到的这一进程丝毫不逊于一场保守主义革命,其范围之广也远超欧洲历史上任何一场运动。其目的在于确立一种形式,一种新的德国社会现实,并且所有德国人都能参与其中。[4]

在同一年,朱利安·本达,一位警醒的理性主义者,注意到这一现象并哀叹道:

> 大约在1890年,尤其是德国和意大利的文人,以惊人的敏锐意识到,所有关于专制的权威、纪律、传统、对自由精神的蔑视,以及宣扬战争和奴隶制之道德的学说,都是傲慢和僵化摆弄姿态的机会,且比自由主义和人道主义的温情更容易触动普通人的想象力。

他谴责这种政治狂热以及欧洲反犹太人、反民主、反社会主义的运动,尤其是"开始玩弄政治激情游戏的知识分子……我们的时代确实是一个属于**厌恶政治的知识分子同盟**的时代"。[5]我希望表明,我们的时代是一个文化仇恨和个人怨恨组成**政治**同盟的时代。

直到最近,这场保守主义革命——更不用提及它的泛欧盟色彩——仍未能引起历史学家足够的重视。[6]其所传达的知识分子立场不够明朗,政治宣言也语焉不详,因此很少有人注意到这一革命情绪的力量和普遍性。正因为它的非逻辑性,保守主义革命这一称谓可说是恰如其分。这场运动也体现了一个悖论:它的响应者试图通过打破可鄙的现实来重新俘获存在于想象中的未来的理想化的过去。他们是被剥夺继承权的保守派——他们没有东西可以保守，因为过去的精神价值早已被埋葬，而保守势力的物质残余又根本激发不起他们的兴趣。他们寻求突破到过去，渴望一个新的共同体——在这一崭新的共同体中，古老的观念和制度将重新取得绝对控制权。

本书中保守主义革命这一术语通常指代从意识形态角度出发对现代性的攻讦，以及对作为我们自由的、世俗的、工业化文明社会特征的观念和制度复合体的攻讦。近两百年来，这一攻讦在各个层面展开，尽管获得了政治力量，但却失去了思想连贯性。其历史是一场宏大的社会庸俗化（vulgarization）的记录，总是受社会弱点的出现和现代性向世界上越来越多的新领域的传播所青睐。我们自由的、工业化的社会令许多人大为不满——无论是精神还是物质方面。而精神的异化往往又会转化为保守主义革命这一意识形态。

反现代性的运动经历了许多不同阶段。一开始只是少数浪漫派对时代性的批判，该批判在尼采和陀思妥耶夫斯基的作品中获得了最为激进的表达——通过对人的重新阐释深化了对现代性的攻击，并以一种关于西方未来的普遍悲观主义结束。下一个阶段（这些不同阶段之间在观念上并无传承关系）是将这种文化批评转变为暧昧的右翼政治意识形态。将文化批评与极端民族主义相结合，这些意识形态主义者主张现代自由社会的特质与人民的精神气质和文化传统格格不入。这种意识形态尽管会被调整为与每个国家独特的民族传统相适应，但总体而言，在欧洲各个大陆国家是大体相似的。这一意识形态的发起人自身便是现代性的牺牲品，他们不再以批评家的身份写作，而是作为党派分子和先知。这些意识形态主义者吸引了一个知识水平较低的群体——在19世纪20年代捣毁机器运动之后，我愿意将其称为文化"卢德主义者"（Luddites），出于对现代性的憎恶，他们会将整个文化机器砸得粉碎。正是在这一点上保守主义革命卷入了政治旋涡；通常，在这种意识形态的帮助下，它会带有某种右翼的绝望力量，并且能够利用大众在精神和心理层面对社会的不满。现代社会从来不乏此类异见分子，并且在某些情况下这种私下或公开表达的文化不满会转变为猛烈的政治不满。在一个健康的社会，这样的人为数甚少，这种不满的状态得以被遏制，但在一个动荡的社会，这种不满会日益强大，因为整个社会束手无策，无法对它加以控制。

　　保守主义革命的思想根源可以追溯到一个强大的传统。卢梭创立了一种新型的文化批评，而他的追随者，尤其是德国的追随者，将这种批评与他们所谓天真的理性主义和启蒙运动的机械论联系在了一起。他们先是歪曲启蒙运动，然后再将各种文化病症归咎于启蒙运动，宣称启蒙思想根本无力克服这些文化病症。在德国，从1770年至1830年，文化批评与贬斥理性时常纠结在一起，正是这一传统日后在欧洲保守主义革命形成之时发挥了重要作用。在西方，当现代社会雏形显露时，从卡莱尔到布尔克哈特，道德家无不警告世人关注这一种新型文化的特殊病态。关于民主对自由的威胁以及大众社会的趋向性的辩论，虽然在今天已经司空见惯，但它在欧洲属于一个古老的问题。

　　尽管二人差异极大，但尼采和陀思妥耶夫斯基都被视为这一运动的领袖人物。在对当代文化发动攻击时，他们直接深入自由主义的核心并否定其哲学的前提。人的本质并非理性而是意志；他的天性未必善良，也无法臻于至善；自由的个人主义纯粹是妄想；作为人类与生俱来的一部分，罪恶永远无法根除；实证科学与理性主义同现实相背离，至多只是部分有效；历史进步的观念本身大错特错，蒙蔽了人们的双眼，以至于他们对20世纪即将到来的灾难浑然不觉。尼采最早意识到憎恶所产生的心理驱动力，并告诫世人留意它破坏人心的力量。他和陀思妥耶夫斯基预见的灾难日后愈演愈烈，因为19世纪令人窒息的社会现实，也因为——用尼采的话说——上帝已死。

　　基督教信仰的沦丧作为一个历史事实对保守主义革命的下一阶

前言

段影响深远。这一阶段的思想家缺乏尼采直面现实的勇气，转而麻木不仁地颂扬过去，或承诺最终会有集体的救赎。对这类人而言，宗教信仰的丧失加剧了所有不确定性，他们声称——而且他们自己也经常觉得——生活在后基督教时代(Post-Christianity)，自由令人无法忍受。*

保守主义革命者对资本主义社会的各个方面以及其臭名昭著的物质主义大加挞伐。他们抨击商业文明制度下人们的精神生活日益空虚，并且哀叹在大众社会中，智力和道德水平正日益下降。他们攻击媒体的腐化堕落，指责政党是国家内乱的罪魁祸首，认为新的政治领导人是无能的平庸之徒。他们对现状的描绘越是黑暗，过去就显得越发璀璨，他们沉浸在对早期纯净无瑕的乡居生活的美好追忆中，那时农夫是农夫，国王是国王——一切都井然有序。他们绝大多数人都相信这一美好世界已被罪恶之手破坏，他们也因此坚定地以一种阴谋论的视角看待历史和社会。恶棍通常是犹太人——后来犹太人也时常被刻画为现代性的化身。所有这些指控，无论多么夸张，多么歪曲事实真相，总有一些现实的基础。假如在19世纪70年代早期德国没有出现投机热潮和欺诈，法国也没有出现"巴拿马丑闻"，便很难，甚至不可能对犹太人及现代性做出此类指控。这些指控与现实紧密相连，而现实也是指控得以坐实的前提条件。

当然，保守主义革命针对的主要目标仍是自由主义。他们将西方人生活和情感中所有不尽如人意的改变统统归咎于自由主义。他们觉

---

* "当代欧洲的非基督教化并不完全，即便在黑暗世纪，欧洲也并未实现全盘基督教化。大体而言，我们可以断言对我们的祖先来说，历史可以划分为两个阶段，前基督教和基督教时代，而且仅有这两个时代；但对我们而言，它应该有三个时代，前基督教、基督教以及应该被理性化看待的后基督教时代。这两者之间当然差异巨大。这里，我既不会从神学角度考虑欧洲的基督教化，也不会考虑它的非基督教化。我关注的仅仅是作为文化现象的转变。当我这样做的时候，对我而言，第二次变化比第一次无疑更为激进。"参见 C. S. Lewis, *De Descriptione Temporum. An Inaugural Lecture*, Cambridge, Cambridge University Press, 1955, p.7.

察到自由主义是现代性的精神和政治基础,并将自由主义等同于贸易自由主义,等同于无视人的精神追求,等同于甘愿接受经济剥削和压迫,等同于生活和道德的资产阶级化(enbourgeoisement)。他们不无恶意地忽略了自由主义的理想追求——包括对自由的崇敬,对科学的好感以及对于人类的理性、人性和宽容的看法。在他们眼中,所谓自由主义,不过是西方世俗道德传统登峰造极的产物。

自由主义的内涵远远超过经济或政治哲学的范畴,这一点长期以来已达成共识。早在19世纪60年代,红衣主教纽曼关于自由主义曾有如下论断:"它现在根本不算是党派;它是受过教育的世俗世界……它貌似一种深刻的怀疑主义,我所说的这种怀疑主义是自然人运用理性,也是人类理性发展的必然结果。"[7]大约一个世纪后,利昂内尔·特里林谈及美国时也宣称自由主义是我们"唯一的知识传统"。[8]这正是保守主义革命所对抗的广义的自由主义,通过这一对抗,它才能轻而易举地从文化批评上升到政治批评。

保守主义革命者并非自由主义唯一的,更不是它最主要的敌人。天主教(尤其是庇护九世治下的天主教),某些新教团体,保守派和社会主义者一致认为自由主义存在种种弊端。[*]到19世纪末,自由主义者通过逐步引入一种父权制的模式而改变了他们的政治哲学。其结果是,今天的政治修辞在关于自由主义真正的意义方面含混不清。在这样一种含混的状态下,一些批评家坚持将他们对现代性的种种不满悉数归

---

[*] 与之最为相关的论述出自马克斯·韦伯:"在欧洲国家,教会属于保守势力,首先是罗马天主教会……以及路德教会。两个教会都支持农民及其保守的生活方式,反对都市理性文化的主导地位……巧合的是,在当今文明国家,存在一个独特而严肃的现象——从各方面看——文化最高利益的代表们,怀着极其反感资本主义强劲发展势头的立场,并因此放弃了培植未来社会结构的合作计划。"参见 Max Weber, "Capitalism and Rural Society in Germany", in *From Max Weber: Essays in Sociology*, ed. by H. H. Gerth and C. Wright Mills, New York, Oxford University Press, 1946, pp. 370—372。

前 言

咎于自由主义。

保守主义革命的思想家将国家救赎的愿景叠加在他们对自由文化的不满和对于权威信仰的缺失之上。他们摆出一副民族主义的真正捍卫者的姿态,痛斥社会主义者的国际主义,自由主义者的绥靖主义,以及他们对民族强盛的漠不关心。他们希望至少国家能够拥有高度权威和凝聚力,因此,大而言之,他们都是帝国主义者,或民族扩张主义者。对于民族英雄主义的向往时常将他们引向暴力崇拜,这反过来又让他们转向达尔文主义或种族主义来寻求自我辩护。

这些民族主义思想家在欧洲大陆各国几乎同时出现。在20世纪的最后数十年,文化绝望和国家救赎的意识形态已成功获得知识水平较低的阶层的支持,从而被带入政治领域。本书中分析的三位作家与莫拉斯、巴雷斯、邓南遮以及恩里科·科拉迪尼有着颇多相似之处,这也体现在他们的意识形态已出现于其国家的政治中。法国行动派(Action Française)及反德雷福斯派(anti-Dreyfusards),卡尔·卢埃格尔治下维也纳的基督教社会主义者,德国的泛日耳曼和反犹党派,以及1903年出现的意大利的民族主义者,所有这些都体现了憎恨的意识形态的力量和重要性。*或许美国民粹主义的某些方面也可以被涵盖其中。反对自

---

* 然而现代批评家通常难以察觉这一运动在西方世界波及的广度。它最早出现时曾被完全忽略,正如以下摘要所示:"19世纪的意识形态是普世的、人性的并且由知识分子所形塑……旧的意识形态的驱动力是社会平等——大而言之,则是自由。"参见 Daniel Bell, *The End of Ideology in the West. On the Exhaustion of Political Ideas in the Fifties*, Glencoe, Free Press, 1960, p. 373。关于现代意识形态的权威著作对此的阐述也无法让人满意:"从意识形态角度看,社团主义加上疯狂的民族主义便等同于法西斯主义。"参见 Eugene Golob, *The Isms. A History and Evaluation*, New York, Harper & Bros., 1954, p. 560。与之相反,贴上法西斯标签不过是权宜之计,想要真正解决问题必须探讨文化不满背后的心理和政治根源。历史学者之所以总是忽视这个问题,或是在它披上国家社会主义的外衣后才转向它,原因在于他们所受的专业训练只适合处理观念和事件,而无力胜任这种以非理性和狂想所表达出来的强烈不满。但这种隐性的、神经质的内在力量极为重要,同时也更能揭示一些更为显著的、更为健康的社会因素。

由社会的政治组织恰好遭遇自由领导权的削弱。在20世纪初,欧洲人民首度从民族主义者的理想主义、从弘扬英雄主义、从少数先知关于社会和帝国的暧昧预言中找到了慰藉。[9]

在自由主义衰落的大好形势下,这种基于怨恨的政治组织一次次爆发。它最早兴起于19世纪90年代,并在20世纪20年代末和20世纪30年代初,在经济大萧条和民主日益疲软的影响下,变得更加强悍。当然,我们更不能排除1945年的影响。举例来说,任何一个对"布热德运动"(Poujadist Movement)以及麦卡锡主义记忆犹新的人,或任何一个阅读过《国家评论》(National Review)专栏的人,都不可能宣布保守主义革命已然消亡。*恰恰相反,我们必须接受以下事实:这种对现代性的反叛潜藏于西方社会之中,它的混乱且狂迷的计划,它的非理性和非政治的修辞,展现出一种真诚的期望,尽管不够明晰,也不够大度,但这种期望与人们更为熟悉的其他社会改革运动相比丝毫也不逊色。

文化悲观主义在今日的美国颇有市场。鉴于国际形势一团糟而国内政局相对稳定,美国知识分子开始变得对我们的社会的文化问题更为关注,并以社会和文化分析取代了政治批评。没有任何一种文化像我们一样高度关注自身,时常把脉问诊并能发现诸多病症——当然,也时有误诊。在过去二十年间,抨击我们的物质主义、道德精神的沦丧,以及大众社会公认的各种社会弊端,已成为老生常谈。一位著名的教

---

* 在这里,我指的是理查德·霍夫施塔特所谓"假保守主义反叛"的兴起,对于这一运动的追随者,他这样写道:"他们与古典意义上该词所具有的宽容、折中等真正的保守主义精神毫无共通之处,同时,他们对于以艾森豪威尔政府为代表的主流实用保守主义思想也极为厌恶。他们的政治反应更多体现出对我们的社会及生活方式的、很大程度上无意识的深恶痛疾——假如他们没有表现出明显症候,人们一定会犹豫是否应该将这种憎恨归咎于他们。"参见 Richard Hofstadter, "The Pseudo-Conservative Revolt", in *The New American Right*, ed. by Daniel Bell, New York, 1955, p. 35。

会人士告诉我们,"没有上帝的美国主义就是异端、纳粹和法西斯的代名词",另一位职业教育家则宣称,"大学校园的风气极有可能腐蚀普通学生的传统道德观和宗教信仰。"[10]我们从"愤怒的年轻人"高亢的话语中听到"信仰、秩序"之类的老调重弹。*在这一口号和未经反思的评判背后,是人们承受的真正苦难。西方世界有一种不满,既非源于经济匮乏,也非遭受战争威胁,而是源于对工业文化和都市生活的不满——本书中讨论的三位批评家不仅感受到了这种不满,而且也助长了这种不满。

III

尽管保守主义革命是欧洲共有的现象,但只有在德国它才成为一种决定性的知识和政治力量。我认为对现代性的独特反应根植于德国社会和思想之中,这种莫名其妙的理想主义和无关政治的不满构成了一个连接的纽带——将德国历史上所有受人尊崇的伟大特质和国家社会主义的胜利相结合。

---

* 一群英国的局外人直截了当地寻求权威。正如科林·威尔逊所言:"我认为我们的文明正在衰落,局外人是我们衰落的表征。这些人反对科学唯物主义;他们更愿意在教会中找寻方向……局外人的病症在于直觉地渴望纪律约束。他太聪明,无法为केए的智力水平所鄙视的某项事业奋斗。因而他必须找到一种与他的智力水平相应的约束力——一种道德约束力,或精神约束力。然而整个社会缺乏局外人这种深刻的社会批判水平。在秘密寻求纪律约束、寻求追随目标的时候,他们会跟从每一个咄咄逼人的政治家、令人血脉偾张的福音派,和带有社会改造计划的独裁者。"根据斯图尔特·霍尔罗伊德的说法:"阻碍一个普通的现代人获取虔诚宗教信仰的方法有很多种。三个世纪的人文教化使得我们每个人都承受着大量思想观念和人生态度的重压——对此很少有人能加以质疑,而恰恰是这一负担与我们的宗教信仰难以兼容。自由主义、平等的信条、虔信科学方法、迷信人类向善性和永恒社会进步等,皆为其例证。我们在这些观念的氛围中成长,很难完全摆脱其影响。尽管如此,假如我们不愿像精巧的小动物一般生存,我们就必须克服这一困难。"参见Colin Wilson, "Beyond the Outsider", in *Declaration*, ed. by Tom Maschler, London, Macgibbon and Kee, 1957, pp. 37, 42; 以及Stuart Holroyd, "A Sense of Crisis", in ibid., p. 188。

文化绝望的政治

　　这种不满在民众中颇具号召力，主要有三个理由——这三个理由足以解释为何拉加德、朗本以及默勒·范登布鲁克三人能够对德国思想和政治产生如此广泛的影响。首先，他们的批评风格和意图与一些最重要的德国文化传统极为吻合。其次，他们的批评触及了德国文化中真正的不足之处，他们的论述言之凿凿，也取得了民众的信任。最后，1870—1933年间德国政治生活以这些人所谴责的极端分歧为标志，而这反过来又促进了他们的情绪对政治的侵入。总体来看，保守主义革命，尤其是这三人的思想——相比于其他国家的保守主义革命思想——更为接近德国的社会现实。

　　保守主义革命取得成功还有另外一个原因。正如我们所见，其主要目标是作为理性的、自由的资本主义社会之表征的现代性，后者的政治形式（至少在欧洲大陆）主要由法国大革命所塑造。只要德国批评家反对这样一种社会形态，他们就可以轻而易举地诉诸德国民族主义的力量。阿恩特和费希特那一代人已然将自由主义思想和政治体制斥为西方的"非德国"异端。相较于巴雷斯或莫拉斯，日耳曼批评家更乐意将1789年法国革命思想视为"外来的诈骗"。德国的自由主义和议会政治传统从未像其他西方国家那样强大，因此更易受到攻讦。在德国，自由主义者往往乐于助人却难免政坛失意，结果既作践自己又被人鄙视。[11]

　　拉加德、朗本和默勒·范登布鲁克都是理想主义者，因此他们呼请的对象是德国的受教育阶层，这一阶层奉持理想主义，与三人的主张可谓同声相应。"理想主义者"一词在英语中词义含混，在德语中更是如此，它也可以指代现代德国主要的哲学思潮（即唯心主义哲学），但我头脑中的理想主义指的并不是正经八百的哲学体系。相反，它指代一种生活态度和一系列的情感和价值观，受教育阶层从共有的知识传统中继承了这一遗产，并逐步将它融入他们的社会地位。从学术史角度看，理想主义起源于歌德、康德和席勒等大师的巨著，并在家庭和学校中得到传授和培养。早期哲学的一些遗绪在后期的哲学修辞中依然有迹可循：比如热衷于使用抽象的、形而上学的术语,比如坚信精神或意识是物质的最高表现。这种理想主义也反映了早期的道德律令和审美思想,正如伟大的古典主义者路德维希·库尔提乌斯论述德国人文主义理想时所说:"'纯粹的人性'并非苍白的抽象理论,而是道德要求,它朝向每一个个体,致力于重建他的个人生活。"[12]这一道德要求,其本质即德国人所说的个人主义,只有通过文化追求,通过文学和审美教化,才能最终实现。19世纪后期的理想主义体现在对个人学识和自我教化的过度崇拜。往好处说,这种崇拜激发了德国学者的满腔热忱;往坏处说,它堕落为一种市侩文化,进一步拉大了受教育阶层和未受教育阶层之间业已存在的那一道鸿沟。[13]

这种理想主义注重内心世界(Innerlichkeit)和文化修养,并不鼓励人们涉足或参与政治。包括俾斯麦在1871年建立的半威权政治秩序。因为严酷的社会现实,德国的精英阶层被迫转向经营内心世界,这也导致他们与现实日益分离,并对现实充满鄙视。由此,他们失去了处理现实事务的能力,正如弗里德里希·迈内克所说:"德国人也特别……倾向于把主要偏向实用的事物提升为普遍的世界观理论。"[14]

俾斯麦创造出了一个没有宪法理论的国度;他认为,只要国家机器正常运转,缺什么都可以。一手赤裸裸地掌握权力,一手把握着空洞无物的精神——这就是德意志帝国的两面性。将二者合为一体的则是对权力的理想化。用马克斯·韦伯的话说,即中产阶级将俾斯麦获得的权力"伦理化"了。这也导致了一种对政治理想主义的盲目崇拜。实用的观念和规划被弃置,与世无争、超然物外(Haltung)反而大行其道。*出于同样的原因,拉加德、朗本和默勒·范登布鲁克都因超然物外

---

* 举个例子,如特奥多尔·埃申堡(Theodor Eschenburg)对魏玛时代民族自由主义领袖恩斯特·巴塞曼(Ernst Bassermann)的描述:"他的政治观点并非深思熟虑的产物,而是与他的生活感情和心理感受息息相关,同时,也源自他崇高的品性和他所继承的文化传统。"参见Theodor Eschenburg, *Das Kaiserreich am Scheideweg. Bassermann, Bülow und der Block*, Berlin, Verlag für Kulturpolitik, 1929, p. 25。

的理想主义者身份而广受欢迎，无论他们的观念是否具有实际价值。

最后，他们向德国社会的多数群体发出呼吁，因为这部分人恰好是宗教虔诚的理想主义者。满腹经纶的新教徒阶级将基督教与德国理想主义相结合，打造出一种文化宗教（Kulturreligion）——在虔信歌德、席勒和《圣经》的表象之下隐藏着彻头彻尾的世俗化。在宗教信念和宗教教义都失去意义之后，宗教的腔调（tone）却保留了下来。因此，这三位人士，以及广大的保守主义革命者，试图唤起他人的宗教情感，以及发自内心的对宗教的真正渴望。

这种文化宗教也拥抱了民主主义，因为它坚持德国的理想主义和民族主义的同一性。德意志民族的精髓体现在其精神中，并由其艺术家和思想家所揭示，有时也反映在简单的、未被破坏的人民生活中。在德意志帝国，这种文化民族主义不断发展，直到它在第一次世界大战中得到最充分的体现。当时的德国知识分子坚持认为他们在文化上独立于西方，而德意志帝国充分体现了德国人民最高的文化价值。

考虑到这种理想主义的存在，德国知识界对拉加德、朗本和默勒·范登布鲁克三人的回应如此强烈也就毫不奇怪了。他们的情感引起了许多人的共鸣。有一点时常被遗忘，1871年后，许多富有思想的德国人被一种骄傲和祛魅的复杂情绪所左右：一方面为帝国的统一强盛而骄傲，一方面又为帝国文化的祛魅而痛心疾首——在表面繁荣的政治文化之下，传统的德国文化正面临解体，被所谓现代性，即自由主义、世俗主义和工业主义弄得分崩离析。举世哀叹德国精神的消亡：理想主义被政治的现实主义和商业的物质主义联手打败。许多人都会同意尼采1888年的格言："'日耳曼精神'：在过去18年中，这是一个自相矛盾的词语。"受过教育的德国人（学术界、官僚阶层和专业人士）长期以来一直占据着仅次于贵族的显赫位置，现在却因为一个平等社会的兴起而倍感困惑。动机不纯、道德卑劣之人居然能在这个社会中出人头地。哀

前言

怨之声不绝于耳；在莫姆森的演讲中，这种哀叹清晰可闻，他反复提及：

> 我们的民族精神在好运的庇护下得到发展。好比士兵们更能经受战争及其危险的考验，而不会一味沉醉在胜利的喜悦之中，因此我们既超前于又生活在一个新旧交替的时代：旧的道德磨难尚未完结，而新的磨难又像瘟疫一样四处传播，动摇着我们社会的根基。[15]

对莫姆森所说的这种"道德滑坡"的恐惧深植于民族心理之中，因此拉加德、朗本和默勒·范登布鲁克不仅痛斥这种滑坡，更试图提供良方：一种长期以来被非政治的德国理想主义者视为既崇高又实用的良方。

当我们回顾德意志帝国的历史时，我们很难想象巨大的文化纷争会引发如此多的担忧。令人惊奇的是，只要我们记得受教育阶层的理想化的自我隔绝，就不难解释这一切，他们时常将变化误认为是衰亡，并坚持他们的历史观念，将衰亡归咎为"道德滑坡"。当然，德国人的文化观和他们的政治观一样不切实际；各个民族都缺乏自知之明，正如每个人并不了解自己。而且，身处现代社会，很少有人像帝国时代的德国人那样远离社会现实。

真实的境况足够糟糕，上述恐惧才得以成立。仿佛一夜之间从天而降的工业革命就彻底改变了德国社会的面貌和特性。这一突如其来发生改变的故事可谓尽人皆知，在一般人看来，对于工业革命的畏惧应该更适用于英国人，而非德国人。18世纪工业化的标志性苦难德国人并未经历，而真正的代价，即心灵的痛苦，又遭到忽略。然而，1871—1945年间的德国历史不仅记载了工业社会剧烈的经济对抗，也记载了对于新的工业主义的极端仇视——尽管常常改头换面，但这种仇视在

文化绝望的政治

德国生活中一次又一次爆发。

对于钟爱自然和他们古老乡镇的民族来说，庞大又丑陋的城市忽然拔地而起，这让他们无比痛苦。德国人做事从来不会半途而废，到1910年，德国所拥有的大城市数量已经超过欧洲其他所有大陆国家。在那些大城市中，一种截然不同的生活方式悄然兴起。前工业时代恬淡宁静、按部就班的生活节奏被昂扬奋进的步伐所打破。商业主义的压力过于沉重，对艺术与教育滑坡的指控也部分属实。新教会既丧失了活力，也丧失了权力。在日新月异的德国，新近崛起了一股获得解放的犹太人势力——他们在旧的文化身份和新的被同化的美好未来之间犹豫不决：一方面他们对于国家的文化生活施加了非凡的影响力；另一方面，这种影响也使他们需要为文化生活中的一些弊端负责。许多德国人坦承，这个新的社会从本质上说是非德国化的——真正的德国生活的特质早已荡然无存。

关于德国的政治未来，在文化滑坡的恐惧之上还存在一种无以名状的不安感。工业革命的确带来了改变。俾斯麦统一了德国，但工业革命又打造出一个新的德国人民联合体。在俾斯麦不合时宜的专制威压之下出现的工业化，加剧了新旧阶级之间的对抗冲突。没有哪个国家的封建势力和无产阶级力量有过如此面对面的冲突——因为没有哪个工业国家如德国的资产阶级在政治上这般微不足道。新的矛盾和裂缝日益显著，因此俾斯麦不得不动用国家机器来对付天主教徒和社会主义者。但很少有德国人能够理解其中的原因，而合理的解释又时常为义愤填膺的一套辞令所掩盖。假如存在政治冲突，假如俾斯麦的手段不奏效，那么新的政治机器（包括议会、政党，以及一整套民主制度）便需要为此负责。这些指控（拉加德凭借其激情成功发起的指控）貌似合理，因为俾斯麦赋予议会政体的权力或责任极其有限，所以它们似乎只是一个高效政府的无用摆设。党派一向不得人心，而且也缺乏真正的保守党，即超越狭隘党派利益的政党，这对于德国人民的政治教育而言,也是巨大的损失。幻灭感是如此深切,民众无不渴望能找到一位新的恺撒——只有绝对权威才能消除分歧,实现德国所有上层阶级的共同目标:一个伟大的民族未来。在德意志帝国,表面是情感乔装打扮,背后却是利益统治一切,因此需要马克斯·韦伯那样深邃的头脑才能觉察德国真切的状况,并洞穿其中的奥妙。早在1895年,在他的就职演讲中,韦伯说道:"一个经济衰败的阶级执掌政权极其危险,而且从长远来看明显有损于国家利益。"对此他又补充说,资产阶级在政治上不够成熟,总是梦想新的恺撒再世,更愿以道德理想代替政治理想,因此不适合执掌权力。普罗大众不具备政治家的气质,因此也无法执掌政权。[16]其他人未必具备韦伯的政治洞察力,但仍会感受到一种大难将至的莫名恐慌。

文化不满、专制(恺撒)主义以及民族主义期盼在第一次世界大战之前是许多德国人共通的情感和主张。这一种情感在1914年8月的"大兴奋"中找到了表达方式——这个国家单调的文化氛围被打破,政治议题被搁置,处于危难中的民族一转眼就变得趾高气扬。兴奋之情很快消退,但在它的初潮期,以托马斯·曼为首的德国知识分子,通过将两种自由(内在个人的日耳曼式自由和"西方"自由人的外部自由)相结合,精妙地把握和概括了德国社会理想主义和非政治化的传统。

对于绝大多数受教育阶层来说,魏玛共和国早已遭到唾弃,甚至在建立之前它在道德上就已然破产。德国人与西方奋战四年,他们中的许多人将这种争斗提升至形而上学领域,坚信日耳曼特质与西方特质势同水火。等到共和国真正来临,这几乎是对他们恐惧的仿拟(parody)。这曾是一个自由的国度,正如他们畏惧的那样,如今却四分五裂,无力自卫,被打得落花流水,不过是国内外私人利益的牺牲品。至于魏玛的文化,有谁能想象出比它更不和谐的现代性的胜利?强大的文化绝望、恺撒主义和民族主义期盼早已进入战前人们的意识之中,正是魏玛的软弱性激发了上述情感,并使之越发强劲。

文化绝望的政治

正是在魏玛，保守主义革命取得了至高的权力。默勒·范登布鲁克的《第三帝国》(刻画了潜在保守主义者的憎恶和期盼)在许多受过教育的德国群体中广受欢迎。托马斯·曼和其他一些人呼吁恢复政治理性，并对弥漫于德国右翼的"感性的残暴"提出了警告，但这一切都无济于事。*几十年的政治迷梦(delusion)已经完成了其工作，许多保守的德国人开始对希特勒的暴力理想主义大加赞赏，五体投地。国家社会主义者召集了数百万不满现状者，保守主义革命者长期以来一直在谈论他们的存在，并为他们设计了一套如此危险、如此暧昧的社会理想。

---

* 在魏玛共和国不断衰落的岁月里，托马斯·曼对保守主义革命派的自命不凡及政治图谋大加嘲讽。他经常选择面向学术团体阐明他的立场，并严正申明与之前自己的某个立场脱钩。"蒙昧主义——在政治上我们称之为反动——是残暴的；这是一种感性的残暴，因为它试图通过日耳曼精神气质和民族忠诚这一'令人印象深刻的面具'，掩盖其野蛮的、非理性的特征。"参见 Thomas Mann, "Von deutscher Republik", *Bemühungen*, Berlin, 1925, p. 151.

第一部分

保罗·德·拉加德和一种日耳曼宗教

第一章
作为学者的批评家

> 我所知道的是：我不属于这个时代也不属于这个世界。我的祖国必须变得更加强大。
>
> ——拉加德

保罗·德·拉加德（波提舍）*是一位才华横溢但性格古怪的学者、道德家，他一生都在谴责和痛斥那些他最想热爱的东西。他一直深受宗教的影响，然而在19世纪40年代，当他还是一名学生时，便对有组织的基督教失去了信心；自此以后，他便开始嘲讽和抨击新教教会。作为一名保守派，他在19世纪50年代与普鲁士保守主义决裂，并斥责了其反动路线。作为一名爱国主义者，他猛烈抨击国民道德沦丧，并预见了其灾难性后果。拉加德认为自己是一个无家可归之人，他生命中最大的热情就是去寻找一个新的共同体，即拥有虔诚信徒的德意志民族。

19世纪50年代，革命溃败，俾斯麦政权兴起，拉加德就成长于那个冷酷黑暗的年代。正是在那样一个政府失灵、个人失落的年代，对于民

---

* 1854年，他开始使用拉加德一名，他的所有重要作品都是以此名发表。下文将讨论他更名的原因。

族的前途，拉加德孕育出一种非理性的悲观主义情绪。俾斯麦的成功也不能消除拉加德的恐惧。拉加德在1871年之后发表的五十多本小册子中警醒人们，德国人民比以往任何时候都更加分裂，人们的信仰和活力的丧失将导致民族的毁灭。

但是拉加德不只是想成为一名末日预言家，他坚信德国能够复兴，他还力图将德国重生的愿景带给德国人民。他自己将带领他的人民走向新的德国。只有国教，即日耳曼-基督信仰，才能使德意志民族的精神获得重生。只有根除那些披上伪装外衣的自由主义，只有吞并奥地利帝国，即激进的"大德意志"（grossdeutsche）方案，才能使德国继续存在和发展壮大。

尽管拉加德对文献学和宗教史做出的学术贡献相当重要，但基本上都被他人所取代。唯有对文化的批评和对解放的憧憬使他留名后世，并且对好几代德国人都产生了深远的影响。托马斯·曼称拉加德为"德国的老师"，他是所有那些不满资产阶级社会单调乏味生活的德国人的老师。后来，国家社会主义者称拉加德为他们主要的精神导师之一，并在第二次世界大战期间将拉加德作品选集分发给士兵阅读。一个充满不满情绪的民族铭记了这位预言民族末日和民族重生的先知。

保罗·安东·波提舍于1827年11月2日出生于一个老派撒克逊家庭，这个家庭的好几代父辈都是让儿子从事新教牧师职业。保罗童年时期的生活充满苦难和孤独：刚出生十二天，他年仅十八岁的母亲就去世了。[1]他的父亲陷入长期的悲痛之中，并愈加想念一年前夭亡的女儿。在那段哀痛和不问世事的日子里，老波提舍因为妻子的过世而憎恶自己的儿子。幸运的是，还有两位姨妈给予了保罗母亲般的关怀、慈爱和娇宠。

保罗的父亲威廉·波提舍最开始是想做一名牧师，但最后放弃神学而选择了语言学。他怀有狂热的宗教信仰，一生都是阴郁且偏执的基督徒,他认为,对于一个信奉宗教的家庭来说,完全阴郁的气氛才最合适。这位虔诚的利己主义者恐吓他的儿子,就像他在柏林的弗里德里希-威廉斯文理中学对待他的学生一样——他在那里教授希腊语和拉丁语。他偶尔也会撰写一些批评著作或历史书籍,选取一些奇怪的话题,如"根据罗马与德国的关系来研究塔西佗思想中的基督教元素以及他作品中典型的先知人物",而更短一点的散文则会探讨犹太人如何被统治。保罗曾经嘲笑他父亲"令人作呕的创作",但是他自己也怀着同样的热情在发表作品,并且和他父亲一样多才多艺。[2] 尽管他常沉思自省,但拉加德从未意识到,父亲的思想对他的影响有多大:他的父亲既暴躁又多情,其偏执又慷慨的性情与拉加德何等相似。

1831年,波提舍再婚。两年内,保罗有了两个异母弟弟,而1835年出生的备受疼爱的妹妹于三年之后夭亡。在这个新组建的家庭里,保罗就像一个外来者,一个入侵者——他的继母发现很难管教一个和父亲关系如此紧张的孩子。他的父亲丝毫也没有变得温和;等到保罗再长大一些,他的父亲变得更加专横,且从来不和他谈起他的母亲。此后,保罗与父亲的关系再也没有愈合。1850年,他被叫去看望临终卧床的父亲;令他惊讶的是,自己内心居然没有一点悲痛的感觉。这种麻木感困扰了他一生,关于父亲的记忆一直折磨着他,直到他死去。

拉加德经常谈起自己青少年时期的不幸:"我度过了一个不快乐的童年和青年时期,离群索居;难怪比起我希望爱的人,书籍和梦想对我生活的影响要大得多。"[3] 当他的妻子打听他早年的经历时,他回答道:"你无法理解这一切,这种悲伤简直无法言喻。"[4] 很难讲清楚他哪些悲伤的回忆是事实,又有多少是自怨自艾。他似乎痴迷于自己童年的悲惨和不幸,并将晚年的病痛归咎于早期的不幸。我们知道,在梦境和幻想中,他一生都在哀悼和崇拜他的母亲。毫无疑问,童年的感受对他的智力生活产生了重大的影响。比如我们发现,对于孤独的恐惧感使他渴望统一的德国共同体——他坚持认为个人的力量只有在一个统一的社会中才能得到充分的发展。他与父亲的矛盾关系奠定了他日后对同僚以及现存一切权威的厌恶和怀疑。

在拉加德的青年时期,柏林的浪漫时期已经结束。他瞥见了柏林浪漫时期最后的盛景,并且在其自传作品中描绘了柏林19世纪40年代和19世纪50年代早期的动人面貌。他还自豪地提及,当他还是一个小男孩的时候,好几次有机会坐上施莱尔马赫的大腿。但是他也目睹了这种文化的终结。比如他提到在施莱尔马赫去世后,德国的宗教生活逐渐衰落。保罗的家人和朋友再也不去教堂。"在柏林,与上帝同在的生活只存在于少数孤独的人安静的房间里;这座城市本身并不知道这一点。"[5]

拉加德是一名如饥似渴的读者,他最喜欢阅读浪漫主义作家的作品。他一遍又一遍地阅读卡尔·拉赫曼关于沃夫兰·冯·艾森巴赫的作品,以及关于阿希姆·冯·阿尼姆、巴托尔德·格奥尔格·尼布尔和萨维尼的著作。他对雅各布·格林在1835年出版的德国神话集印象深刻。拉加德的浪漫主义热情极为强烈且从未消退。他也十分喜爱音乐,在他父亲外出的日子里他会独自弹奏钢琴。

1844年,保罗从文理中学毕业,并于同年的复活节进入柏林大学学习,"此时的他仍更像个小孩而不是青年"。[6]保罗听从父亲的安排,选择了神学系。自从黑格尔和施莱尔马赫去世,整个大学,尤其是神学系便江河日下,毫无独特之处。拉加德跟随父亲的一位朋友学习,这位朋友即恩斯特·威廉·亨斯滕贝格,一个传统的虔信派教徒,同时也是激进的新教保守派领袖。在亨斯滕贝格看来,真理的唯一来源是上帝在《圣经》中说过的话;偏离这一教条就意味着将迈向无神论。作为《福音教堂报》(*Evangelische Kirchenzeitung*)的编辑,他发动了恶毒攻击理性主义者和自由派神学家的运动。比如他假想政敌戴维·弗里德里希·施特劳斯被撒旦附身,由此他的论调为道德偏执树立了新的

第一部分 保罗·德·拉加德和一种日耳曼宗教

标杆。*但是亨斯滕贝格也是一名学者,拉加德曾有幸聆听他关于《旧约》的演讲,在演讲中他论证了当时不受欢迎的主张,即《旧约》对基督教来说和《新约》一样重要。[7]拉加德受亨斯滕贝格的影响颇大,尤其是强调《旧约》的重要性这一点,这也是拉加德自己学术理念的中心。他既钦佩亨斯滕贝格,同时也公开诋毁他。他的其他神学老师包括奥古斯特·内安德,一个改变宗教信仰的犹太人,拉加德十分厌恶此人。另一位老师奥古斯特·特维斯腾,是施莱尔马赫的传人,他没有什么学术主张,但是拉加德很尊崇他的性格。之后,在哈雷,拉加德师从弗里德里希·奥古斯特·托勒克,托勒克热情关注宗教带来的纯粹情感体验,这给拉加德带来很大的启发。[8]总的来说,神学家们以及他们之间激烈的争辩使拉加德大失所望,导致他日后否定任何形式的正统观念。

对拉加德起决定性影响的是伟大的诗人、语言学家弗里德里希·吕克特,他教授了拉加德阿拉伯语和波斯语。吕克特对他以朋友相称,激发了他对语言学的兴趣。拉加德决定致力于语言学研究,将语言学用以服务神学,并由此推动了《圣经》批评研究的发展,该研究在当时是最主要的"智力工程"之一。

1845年,拉加德首次谈到他的抱负:他准备编写评述版的《新约》和《旧约》,像伟大的语言学大师卡尔·拉赫曼为艾森巴赫、尼伯龙根和《新约》部分内容†所做的那样,为《圣经》研究做贡献。不久之后,

---

* 自那年起拉加德开始跟随亨斯滕贝格学习。海涅在《德国,一个冬天的童话》(*Deutschland. Ein Wintermärchen*)中如此描绘法国人:"他们像我们一样变成非利士人,最后使我们更加愤怒;他们不再是伏尔泰,而是变成亨斯滕贝格。"

† 拉赫曼是拉加德的长辈,他们的生活却有不同寻常的相似之处。拉赫曼的祖先曾在勃兰登堡担任新教牧师,他的母亲在他两岁时去世。他学习过神学和语言学,并在拉加德父亲任教的柏林文理中学教书。和拉加德一样,拉赫曼认为错误的学术研究等同于伤风败俗,并且公开抨击这种行为。和拉加德一样,拉赫曼发现他对《圣经》进行的文字学研究使他虔诚的心灵感到愉悦,且不会让他卷入那些会折磨他科学良知的神学教条问题中。关于拉赫曼,请参阅 *Allgemeine Deutsche Biographie*, Leipzig, 1883, XVII, 471—481。

他明确表示,他的目标是完成《旧约》的希腊文译本的修复工作。在他二十岁时,已经发表了自己的第一篇研究论文《阿拉姆时刻》(*Horae aramaicae*)。该论文研究了一百一十个波斯、亚美尼亚和印第安语词语,这些词语已被吸收进入阿拉姆语。尽管他掌握了这些艰深的语言,但他依然不满足;拉加德的第一篇研究论文和以后的所有研究一样都有一个共同特点,他介绍了一些碰巧在他脑子里出现的完全不相干的话题。*

7

1848年,是德国自由主义奇迹迭出的一年,拉加德这一年唯一的政治行为就是戴上黑白相间的普鲁士保守主义徽章。"考虑到我的教育背景和家庭关系,我完全站在国王一边,在我们看来法国立宪政体的结果证明国王对宪法的不满完全合理。"[9]一年之后,反动势力取得胜利,拉加德的政治忠诚被所谓"瓦尔德克案件"(Waldeckcase)摧毁。贝内迪克特·瓦尔德克是左派自由党代表和反革命的主要批评家,1849年5月,他策划建立德国社会民主共和国,后因被指控叛国罪而被捕。显而易见的是,在审判期间,保守主义者自己伪造的证据反而加强了虚假指控的真实性。至此,"普鲁士反抗史上最大的污点之一",让拉加德对国王不再忠诚。[10]他被像亨斯滕贝格这样的保守派和虔信派教徒的行为所激怒,后者以宽容的态度对待这次事件的曝光。现在拉加德对普鲁士的统治阶级彻底绝望,他通过写作严厉指责懦弱的、反动的君主政体和不时发生的政治迫害。他感到茫然,他不属于任何一个政治阵营。他把自己称作保守的激进分子,反对一切现存的政党和政权。

与此同时,拉加德打破了正统的基督教信仰,转而以一种强烈的热

---

* 关于《阿拉姆时刻》的扩展版,吕克特抱怨说,它"很大程度上充斥着学究气和一些不必要的引用,因此让人难以理解"。参见 Paul de Lagarde, *Mittheilungen*, Göttingen, 1887,II,97。

情去反对他父亲和亨斯滕贝格的虔信派观点。*"对瓦尔德克的不公正对待使我的政治（和宗教）观点发生了重大转折。不是我的激进理念影响了这种改变；它只是向我说明了我以前的朋友罪恶的意图，几天后，我完全变成了一个不同的人。"[11]

1849年，拉加德以优异成绩获得柏林大学的博士学位，毕业论文是关于阿拉伯色彩的理论。他希望从事学术工作，但他太穷了，没有钱继续深造。多亏了其学术成就和亨斯滕贝格的帮助，拉加德在头两年获得了柏林市新教奖学金，这让他能够到哈雷学习。亨斯滕贝格对拉加德的帮助之所以引人注目，是因为拉加德以非常"不合适的方式"抨击了亨斯滕贝格，他自己后来也承认这一点。[12]在哈雷，他开始写作关于希腊语中出现的近东（Near Eastern）词汇的文章，并讲授近东语言。但拉加德对政府提供的津贴不屑一顾——拿到政府津贴的前提是拉加德必须在两年内获得神学学位；相反，他却在埃尔朗根大学获得了荣誉学位。这一替代方案让柏林政府感到不满，于是立即中断了对他的资助。[13]

在哈雷，他被任命为无俸讲师，这不仅没有解决他当时的生计问题，而且未来也没有晋升的希望。在学术上的其他尝试也都失败了，他情绪十分沮丧。拉加德后来转向邦森男爵，一位知名学者，同时是普鲁士驻英大使。由于邦森男爵的干涉，腓特烈·威廉四世授予拉加德两年的奖学金，让他在伦敦学习并且开始在东方译本的基础上重构《新约》。

在伦敦，拉加德继续从事语言学研究，并学会了一些新的语言，包括叙利亚语和科普特语。拉加德希望能使用一些重要的叙利亚文本，但被英国东方主义者威廉·丘尔顿的固执己见所挫败——丘尔顿本人

---

* 对异端邪说的暗示先于瓦尔德克案件。神学家托勒克早在1846年就将拉加德称为泛神论博物学家，虽然事实并非如此，但此言论表明，拉加德发现很难用恰当的神学术语来定义他的有神论。参见 Paul de Lagarde, *Mittheilungen*, Göttingen, 1891, IV, 87。

文化绝望的政治

打算保留这些手稿,这样他就将成为第一个编辑这些手稿的人。当拉加德在巴黎发现一本名为《圣徒遗训》(Didascalia)的叙利亚语重要手稿时,他倍感欣慰,因为这对理解基督教会法规必不可少。现在,他也支持邦森男爵在《前尼西亚文选》(Analecta Ante-Nicaeana)上发表的著作,并在其后附加了对《圣徒遗训》的评述。邦森男爵称拉加德的附录对他而言是"非常有帮助的"协作。

在伦敦,拉加德非常开心。经过几个月的独居之后,他搬到了大使馆,在那里他可以和邦森男爵近距离接触,并可以通过男爵了解大不列颠的一些政治精英和文学精英。[14]拉加德同很多德国前辈们一样,一面嫉妒英国,一面又关注英国;正如他后期的作品表现出来的那样,他也患了英国迷(anglomania)的症状,这种情感上的折磨在19世纪的德国是一种普遍现象。*但他后来在德国诊断出的文化不满情绪,已经在英国扎根:

> 甚至在英国,在这个被世人公认为拥有世界上最笃信宗教的人民的国家,不满情绪也在广泛地蔓延。最显而易见的证据就是年轻的英国诗人们,尤其是阿尔弗雷德·丁尼生。人们所到之处都能感觉到他们的希望不过是一句空话,只有绝望和无奈的顺从才是事实。[15]

在伦敦,尽管拉加德生活得很开心,著述颇丰,但他还是于1853年10月,在奖学金期满的六个月前返回到哈雷:一方面是担心找工作的问题,另一方面是他觉得早点回去获得学术职务的机会大一点。更重

---

* 在拉加德去英国的好几年之前,特奥多尔·冯塔纳就已经去过英国,并留下了类似的印象。他赞美英国的自由和古老的制度,并认为它是"神圣的国家"。参见Helga Ritscher, *Fontane. Seine politische Gedankenwelt*, Göttingen, Musterschmidt, 1953, p.49。

第一部分 保罗·德·拉加德和一种日耳曼宗教

要的是,他想和未婚妻安娜·贝格尔重聚。贝格尔是一名退役军官的女儿,1850年就和拉加德订婚,之后两人在1854年完婚。他从伦敦给她写了一封很长的信,信中说到了对婚姻的美好期望:"起初,婚姻把我塑造成一个完整的人:将我无法,也不应向你隐瞒的那些令人痛苦的伤口包扎起来。我在一个不光彩的战场上光荣地获得了它们。"[16]尽管自传颇丰,拉加德却很少提及他的妻子。她的回忆表明,她将丈夫视为自己的偶像,并在他孤独的时候给予他安慰。*他们最大的遗憾是没有孩子。

结婚几个月后,保罗·波提舍(直到这个时候,他的名字才逐渐为人所知)正试图采取措施让他的姑姥姥欧内斯廷·德·拉加德合法收养他,如此一来他便会继承该姓氏。他一直都没有认真考虑这个对他时而困难时而极具诱惑的问题。他的姑姥姥是他的守护天使,心地善良;她把他抚养长大,资助他第一次旅行,并且让他能够在1854年结婚。反过来,她也很高兴收养了他,因为她是她家族的最后一个人,如果没有她外孙的改姓,这个家族的姓氏就会灭绝——事实正是如此,尽管拉加德在名字里面加上了这个姓氏。那他自己的姓氏又该怎样处理呢?他与波提舍家族休戚相关:他怀着虔诚恭敬的心情书写他的直系祖先,他的父亲除外——他以一种冷淡超然的态度在书里提到父亲。[17]但是他有足够的自我意识,能够敏锐察觉到象征,尤其是名字的象征意义,他意识到这种改变是为了和父亲最终决裂,也是为了永远埋葬童年时期的痛苦回忆。他对他的未婚妻写道:"对我来说这是非常必要的事

---

* 1879年9月,姐姐去世之际,安娜·德·拉加德在给丈夫的一封坦露真情的信中表达了自己的忧虑,她担心自己会先于拉加德逝世。如果她死了,他必须铭记:"感谢上帝将我交托在你的手中,给予我你的爱,并感谢你将我留在了那里……不要回避其他人;你对他们是如此重要。你一定要像对我一样有耐心。不要不相信自己,也不要对自己不公正。我想和你在一起直到最后,帮助你工作,继续在你的光芒中成长。如果不能这样,那你必须照顾好自己。"参见哥廷根的拉加德档案。

文化绝望的政治

情,这是我过去的终结。"[18]他会重生,就像他之后鼓励别人重生一样。或许,这个听起来带点贵族气息的名字也吸引着他,虽然后来他否认拉加德家族是贵族且有法国血统:他们来自洛林地区,1684年,为了维护新教信仰他们从法国梅茨出逃。几年之后,他的姑姥姥给他留下了很大一笔钱——这是身无分文的波提舍在1854年可能或没能预料到的前景。

他的工作收入仍然处于低谷。尽管拉加德得到了邦森和吕克特的帮助,还编辑和出版了大量的文章,哈雷大学仍然不承认他的教授职位,其他大学也一样。他的一些出版物受到了严厉的批评,以致他名誉受损。这些评论有些相当尖刻,吹毛求疵,有些则是恶作剧和人身攻击。他的文章结构受到批判,他作为学者的傲慢态度受到抨击,他的独创性受到质疑,他的贡献被贬低。评论家们在他的著作中寻找不可避免的不相关之处,并对其大加挞伐,但往往忘记承认他们不知疲倦的同事所做的艰苦的语言学工作。

多年以后,拉加德仍感到愤愤不平,不惜自己承担费用重新发布了这些声明,并加上了自己尖酸刻薄的答复。*有些著名学者对拉加德很温和甚至十分慷慨,但这并没有安抚他的情绪。†拉加德完全气馁了,近十年里他不再和这个行业内的朋友联系。他甚至和关系特别好的吕克特都断绝了联系。但是这种自己强加给自己的孤立状态让他苦恼不堪;1863年他写信给同事说:"我很高兴与你关系这么亲密;我以为我

---

* 参见Paul de Lagarde, *Aus dem deutschen Gelehrtenleben. Aktenstücke und Glossen*, Göttingen, 1880。他仍然要求他的一位批评家"公开道歉,这当然无法治愈我破碎的生活"(Ibid., p. 109)。

† 例如,埃内斯特·勒南鼓舞和促进了他的工作。1854年4月23日,他写信给拉加德:"亲爱的朋友:我很高兴收到您的来信,并且我非常高兴地了解到您所处的位置发生的变化——在我看来,我们只能对这些变化表示祝贺。尽管您有些厌世,但在我看来,您的事业还在蒸蒸日上。问题仅仅是您要知道如何去等待。"参见哥廷根的拉加德档案。

第一部分　保罗·德·拉加德和一种日耳曼宗教

这一生都将是一个隐士而且只能被别人这样对待。"[19]

在职业生涯的一开始，拉加德就讨厌学会（他是这么称呼的），有一段时间，他的蔑视变成了一种对专门针对他的阴谋的偏执恐惧。*他认为他的大部分同事，要么剽窃他，要么诽谤他，总之都试图阻碍他的发展。[20]从19世纪50年代早期开始，拉加德就与涉嫌剽窃他作品的人交战。毫无疑问，拉加德比其他许多人更能看到德国令人厌恶的学术氛围，并深受其害，但他认为所有人都针对他的阴谋论毫无根据。事实上，他是在把自己对诽谤和阴谋诡计的嗜好归咎于别人。

他在学术上的失败有时是自己造成的。一方面，他太性急，好多东西既未经编辑，又未加注解，便贸然出版。另一方面，他认为同事胆小懦弱而且思想呆板，他不得不让自己奋力攀登思想的高峰。"对我来说，语言是一种心灵的表达，每个心灵都是上帝教育的对象。每一个心灵都是一种存在和一段历史。"[21]一个民族的语言和人的心灵紧密相关，这当然是赫尔德的主张和雅各布·格林的灵感来源。但是拉加德的同事们具有科学的思维，他们否定了这些先验的判断。拉加德对民族心理的分析通常是武断的，主要源于偏见而不是证据。例如，他说希伯来人没有灵魂，而波斯人则拥有最伟大的灵魂。拉加德自吹自擂这些判断是凭直觉获得的："这样的事情我不会一点一点去学习，但我能立马掌握，或者压根不需要时间。"[22]还有："任何不能从个案中看到普遍性的人至少不该用他的观点来干扰我。"[23]这也许是天才想象力的证明，一位美国学者称赞其为"[拉加德的]哲学式思维转变"[24]，但它激怒了拉加德苛刻的同事们。不幸的是，拉加德所说的真相常常未经证实，不

12

---

* 1851年10月，他参加了他的第一次也是唯一的一次德国语言学家和东方主义者会议，并写信给自己的未婚妻："会议上最令人反感的是学会散发出的臭味，这无休止地困扰着我：睿智的无产阶级，汗流满面地写着单调的文章，他们不知道科学是要使人自由和快乐。"参见Anna de Lagarde, *Paul de Lagarde. Erinnerungen aus seinem Leben für die Freunde zusammengestellt*, Göttingen, 1894, p. 21. 他不太可能努力掩饰这些情感。

无荒谬之处,而且明显漏洞百出。

总之,拉加德以自己的方式去生活。他之所以未能获得大学任命,并不是因为那帮受到惊吓的同事的阴谋——这是他自己假想以及许多传记作者宣称的理由。他部分享有职业特权(定期津贴、赞助人和调阅档案权),也算是取得了成功,但他在学界给人留下了一种自以为是、粗鲁冷酷且不可靠的印象。甚至对他最仰慕的路德维希·舍曼也不得不承认,拉加德的早期作品与他本人一样,"大胆、自大且具有挑战性"。[25]

在明白没有希望升任大学职位后,拉加德勉强决定进入中学任教。此举并不令人意外:德国许多伟大的学者(兰克、德罗伊森、拉赫曼等)都做了同样的选择,这给柏林文理中学带来了不可估量的好处,对他们自己也没有什么真正的坏处。1854年,在姑姥姥的资助下,他搬至柏林,先后在文理中学和实科学校教授许多科目,在那里待到1866年才离开。[*]尽管他喜欢教学、喜欢他的学生,作为一个文学领域的多面神手,他还是不断诅咒自己不被大学接受的命运。他认为自己只能胜任希腊语和拉丁语,或者神学。他经常大声抗议,不愿教授其他科目,包括健美操,但这些反抗都是徒劳的。尽管他负担很重,但他还是撰写了约十六部专著,其中大部分是他在国外收集的与教会历史有关的东方文本。他希望这些著作能够让他重返学术界,但是出版商拒绝了他,因此他不得不自费出版自己的专著。他必须依靠私人课外辅导来赚钱支付印刷费用,这也导致他用于学术研究的时间大打折扣。1856年,他向亨斯滕贝格提出的最后一份申请,抱怨说他每周要工作四十五个小时,而且晚上的时间被健美体操和课外辅导所占用。[26]

---

[*] 只有文理中学专门从事古典研究,直到20世纪末,从文理中学获得会考通过才是大学入学的先决条件。实科学校排除了希腊语,并增加了第二种现代语言;他们主要让学生为将来从事非专业工作做准备。

第一部分 保罗·德·拉加德和一种日耳曼宗教

1861年,牛津大学克拉伦登出版社向拉加德赠送了《旧约》的五卷本希腊文译本(1798—1827),这一慷慨之举使得他开始重新关注《旧约》的希腊文译本。两年以后,他发表了一篇学术论文,题为"反思谚语的希腊文翻译",该文阐明了文本批评的一些原则,这些原则应该运用于《旧约》的希腊文译本研究,由此将会"开创《圣经》研究的新世纪"。[27] 但是他学术上的抱负越大,就越觉得教学上的压力难以忍耐。好几次他差一点就可以获得大学任命,但是每次都落空。每次失败之后,尤其是与吉森大学进行了长时间富有希望的谈判之后,拉加德的脾气变得越发暴躁——他对阴谋诡计的指控也变得更加尖锐。经过将近十年的沉沦,他几乎放弃了所有重返大学的希望。

即使他是一名成功的教师,但在柏林的中等学校体系中,升职仍屡屡受阻。他习惯于绕过直接上级,向教育部或市教育局提出抗议,抱怨与无能的同事在不卫生的环境下长时间工作,但这并没有增加他获得晋升的机会。有时他甚至动员学生的父亲反对学校当局,即使最终的目的是要确保足够的教室,但这也是一种极端手段。[28] 在1865年,他经历了最伤害自尊的事情:拉加德获得晋升,但是必须前往一所新成立的职业学校任职——该学校甚至算不上一所真正的实科学校,在那里他无法教授希腊语和拉丁语。拉加德很生气,并通过他的一位朋友冯·勃兰特将军向威廉一世请愿,要求国王提供一笔资助,让他长期休假。他向国王保证,别人可以轻松取代他作为高中老师的位置,但"他为编写《圣经》批评著作和教会早期的历史而准备的研究工作,别人却不能轻而易举地代替"。他表明自己做老师负担很重,收入微薄,他牺牲了所有的生活乐趣、他关于"基本派不上用场的语言"的知识,以及他已经完成的研究(但尚未发表)。他进一步辩称,他的健康状况不允许他在教学期间再继续从事独立工作了。除非进一步获得资助,否则他不得不放弃原先计划的"《旧约》希腊语翻译的评述版和对《雅各原始福音》的评论"工作。[29] 这封信拙劣地混合了虚情假意的谦虚和忸怩作态的傲慢。这位臣民向国王乞求，并发出威胁，如果这一条件不能满足，将会是国王和国家的巨大损失。结果，威廉一世同意了他的请求，允许他享有全薪三年的假期。

1866年复活节，拉加德离开柏林，那座他早已厌倦的"令人讨厌的大城市"。[30]他定居在图林根一个名为施洛伊辛根的小镇，在那里见证了普奥战争的爆发。该镇被巴伐利亚军队围困，但军队很快撤退，拉加德对普鲁士的胜利感到欣喜："世界历史站在普鲁士的一边。"[31]到达施洛伊辛根后不久，他以修订版的形式发表了他以前的所有论文，只删去了两篇他公开否认的文章。*此外，他还编辑了大量文本，并出版了《旧约》的希腊文译本中的一篇重要文章，名为《希腊文创世记》(*Genesis Graece*)，这只是为整个《旧约》的希腊文译本的完成所做的准备工作——他认为全部完成需要几十年的时间。同时，他希望直接从施洛伊辛根升任大学教师职位。

1868年，哈雷大学授予拉加德荣誉神学博士学位时，他的重返学术研究之旅终于开启。第二年，这件事彻底敲定，拉加德被任命为哥廷根大学的正教授。在那里，他将接任海因里希·埃瓦尔德，这位"德国至今最伟大的《旧约》研究学者"。[32]埃瓦尔德是"哥廷根七子"之一，也是汉诺威王朝忠诚的臣民，对普鲁士合并汉诺威感到愤怒，并拒绝向普鲁士君主宣誓。

随着他在哥廷根得到任命，1876年又当选为哥廷根科学院（继格奥尔格·魏茨之后）院士，并于1887年升任秘密委员会（Geheimer

---

* Paul de Lagarde, *Gesammelte Abhandlungen*, Leipzig, 1866. 该作品的序言是他唯一一次对学会做出道歉的姿态。他列举了他在职业生涯中所享受的许多祝福，尤其是休假的闲暇时光，他写道："所有这些都出现在我的灵魂前，使我感到如此幸福，使我为自己曾经说过的每一个令人不快的字感到遗憾。就我所知，我没有对任何人不公平，但是我投身的事业要求我对施加于我并令我饱受伤害的罪恶行径不能保持缄默，而施害者正是那些从该项事业中获益之人。"(p. xi)

第一部分　保罗·德·拉加德和一种日耳曼宗教

Regierungsrat）委员，可谓春风得意。他以教学为乐，并以出色的研究工作不断收获丰厚的旅行津贴。然而，他并不快乐。在哥廷根，他的朋友寥寥无几；到处都是强大的敌人，而且他结交新仇敌的能力丝毫也没有减弱。埃瓦尔德是他的前辈和前任赞助人，像其他忠诚的汉诺威人一样，他对拉加德恨之入骨。以前和拉加德有过愉快交流的神学家阿洛伊斯·里奇尔也很少与他碰面。1883年，恰逢路德诞辰四百周年之际，哥廷根大学举行了一场盛大的仪式。彼时拉加德反对尊崇一位教派分子，里奇尔虽然对此心知肚明，但仍然自告奋勇发表了演讲，并在演讲中间接抨击了拉加德。* 几年以后，里奇尔去世不久，拉加德便控诉里奇尔的各种不道德行为。里奇尔的儿子极为愤慨，随后进行了公开争论，拉加德才被迫收回了一些对其不道德行为的指控。[33]

另一方面，拉加德不能容忍对自己的任何批评，对于他学术研究的一些冷漠评论，他甚至会带着谩骂和蔑视的态度去回击。他并没有践行他所宣扬的超脱态度。当他攻击对手时，他会采用恶毒的暗讽，让对方体无完肤。† 作为辩论家，他超越了一切限制（在他那个时代的德国，这些都广受关注），对那些最清白的学者们的生活和动机进行诋毁。‡ 拉

---

* 里奇尔向一位朋友解释了他做这次演讲的详情，并补充说道，有人告知他拉加德"认为路德是一个完全无关紧要的人。但是路德那时候并没有筛选七十士译本中的任何变体（variants）"。参见Otto Ritschl, *Albrecht Ritschls Leben, 1864—1889*, Freiburg, 1896, II, 420。

† 所有德国的批评者都无不欣喜地提到了拉加德的好战性："即使是参与有关他自己的科学争议的时候，他也会诉诸战斗和决斗的方式。拉加德不仅珍惜战争，而且也珍惜仇恨。他渴望憎恨。"参见 Arno Koselleck, "Die Entfaltung des volkischen Bewusstseins bei Paul de Lagarde", *Historische Vierteljahrschrift*, XXX: 2（1935年11月），356。

‡ 甚至在他们的宗教信仰上：1887年，他用特别凶恶的言语反对了学者亚伯拉罕·贝利纳，并利用了对手的"犹太性"。参见 Dr. A. Berliner, *Professor Paul de Lagarde, nach seiner Natur gezeichnet*, Berlin, 1887；该作品是被告同样没有说服力的反驳。此外，他与戴维·考夫曼教授针对他关于犹太语言学家的文章进行了激烈的交锋。（转下页）

加德的辩论文章经常是他自费印刷,然后分发出去的。从学术研究的角度看,这些观点大多荒诞不经,不仅使他和论战的受害者关系疏远,而且和整个学会的其他人也是如此。他放任自流的反犹太主义也冒犯了很多人。除书面攻击外,拉加德还在学院的公开会议上谴责他的同事及其所作所为。私下里,他使用诡计和同事钩心斗角,一些尚未发表的书信表明他对琐碎的学术政治极为热衷。

拉加德也越来越多地参与到真正的政治中。到达哥廷根几个月后,普法战争爆发,拉加德为普鲁士的胜利而欢欣鼓舞,他妻子的兄弟们在普鲁士的最高统帅部门中担任要职。因不愿接受普鲁士统治,他的汉诺威同僚们变得更加沉默寡言。但拉加德是普鲁士人。1871年1月2日,他写信给一位朋友:"在这之前不轰炸巴黎是犯罪行为。现在就要让它变成一堆瓦砾——当然图书馆除外。"*四个月前,他写信给威廉一世,声称阿尔萨斯、洛林以及卢森堡"必须永远属于德国";呼吁国王不能被国会议员误导,例如,德国议会领导人爱德华·西姆松就因为过于胆小怯懦,不敢索要阿尔萨斯-洛林地区,当然,"当时他是一名犹太人"。[34]

战争激起了拉加德的爱国主义热情,在很短的时间里,他和他的普鲁士同胞打成一片。但这种罕见的共同体意识很快就在意料之中结

(接上页)参见"Lipman Zunz und seine Verehrer", Paul de Lagarde, *Mittheilungen*, Göttingen, 1887, II, 108—162。在其他不相关的暗讽中,拉加德有意利用了聪茨(Zunz)的名字,将其从德国的利奥波德(Leopold)更改为听起来像犹太人的利普曼(Lipman),考夫曼则在反驳中特地提醒拉加德:"名字是个人最有的财产,因为拉加德教授应该比谁都更清楚。"参见David Kaufmann, *Paul de Lagarde's Jüdische Gelehrsamkeit*, Leipzig, 1887, p. 12。没有什么比这些关于19世纪论战的回忆,更能吸引当代美国平淡无奇的学术争论了。

* 并交由拉加德处理。早在1870年9月10日,他就要求俾斯麦确保从大巴黎图书馆中取出约五百份手稿,保存十五年,以供拉加德在哥廷根独家使用。参见Helmut M. Pölcher, "Symphilologein", in *Lebendiger Geist*, ed. by Hellmut Diwald, pp.43—44;以及哥廷根的拉加德档案。

第一部分 保罗·德·拉加德和一种日耳曼宗教

束了。1872年4月,几家德国报纸抨击拉加德对拿破仑三世奴颜婢膝,因为他的名字出现在记录拿破仑三世与德国人往来书信的法国出版物中,该出版物名为《德国杜伊勒里宫》(*L'Allemagne aux Tuileries*)。[35] 通过揭露法国君主与德国人的密切往来,此书使得落败的君主名誉扫地。但是法国人很少关注这本书,只有德国的报界利用了该书编目,对拿破仑的德国通信员大加嘲讽。*

拉加德与杜伊勒里宫的关系并没有使其受到牵连:1851年,在他还很年轻的时候,就向路易·拿破仑亲王呈递了一封请愿书。他请求能够戴上他的叔祖父特奥多尔·冯·诺伊霍夫于1736年为家族铸就的勋章。尽管愤然向大学提出辞职的提议遭到拒绝,拉加德意欲移民英国的想法也从未能施行,他的一些荒唐言论在德国还是遭到了广泛的批评。[36]

拉加德没有移民,而是开启了他作为批评家和民族先知的生涯。他的第一篇文章抨击了当时普鲁士政府准备发起的文化斗争:"在1872年圣诞节前,我决定向公众发表有关德国与神学、宗教、教会之关系的论文,我之所以这样做是希望它能够影响到法律,因为那时国家想用法律对神职人员的攻击进行答复。"[37] 但促使拉加德愈加关注德国状况的原因并不在此。他无法忍受同胞们的自鸣得意以及战争和民族统一之后人们对爱国主义的吹捧。对于一个深信所有真正有价值的东西都在衰退的人来说,一切都使他感到无比厌烦。他的第一篇论文受到了特赖奇克和弗朗茨·奥弗贝克的称赞。这个结果使拉加德感到振

---

* 特奥多尔·莫姆森是这种激烈愤慨爱国情感的另一受害者。他曾与拿破仑通信,尽管莫姆森拒绝与拿破仑合作进行有关恺撒大帝的研究,但他获得了帝国授权,可以借用巴黎藏品中的任何手稿。然而,法国人声称,德国媒体也回应了这一指控:由于莫姆森对拿破仑的博尔盖西作品进行了批判性解读,帝国政府奖励莫姆森指定的私人朋友一大笔钱。整个信件使莫姆森的批评者得出一个结论,他"是以卑鄙的方式去奉承拿破仑的众多德国院士之一"。参见 Theodor Mommsen, "In eigener Sache", *Reden und Aufsätze*, Berlin, 1905, pp. 427—431。也参见 *L'Allemagne aux Tuileries de 1850 à 1870*, ed. by Henri Bordier, Paris, 1872, pp. 267—269。

奋，于是他写了一系列有关德国文化衰落和政治分裂的文章。1878年，他发表了自己的《德国作品》(Deutsche Schriften)，这是一部合集，里面包括他在过去二十五年中撰写的涉及多种研究对象的文章，其中部分已经发表，还有一些则没有发表。1881年，他添加了第二卷论文，并于1886年将所有论文收集到名为《德国作品：最新完整版》(Deutsche Schriften. Gesamtausgabe letzter Hand)的文集里。他将这些作品的副本送给几位宫廷显贵，包括年轻的威廉王子，并呈送给了俾斯麦以及一些友好国家的首脑。渐渐地，他的名声传开了。

正如我们所看到的，拉加德的作品是直觉的、缺乏系统性的，而且带有强烈的个人感情。他的悲叹多数源于他自身的经历。例如，他在神学和德国教育方面的著作中就包含了许多病态的东西，在其提出的补救措施中也包含了许多不切实际的东西。拉加德从来都不满足于仅仅成为一位批评家：他热衷于用最细微、最不切实际的细节为改革开处方。

他也成了学术界最令人讨厌的人。他很高兴最后能拥有一定的权利和认可度，并想方设法让别人接受他的观点和他的朋友。在哥廷根皇家科学院工作了几年后，他向普鲁士政府提交了全面重组的计划。他的计划并非没有优点，但由于不成熟的宣传方式而遭到扼杀。[38]拉加德的提议带有某种阴谋论色彩，而且这次失败并没有提高他在同事中的地位。拉加德愤怒地向皇家科学院提出辞职。当拉加德的妻子说她丈夫的孤独感源于那些邪恶的阴谋者时，舍曼不得不对此加以反驳——他头脑里浮现的一定是上述场景。[39]

拉加德作为批评家的身份自然使得他用于学术研究的时间越来越少，但他仍把自己的失败归咎于别人的缺点。考虑到七十士译本的珍贵，1870年，拉加德向普鲁士教育部长递呈了他的初步研究，并宣布："这是为研究七十士译本而写的最后一篇研究论文。"[40]面对这一最后通牒，部长满怀热望地询问拉加德，满足什么样的条件才能使他继续他的研究。拉加德希望薪水大幅提高，这一请求被批准；但是普法战争使

第一部分　保罗·德·拉加德和一种日耳曼宗教

拉加德无法从外国图书馆购买一些重要手稿；1871年5月，拉加德归还了他的资助金。早些时候，部长建议他担任研究助理，但被拉加德愤然拒绝。对拉加德示好是一件很困难的事情。

19世纪70年代，拉加德对七十士译本的编辑工作还处于摇摆不定的状态。直到1880年，他才宣布再次开始工作，以东方主义者威廉·赖特为首的一群英国学者提出给他额外的薪水来支持他的工作，拉加德受到极大的鼓舞。他拒绝了额外薪水，但同时要求并接受了一百英镑的资助。1883年，他出版了卢西恩（Lucian）四世纪版本的七十士译本的重要片段，拉加德错误地以为这已经是君士坦丁堡和安提阿的官方文本。最初，他在文本中增加了若干变体，因此《创世记》的第一章不得不以小号字体印刷在十张特大的八开纸上。当他意识到此举不可行时，他又转向另一种极端，即只印刷一种文本，不附加任何变体。在此期间，印刷公司没有收到一次完整的手稿。手稿都是分批发送的，拉加德只有在校稿时才会加入对于之前手稿的不同解读。拉尔夫斯是研究七十士译本的学者，也是拉加德的学生，他称卢西恩版的文本是"拉加德最大的败笔"。[41]

1883年，拉加德向威廉一世提交了卢西恩版七十士译本的一部分；他说，其余的将不会再有：同事们"热切期望在我的研究路上布置障碍"使得这项工作无法完成。他感谢君主给予的数笔赠款，并恳请他订购足够多的七十士译本此部分的副本（由拉加德自己承担出版费用），分发给德意志帝国的每个文理中学，但是这一提议遭到拒绝。[42]拉加德继续他的专题研究工作，却得不到其德国同事的认可。他再次得出结论，一场阴谋正在酝酿之中。他承受的负担太重了，在1884年的新年前夜，他宣布中止在神学和语言学领域的所有系统性工作："这些年来，我干了二十个人的活儿，现在我像干了五十个人的活儿一样精疲力竭。"[43]一年后，阿尔特霍夫教授询问他有关七十士译本的工作；拉加德承诺道，如果给予他"明确的公共认可"，并且他的薪水增加到能够让他每年有三分之一的时间在外国的图书馆里度过,他就可以重新开始这项工作。[44]他确实准备了关于七十士译本的一些片段,但是在1891年写给阿尔弗雷德·舍内(他的朋友兼同事)的信中,他说:"我的七十士译本研究正在毁灭七十士译本。"[45]

在他停止七十士译本的工作之后,他宣称要在希腊文本的基础上编写一部完整的评述版《诗篇》。这项工作他也放弃了。的确,他野心勃勃的计划从未得到实现。*在他去世时,人们普遍相信,如此宏大的学术研究,除了他,没有任何一个人能够胜任。19世纪80年代,他再次自费出版了四册《通报》(*Mittheilungen*)和一册《论文》(*Abhandlungen*),其中包含了他的许多专著。多年来,他以这种方式投入了大量金钱,这些钱是他大学年薪的好几倍,但通过销售获得的回报确实很小。

他最后的研究包括希腊语、拉丁语、叙利亚语、迦勒底语、阿拉伯语、科普特语和波斯语版本的文本汇编,并偶尔涉足亚美尼亚文学。[46]这些作品和他早期作品一样不幸,仅受到外国人,尤其是英国人的支持和赞美。†在有关拉加德作品的一篇长篇评论文章中,一位重要的英国《圣经》学者S. R. 德赖弗给予了最慷慨的赞美:

> 在德国,一个男人可以独自一人在五年内完成这些作品,这比大多数英国人一辈子写出的作品还要多,也更好。当然,即使在德国,这样的生产力也是惊人的:如果我们没有记错的话,特奥多

---

* 只有一个例外,他在1888年完成了布鲁诺的意大利文著作的新版本:Paul de Lagarde, *Le opere italiane di Giordano Bruno*, 2 vols., Göttingen, 1888。不是出于喜爱,而是出于对布鲁诺的仇恨,促使拉加德从事这项工作。"我想了解被我们自由思想的磨坊所汲取水分的海洋。"参见Paul de Lagarde, *Ausgewählte Schriften*, ed. by Paul Fischer, 2d ed., München, 1934, p. 201。

† 在英国,S. R. 德赖弗、威廉·赖特和约翰·基思·法尔科纳是其中最著名和最有影响力的支持者。他们中的一个或多个曾几次向拉加德提供经济援助。

第一部分　保罗·德·拉加德和一种日耳曼宗教

尔·莫姆森……是拉加德唯一的上级,甚至是他唯一的对手。但是在研究的全面性方面,拉加德绝对是前无古人的……无论讨论的主题是什么——深奥词语的含义,基督教父的某个篇章,一篇手稿的阅读,对七十士译本的某个段落的解读,或其他内容——他都可以用他的睿智、敏锐和独创性从方方面面去进行阐释,可以说这确实是无与伦比的。[47]

针对拉加德的这种赞誉很少见,尤其是在他那个时代的德国。在他去世后,学术界对他更加友好。不管他的努力有什么瑕疵,拉加德自始至终在诠释学术批评研究的重要性,而这也被普遍认为是他的一项很高的功绩。*

1891年,拉加德前往罗马,踏上了他人生的最后一次研究之旅。他于10月回国,健康状况开始恶化;在那年年底,除了他妻子之外,没人知道他进了医院,并接受了胃癌手术。手术的几天后,即12月22日,他去世了。尽管拉加德此前正式脱离了新教,而且不会有牧师出现在他的墓地,但他还是申请了教堂葬礼仪式。历经多重困难,大学才获准拥有了市政礼拜堂,在那里,大学副校长乌尔里希·冯·维拉莫维茨-默伦多夫,一位伟大的古典学者,根据拉加德本人生前的要求发表了葬礼演说。†

---

* "对于正在学习《圣经》七十士译本的学生而言,保罗·德·拉加德是被尊崇为现代进步之领导者的人……拉加德为研究七十士译本规定了某些规则,总体而言,到现在仍代表了学界的普遍观点和通行的做法。"参见 Richard R. Ottley, *A Hand book to the Septuagint*, London, Methuen, 1920, pp. 71, 93。

† 当然,维拉莫维茨不知道拉加德反对他对哥廷根的呼吁。拉加德在给弗里德里希·阿尔特霍夫,一位在普鲁士教育部很有影响力的议员的信中写道:"出于非常明确的原因,维拉莫维茨不是我们的正确人选。"但对此未加详细说明。1883年4月4日的信,参见哥廷根的拉加德档案。

文化绝望的政治

> 这是一个孤独的人,现在他走向了永恒的寂静;对他的许多同事来说,这是一个完全陌生的人,他只和很少的几个人保持亲密关系……他撒播了伟大的思想和情感的种子,这些思想和情感在千万人心里。他也种下了风,收获了暴风雨。甚至在坟墓里,激情、仇恨和爱、诽谤和崇拜也不会消退。

但是马克·安东尼错了,"人们生前做的好事会在死后也依然留存,保罗·拉加德亦是如此"。维拉莫维茨回顾了拉加德在学术研究上的独特成就("我们中间可能没有人能正确拼写出他在发表的文章里使用的语言"),并谈到了他最大的抱负:"没有什么任务比他计划的《旧约》版本更困难和更出色。"

> 但是这位已逝去的人不仅是博学者,而且人们确实还没有触及他品质的核心……作为先知,他谈到了国家和教会,教育和崇拜,社会和道德。当他的声音仍停留在荒野中时,他也没有灰心。他觉得自己是个先知。他有权利这样做:因为他具有先知的本性。

维拉莫维茨通过援引其他灵魂先知(像奥古斯丁和乔尔丹诺·布鲁诺,卢梭和卡莱尔)而得出结论,和拉加德一样,他们都是宗教人士,他们通过"充分参与主观信仰"获得了成功,并且像拉加德一样承受了很多痛苦。[48]

维拉莫维茨在给其岳父特奥多尔·莫姆森写的信中解释了自己在葬礼中的角色:"拉加德似乎将全部财产遗赠给了科学院。*当然,这也

---

* 实际上有着诸多附加条件,拉加德才将他的财产(包括图书馆)都交给了科学院。正如维拉莫维茨所说:"不是没有自我否定,但科学院接受了他的遗产,而皇家政府也同意了这种接受,这样他们各自以自己的方式在一个追求最高境界的人的意志面前屈服了,按照他所提出的条件。"(参见 Ulrich von Wilamowitz-Moellendorff, *Reden und*(转下页)

第一部分　保罗·德·拉加德和一种日耳曼宗教

让我十分着迷,想试图去了解他身上不确定的本质,在我看来他是一个既不同寻常又重要的人。对于政府部门而言,他一直是个不讨人喜欢的角色,所以[我的参与]可能会对我不利,但我不在乎。"对拉加德的反犹太主义深感不快的莫姆森只是回答道:"对于拉加德,有很多因素本来可以使其成为一位伟人的,但是……"他给我们留下了很多无法解释的东西。[49]

拉加德错失的不仅仅是成为伟人的机会。他是一个内心迷茫的人,稍纵即逝的满足感并不能使他卸下沉重的自我负担,不能使他消除忧郁感以及弥补内在自足感的缺失。这个人对自己和他人都提出最苛刻的要求,他努力地工作,拥有无止境的抱负,耗费了大量精力在自己给自己安排的任务上,并一次又一次地遭遇失败。毫无疑问,这在一定程度上是由于他对知识的渴求;也可能是长期不能集中注意力的原因。对于拉加德来说,这种失败一定特别痛苦。他如此轻率地指责他的同事们的一些较小的缺陷,而且常常毫无理由地用尖刻的语气断言:学术研究是一种道德行为,而学术上的缺陷就是道德上的失败。威廉·詹姆斯曾经将自尊定义为:自尊=成功/自负。[50]拉加德的分数表明他是一个极度不开心的失意男人,他妻子的话也证实了这种印象:"实际上,拉加德拥有的自尊很少。"[51]他主要是过于自负,取得的成就也断断续续。作为学者,他没有达到自己的目标。作为爱国者,正如我们看到的,他在不可能实现的期望和毫无意义的沮丧之间来回穿梭。他非常喜欢孩子,但是到死也没有孩子。他总是在寻找朋友,但几乎没有什么朋友。他永远无法摆脱母亲去世的遗憾,也无法摆脱关于父亲的恐怖记忆。

(接上页)*Vorträge*, Berlin, Weidmann, 1901, p. 91)1893年,拉加德的图书馆以三万马克的价格卖给了纽约大学,直到现在,拉加德图书馆一直都是一个独立的部门。它是美国最好的东方图书馆之一。我非常感谢纽约大学高地图书馆的前任主管特奥多尔·琼斯博士允许我借用拉加德的一些书。琼斯博士告诉我,拉加德的旧桌子、旧椅子在图书馆存放了很久,但是最近消失不见了。

他的一些诗歌将他的孤独表现得淋漓尽致,他只出版了其中的一部分,死后他的妻子才将他的所有诗歌整理出版。[52]其诗歌风格呆板而凝重,句子通常采用简短的陈述句,没有韵律,也缺乏美感。但是,就像他的散文一样,诗中充满了他的痛苦和渴望的激情。一位仰慕拉加德的评论家将拉加德描述为"最有日耳曼特点和最虔诚的怀旧诗人"。[53]迟至1887年,拉加德才悲伤地写道:

> 哦,母亲,你自己也是一个孩子,当你生产时,
> 作为我的玩伴,你为什么不留下?
> 我是怎么长大的,和谁?
> 因此我到年老还是个孩子。

还写道:

> 生命中最糟糕的是
> 死寂般的孤独,
> 在那里灵魂不记得所有语言,
> 也不会发声或者听闻,
> 但是作为已逝时光的化石,
> 像留在马路上的碎石。

但是这位孤独的男性也表达了自己愤怒:

> 我们已经相爱很久了,
> 今天我们要开始憎恨。

拉加德在许多方面的情绪波动就像个孩子:一旦受伤,便惊恐万状,

渴望得到别人深情的认同,但又害怕失去自己的自主性,因此他拒绝甚至侮辱那些他想去结交的朋友。他十分肯定别人对他怀有阴谋,并私下密谋报复以及公开谴责,直到他的朋友退缩、困惑,甚至被他激怒。

但是他的读者和信徒对他的悲哀一无所知。他们只听到一位先知不断发表自己的见解,不断呼吁他们走向伟大。他们认为拉加德是一位真正的先知。

第二章
反现代性的理想主义

> 我们热爱并渴望看到的德国从未存在过,也许永远也不会存在。
>
> ——拉加德

拉加德是德意志帝国最伟大的批评家之一。他的《德国作品》是文化批评的经典。很少有其他作品能如此全面、残酷地批评俾斯麦帝国隐藏的弊端:信仰的丧失、人民的不团结、教育的腐败和道德的衰落。没有人曾将这种批评与如此热情的民族主义相结合,正是这种结合使拉加德获得了巨大的感召力。

拉加德在四十五岁时首次转向了社会批评。在那之前,他除了于1853年做过两次未公开的政治演讲外,一直致力于自己的学术研究,他与官方世界的唯一联系就是他们之间断断续续的矛盾。在19世纪50年代和60年代,拉加德感到自己与德国的政治已经相当疏远,到1872年时,他的心境和同胞们的心境已完全不同。当同胞们为国家的军事胜利和民族统一而欣喜若狂时,拉加德已经开始展望未来,他认为灾难将会击垮新生的德意志帝国。在《德国作品》中,他试图去警告同胞们要抵制那些会消灭他们本性并最终摧毁德国的新的、恐怖的危险。

第一部分 保罗·德·拉加德和一种日耳曼宗教

他像先知一样去写作。他既不推理也不阐述,只是诉说了他的苛责和哀叹,还有凭直觉获得的真理和预示。他的作品中没有任何清晰可见或系统化的东西;他在每一篇文章里,都会从一个主题跨越到另一个主题,交替书写抽象的概论和具体的建议。其作品的普遍情感是绝望,而占主导的语气则是一种牢骚式的英雄主义。

作为一个孤单的人,拉加德未表态支持任何事业或政党,他看到了新生的德意志国家里的每一个团体的弱点。他写的很多书都愤然远离现实,但他的一些预言十分带有洞察力。比起那些沉浸于国家跳跃式前进的健康之人,他更能够感受到别人的苦楚,也更感受到文化弊端的存在。

拉加德关于宗教、政治和教育的复兴计划(将在后续各章中讨论)并不是通过任何内在逻辑或哲学结合在一起,而是通过他对人的本性和德国命运的设想而结合在一起。本质上,他是一个道德家,从一种简单的道德角度看待世界和人类。尽管他那个时代的德国人屈服于各种邪恶和诱惑,但德国人民仍然拥有自己独特的使命,他们也想享有崇高的道德生活。作为先知,他试图教导德意志人民战胜敌人并恢复德意志过去的伟大。正是拉加德的傲慢自大让他公开承认甚至相信自己是能够让德国重生的先知。他也不想只是成为上帝的先知。他自认为是(并被别人称赞为)代表德意志精神和纯洁民族精神的先知。

拉加德认为人是意志、精力和情感的产物,对于人来说理智是次要的:"人的核心不是他的理智,而是他的意志……就像一切美好的事物一样,知识也是通过意志被获得的,意志的翅膀是感性和想象力,其驱动力是爱。"[1] 人是灵性的存在,灵魂的需求远比身体的需求重要得多,也更难以抑制。当拉加德坚称自己是最后一个捍卫德国个人主义的人时,他根本没有考虑政治权利;他认为自己是德国人天性的最后一位拥护者。他想重塑社会,以便伟大的人能够实现自我,且没有人会被剥夺权利,每个人都能完成上帝为其制订的计划。

和许多相信人类伟大的人一样，拉加德为人类的弱点感到烦恼，总是害怕自己会屈服于新的诱惑。拉加德认为，德国人的天性会因物质上的舒适而消亡，因为人只有在逆境中才能茁壮成长，并且只能在永恒的奋斗中成长。工作和苦难使人高尚，最糟糕的恶习是自我放纵。人类平等的概念是一个虚构的神话，而承认不平等则是一种心理上的必要，因为"一个人最大的快乐就是敬畏他人，或者说得更放肆一点，就是承认别人高于自己，爱别人和被他人爱"。[2]

拉加德的道德思想并不是其独创的。我们在他的思想里发现了新教尤其是路德教与普鲁士精神的融合。我们也看到了德国浪漫主义作家和解放战争文学中的一些主题。但是对于拉加德来说，这种道德洞察力包含着一个有关人类存在的真理：他正在把自己遭受的苦难和失意的生活理想化和合理化。*从拉加德关于人类道德生活的英雄主义观点来看，他的个人经历和怨恨情绪与其文化批评的总体主张非常吻合。

同样的道德观塑造了拉加德狂热的民族主义："我无法以其他任何方式去理解一个国家的生活，除非将其类比为一个人的生活……一个国家，就像一个人一样，也拥有精神，归根结底，无论对于国家还是个人，只有精神才拥有价值。"[3]因此，德意志帝国的所有物质胜利都算不上什么，它们是邪恶的，因为它们危及了德国人的灵魂。拉加德的批评变得更加活跃了：他开始怀旧般地回忆早期还没有腐败的德国，当时德意志精神和德意志民族特性的英雄本质还在盛行，并通过德国英雄这个特殊的种族体现出来。他与现代德国发生争吵不是因为德国存在不公正现象或滋生了贫困，而是因为它使上了年纪的那一代人衰落，并破坏了传统美德。

---

* 拉加德在无数文章里歌颂他的逆境经历。在反思他职业生涯里碰到的所有障碍时，他曾经写道："没有这些困难的影响，我就不会成为现在自由的我，而自由——脱离世界的内心独立以及转向上帝——对我来说比任何科学成就更有意义。"参见Paul de Lagarde, *Symmicta*, Göttingen, 1880, II, 138。

第一部分　保罗·德·拉加德和一种日耳曼宗教

只有重新致力于共同的目标和任务,才能拯救德国灵魂。每个国家都有上帝赋予它的任务,拉加德想为他的人民确定国家的任务。正如我们将要看到的,这些任务在德国的帝国主义命运和对中欧的殖民化中达到了高潮。除了帝国主义,拉加德还设想了德国的重生,那时德国和所有德国公民的灵魂将被一种新的宗教融合,并在一个由日耳曼信徒组成的新群体中得到保护。向着这个乌托邦目标,拉加德开始在政治上努力并且制订了改革计划。

显然,拉加德的观点与19世纪的主流观点不同。他嘲笑现实世界。他不相信实证主义,厌恶物质主义,并讽刺进步。他提出了一些问题,并设定了与那些自由主义的、开明的同代人不同的目标。他鄙视商业世界。爱国文人的平淡无奇的欢声笑语激怒了他,加深了他对问题严重性和悲剧性的认识。*如果生活除了安全、收益和一点学问之外再没有什么可提供给人类的,如果一切风险和牺牲都被消除了,那将是一种悲惨的空虚生活。拉加德一直认为自己是一个孤独的战士。实际上,他属于19世纪的持不同政见者,也是埃里克·本特利所说的英雄生机论者(heroic vitalists)。拉加德对英雄生机论的信仰与强烈的民族主义偏见混合在一起,成为他性格里最主要的偏见,也是他做出判断的出发点。

对拉加德来说,这是一种令人恼怒、激动人心的偏见。他的这种崇高形象鲜少被人理解。很少有人认为世界是永恒的战场,也很少有国家效仿斯巴达。19世纪因为普遍的傲慢自负(Podsnappery),英雄主义遭到隐藏和否认,只有在我们的回忆中,英雄才似乎显得英勇。直到最近,我们才发现并开始羡慕我们有主见的祖先那令人钦佩的能量。

---

* 他认为,文人事实上是现代德国每一种毁灭灵魂的力量的典型表现:"新的帝国表面上漂浮着的是文人……这种有毒的杂草必须从我们的溪流和海洋里根除,没有这种杂草就无法生存的政治制度也必须根除。然后,干净的镜子将映射出岸上的花朵和天上的星星,古老的众神将要从深处再现,没有人会怀有任何恶意。"参见 Paul de Lagarde, "Die Religion der Zukunft"(1878), *Deutsche Schriften*, 3d ed., München, 1937, p. 276.

拉加德只看到了衰退。*旧的德意志正在迅速消失，取而代之的是世俗社会，一个新的唯利是图的巴比伦国家吞噬了所有人。《德国作品》到处都是对现代性的扭曲批评，这些批评往往出自具有乌托邦倾向的人之手，比如极有可能出自卡莱尔或丁尼生以及拉加德本人笔下。工业社会的弊端是巨大的，尤其是在初期；那些作家用过去的怀旧梦想折磨着人们的心灵，使工业社会的弊端变得更加让人难以忍受，这些梦想描绘了从未存在的过去，又预言了永远不可能到来的未来，他们一直在诋毁而不是解释当下的状况。

拉加德毫不费力地列举了文化衰退的表现。他一次又一次地抱怨道德普遍滑坡，美德不断衰落，人们集体沦为消极懒惰状态。没有一个人能免受新兴民众的影响。人们对标准的随意贬低随处可见，如果一直持续下去，"我们都将陷入虚无：因为我们在1870年拥有的精神生活资本在我们历史的最后一个时期几乎用尽了，我们正面临破产"。[4]例如，我们的语言一直在被破坏："我们的语言已经停止言说，而是转为呼喊；人们说的都是奉承的话，而不是出色的、有分量的话，它们并不伟大；我们的语言再也找不到合适的词了，因为词已不再是物体的名称，而是关于该物体的闲言碎语。"[5]持续的被动状态带来的惩罚将是集体死亡："所有的精神力量应该被释放，所有虚假应该被铲除，所有理想主义的组织都应得到允许和鼓励：如果这样做，活着将是一种快乐。反之，就是一种惩罚，我们不得不目睹我们的国家一步步消亡。"[6]

拉加德认为大多数德国人生活得并不快乐，而新的商业社会滋生了这种不满和怨恨。简而言之，他认为每个人迟早都会受到绝望的折

---

* 而且随处可见。从他在1871年8月发送给妻子的概要中可以看出，他是如此简单地将任意事件进一步转化为普遍衰落的证据："在卡塞尔的火车站，有三名黑森州农妇，由于劳作和不幸，她们年事已高，饱经风霜。她们只能谈论苦难和悲伤。在我看来，好像她们是从这个自由的、强大的、完全不像德国的新德意志帝国移民过去的一样。我们崇拜外国的神灵——那是我们的祸根。"参见 Anna de Lagarde, *Paul de Lagarde*, p. 93。

第一部分　保罗·德·拉加德和一种日耳曼宗教

磨,这种绝望使他感到压抑。早在1853年,他就在自己的第一篇论文中写道:"我们都非常不满。"[7]在德国成功统一之后,他坦言:"我们的生活比任何人想象的都更加无聊。"[8]这也是其文化批评的永恒主题。没有使人高兴的工作,没有富有创造力的艺术,没有高尚和鼓舞人心的信仰。典型的公民追求舒适和成功,对外面的世界没有感觉。只有不满和享乐主义。只有平庸、沉闷、单调的中产阶级生活、物质主义和文化贫瘠。"这个国家十分无趣:因此,人们通过抽烟、读书、看戏、饮酒、居家园艺以及痴迷于幽默杂志来试图消除他们的意识——他们在任何时间都无法忍受孤独。"[9]他指责城市的空虚和商业生活的腐败,于是一幅保守主义审美抗议活动的图景便呼之欲出。[10]"劈柴都比继续忍受这种可鄙的文明生活和教育要好;我们必须回到我们生存的源头,在孤独的山顶上,在那里我们是祖先,而不是后嗣。"[11]拉加德担心这种文化苦闷带来的后果,然而这些却通过他的作品传播得更加广泛。

1871年之前,拉加德希望德国的政治统一可以实现精神上的复兴。但是俾斯麦的德意志帝国很快使他的这种希望破灭了。他认为,这种形式的统一不会激发国家的创造力,反而不可估量地加速了其精神崩溃。"从没有一个产物像它一样如此毫无乐趣。"* 年轻人并没有被突然

---

* Paul de Lagarde, "Vorrede", 1885, *Deutsche Schriften*, p.99. 当然,拉加德并不是唯一持这种看法的人。尼采于1873年发表了他的《不合时宜的思考》(*Unzeitgemässe Betrachtungen*)的第一部分,他警告人们不要犯同样的错误,那就是相信德国的军事力量能证明其文化的优越性,没有什么比这更危险的了。实际上,他预见到"失败——是的,为了'德意志帝国'而摧毁德国精神"。参见 David Strauss, *der Bekenner und der Schriftsteller*, in *Nietzsche's Werke*, Leipzig, Naumann, 1906, II, 4. 尼采和拉加德可能是最直言不讳地批评俾斯麦创作的批评者,其他人也很快加入他们。参见 D. Wilhelm Lütgert, *Das Ende des Idealismus im Zeitalter Bismarcks*, Gütersloh, 1930, pp. 224—225; 该作品讨论了在统一后立即兴起的"德国悲观主义"。其他有建设性的解释,可参见 Otto Westphal, *Feinde Bismarcks. Geistige Grundlagen der deutschen Opposition von 1848—1918*, München and Berlin, 1930, pp. 94—147。

033

32　的爱国热情所笼罩,他们对德意志帝国的政治或军事野心感到厌烦:"他们想为一个具体的理想去斗争,他们想经历危险、风险、牺牲和死亡,并且不想机械重复他们的祖父就已经考虑的陈词滥调。"[12]新的德意志帝国通过各种可能的方式阻碍个人自由的正常发展,因而消灭了文化焕发活力的唯一来源。"一切都取决于人类,德国最缺少的就是人了。德国对国家、公众舆论、文化和成功都怀有崇敬之情,却对能给德国带来生命和荣誉的个人怀有最大的敌意。"[13]

对现代性的日益厌恶促使拉加德提出文化批评和雄心勃勃的改革。在二十年的时间里,他探索了德国人精神崩溃的原因、症状和根治方法,进而发现犹太人、自由主义者和学者才是导致德国人精神崩溃的原因,而新宗教、新政治、新贵族以及新的教育系统可以根治这些弊病。他的很多深刻合理的批评不应该被否认。德国的每个批判性思想家都有类似的疑虑,近来在西方国家也经常听到同样想法的批评,而且同样强烈,但在我们国家,这种批评达到了令人震惊的程度。更确切地说,拉加德的不足之处在于他的分析,在于他不符合历史事实,过度将社会缺陷拟人化,在于他自相矛盾的自由主义信仰,即认为社会思想可以影响重大的精神改革。拉加德的阴谋论社会观也给人留下了深刻的印象。他对德国的描述与对哥廷根的描述没有什么不同,在那里,纯粹的拉加德被一无是处的同事所困扰。在他的文化批评中,这种阴谋论观点解释了他的一些残忍的计划,但它也补充了拉加德关于人和国家的英雄观念。正是这种英雄形象使他在自己和他人眼中都是一位理想主义者,同时也是一位为旧价值观和超验理想战斗的无私斗士。

33　　拉加德在很大程度上是一个理想主义者。在19世纪,德国人使用的这一术语具有多重含义。*在拉加德关于人与民族的审美英雄观中,

---

* 他也一直被誉为理想主义者。在魏玛共和国期间出版的重要的右翼英雄的目录中,我们发现拉加德被描述为"政治上的理想主义者……他非常清楚政治(转下页)

第一部分　保罗·德·拉加德和一种日耳曼宗教

在他非理性、超自然、神性的伪宗教信仰中，在他对天才的赞美中，他与18世纪后期的一场历史运动十分接近，即理想主义。在贬低政治人和经济人、贬低日常生活中的普通人以及贬低顺应他的政治文化时，他表现得像一个理想主义者，因为他拒绝了现代性和实用性，因为他宁愿为一个不切实际的未来立法，也不愿改革棘手的现状。拉加德文化批评的最终目标似乎是理想主义的，直接的改革往往涉及身体上的暴力和摧残。这再一次让我们想起拉加德传记的某些特征：从小时候开始，他就习惯了明确地厌恶一个东西，却将他的爱放到了一个已逝且无法恢复的理想物体之上。

因此，对于许多德国人来说，拉加德是一个理想主义者，就像希特勒成为另一代人的理想主义者一样——马克思和俾斯麦在这方面从来都不是理想主义者。拉加德帮助确立了反现代性的理想主义，而且，正如我们目前看到的那样，他将激进的暴力和暴政纳入了其改革计划。但是，正如拉加德日后的声誉所表明的那样，这些改革能够在获得许可的同时，而不会使对现代性的怨恨失去其理想主义的可敬性。　34

（接上页）必须是具体而实际的，但因为具体的东西是那么不切实际，因此德国真正的政治家必须是理想主义者"。参见 Franz Hahne, "Lagarde als Politiker", in *Deutscher Aufstieg. Bilder aus der Vergangenheit und Gegenwart der rechtsstehenden Parteien*, ed. by Hans von Arnim and Georg von Below, Berlin, Schneider, 1925, p. 287.

第三章

日耳曼宗教

你不应当杀人,但也不必殷勤地为生存而奋斗。

——亚瑟·休·克拉夫

当一个人的邻居家房子着火了,他继续去研究火的性质,而不是去扑灭大火,这是一件多么羞耻的事情。纯粹的神学一文不值;今天的世界大致可说是邪恶的、不道德的;改善这个世界必须成为我们生活和劳动的首要目标。

——拉加德

拉加德曾经说过:"我不过是个神学家,对其他所有事物的兴趣都以我的神学为中心。"[1]的确,在对有序的基督教失去信心之后,德国的神学和宗教生活的革新就一直持续地、深刻地吸引着他。拉加德的宗教思想创造性地综合了他的学术研究和改革意愿,并且也正是作为一名宗教思想家,作为一名自由神学家和处于正统观念边缘的批评家,拉加德才会对德国思想产生最深远的影响。[*]他对基督教教义的批评,对

---

[*] 能够最有力地证明拉加德之影响的就是恩斯特·特勒尔奇将其著作集(转下页)

第一部分　保罗·德·拉加德和一种日耳曼宗教

新教徒的讽刺和对政治天主教的抨击理应闻名于世,而他关于一种新的民族宗教将以某种方式从仍未腐败的德国民众、从未受过教育的阶级中产生的预言,在一个充满不安的世俗社会中引起了共鸣。

在拉加德的宗教批评和预言中,他人生经历的所有方面都融合在了一起。在这里,我们发现了他年轻时的浪漫主义以及他晚年的成熟学术研究;在这里,我们发现了他那个时代的一位失望的批评者,以及一个儿子反抗父亲及其信仰的痕迹。拉加德一生的希望是找到一个新的信仰,一个新的耶路撒冷:一个经历了一生意想不到的孤独后的避难所。

拉加德的激进主义在他关于宗教的文章中表现得最为有力。他想成为民族改革家,成为德国人的精神导师:"我无意于抽象的真理。我要团结和解放我的人民。"* 他称他的读者为"我教堂会众的成员",他的话阐明了他自由地将虔信主义、理性主义和浪漫主义想象融合在一起。他孜孜不倦地反对着现有信念中无价值和错误的东西,并宣布如今迫切需要一种新的信念。

拉加德是在19世纪40年代末和50年代初与正统宗教决裂的。† 但

(接上页)第二卷献给了对"保罗·德·拉加德的回忆"。特勒尔奇在1903年首次发表的文章《神学和宗教的现状》中写道:"拉加德是最令人振奋和最重要的神学家之一,同时也是最奇怪的一位……他的《德国作品》铸就了如此有力的散文,他伟大而重要的思想终于产生了应有的影响……这种影响不仅存在于神学家中,也存在于外行中;他把所有这些问题的严重性和伟大意义摆放在他们的心里和良知里。"参见 *Gesammelte Schriften*, Vol. II: *Zur religiösen Lage. Religionsphilosophie und Ethik*, Tübingen, 1913, pp. 19—20。

*　"我是人民的捆绑者和解放者。"(Paul de Lagarde, *Symmicta*, Göttingen, 1880, II, 106)拉加德罕见地使用了捆绑一词,这肯定是在效仿福音书中的"我实在告诉你们,凡你们在地上所捆绑的,在天上也要捆绑;凡你们在地上所释放的,在天上也要释放"(《马太福音》,18:18)。

†　阿尔萨斯天主教改革家弗朗茨·克萨韦尔·克劳斯谈到拉加德时说:"他经常对我说,他是一个大异教徒,但这个异教徒仍然是我在这个地球上所遇到的最敬畏上帝的人之一。在这个陌生人面前,永恒的光芒向世界闪耀。"引自 Rudolf Grabs, *Paul de Lagarde und H. St. Chamberlain*, Weimar, 1940, p. 12。

文化绝望的政治

其怀疑和幻灭的最初萌芽来得更早,在他父亲家里,他注意到了理想与现实之间存在的差异。*小时候,他观察到施莱尔马赫死后宗教生活的衰落。在后来的几年中,他借鉴了施莱尔马赫将哲学与宗教结合在一起的尝试:"早晨,施莱尔马赫在G弦上演奏宗教,下午在D弦上演奏哲学;有需要则上下对调。"拉加德还巧妙利用了施莱尔马赫名字的双关语:"施莱尔马赫(Schleiermacher)的死并没有造成多大的鸿沟,因为它表明,即使是在那个时候,这个正在张开的深渊也没有被他为受教育阶层架起的桥梁所跨越,而只是被他掩盖(verschleiert)了。"[2]在大学里,拉加德遇到了新教内部的激烈冲突,一方是僵化的正统论,另一方是自由神学。在这些极端之间是一群无效的调解人,他们无法理解亨斯滕贝格和戴维·弗里德里希·施特劳斯之间是不可能达成和解的。虔信主义者和理性主义者之间也不可能找到共同点。拉加德从其多年研究中发现了《圣经》批评的力量,他逐渐意识到,只有奠定语言学的基础,才能构建有效的宗教体系。他计划编辑的七十士译本就是想要提供这个基础。

拉加德对有序的基督教的反感产生于德国教会深陷危机之时。神学的不确定性和教会的分裂被证明更加危险:因为基督教本身受到了来自外部的激进攻击,尤其是来自左派的黑格尔主义者。19世纪40年代初期,路德维希·费尔巴哈和布鲁诺·鲍威尔的重要著作问世,这进一步鼓励了受教育阶级远离宗教。拉加德是一个敏感的观察者,他观察到人们对宗教日益冷漠和不安,尤其是资产阶级新教徒世界的宗教。1848年的革命对教会的冲击更大。新教徒和君主的关系变得更加亲密,因此也与人民之间的距离越来越远。对于天主教徒而言,革命意味

---

* 尼采是新教牧师的儿子,也是一位比拉加德更为激进的批评基督教的批评家,他曾指出这些早期印象的重要性:"作为传教士的孩子,许多德国哲学家和学者在童年时期就对牧师产生了第一次的印象,并因此不再相信上帝。"引自Ernst Benz, *Nietzsches Ideen zur Geschichte des Christentums und der Kirche*, Leiden, Brill, 1956, p. 174。

第一部分　保罗·德·拉加德和一种日耳曼宗教

着他们需要开始政治生活,需要召集信徒采取共同政治行动。

拉加德提醒人们要提防政治天主教徒,以及新教徒与君主专制政体的再度联手。*他谴责了整个官方的新教倾向,认为其与威廉三世的宗教政策极为一致,国王建立路德宗和归正宗联盟就是一个缩影。根据拉加德的说法,这个联盟削弱了新旧两派势力,堪称是腓特烈·威廉三世("普鲁士有史以来最失败的国王之一"[3])统治时期一个值得纪念的丰碑。而腓特烈·威廉四世与他的私人高级参谋或宗教顾问也没有对此政策提出任何改善意见。

到了1853年,拉加德开始公开谴责当时的"破烂神学"（Lumpentheologie）。[†]在尼采宣告上帝已死的二十五年前,拉加德就宣告了基督教的精神破产,宣告了德国宗教信仰的死亡,并强烈批评表面上的宗教狂热取代了真实的信仰。在随后的几十年中,拉加德阐述了对德国现有教堂和宗教生活的批评,并加大了对所有当代神学的攻击。他更加迫切地认为只有自己民族的宗教才能拯救德国。我们将看到,他的改革方案融合了幻想和微小的细节。在其后期阶段中,拉加德不

---

* 现代学者以几乎相同的方式评价了革命之后新教内部的发展。在他半官方的新教教会历史中,卡尔·库皮施（Karl Kupisch）指控19世纪50年代的新教教会并得出结论:"在社会主义宣传能够将其作品推向大众之前,这个新教教堂由参加礼拜仪式的游客组成,如今却越来越失去其作为教堂会众的特点。"参见 *Zwischen Idealismus und Massendemokratie. Eine Geschichte der evangelischen Kirche in Deutschland von 1815—1945*, Berlin, 1955, p. 69。威廉·O.沙纳汉（William O. Shanahan）在同一时期写道:"在关键时刻,德国新教投靠了欧洲生活的威权主义和农业传统,并公然鄙视业已形成的城市、工业和自由主义世界。德国的新教掩盖了平民失去信仰的事实,因为新教奉行君主制权威,所以不能站在人民的一边。"参见 *German Protestants Face the Social Question*, Vol. I: *The Conservative Phase 1815—1871*, Notre Dame（Ind.）, 1954, p. 301。

† 1853年,他在伦敦给未婚妻写信:"你信中说我比以前更加正统了。我不知道。对你来说或许是这样,因为在这里我不必面对胜利的反应,包括约翰·维希昂的内在使命（Innerer Mission）和不科学的、带有欺骗性的神学。反对派消失了,而反对'破烂神学'的苦涩和锋芒也随之一同消失。"参见 Anna de Lagarde, *Paul de Lagarde*, p. 31。

受神学和政治发展的影响,而只是在他自己的意识形态基础上进一步发展。一个例外是,他直接谴责了文化斗争,并认为文化斗争是对必然走向灭亡的天主教的一种愚蠢而轻率的抨击。*

拉加德的神学思想是其宗教情感和一些经常自相矛盾的主流神学和历史观点的结合,这种结合非常特殊,并且没有系统性。拉加德本人是一个多愁善感的有神论者,是一个宗教人士,他能够感受到敬畏、尊崇和神秘感。他认为上帝是人类的创造者和救赎者,并为每个人和每个国家设想了一个独特的命运。历史就是人类不断接近这一命运,"但在历史世界中,光明的灵魂旁边还有一个被称为罪恶的黑暗之魂,其踪影遍布各处,其行为在每一个角落都可以被辨认出来"。[4]

他的有神论是从虔信派运动和浪漫主义运动中汲取的灵感,后者尤其加快形成了他自己的宗教意识,并有助于他理解别人的宗教经验。另一方面,这与他信奉神学理性主义相符合,和莱辛以及德国启蒙运动所提出的哲学怀疑论、语言学批评相符合。他充满激情的信念,即宗教和进行宗教生活的能力是人民及其国家赖以生存的必要因素,没有这些因素,人们就会逐渐枯竭,这表达了他的内心体验和历史判断。对他来说,宗教不仅是一种社会凝聚力——对于19世纪的许多思想家而言也是如此。它植根于人类不可磨灭的渴望中,渴望与上帝和超自然事物取得联系。这是一种对崇高和不可言喻之物的追求,是一种对超越自身卓越的追求,也因此是一种对人类进步的追求。

但是现存的基督教已然失势,拉加德也和他们断绝了关系,他再

---

* 拉加德是为数不多的反对文化斗争的非天主教徒之一。另一个著名的非天主教徒是康斯坦丁·弗朗茨,他于1872年发表了他的《民族自由主义宗教》(*Religion des Nationalliberalismus*),该书谴责了文化斗争背后的自由主义意识形态,与拉加德的态度和倾向几乎一样。

次发现自己情非所愿地成了局外人。*他对基督教的控诉包括两个部分，对基督教条真实性的历史性抨击和对其当代机构的批判。他的目的主要是否定性的：清除过去的瓦砾，为建设新兴国家的庙宇做准备。†

拉加德对基督教教义的内容和真实性进行了无情的批判。他全力以赴用《圣经》批判去反对（基督教）教派，并增加了一些自己独特的东西在里面。像以前的很多批评家一样，他试图去推翻伪教条的壁垒，这壁垒下面埋葬着真实的信仰。"十四个世纪塑造了基督教，这不是一个人的工作，也不是耶稣的唯一工作，而是许多人和许多民族共同努力的结果……[现在]它注定要走向毁灭，因为它吸收了犹太元素。"[5]教会的一些基本教义（例如三位一体和婴儿洗礼）甚至在《圣经》中找不到任何正当理由。万恶之源也不过是福音：它"是宗教天才对精神生活规律的阐释"，后来变成了基督教，"这种新物质是由融合了福音的犹太、希腊和罗马元素组成的"。[6]到了19世纪中叶，福音派和基督教已完全不同，而长期被（基督教）限制和歪曲的福音也应该从教会中解放出来了。‡

---

* 沃尔特·尼格（Walter Nigg）将拉加德列为基督教自由主义者中的"局外人"，他认为，如此异端的信徒只能被归入正统的自由派反对者中。参见 *Geschichte des religiösen Liberalismus. Entstehung, Blütezeit, Ausklang*, Zürich and Leipzig, Niehans, 1937, pp. 286—288。

† 或者，正如他在有关宗教的重要论文的结尾所说的那样："只有真理才能使我们自由，而我的政治论文是为了消灭教育、宗教和政治问题中的虚伪，无情地消灭这些虚伪，为将来的自由真理铺平道路，除此之外，没有其他目的，我们要自由，而不是自由主义；我们要德国，而不是关于德国的犹太-凯尔特定理；虔诚，而不是已经失去重要影响的教义学，政府掌握着这些教义学的钥匙……我们希望获得认同，渴望教育以及改变我们的本性，但我们不想被俄国马车夫驱赶，受法国人束缚，遭犹太人鞭挞。"参见 Paul de Lagarde, "Die Religion der Zukunft", *Deutsche Schriften*, p.285。

‡ 巴塞尔神学家，尼采的朋友弗朗茨·奥弗贝克在一封热情的信中，感谢了拉加德关于宗教的论文，并评论说："我必须回想到很多年前，然后我才能想起像你的（转下页）

文化绝望的政治

耶稣的基督教形象本身就是一种曲解,让人实在无法忍受。赞美耶稣的死,而不是他的生命,赞美他的痛苦,而不是他赋予生命的喜悦,歌颂他的牺牲而不是他的教义,这是不可原谅的事情,是犹太人严重的歪曲。* 耶稣被奉为天主教的中心:弥撒(圣餐或者基督教圣餐,这些拉加德嘲笑和鄙视的词语)试图去纪念耶稣,其实是在重演耶稣之死。这就是犹太人喜欢庆祝重大历史事件,而不是这件事情所包含的永恒精神的结果。和拉加德说的那样,罪魁祸首就近在身边。犹太人保罗,"完全未经许可……即使改变信仰,但他从头到脚仍然是个法利赛人",他从不了解耶稣,还故意躲避那些幸存下来的门徒,他将犹太教信仰和风俗掺杂在基督教之中,贬低和玷污了耶稣的绝对真理。[7] 拉加德讨厌扫罗(Saul),对他改名为保罗(Paul)一事时常加以讥讽。†

(接上页)著作一样给我带来知识盛宴的神学著作。就你对福音书和基督教的区别所涉及的这种新观念而言,你不能指望现成的理解,更不能指望从一个在这件事上不完全无拘无束的人那里得到理解。"1873年2月1日的信,参见哥廷根的拉加德档案。奥弗贝克呼吁尼采留意拉加德的论文,尼采又敦促他的朋友罗德"不要忽略这个简短而又令人惊讶的作品,它错误地陈述了五十件事,但是正确而诚实地陈述了另外五十件事,因此是一部非常好的作品"。1873年1月31日的信件,参见 Friedrich Nietzsches Gesammelte Briefe, 2d ed., 1903, Leipzig, II, 394。

* 当然,萧伯纳也嘲笑"十字架基督教"(Crosstianity)和"通过吉卜赛人拯救世界的迷信"。参见 Preface, Major Barbara, New York, 1907, pp. 30—31。

† 圣保罗和《旧约》已经受到18世纪德国哲学家的攻击。拉加德的论文追溯到了费希特对圣保罗的谴责,但其他欧洲思想家同样对圣保罗怀有敌意。埃内斯特·勒南在其关于圣保罗的书的结尾处写道:"在经历了三个世纪之后,多亏了正统的新教,这位卓越的基督教老师,保罗看到了他在我们这个时代的统治即将结束。"参见 Saint Paul, trans. by Ingersoll Lockwood, New York, Carleton, 1869, p. 330。反过来,拉加德的抨击对尼采产生了深远的影响,尼采"对圣保罗最初的不信任来自拉加德"。参见 Charles Andler, Nietzsche. Sa vie et sa pensée, 2d ed., Paris, Gallimard, 1985, 485。这些最初的激荡在他后来的爆发中得到了呼应:"《圣经》还讲述了一个最雄心勃勃、最引人注目的灵魂的故事,一个既迷信又狡猾的头脑,使徒保罗的故事——除了少数学者,谁知道这一点?然而,没有这个奇怪的故事,没有这样一个头脑、这样一个灵魂的混乱和风暴,就不会有基督教;我们几乎没听说过一个小的犹太教派的主人死在了十字架上……(转下页)

第一部分　保罗·德·拉加德和一种日耳曼宗教

保罗所说的关于耶稣和绝对真理的一切都是不可靠的……我们如何与建立在这种基础上的教会打交道呢？如果人们更喜欢保罗的版本，他们应该承认"保罗，而不是耶稣，是我们的救主"。*如果他们不这样做，那么基督教就必须彻底摆脱其犹太遗产。

即使是在后期阶段，区分基督教和犹太教也是在承认一个明确的历史真理以及耶稣自己的意图。他不是《旧约》中的耶稣基督。这个受启发的凡人，这个人类历史上超越宗教的精灵，实际上是在有意识地反叛法利赛人的犹太教。当耶稣说道"我是人类的儿子"时，他真正的意思是"我不是犹太人"。最初的反叛行为现在应该加以完成，犹太人过去一向拒绝承担这种责任。†

基督教教会就是这些虚伪、腐败的教条的捍卫者，教会在这些人的工作实践中已经堕落了。古老的庙宇在虚伪的根基上摇摇欲坠，基督教的牧师们碌碌无为，教堂会众日益减少，信仰正在从人类的生活中消

（接上页）基督教的船将大量带有犹太人性质的压舱物丢向船外，然后起航出发，在异教徒的环绕之下——这都是由于一个人，一个备受折磨、非常可怜、非常不开心的人，这个人甚至对自己都感到不满。"参见 The Dawn. The Portable Nietzsche, ed. and trans. by Walter Kaufmann, New York, Viking, 1954, pp. 76—77。拉加德和尼采最大的不同之处在于前者为了宣泄他的反犹太主义情绪而去抨击圣保罗，而后者则赞扬了源自圣保罗的犹太传统，这从心理方面为他的信仰改变提供了一个重要的解释。

* 但是也要注意萧伯纳的话："保罗的皈依根本不是改变信仰：保罗是那个让宗教发生转变的人，宗教让人超脱于罪恶和死亡之上，后来他让这种宗教使数百万人完全获得自己的统治权。共同的本性使他们感到恐惧，进而让宗教生活变成了对生命的否定……在任何现代新教国家中，他本来都应该在他的位子上；是他，而不是耶稣，才是我们宗教改革的真正领袖和创始人，就像彼得在罗马教会一样。当彼得和保罗的信徒组成基督教世界时，拿撒勒人被彻底消灭了。"参见 Preface, Androcles and the Lion, New York, 1919, pp. xcvii, ciii。

† 在这方面，拉加德预见了19世纪后期的自由神学家中的激进派，其中就包括阿道夫·哈尔纳克，他们要求将《旧约》和《新约》分开。对于后来的一些民族主义异教徒，例如德国基督徒，拉加德成了守护神。他们经常引用他为自己的反犹太主义辩护，为他们公然宣称耶稣是雅利安人辩护，为他们这些异教徒酿造的日耳曼信仰辩护。

失。拉加德对基督教公共机构的态度和对基督教教条的态度一样毫不留情。

拉加德不喜欢新教徒和他父亲信仰的虔信派。"任何宗教,甚至是拜物教,都比平淡乏味、怯懦、多愁善感、陈腐、衰落的基督教残余要好得多,这种基督教残余我们今天称其为新教徒。"[8]他带有讽刺性的抨击,旨在使他同时代的人留意新教的衰落,认识到新教实际上已经不复存在的事实。尽管他的控诉中不乏种种曲解和放肆的言论,但其中也包含了许多洞见和一些真理,而他尖刻的声音,对传统虔诚毫不掩饰的谴责,打破了人们自以为是的麻木状态。他是当时或我们这个时代中为数不多的能正确地感觉到宗教衰落的人,19世纪德国新教信仰的衰落是非常重要的历史发展。

拉加德对新教的抨击,既有学术性,也有辩论技巧,他致力于证明宗教改革的信仰是天主教的一个错误的孩子,宗教改革正逐渐变得徒劳无益,并被邪恶势力短暂中止。在教条问题上,宗教改革保留了大部分的天主教传统,其本身的发展是带有欺骗性质的,但它否定了教宗的权威,这种权威迄今为止仍在保护信仰和教条的统一。新教声称它已创立"圣经",并确认个人良知是权威的新来源,拉加德对此嘲弄了一番。毕竟,无论福音书包含多么开明的观点,基督教的主要教条也不可能通过福音书的解释来证明其自身合理性。至于唯一一个明显的新教信仰,即"因信称义",拉加德认为,信仰已经从当代生活中彻底消失了,而这使其成为一个笑柄。

宗教改革运动的推动力几乎立刻就消失殆尽了:"如果路德的观点是可信的,那么他的可信性在1546年就宣告结束",那一年路德去世。[9]如果说新教曾经是一股有生命的力量,那么它从1648年开始就不再是那股力量,"因为在它得到正式许可能够留存的时候,它也失去了留存的最后理由"。[10]它的政治后果令人唏嘘:"通过制裁国王的反叛,以及通过由此引入政教合一",它使德国最终屈服于野蛮主义

（barbarism）。[11]小公国的存在也是新教一手促成的。俾斯麦的统一政权，小德意志帝国，反奥地利解决方案可以归于新教名下，这确实是他们在这个世纪犯下的最大罪行。新的德意志帝国内部仍然存在分歧也是新教徒的计划——目睹文化斗争："新教是祖国分裂的根源。"[12]

德国新教在文化上的成就也没有给人留下深刻的印象。新教最珍贵的财产就是《路德圣经》，但是因其过于陈腐，拉加德试图废弃它。[*]1648年以后，新教神学再也不能产生新的东西，到了19世纪，"虔信主义和理性主义快速吸收了路德的新教主义"。[†]它的无能反而导致了一个好的结果：它的作用是如此微小，以至于无法阻挠受其统治的人民的知识和艺术生活，因此间接地促进了德国文化的复兴。另一方面，它无法塑造或影响这种文化复兴，也证明了其根本无足轻重。"我只是否认新教制度或教会对莱辛、歌德、赫尔德、康德和温克尔曼有任何实质性的影响。"[13]事实上，它带来的影响是完全相反的；德国的每一种思想都渗透到了新教徒的生活中，他们的生活软弱且易受影响，直到它成为一种文化宗教。简而言之，新教"会向任何人屈服"。[14]

新教已经因为世俗主义而披上了一个受人尊敬的外套。人们属于教堂，"出于同样的原因，他们在登上游览火车之前就购买了保险：以正统信仰之名，人们试图给自己购买一份保险来防范可能又极不可能的

---

[*] 拉加德个人对路德及其自由主义崇拜者怀有强烈的敌意，就像对圣保罗一样，后者的教义当然是路德的灵感来源。拉加德控诉路德野蛮粗俗、蛊惑人心，并将其视为德国的罪人。

[†] Paul de Lagarde, *Ausgewählte Schriften*, p. 296.拉加德在这里再次期待了未来的神学批评。例如，恩斯特·特勒尔奇认为，在18世纪之后，出现了另一种类型的新教徒，即新-新教徒（neo-Protestantism），作为宗教改革与文艺复兴的融合体，它已经准备好吸纳现代世界。引自Ernst Troeltsch, *Gesammelte Schriften*, Vol. IV: *Aufsätze zur Geistesgeschichte und Religionssoziologie*, Tübingen, 1925, pp. 292—296。

意外事件"。*长期以来,真正的宗教人士早已被逐出圣殿,取而代之的是敛财者。

　　寺庙本身的设施很差。由于重大历史性的冲击、神学体系的腐朽以及新教徒模棱两可的身份,新教既不能聘用有名望的牧师,也不能保留有影响力的教堂会众。牧师独身主义的废除使得神职人员变得如此低级,以至于只有平庸的人才能担任神职。"无论哪个教派的新教牧师,都不过是政治派别在神学上污秽不堪的投影;以果实为食的蠕虫。"[15] 例如,施莱尔马赫可以赋予神职人员荣誉甚至魅力,但不能使一种改革传统永久化。拉加德回忆说,他的父母和他们的朋友参加了施莱尔马赫的每一次布道。但是在他死后就几乎完全停止了去教堂的活动。†"人民不再是新教徒了……《圣经》不再被完整地阅读;仅仅几节经文就能让教堂会众满足……信仰从生活中消失了。"[16]

　　对于新教徒,拉加德鄙视那些自命不凡的弱者:这是"历史上的一段插曲,而不是一个时代"。[17] 他对天主教怀有一种典型的矛盾情绪,混杂着敬畏与仇恨,嫉妒与怨恨。如果其中一个对他来说太过懦弱,那另一个就太过强大且无处不在。天主教的体制实力、教义的确定性、宏伟的仪式,尤其是能不断成功地吸引一群人——这些都是他所钦佩的地方。但是教堂不是德国的,实际上它是反德国的——其力量越大,真正的德意志民族共同体就越发孱弱。

　　至于天主教教条,拉加德主要反对的是圣餐礼,是在历史上站不住

---

* Paul de Lagarde, Über die gegenwärtige Lage des deutschen Reichs, 1875, *Deutsche Schriften*, pp. 158—159. 弗朗茨·施纳贝尔(Franz Schnabel)敏锐地描绘了新教"温和的一面",教会本身日益世俗化的一面,布道、仪式和牧师服饰都接近世俗的资产阶级生活。参见 Franz Schnabel, *Deutsche Geschichte im Neunzehnten Jahrhundert*, 2d ed., Vol. IV: Die religiösen Kräfte, Freiburg im Breisgau, 1951, Book 2, esp. chapters 8 and 10。

† 拉加德以某种恶意的方式记录了大人们听完施莱尔马赫的讲道后回到家中是如何欣喜若狂:"今天,他再次变得超凡入圣!"参见 Paul de Lagarde, *Ausgewählte Schriften*, pp. 14, 60。

第一部分　保罗·德·拉加德和一种日耳曼宗教

脚、在宗教上令人无法容忍的圣餐变体论学说。但是他主要抨击的对象是新天主教派，以及新的教会激进分子，因为"与改革者斗争的天主教在三百五十年前就已经消亡了，或者，如果愿意这样说的话，从那时起就一直在消亡"。[18]现代天主教是一个全新的构造，它保留了旧的名称和传统形式只是为了说服世界了解其古老的身份并保留其古老的特权。然而，实际上，耶稣会士已经建立了一个新教会，他们是为了对抗现代势力而组织起来的。最近散布的教宗永无谬误论的教义是"新天主教会成立之年的终结法案；它与新天主教的关系，正如尼西亚与旧天主教的关系一样"。[19]

拉加德将这种新的天主教教义称为耶稣会教义，这是给它贴上了一个似是而非的标签；通过这个标签，特定机构或运动可以被归咎于各种无定形的邪恶。他声称，耶稣会教义动员教会抵抗民族国家和科学的威胁。在当今世界，耶稣会教义体现了教会对现代性的坚定不移的否定。它否认了科学发现，因此迫使精神与物质主义分离，并使后者越来越多地受益。它也公然反抗民族主义的原则，因此，新天主教在民族国家中的出现是"每个国家和民族的天敌"。[20]

拉加德以简单而实际的理由谴责了文化斗争：它会以失败而告终，而它也确实失败了。国家不能征服教会，只有敌对的民族宗教的出现才能使天主教走向灭亡。此外，文化斗争可能使天主教国家与梵蒂冈结盟来对抗德国，使下一次战争不仅是种族战争也是一场宗教战争。*自俾斯麦取消文化斗争之后，拉加德又惊又喜地指出，文化斗争既没有在信众中带来自发的高潮，也没有带来孤立的皈依。天主教的时日已屈指可数。

---

*　Paul de Lagarde, "Diagnose"(1874), *Deutsche Schriften*, pp. 105—108. 一年后，这在德国引起了极大的轰动，人们预测1875年臭名昭著的德法战争危机的根源在于"牧师联盟"，即反对德国的意大利、法国、奥地利的新教徒联盟。

在证明了所有现存信仰的不足之后，拉加德吟诵起德国基督教信仰的古老梦想。普世信仰的统治终结了，新教也完全没能提出一种全国性的选择。新的英雄主义信仰必须是基督教净化过后的版本，如此才能适合于德国人的性格。甚至有些旧的异教仪式也必须加以恢复。

新宗教的关键是神学，拉加德将其定义为对所有宗教的比较性研究。他称神学为"科学的女王"，是对"上帝之城的历史"的认识。[21]因此，神学将在它的历史演变中，在它许多短暂的表现中，恢复神性的本质。它将揭示福音乃神的最新和最完整的启示，它将指向一个新的、后基督教信仰的道路。

就像神学应该清除过时的基督教教义的瓦砾一样，新的德意志帝国政府也应该这么做，尽其所能取缔各式各样现存的宗教派别。国家应完全脱离所有宗教团体；按照德国的习俗，将不再对公众征收教堂税，也不再发放国家补贴。[22]同时，应该加大教派的责任，这样他们的负担也会加重。每个教派都要有自己的学校，并自费维持。国家应将它们置于自己的监控之下，监督各教会的财政状况，并防范四个新教教派合并的企图。*内部斗争可能会进一步削弱新教会。所有与牧师培训相关的法律应简化为一项法令，那就是只有在德国出生并受过教育的男性才能获得牧师职位。新教神学院应该强行撤离到德国偏远的边疆地区，在那里，它不会对德意志帝国构成损害，还能帮助后者进行国外殖民活动。由于没有公众认可和帮助，教会不得不自己保护自己。拉加德设想：一些实力较弱的教堂会众很快会放弃信仰，转而拥护新的国家宗教。"如果所谓德国新教必须靠别人自愿捐款来维系——至少外部犹太教堂是需要这些捐款的——那么在十年之内它将会彻底消失。"[23]而且，国家也没有必要努力维持教会的生命力。

---

* 路德宗、加尔文宗、福音派教会，以及新教联合会（最初是德国南部一个非教会组织的绝对自由的协会，它致力于使现代文化和宗教更加和谐）。

第一部分 保罗·德·拉加德和一种日耳曼宗教

国家应该实施另一项制度改革。它应该废除德国各大学里的新教和天主教教职。神学应不再是基督教教义的注释;它应该成为所有宗教的比较研究。这门科学不应该被托付给那些宣誓维护一个特定神学立场的人,这些人的主要任务是为一种特定的忏悔教育神职人员。新的神学将揭示所有宗教的本质,从而有助于塑造未来的宗教。*

在关于未来宗教的文章中,拉加德试图勾勒出新的基督教-德国信仰的轮廓。[24] 犹太元素必须被清洗,独特的新教教条已经枯萎了。基督教洗礼、坚振礼、忏悔和婚姻这些圣礼应保留下来,圣餐仪式必须被赋予新的象征意义。新的圣礼应该使信徒们深信:他们是人,天生就有吃喝的需求,注定要死亡。至于其他方面,拉加德断言,宗教活动必须源自该宗教的新灵魂,因此不能事先加以规定。

未来宗教的实质将是福音的旧学说与"德国人的民族特征"的融合。[25] 不同的人需要不同的信仰。天主教的普遍性已经令人无法忍受。新的宗教必须表达德国人民的特殊精神和命运。"新社会的基本原则必须是,宗教是个人、民族和人类教育之计划和目的的观念体系。"[26] 但是,德国人的民族特征是什么?神圣的未来计划是什么?拉加德援引了施塔尔夫人对德国人优越性的定义:"才智的独立性,对孤独的热爱以及个人独特的个性。阅读这篇文章后,那些了解新的德意志帝国的人会眼含泪水,他们会认识到我们的德意志帝国是多么具有德国特性。"[27] 在俾斯麦统治下的德国,道德的严肃性和独立性被彻底摧毁,宗教复兴的条件也十分不利。"我们从未有过一部德国历史,除非德国性格的有规律的、逐步的衰落构成了那段历史。"[28] 新宗教必须遏制这种

---

* 弗朗茨·奥弗贝克专门用他《论基督教神学》(*Über die Christlichkeit unserer heutigen Theologie*, Leipzig, Fritzsch, 1873)中的一个章节,介绍了拉加德对神学激进的重新定义——即使不是完全赞同,也表示了敬意。关于拉加德认为神学应该成为日耳曼宗教的开拓者的观点,奥弗贝克写道:"神学一直跟随着其宗教,实际上,这些宗教的原始动力越活跃、越和谐,它们的神学就越晚出现。"(p. 85)

衰落，恢复并保留古老的日耳曼美德。它必须宣传德国的文化独特性和帝国命运。

这种新的宗教必须出现，因为"如果我们不为这个目标而寻找人，并尽快找到他们，我们就会放弃祖国的未来。届时，德国将再存在一段时间，但也可能立马就消亡……将来，德国将成为一个披着神圣外衣的世俗国家，一个自称自由的专制政府"。[29]但是新的宗教从何而来呢？国家除了公开宣布放弃与现有教堂的所有联系外，别无他法。宗教意识本能地、自发地源于人们共同的抱负，而受过教育的阶级却没有这种抱负。他们已经不是日耳曼人，只有地位较低的、未受过教育的阶级仍然保留了一些原始的日耳曼精神和自然的因素。但是他们能够突破文明和博学冷漠的外壳吗？拉加德并不担心，随着他对新宗教自发兴起的希望逐渐减弱，他越来越依赖一位能够体现人民早期宗教的英雄领袖："只有一个人纯正且坚强的意志可以帮助我们，王者的意志，而不是靠议会、法规或一些无能之人的野心。"[30]

拉加德还援引了古老的基督教重生学说（Wiedergeburt），这一学说后来又重新成为虔信主义者的主要学说。重生象征着通过耶稣获得新的精神生活的恩赐，一个有罪的人变成了获得恩赐的造物。对于路德来说，这相当于上帝将信仰恩赐给人类；对于虔信者和施莱尔马赫来说，信仰包含宗教主义者的内心体验，即与上帝交流的觉悟，这种觉悟是先于教条的。在宣称民族宗教重生的学说时，拉加德进一步将民族宗教从基督教的信仰体系中解放了出来。*他认为重生是所有人类经验中不容置疑的事实，因此这是宗教有望复兴的有效依据。他将重生的

---

* 拉加德也不是唯一这样做的人。正如菲舍尔（Fischer）最近指出1848年之前的那段时期："这一时期的特点是许多政治家的小册子以及牧师的布道，例如救赎、重生、复活和天启，都从真正的宗教意义转变为带有政治和民族的意义。"参见Fritz Fischer, "Der Deutsche Protestantismus und die Politik im 19. Jahrhundert", *Historische Zeitschrift*, CLXXI: 3（1951年5月），477。

第一部分　保罗·德·拉加德和一种日耳曼宗教

观念从基督教方面推向世俗的神秘含义，沿着危险的斜坡走向政治神学。在他的英雄计划中，他援引上帝的认可，宣称上帝的意志和日耳曼宗教是一致的。到了20世纪20年代，民族或种族重生的想法已成为民族主义批评家的一种有毒武器，其在宗教领域的影响变得更加强大。

拉加德反复提出的未来民族宗教的建议，反映了他立场的不确定性和飘忽不定的理想主义。拉加德既是理性主义者又是神秘主义者，既是历史学家又是信徒，他充分体验了与19世纪其他许多知识分子所共有的宗教困境，他们努力摧毁了他们希望崇拜的东西。拉加德是半个科学家，他的智力动摇了他作为一名真正信徒的内心。他没有试图像戴维·弗里德里希·施特劳斯那样剥去基督教的神秘外衣。相反，他试图将世俗的神秘感与之融合，将基督教的天堂和德国的尘事联系起来，变成一个无法破解之谜。*

在呼吁建立新宗教的问题上，拉加德并非孤身一人。19世纪的伟大思想家都与上帝、信仰和宗教做过斗争。一些人试图让基督教灭亡，也有一些人试图复兴基督教，还有很多人在思考一个丧失了信仰的世界的命运。纯粹的世俗世界的思想和受牧师控制的社会的思想一样，都令人难以忍受。卢梭指出了国家宗教的必要性，而19世纪的日耳曼评论家（尽管大多数人都厌恶卢梭）也响应了卢梭的观点，即没有强有

---

* 拉加德拒绝讨论他的未来宗教的哲学前提。哲学家保罗·纳托普在一封长信中赞誉并祝贺了拉加德的论文，同时表达了他自己不情愿的怀疑："我的怀疑涉及主要的争议点，即对个人上帝和个人永生的信仰。"他还询问："我们需要怎么办？我们需要谦虚的行为，而不是傲慢的言辞。请为我们指明道路。"拉加德标志性的回答是："显然，我并不认为你的怀疑是我们之间的隔阂。但是我既不能也不想进行任何哲学的讨论。宗教与人类生活的关系如同形而上学与知识分子的关系。它们都是与生俱来的，即使人们对此一无所知。"至于我们可以做的事情："应该警告人们。现在，追求终极目标的一切行为都是徒劳的。如今的耶稣将死在监狱或精神病院；查拉图斯特拉、佛陀和孔子也一样。"

力的宗教制裁，世俗国家就会走向灭亡。*费希特那时已经提出了民族宗教，到了19世纪下半叶，许多文化批评家都开始寻求某种宗教。例如，雅各布·布尔克哈特在1874年写道："出于最内在和最独特的力量，德国精神就应该再次反抗这种灰暗的暴政，如果它能够成功地对付这种暴政，并建立起一种新的艺术、诗歌以及宗教，那么我们就会得救；如果不能，那我们就不会得救。我认为：宗教，如果没有超世俗的意志抵消所有权力和金钱的骚动，那么它会以失败告终。"[31] 对于这种宗教复兴，布尔克哈特没有清晰的概念，他也没有打算成为一个预言家。有一千个原因能够说明人们为什么会像萧伯纳一样想："如果没有宗教，就不可能有政府，即，相当于没有一个共同的假设体系。"[32] 他们都感到愤怒，认为19世纪的科学和自由主义，所有理性和利己主义，都是骇人听闻的抽象概念。

当然，拉加德渴望建立民族宗教，这只是他憎恨自由主义和现代文化的一部分。新的宗教将成为新的国家、新的等级社会的精神基础，这种新的等级社会将接受目的论的观点，即上帝按照不同的意图和目的将人置于生活中不同的位置。[33] 拉加德也感觉到，仅仅通过宣布政治统一没有也不能解决天主教徒和新教徒，南北德国人，自由派和保守派之间相互矛盾的忠诚以及社会阶级之间持续的紧张关系。这一政治行动缺少强制的力量，使特定利益集团之间的和古老的忠诚之间的冲突从属于一个全新社会的共同目标。只有新宗教才能克服信仰的多样性和现代社会的分裂；才能确保德国统一的持久性和走向帝国的未来。从某种程度上讲，拉加德的宗教信仰不过是披着基督教外衣的神秘民族主义。

---

* 1879年1月24日和1879年2月2日的信件，参见哥廷根的拉加德档案。遵循德国人的惯常用法，日耳曼评论家们诽谤卢梭是出类拔萃的民主理论家。他们的敌意使他们对简单的事实视而不见，因为他们关于人、自然和教育以及反城市主义和反议会主义的观点只是对卢梭思想歪曲的和不恰当的改编罢了。

第一部分 保罗·德·拉加德和一种日耳曼宗教

对于拉加德而言,他的困境是无法通过一项法令来"创造"宗教,也不可能通过人民的自发意志来创造宗教。在他去世前的最后几年,拉加德意气更加消沉,因为他越来越相信自己的愿望是无法实现的。"其他国家在不受干扰的、最孤独的青年时期取得了什么成就?德国也必须趁着光明的19世纪(这个到处都是报纸记者和电信报道的时代,到处是纸币、证券买卖、党报和大众教育的时代)做出一些丰功伟绩。我们感到有必要在1878年完成本应该在878年就完成的事情。"[34] 52

第四章

日耳曼民族

> 即使身处仇恨之中,德国人也是理想主义者。我们不[像法国人那样]憎恨外部事物,但是我们憎恨我们的敌人最深刻、最重要的东西,也就是他们的思想。
>
> ——海因里希·海涅

> 当人们谈论德国的统一时,几乎总是想到政治领导权的统一。我认为,我们必须把统一理解为被统治者的统一。有前者而没有后者只不过是纯粹的武力;当后者占上风时,就不需要前者,因为它自己就能发生。
>
> ——拉加德

拉加德在他的所有作品中都只为实现一个目标而努力,即统一的德国民族的精神复兴。那是他宗教思想的目的,也支配着他的政治思想,他为此感到非常自豪。* 实际上,他的宗教思想和政治思想之间没有

---

* "我的政治论文比我的神学研究更有用;我为我在一些重要问题上改变舆论做出了巨大贡献而感到高兴。"参见 Paul de Lagarde, *Symmicta*, Göttingen, 1880, II, 143。

第一部分　保罗・德・拉加德和一种日耳曼宗教

明显的区别：他试图在政治领域重新找回宗教里失去的东西。只有当德国人的政治生活充满宗教目标和宗教约束时，德国人的灵魂才不会遭遇灾难性的世俗化。拉加德的愿景是建立一个新的帝国，一个新的由信徒组成的政治团体，这个团体将崇拜新的日耳曼宗教。

这与那些想要保护王座和祭坛的传统保守派的目标截然不同。拉加德认为不需要保护王座和祭坛。他的保守主义包含了传统的人性观点，但与捍卫现有制度或利益无关。正如我们所见，拉加德在对正统基督教失去信仰的同时，也反对普鲁士君主制。从那时起，他就开始构建自己的政治神学。他为新的帝国制订了计划和方案：新的帝国将没有内部冲突，能够培养和开创过去英雄式的道德生活。因为他对政治的兴趣基于精神和道德，所以他的观点不受事实或政治变革的影响，他自己仍然是一个孤独的、永远不曾满意的评论家，正如他所追求的那样。*

拉加德是在瓦尔德克案件审判期间，在"反动的19世纪50年代"初期，首次转向了政治，当时自由主义者正因自身的失败而名誉扫地，保守派则因胜利而丧失信誉。普鲁士君主制由自私的容克地主统治，因此拉加德退出了普鲁士君主专制的保守主义。拉加德鄙视自由主义者，他希望这些自由主义者永远不会从他们的惨败中恢复过来。他还访问过英国，这使他对德国的幻想彻底破灭：在英国他觉得自己看到了一个团结的民族、深受人们喜爱的君主制和充满责任感的贵族——所有的这些都是德国所缺少的。1853年回国后，他宣称自己是一个激进的保守主义者，反对祖国现存的每一个政党及其立场。

19世纪50年代是普遍不满的十年。† 拉加德的"内部移民"（inner

---

* 甚至拉加德的仰慕者也承认："拉加德那些宝贵的，尤其是关于政治的基本观点更容易变成幻想，而不是实用的政治思想。"参见Käte Schiffmann, *Lagardes Kulturanschauung*, Münster, 1938, p. 41。

† "这是一个邪恶的时刻！"这是威廉・拉伯（Wilhelm Raabe）在1854年出版的颇受欢迎的《雀巷纪事》（*Die Chronik der Sperlingsgasse*）的开场白。

文化绝望的政治

emigration），他对德国政治的失望和拒绝，恰逢大规模的外部移民潮。德国革命什么问题都没有解决，反而把一切都弄糟了。战后在德国定居的人没有多少支持者，越来越少的人相信一个分裂的、不自由的德国能够长期存在。在普鲁士，腓特烈·威廉四世于1849年对自由主义者做出让步，他对此事感到十分后悔。他的那些反动的参谋团和一些大臣试图通过实际的暴力镇压来抵消他们做出的让步。正如解放战争之后出现了残酷的卡尔斯巴德法令一样，1848年革命之后也出现了对政治异见者的半合法迫害。但是，这些缺乏热情的反抗手段只会让普鲁士君主制进一步处于不利的地位。普鲁士内政大臣奥托·冯·曼陀菲尔甚至在1856年的私人备忘录中提到，普鲁士的政治条件让"国内外的人们认为政府就是一份报纸（《十字军报》），该报纸不知廉耻，想用容克地主和虔信主义者组成的政府取代受神恩典的普鲁士君主制，因而被整个国家的所有人蔑视和仇恨。"[1]

对于拉加德，这段充满普遍不满情绪的时期预示着好的开端。政治体制的失败总是会催生一批梦想家、想法古怪的人以及严肃的改革者，在普遍的不满情绪中，人们构思一个能引发翻天覆地变化的计划远比在稳定时期要容易得多。尽管拉加德的作品都凭借直觉且独树一帜，尽管他没有承认他受过其他任何知识分子的影响，但在他思想的成形期，他就与当时一些重要的保守思想家联系密切。在19世纪50年代，哲学家和宣传人员试图给保守信仰下一个定义，其中最著名的是弗里德里希·尤利乌斯·施塔尔和威廉·海因里希·里尔，他们谴责新兴的资本主义和商业秩序，并希望恢复小城镇、自给自足的农民和工匠的田园式生活。拉加德对社会问题的持续关注及其恢复父权制的计划与威廉四世参谋团的浪漫保守主义主题一致，还与当时最保守的宣传人员和新教牧师所关注的东西相符合。[2]拉加德还追随反犹太主义的新发展方向，关注犹太人的经济角色。在所有这些问题上，拉加德都没有同时代其他人那么具体和系统，但是他和其他人一样，都怀念那个

第一部分　保罗·德·拉加德和一种日耳曼宗教

摆脱了自由主义社会和商业社会恶习的德国。与右派的怀旧情绪相对应的是左派的乌托邦试验。19世纪50年代是社会主义理论史，尤其是马克思主义理论史最关键的几年，拉加德对德意志民族团结的热切关注，反映了他对工人阶级会与现有秩序脱节的担忧。

拉加德于1853年发表的两次演讲在二十五年后出版，其中不仅包含了他对德国君王，尤其是对普鲁士君主制的控诉，还包含了他后来政治作品中常见的主题和偏见。其政治思想的中心是他在"国家"与"民族"之间提出的二元论，该二元论与身体和灵魂之间的二元论相对应。*国家就像身体一样，只是执行某些任务的机器而已；它需要一个能赋予其目的和方向的精神实体的指导。就其本身而言，国家是专制的，其官僚自己不负责任还要求人们服从他们的命令，拉加德对他们只有无尽的辱骂。与当时的其他保守派一样，拉加德谴责黑格尔，因为黑格尔盲目崇拜国家，他的哲学思想是德国青年的"毒药"，也是肆无忌惮的强权政治家（Machtpolitiker）的慰藉。国家，无论其形式如何，无论其代表机构如何，都远不是地球上的神圣观念，因为它消灭了人的个性。

拉加德关于民族的观念是他对于日耳曼宗教看法的必然结果。一个民族只有全体人民接受其神圣的使命才能成为一个国家。而一旦成为一个国家，它就只有一个意志，所有冲突都会因为这个意志而被消除。拉加德所说的民族比黑格尔的国家观念更为专制，因为黑格尔的国家观念给公民社会提供了自治权。拉加德的民族没有界限；它体现了民族与生俱来的统一性，民族意志无可挑战。拉加德希望通过赋予德国人神圣的任务将他们融合为一个民族。他认为，使命越严格，人们的反应就越热切。

---

*　拉加德关于"国家"与"民族"的二元论预见了共同体（Gemeinschaft）与社会（Gesellschaft）之间的区别。1887年，费迪南德·滕尼斯在其作品《共同体》（*Gemeinschaft*）中探讨了这一差异。滕尼斯的"共同体"和拉加德的"国家"几乎相同，尽管它们各自的对应物不同。滕尼斯欣然承认了拉加德的政治著作对他的影响。

拉加德宣布，德意志的使命就是在奥地利帝国的所有非德国土地上进行殖民化。"生活在奥地利王权下的匈牙利人、捷克人以及其他类似的民族都是历史包袱。"[3] 他们必须屈服于德意志帝国的优越文化。德国的帝国主义任务进一步坚定了拉加德的另一个计划，就是通过法令建立新的德国贵族。最后，只有根除创造冲突的双重代理人，自由主义者和犹太人，才能实现德国民族的统一。

考虑到拉加德的目标和偏见，他在新帝国中被极大程度地孤立也就不足为奇。他关于对统一国家的私人理想当然是无法实现的，而且他还将俾斯麦的创造视为其理想的对立面。他感觉到新帝国正在走向自由主义，不管俾斯麦的专制统治或宪法保障措施多大程度上掩盖了这种趋势。最重要的是，新帝国的氛围是粗俗且商业化的，而不是关于文化和英雄主义的，拉加德认为国家的精神生活已经遭到削弱。拉加德的民族主义与其同胞的民族主义不同。他渴望获得某种精神上的帮助，而其他人只为德国强大的物质繁荣感到高兴。因此，拉加德不属于在成功之后跃跃欲试的那一类人，他没有皈依俾斯麦的"现实政治"（Realpolitik）。他坚持自己的神秘愿景，谴责所有愿意接受任何低于无法实现的东西的人。

他自诩为俾斯麦理论上的主要对手，对此他感到自豪。他一次又一次地预言第二帝国的终结，并提醒人们提防社会内部日益加剧的分歧。德国在国内四面楚歌，同时也受到一连串外国敌人的威胁。他大声疾呼反对俾斯麦对奥地利的克己政策，反对建立（由普鲁士统治的）小德意志帝国的观点。他坚持认为，德国的命运要求德国统治整个欧洲。他既不赞成俾斯麦也不支持任何俾斯麦的政敌，他一生都漫无目的，坚持着保守主义。他曾经对一个朋友描述了他的政治困境："我在任何地方甚至在自己的祖国都无以为家。因为当你用眼和心去面对新世界时，我的每一次呼吸都像是生活在永远不再的过去，那也是我唯一渴望的未来。我在任何地方都是一个格格不入的人。"[4]

第一部分　保罗·德·拉加德和一种日耳曼宗教

拉加德对俾斯麦的德意志帝国进行抨击，他关注的是新帝国在不断地分裂。政治上的统一行动并未带来统一，实际上，德意志帝国的制度正在孕育新的矛盾。他特别反对议会制和多党制，因为这些制度体现了冲突、加剧了冲突，而不是解决冲突。国会应改为由立法专家组成的国家咨询委员会。人民只应在地方议会中有代表；应当在全国范围内建立普鲁士和德国的议会，部分由各省的地产组织（半选举、半世袭的主体）、部分由地方商会的成员组成。[5]普选只是一场让真正的特权阶级（各政治党派）上位的闹剧。当选的代表们把自己变成毫不关心人民的政治教士。[6]拉加德与其他德国人一样，怀疑各政党互相妥协以及相互投赞成票。*政党是虚报和失实的一种手段。拉加德晚年越来越提倡德意志帝国需要有一个元首——他将完全代表人民，在他的领导下，人民都团结在一起，元首的命令将成为人民的意志。拉加德认为，这样的元首极为重要，因为拥有众多君主和王储的德国已不再是君主制："皇帝是共和国的总统，我们同意称其为皇帝。"†

拉加德对俾斯麦统治的德意志进行了深刻的，通常是精明的苛评，这也强调了他与保守党的分歧。他一次又一次谴责保守派人士只想维持现状和自己的特权；真正的保守主义者只应保留那些鲜活而富有创造力的力量，也就是那些为人民服务的人：

---

* 他并不总是这样想。1852年，在英国，德比勋爵对拉加德说："辉格党完成了所有事务中的八分之七，而托利党恰好也一样。"拉加德希望德国政党有一天会接近这个理想，但是到了19世纪70年代，他已经放弃了这一希望。参见Paul de Lagarde, "Über die gegenwärtigen Aufgaben der deutschen Politik" (1853), *Deutsche Schriften*, p. 25。

† Paul de Lagarde, "Die nächsten Pflichten deutscher Politik" (1886), *Deutsche Schriften*, p. 450. 1886年，拉加德寄给年轻的威廉王子（后来的威廉二世）《德国作品》的副本，并将威廉奉为"德国年轻人的元首"，正如威廉本人当时所希望的那样——他希望自己能够成为人们期待已久的民主的恺撒大帝。

文化绝望的政治

> [真正的]保守党的宗旨因此可以简化为一个原则。它力求赋予每个人权利,在其能力范围内,使每个人都有机会真正成为上帝希望他从一开始就成为的样子。与当时流行的哲学相反,我们坚信世界是一个整体,它朝着一个目标前进,世界的混乱只是我们教育的一种手段。我们还深信,实际上每个人在世界上都有确定的位置,这个位置是分配给他的,也只分配给他。[7]

拉加德试图召集保守主义者,成为个人和国家的守护者,以抵制国家的暴政及其官僚的专横。在他为保守党设计的计划中,他详述了一些传统的自由主义者的观点:"国家不是至高无上的。君主制、宗教、科学和艺术是独一无二的,因此高于国家,也超出国家的范围。如果国家敢让它们屈从于自己的意愿,它们就会将国家视作敌人。"[8]官方保守主义和它的主要盟友(官方新教)一样,都有不足之处:出于原则和个人利益,它们都不加批判地接受权威,正是这种无意识的屈从,这种考虑不周的趋炎附势,激怒了拉加德。

拉加德不满现有的情况和对现有情况的反对,因此他发现自己陷入了典型的保守主义革命者的困境之中。为了建立一个保守的社会,他不得不提出激进的创新方法。他的提议经常会和自己的信条相悖,比如他认为没有国家的制裁,法律就是无用的。他最珍爱的计划之一就是引进新的德国贵族阶层(他谨慎地对其进行了详细阐述),该计划显然取决于之前的社会传统和人们习惯性的顺从。在这种情况下,拉加德与其他人一样,通过立法废除了任何空谈理论的理性改革家的思想,希望法律和制度最终能激发人们的忠诚感和爱国心。

拉加德提出的新德国贵族在1853年首次取得进展,很明显,他受到了他当时观察和欣赏的英国社会的鼓舞。他想建立一种新的社会力量,这种力量位于社会底层群众和专制的、拥有无所不能权力的国家上层之间。[9]整个19世纪50年代和60年代,开明的贵族和各地的温和派针对容克地主的傲慢态度和无责任感发起了强烈抗议。[10]拉加德也抨击了无能的、穷困潦倒的容克地主们,认为他们没有发挥任何贵族的职能。他提议,所有几代之内有人从事过某些公共服务的家庭都应该被授予低贵族特权。这些家庭(只要他们证明自己家族六代之中有人信仰基督教)就可以将自己组织成自治的单位。他们将选举一家之主,并可以在乡郊的宅基地上保留祖先的房子,在那里老年人和贫困人口能够得到照顾。如果有任何人违反了严厉的荣誉准则(而这些准则是他们保证要去遵循的),那么他们可以在自己的法庭上审判自己的成员。任何被刑事法院判处剥夺公民权利的成员将被迫放弃其姓名,并以任意数字作为其唯一身份移民到另一个国家。新贵族实际上是身着现代服装的旧日耳曼家族。在拉加德热情洋溢的歌颂会上,人们可以听到原始德国的过去在森林中低语。

新贵族将成为德国社会其他群体的榜样。将成为个体反对各种形式压迫的堡垒。新贵族将成为国家其他自由岛和自治区的原型。同时,这些在祖先的庄园上生活的贵族将成为德意志帝国中代表忠诚和奉献的中心力量。他们也愿意巩固衰弱的家庭制度和在商业社会中突然中断的家族联系。而家庭的复兴("民族精神引导人们与罪恶和自然做斗争的战术单位")将在德国生活中开创一个新时代。[11]

拉加德对日耳曼或民间团体的奉献的负面表现是他对德国社会中的一切分裂因素,以及现代开放社会的强烈仇恨。他讨厌新的、没有人情味的、纯粹的、商业和工业化的生活,并向往和谐等级制度盛行的田园牧歌生活。资本主义是邪恶的,我们要消除所有它的寄生载体。正是因为它具有这种保守派反抗资本主义的特点,所以其主要的不满针对的是那些商业机构(例如股票买卖和银行业),这些机构违反了一个人应该靠劳动谋生的神圣原则。从本质上说,这是一种对金钱崇拜的反感,对商人凌驾于英雄之上的反感。资本主义的不公正、对工人的剥削和异化很少被提及。*拉加德对于现代经济社会的仇恨情绪主要针对犹太人和自由主义者这两类反面角色。他们是巨大阴谋背后的代理人,他们的阴谋正中德国的要害。

拉加德把他令人难以置信的强烈反犹太主义(这是他所有扭曲的本性和他所有不同的知识关切的产物)包裹在民族理想主义体面的外衣里。怀着恐惧和羡慕的心理,拉加德认为犹太人是一个自豪的、不可战胜的民族,他们的宗教与《旧约》无关,但是犹太人对自己的民族有着坚定不移的信仰。换句话说,犹太人拥有德国人所缺乏的团结,这使他们"至少在欧洲成了非犹太人的主人……犹太人对每个欧洲民族来说都是灾难"。[12]他们是"腐朽的载体,污染着每种民族文化,他们剥削其他国家的人力和物力,摧毁一切信仰并传播物质主义和自由主义"。拉加德指出,对于这种异族统治,德国人只能怪他们自己:"他们太软弱,无法抵抗那些因犹太法典知识而变得麻木不仁的犹太人……因为我了解德国人,我不希望犹太人被允许与他们生活在一起……每一个犹太人都是我们民族生活的衰弱和我们所说的基督教的无用性的证据。"[13]

1853年,拉加德的反犹太主义情绪第一次爆发,此时,他批判种族主义:"德意志精神不是血统的问题,而是精神问题。"†即使在德国的反犹太主义运动盛行之后,他仍将其称为物质主义的天然形式,对于科学来说毫无意义。"当然,犹太人的问题也是一个种族问题,但是任何一个有理想主义倾向的人都无法否认这种精神能够并且应该战胜种族。"[14]拉加德自己与几位成功"净化"了的犹太学生成为朋友。有时他辩称

---

* 这种反资本主义情绪在西方世界当然相当流行。它的历史尚未成文,当它开始被书写时,它很有可能会揭示出这种反资本主义的情绪不仅来自对已逝去的阿卡迪亚的简单生活的怀念,还来自对一种似乎注定要灭绝的宗教信仰的怀念。

† 拉加德难以翻译的短歌:"高贵源自内心,而非源自血统。"参见"Über die gegenwärtigen Aufgaben der deutschen Politik", *Deutsche Schriften*, p. 30。

第一部分 保罗·德·拉加德和一种日耳曼宗教

德国文化可以通过教育、通婚或改变信仰来吸纳犹太人。但是,让他们信仰陈旧俗套的基督教似乎是一个不可能的解决方案。犹太人为什么要用"他们粗糙但暖和的衣服来交换我们的破布?"[15]归根结底,他们只能在放弃犹太人身份,与被驱逐出德国和将要殖民化的东部地区之间做选择。如果他们两者都不选或者只是让他们慢慢考虑,那么德国将被"犹太化",这个词虽然不是拉加德创造出来的,但他确实让这个词变得普及,并且这个词后来在国家社会主义的言论中占据了中心位置。不论拉加德有多么倾向于采取无情的驱逐办法,但他从未完全放弃犹太人能够摆脱其宗教和民族身份的希望。因此,原本应该感激拉加德的那些国家社会主义者,也经常感叹拉加德并没有理解种族的必然规律,道理正在于此。

尽管对种族主义存有顾忌,但拉加德的反犹太主义情绪仍日趋强烈。他提醒别人提防遍布全球的犹太人对异教徒,尤其是对德国人的阴谋:"以色列同盟只不过是个国际阴谋——类似于共济会——它们是想建立犹太人在世界的统治地位;在闪米特人的领域,它类似于耶稣会士的命令之于天主教。"[16]犹太人获得了新闻界的控制权,并且通过对"大学、法律、医学和舞台的巴勒斯坦化",控制了所有思想。[17]犹太人和资本家是同义词,拉加德要求同时摧毁这两样。国家应立即查封所有信贷和银行设施,从而剥夺犹太人的生存手段。*有了"这种放高利贷的寄生虫",就不可能达成和解:"人们不可能和旋毛虫和杆菌谈判,旋毛虫和杆菌也不会受教育;我们要尽可能快而且彻底地根除这些东

---

* 19世纪70年代初期,股市大崩盘之时,德国流行将犹太人与资本主义的邪恶联系在一起。俾斯麦因为与犹太银行家格尔松·冯·布莱希罗德联系密切,所以经常遭到抨击,一些宣传小册子公然抨击"俾斯麦-布莱希罗德时代",他们宣称这一联姻主宰了德国。19世纪70年代后期的"施托克尔运动"(The Stöcker movement)也信奉将反资本主义和反犹太主义结合在一起。在争取权力的斗争中,国家社会党人有意利用这一点大做文章,多次提出以立法形式征收犹太人拥有的所有信贷机构。

文化绝望的政治

西。"[18]很少有人能如此准确预言——并赞同希特勒的行径。[*]

拉加德的言论残酷无情,远远超出了当时德国保守派批评家普遍采用的温和的反犹太主义做法。对于那些谴责现代性和开放社会的人来说,犹太人就是一个显而易见的批评对象。18世纪中叶以后,犹太人利用刚刚获得的公民权利,迅速占据了德国文化生活和城市经济的重要地位。同时,东欧的犹太人也源源不断地涌入德国,因此,犹太人不是德国人,而不被同化的说法就有了似是而非的道理。[19]当然,犹太人,无论是德国人还是不是德国人,绝大多数都被吸引到了大城市,并且在新闻、金融和商业等人们习惯贬低的企业中表现出色。[20]因此人们习惯于将犹太人与所有新时代令人讨厌的革新等同起来。[†]矛盾的是,反犹太主义中的反现代元素使得古老的偏见显示出现代性,并在工业德国重新激起了动力。关于仪式谋杀和其他宗教罪恶的旧指控在世俗社会中并不是特别有说服力,但对犹太人和现代性的认同已经成为反犹太主义的一个非常强大的组成部分,尽管这一点经常被忽视。[‡]

---

[*] 国家社会主义者也没有忘记这个预言。1944年,当他们执行灭绝政策时,军队分发了拉加德著作选集,其中就包含了拉加德要求的谋杀。参见 Paul de Lagarde, "The Jewish Question. The Jews, A National Misfortune", *Ich mahne und künde*, Breslau, 1944, pp. 57—63。

[†] 1894年,赫尔曼·巴尔在他对德国和欧洲其他国家的作家以及公众人物的采访的基础上发表了一项反犹太主义论文,并得出结论:"德国的反犹太主义是反动的,是小资产阶级反对工业化,是日耳曼青年反抗现代性的自由。"参见 Hermann Bahr, *Der Antisemitismus. Ein internationales Interview*, Berlin, Fischer, 1894, p. 214。反犹太主义的仇敌巴尔也怀着钦佩的心情赞扬了拉加德,这正是拉加德极具吸引力的表现。参见 *Tagebuch*, Berlin, Cassirer, 1909, pp. 16, 24, 109, 114, 133。

[‡] 雅各布·布尔克哈特在1880年甚至提出过警告:"对于闪米特人,我建议他们睿智和节制,即使那样,我也不认为目前的躁动会逐渐消失……闪米特人尤其要在各种各样的事务中为他们不合理的干预做出补偿,报社要想生存,就必须清除闪米特人的编辑和新闻记者。这样的事情(反犹太主义)可能突然就暴发,并且从一天蔓延到另二天。"参见 *Jakob Burckhardts Briefe an seinen Freund Friedrich von Preen*, 1864—1893, 1880年1月2日; Stuttgart and Berlin, 1922, p. 137。布尔克哈特的建议可能会令人困惑,(转下页)

第一部分 保罗·德·拉加德和一种日耳曼宗教

犹太人拥有"天生的盟友,自由主义者",拉加德对自由主义者的攻击比对犹太人的攻击更广泛,尽管没有那么刻薄。[21] 像他之后的大多数日耳曼评论家一样,拉加德认为犹太人和自由主义者都是颠覆和破坏的推动者,他们密谋反对日耳曼社会真正的信仰和制度。对拉加德来说,自由主义本质上不是政治信条,也不是特定的政治制度。它是德国文化中占主导地位的、恶魔般的、完全外来的力量,推动了伪道德(sham)和现代性的蔓延。而学者正是其推手,他们凭借着日积月累的各种空洞零碎的多元知识成为德国教育体系中的罪魁祸首。*

拉加德给他对自由主义的主要论战起了一个合适的标题:灰色国际。† 从外国引进的自由主义思想是单调乏味的,不属于德国。红色国际组织和黑人国际组织一样,"自由主义无家可归,因此对每个国家都构成最大的危险"。[22] 但是,与其他国际主义者不同的是,它没有一套明确的硬性学说。它含蓄地否定了德国人的独特性,因此否定了任何德国人独特的生活方式;任何理想或制度都可以,只要它能促进舒适和某种进步。早在1853年,拉加德就曾写过"我们的自由主义对我来说永远是遗憾",二十五年后,他又大声疾呼,并反对"1789年原则,后者已经移植到德国,我们称之为自由主义者"。[23] 与之后的所有日耳曼评论

(接上页)但这反映出了他的深切关注,他担心社会敌意的浪潮会吞噬欧洲的犹太人口。五年前,迈耶·卡尔·罗特席尔德写信给布莱希罗德:"至于反犹太主义的情绪,犹太人自己应该承担责任,而现在的躁动要归因于他们的傲慢、虚荣和无法形容的暴行。" 1875年9月16日的信,参见 S. Bleichröder Archive, New York。

* 拉加德二十六岁时就已经在给未婚妻的一封信中写道:"我讨厌自由主义者一词,我所遇到的自由主义者中,没有一个不愿意成为世界上最反复无常的人,也没有一个不愿意捍卫任何暴政的人,只要他能成为暴君。总的来说,世界变得越来越凄凉,除了尽可能清晰、纯粹和有力地培养一个人的个性之外,几乎没有什么剩下了。" 参见 Anna de Lagarde, *Paul de Lagarde*, pp. 38—39。

† 拉加德的标题很可能受到了C.维尔曼斯(C. Wilmanns)激烈的反犹太著作的启发,参见 *Die "Goldene" Internationale und die Notwendigkeit einer sozialen Reformpartei*, Berlin, 1876。

家一样,拉加德反感自由主义者的宽容态度:"这是我们必须与之抗衡的敌人,因为它(这种独特类型的宽容)给一切重要的东西带来灾难。"[24]

自由主义还因助长了物质主义和庸俗风气、破坏了形而上学、将科学家和受过教育的人变成纯粹的事实发现者,以及鼓励业余艺术爱好而受到指责。自由主义者习惯于避开整体观点、整体情况,因此他们没有透彻的世界观(Weltanschauung),对宗教生活没有透彻的理解。拉加德指控他们既是异教徒,也是书呆子,并且抱怨了二者令人不快的组合。像审判19世纪50年代的许多保守派一样审判黑格尔和自由主义,拉加德声称二者对于仅为德国人提供过去所有的知识,而不鼓励他们发展真正的德国精神生活负有不可推卸的责任。自由主义极度贫乏,是它造就了该时代所有的文化弊端。在拉加德的手中,它成了一个被滥用的术语,代表着世界主义、物质主义、虚伪的个人主义和暴政、寡头政治和民主。这个词涵盖了所有内容,却又什么也不是。它是邪恶的世俗形式。最后,甚至连给拉加德写传记的非批判性传记作者都得出这样的结论:"自由主义者或多或少的承担了现代世界中不适合[拉加德]的一切的责任。"[25]

自由主义德国的政治机制和经济制度当然与拉加德格格不入。他对自由贸易主义和无约束的资本主义社会的谴责,与德国保守派批评家的情绪完全一致。一个重要的事实是,就在德国资本主义进入繁荣成熟的那一刻,德国的知识分子和实业家们开始强烈反对自由放任主义,并谴责其是外国舶来品。* 从那时起,德国人一直不愿承认国内的矛盾和竞争是现代社会不可避免的产物。像许多其他德国人一样,拉加

---

* 1873年的大崩盘激起了人们对资本主义和犹太人的反抗。拉加德本人经常称犹太人为"投机客",在这方面他和奥托·格拉高(Otto Glagau)之类言辞粗鄙却大受欢迎的作家很接近,后者著有《柏林投机商与创业欺诈》(*Der Börsen-und Gründungsschwindel in Berlin*, 4th ed., Leipzig, 1876)。也参见 Paul W. Massing, *Rehearsal for Destruction. A Study of Political Anti-Semitism in Imperial Germany*, New York, 1949, chap. 1。

第一部分 保罗·德·拉加德和一种日耳曼宗教

德认为否认矛盾的存在本身就等于消除了矛盾。

拉加德对国外矛盾则没有这种内疚感。从19世纪50年代开始，他就是一位狂热的帝国主义者，坚称对东方的殖民统治是一项神定的使命。拉加德在国内对德国社会进行改革的特点，是务实与神秘的结合，是对德国人精神复兴的关切，这同样标志着他对德国海外扩张的激进提议。在大多数德国人为统一德国而狂喜的时候，拉加德预言小德意志帝国将会发生灾难，后来确实如此。* 他从未停止对总理的抨击。†

拉加德从未动摇过自己的信念，他相信德国需要成立由奥地利统治的大德意志帝国，甚至统治中欧。[26]造成这种扩张的原因是多种多样的（拉加德经常援引民族主义或防卫的主张），但归根结底还是源于他对现存德国的不满，源于他相信伟大的国家使命最终会带来真正的团结，并形成一个奉献的民族。

拉加德一生都在宣扬德国的命运在东方，德国必须统治和殖民东欧和欧洲东南部的广大土地，那里正被衰败的奥地利和卑劣的俄罗斯所统治。1848年的失败和奥地利暂时取得胜利之后，拉加德于1853年

---

* 还有其他一些德国顽固分子，其中康斯坦丁·弗朗茨最有影响力。1945年大崩溃之后，他们的观点得到了广泛而富有同情心的重新审视。参见Robert Saitschick, *Bismarck und das Schicksal des deutschen Volkes. Zur Psychologie und Geschichte der deutschen Frage*, Basel, 1949, chap. 8；该作品赞同拉加德对俾斯麦的抨击。弗朗茨·施纳贝尔在其作品中仔细地权衡了拉加德和康斯坦丁·弗朗茨竭力主张的俾斯麦的小德意志帝国的各种替代方案，参见Franz Schnabel, "Das Problem Bismarck", *Hochland*, XLII（1949年10月），1—27。汉斯·洛-迈耶（Hans Loh-Meyer）称这两个人为"唯一真正反对俾斯麦和新帝国的重要宣传员"，参见Hans Loh-Meyer, *Die Politik des zweiten Reiches, 1870—1918*, Berlin, Neff, 1939, II, 49。

† 尽管如此，拉加德还是给俾斯麦寄呈了其《德国作品》，并强调了自己是他的"政治对手"："尽管我与阁下的武器不同，但我和你一样都要为世俗君主和神圣的君主效力，如有必要，我就算死也要为我的目标而战，这也是你的奋斗目标：真正的，是德国的永恒荣誉。"（Anna de Lagarde, *Paul de Lagarde*, pp. 106—107）该书还同附信一起，寄给了普鲁士的威廉王子和保加利亚的亚历山大王子，以及约五十位公众人物。

撰写了第一篇论文,其中,他要求德国人把德国控制范围内的所有非德国领土变为殖民地。"这项任务能够统一德国人民。"[27]任何接受国家慈善或教区救济的德国人都应该在波希米亚或摩拉维亚,匈牙利或伊斯特拉定居。如果其他人选择在这些地区定居,那么我们可以允许他们放弃服兵役。[28]到达那里后,这些曾经贫穷的德国殖民者将会被分配到大片宅基地,并获得充足的牲畜供应。由此将形成一个繁荣的、拥有土地的贵族阶级,贵族们在新的土地上承担着政治和文化的领导地位。这些贵族拥有一个创造性的目标,他们将把自己与无能的普鲁士容克地主区分开来。而且,该体制将使大量德国人从城市的虚伪生活中脱离出去。

为了使这项国家扩张计划具有合理性,拉加德声称它有利于和平与进步。他认为,德国不能承受军事攻击,只有波兰东部,"从维斯瓦河到平斯克沼泽,阿尔萨斯和阿登山脉以东的整个洛林地区被德国吞并"的情况下,才能确保德国的安全。[29]

甚至到了1871年以后,拉加德还在为德国担心——"由于德国地处敌人和不可靠盟友之间,它必须时刻保持全副武装状态,而必须保持武装才能和平,意味着要承受额外的经济负担",这让他担心德国会走向毁灭。[30]要解决不断增加的危险和最终的灾难,唯一方法就是大规模扩张。必须从法国那里把贝尔福和其他边境要塞抢过来,必须殖民且吞并整个奥地利。"奥地利除了成为德国的殖民国以外一无是处。"[31]德意志最大的威胁是俄罗斯,从短期看,俄罗斯将阻止德国向东推进,从长远看,俄罗斯将向其西方邻国投掷无穷无尽的人力。如果俄罗斯拒绝将波兰、巴尔干半岛以及黑海沿岸相当大的地区移交给德国,那么"这就迫使我们不得不发动战争……德国是一个热爱和平的民族,但他们也确信,自己作为德国人有权利为他们自己而活,也坚信他们有使命要为地球上的所有国家奉献……阻挠德国人……履行其使命,他们就获得使用武力的特权"。[32]当拉加德开始考虑与俄罗斯开战,他感到了压抑已久的快乐。在某种程度上,他是在鼓吹预防性战争,而俾斯麦总

第一部分　保罗·德·拉加德和一种日耳曼宗教

是愤怒地拒绝发动战争。拉加德担心俄罗斯巨大的潜力："我们可以预期的是，一旦俄罗斯拥有了训练有素的军队、修建了所有的铁路，那么就很容易预测，五十年内被欧洲喂肥的美国也会同样以此来挑战我们。届时这两个国家都会步入政治上年轻气盛的时代，他们的优势意识加之缺乏严肃的目标，就很容易产生一种傲慢态度。"[33]

现在还为时不晚，德国应该使自己在中欧立于不败之地。在这方面，拉加德的计划通常既有异想天开的目标又有实际的详尽细节。他认为德国必须对波兰进行殖民化，第一步就是立即驱逐所有波兰犹太人。进一步的"人口迁移"（拉加德自己的话）包括将斯洛文尼亚人、捷克人、匈牙利人和奥地利帝国内的其他非德国人迁移到被明确分配的地区，使他们可以在被管制的状态下生存和死亡。然后，德国人将完全统治中欧，甚至可以由中欧进军，直到征服远东至小亚细亚的殖民地。这在很大程度上受到后来的"生存空间"（Lebensraum）论的启发；拉加德确信这些殖民计划能够立即缓解德国人口过多的问题。所有外来移民不再去往美国，大熔炉将不再把高贵的德国人变为低劣的美国人。在东欧，殖民者会比德国人更像日耳曼人。

在他的最后一篇论文中，拉加德为奥德联盟提出了最明确的建议。[34]两位君主应该结成坚固的联盟；如果其中一个王位由于君主死后没有继承人而空缺，那么另一个王朝将继承该王位。奥地利君主会将他的非德国籍国民（除了那些将被迫全部离开的犹太人，以及应该留下的意大利人）送到帝国内特定的地方；其他区域应立刻对大规模德国移民开放。这两个帝国将组成一个关税豁免区，并采用共同的非自由主义制度。这两个帝国将逐渐合并，德意志民族最终将过上安全而有目标的生活。欧洲也将实现和平——德国霸权带来的和平。

和平本身并不是一件好事。像当时的其他许多评论家一样，拉加德把战争理想化了，他一遍又一遍地宣称：一个国家将通过战争获得力量、活力和奉献精神。这种无休止的呼吁血腥战争当然是对自由主义者希望永久和平的抗议。他认为,冲突和流血是进步的基本要素,而这种残暴的学说确实可能更容易被发扬光大,因为促进德国统一的三场战争相对来说没有夺去多少人的生命。*战争似乎是一种道义上的需要,一个大国很容易就能负担得起。

拉加德对战争的看法强调了他的帝国计划的其他"现实"理由:为了减少税收,为了减少海外移民,为了确保和平以及拯救在奥地利的德国人。他的政治观点常常带着非政治的幻想色彩。他想通过政治寻求精神目的,达到并改变人们的道德生活。说到底,他所有主张帝国扩张的观点都没有揭示其意图的内在动力:他想把征服其他民族并将德国统治强加于他们,作为将德国从初期的文化衰败中拯救出来的一种手段。"只有把我们东部边界沿线国家变成德国的,才是现在被动过着单调生活的国家应有的行动,况且这个国家现在正通过阅读和吸烟来慰藉自己的虚无感。"[35] 这项巨大的挑战将使德国复兴,并使德国人意识到他们共同的世界历史任务。拉加德认为自己的计划不是去争夺权力,而是履行精神上的职责。难怪他不关心计划的后果以及德国军事局势的政治现实,比起国家扩张政策对德国精神的巨大影响,这些都显得微不足道。

这就是拉加德民族主义野心的动力。他的野心并非源于德国是伟大的国家。相反,它源于他对德国命运的疑虑,这种忧虑使他心情压抑。这是一次重大飞跃,这次飞跃使日耳曼评论家们处于部落帝国主义(tribal imperialism)先锋的位置。这些宗教狂热分子感到孤独并且对他们的文化感到不满,他们想要发动战争,妄想通过征服其他民族给自己的国家带来和平与净化。

---

* 在1864年至1871年的三场战争中,被杀死的德国人总数为33 351。参见 Gaston Bodart, *Losses of Life in Modern Wars*, Carnegie Endowment for International Peace, Oxford, Clarendon Press, 1916, pp. 56, 61, 148。

第五章

德国教育的腐败

> 德国人最频繁抱怨的事情就是,至少对于我们的青年人来说,理想主义已经死了,因此德国不可能再产生任何实质性的东西。人们的这种抱怨在德国就像流行病一样。[但是]如果孩子淘气,那便是父母的错了。
>
> ——拉加德

拉加德一生都在德国的学校和大学周边度过。如果说他有一个很熟知的世界,那便是学术世界,这种熟知在他写的关于教育的论文中就能得到证明。他是一位严厉的批评家,批评他所见所闻和所遭受的一切,而他对于德国教育之弱点的清醒见解带着深深的不满。拉加德断定新帝国的自由主义精神严重破坏了德国的学术生活,使之无法培养有教养和理想主义的年轻人,拉加德也因此摒弃了对德国复兴的最后希望——他对教育的看法使他对德国文化越发感到绝望。

拉加德于1874年开始抨击德国的学术生活,当时大多数德国人和所有外国人都认为德国的学术素养是首屈一指的,德国的大学是知识训练和博学的典范。*就像曾经有人说过滑铁卢战争是在伊顿的运动场上决定的胜负一样，如今在莱茵河两岸，据说是德国学校的优越性使得德国战胜了法国。几十年来，美国人一直在仰慕并沿袭德国的制度，德国的教育对美国产生了强大而持久的影响。

拉加德不同意人们对德国制度的普遍赞誉。根据他的说法，由于新帝国的腐败，德国的教育也迅速衰败。这些学校如何避免普遍的道德沦陷，以及商业精神、物质主义和精神激进主义的影响呢？最糟糕的是，没有宗教信仰，"没有上帝，就不会有教育，因为在最终判决之前没有理想、没有永生、没有责任感，就不会有教育"。[1]

而且，德国（正陷入一场精神上的"内战"）可以在满足卑鄙和诽谤中伤的日子里战斗，却不能制定统一的教育制度。[2]任何一个社会都不希望对大多数公民进行真正的教育："民主与文化[教育]是相互排斥。"[3]拉加德对现代教育的一连串抱怨，包括他对进步的、民主的教育的所有批评。[†]

拉加德并不是唯一一个对德国教育持悲观态度的人。[4]例如，叔本华和尼采就对德国教授大加嘲讽，并谴责他们将迂腐和平庸带入德国生活中。1872年，在尼采于巴塞尔做的演讲"关于我们教育机构的未

---

* 仅举一个例子，布莱斯勋爵评论德国人所说："没有哪一个民族像德意志一样对于大学制度的发展给予如此多的思考，付出如此多的努力，没有哪一个民族能像德国人那样从大学所提供的服务中获益匪浅，是他们在国民生活中发挥如此重要的作用。"引自John Theodore Merz, *A History of European Thought in the Nineteenth Century*, London, 1897, I, 159.

† 对美国高等教育的一项调查讨论了关于现代美国教育的类似批评，但该调查对民主社会中教育的不足与尚未充分认识到的民主教育的优势进行了区分。参见Richard Hofstadter and C. DeWitt Hardy, *The Development and Scope of Higher Education in the United States*, New York, Columbia University Press, 1952, pp. 65—71, 107—113.

第一部分 保罗·德·拉加德和一种日耳曼宗教

来"中,他也提示了德国的商业道德对人文教育的压迫。*拉加德和尼采都谴责教师和学生的水准在不断下降,并警告人们说,德国教育工厂生产出来的产品无非是自命不凡而又不满现状的平庸之才。[5]

但是拉加德的抨击不同于叔本华和尼采,因为他是极端民族主义和日耳曼主义的,在某种程度上也是反人道主义的。叔本华他们讨厌拉加德对德国宗教的坚持,以及他对于公共救济计划可以拯救德国教育体系的信念。

一如既往,拉加德抨击的形式包括三个部分:陈述过高的期望和理想,对实际情况持歪曲和苛刻的看法,以及具体的改革方案。他想融合民族主义和宗教情感,正如他相信德国人有特殊使命要成为有学问的人。拉加德在切尔诺维茨大学开幕式上的正式讲话中宣称:"天意——谁人可以否认这一事实——让每个德国人在少年时代就怀着对真理和科学的追求之心。"[6]

但他担心,上帝的这种天意会遭到德国的学校和大学的阻挠;德意志人追求真理的原始动力被扼杀了,日耳曼人的个性被消灭了。青年人被老一代的罪恶和慰藉所腐化,国家的未来抵押给了当下的教育。改革家梦想出现英雄人物,新的信仰和一个团结的民族,抱怨那些催生无情机器的学校,卑鄙的老师在这些学校教书,学校被虚伪的知识玷污,正为一种错误的生活做准备。现在必须要有新的学校来塑造新的德意志民族。

---

* "目前,两支显然敌对的力量,它们的行为同样有害并且最终产生的结果会合并在一起,这两支力量目前在我们的教育机构中占支配地位,这些机构原本基于完全不同的原则。一种是争取最大限度地扩大教育范围,另一种是缩小和弱化教育……面对这些扩张和削弱的致命趋势,如果不能团结另外两支力量,即真正的德国人和真正对未来充满希望的力量,人们将彻底绝望;我将教育紧缩和集中化的驱动力视为最大可能扩张的对立面,将加强教育和教育自给自足的驱动力称为最小化教育的对立面。我们相信最后提到的原则最终会胜利,我们认为有害无益的两种力量都与自然的永恒目的相反,因为对少数人的教育集中化可以与之协调,而前两种力量只能创造一种完全错误的文化。"引自"über die Zukunft unserer Bildungsanstalten", in *Aus dem Nachlass*, 1869—1873, in *Nietzsche's Werke*, Leipzig, Naumann, 1906, I, 277—278。

拉加德指责现行的教育制度使德国生活保持着一贯的虚假和流于表面。这些学校用"牢固的、文雅的野蛮黏液包裹着整个国家，这是所有野蛮行为中最令人反感的，它使德国现在的生活变得让人难以忍受"。[7]拉加德于1874年写道，那时他还没有意识到尼采早在两年前就谴责了"知识庸人"（Bildungsphilister）。[*]他们都厌恶德国那些毫无创造力的、文化上的被动消费者，一群需要依靠过去提供养料的寄生虫。拉加德提出，祛除这种黏液并恢复文化创造力的唯一方法就是首先对一些人进行全面教育并让绝大多数人依靠基本技能生存。

因此，拉加德摈弃了德国教育的前提，即"普遍教育"的理想，该教育旨在使大多数人接受所有传统人文学科的教育。一提到想让学生了解西方传统智慧，拉加德就会勃然大怒。如果是为了完成这个目标，那么德国的文理中学将滋生愚不可及和自命不凡之徒，因此这种教育只不过是在要求所有受过教育的人应该"在某个时候了解所有的事情"。[8]仅研究过去的思想不会产生任何成就。它会扼杀人的自发性和情感，并且永远不会引导学生到达正确的教育目标，即了解神圣的计划。预见到后世学生的频繁抱怨，拉加德抨击和嘲笑了文理中学将重点放在古典世界，并认为这不能很好地使学生在现代化德国为生活做好准备。[†]"在德国，难道没有一个人对成为五千多年历史的继承人而提

---

[*] 早在1843年，约瑟夫·戈尔（Joseph Görres）就提醒人们，"文明的野蛮人"正在威胁西方世界。正如弗朗茨·施纳贝尔在其著作中引用的，参见Franz Schnabel, *Deutsche Geschichte im Neunzehnten Jahrhundert*, Vol. IV: *Die religiösen Kräfte*, 2d ed., Freiburg im Breisgau, 1951, p. 170。

[†] 1907年，著名的改革家和评论家路德维希·古利特抨击了普遍教育，并写道："但是，我不需要与所谓普遍教育进行斗争；不幸的是，德国学校为这种病态的理想努力了近一个世纪，并且出于某种目的，无数的德国孩子就像火神莫洛赫的祭品，感谢上帝，这种病态的理想最终只是垂死挣扎。"古利特也说到了拉加德的其他苛评。参见Ludwig Gurlitt, *Die Gesellschaft. Sammlung sozialpsychologischer Monographen*, ed. by Martin Buber, Vol. XVI: *Die Schule*, Frankfurt am Main, 1907, p. 37。

第一部分 保罗·德·拉加德和一种日耳曼宗教

出抗议吗？难道没有人认为这种继承下来的财富会使我们贫瘠，因为它压迫我们，迫使我们不要做我们自己？"[9]

黑格尔是拉加德最喜欢的反派，拉加德坚持认为黑格尔要对德国强调百科全书式的知识负责任，实际上他已经将以前的所有知识概括在自己的系统中，然后成功地使普鲁士的学校接受这种重复的思想。黑格尔的门徒约翰内斯·舒尔策是他的同伙，并于19世纪20年代和30年代在普鲁士教育部冯·阿尔滕施泰因男爵手下工作。通过将黑格尔的制度强加于文理中学，阿尔滕施泰因和舒尔策还趁机掺杂了早前关于普遍教育的理想。拉加德当然夸大了黑格尔的影响力（普遍教育的最初灵感来自费希特和威廉·冯·洪堡），但尽管如此，阿尔滕施泰因和舒尔策确实将大量黑格尔主义的东西塞进了普鲁士学校。[10]

拉加德抨击阿尔滕施泰因和舒尔策时，却忽略了自己和他们在很多问题上达成了一致。例如，他们接受保守派的普遍观点，这种观点在19世纪50年代十分盛行，认为大多数教师是危险分子，教师对于1848年的革命难辞其咎。*此外，阿尔滕施泰因还认为，小学的课程和给低等社会阶层的课程应仅限于三个R（读、写、算术）、唱歌、宗教和一些爱国民间传说。拉加德也不可能反对阿尔滕施泰因的信条："我不认为这些信条会把普通人拉出上帝和人类社会为他们划定的领域。"[11]

拉加德坚持认为，高等教育面临的最大威胁是为接受高等教育的人提供物质利益的新体系。他认为，普鲁士法律就具有这种商业化学

---

* 腓特烈·威廉四世当然也这么认为，在1850年向普鲁士教师致辞时他说道："过去几年普鲁士发生的所有苦难都应该也只能归功于你们。你们应该受到责备，因为你们一直向普通百姓宣传无宗教信仰的假教育是唯一的真正智慧，通过这些普通百姓，你们破坏了我的臣民的信念和忠诚，并使他们和我离心……这些［老师的］高等中学，每一个都必须从大城市转移到小村庄以便他们不再受到邪恶的影响，这些影响正在毒害我们的时代……我不怕平民，但这些现代的、轻浮的、世俗智慧的邪恶影响正在逐渐动摇和毒害我的官僚政府。但是，只要我将剑柄握在手中，我就会知道如何应对这种滋扰。"引自J. Tews, *Ein Jahrhundert preussischer Schulgeschichte*, Leipzig, 1914, p.126。

习的特征。普鲁士法律于19世纪初被采用，并在1871年后扩展到整个德意志帝国，它允许那些在文理中学学习了至少六年的学生自愿服一年兵役，而不是被征入伍三年。根据拉加德的说法，中学的学生中有五分之三只是为了获得这项特权或其他特权而上学，一旦他们达到了这种非学术性的目的之后就会离开学校。文理中学的常规学习包括九年的课程，大量学生只学习六年就离开，这些学生拉低了整个学校的教育水平。少数人打算接受整整九年的人文学科教育，但他们的职业生涯因为大多数人都在追求文凭而被推迟了六年。

拉加德指出，文理中学的学生人数正在大量增加，并提醒人们，由于这种急剧扩大，优秀教师将会供应不足。因此，"平时最平庸的老师也能立刻被聘用，而且这进一步加剧了已经恶化的状况"。[12] 无能的老师正在教授低水平的学生。对拥有博士学位的人加价是一种愚蠢的做法；论文只是一种高度专业化和非原创性的机械练习，与候选人的教学潜力无关。普通的学位论文不应该成为人们能够进行教学的许可证。那些无能的教师，不管他们有没有博士学位都应被国家解雇，并指派他们进行研究工作。在未来，机械的练习、记笔记和死记硬背将不再主宰学生的生活；相反，更优秀的老师应该鼓励和发展自发的、持续的思考。目前，"我们的教育有着三大收获：视力糟糕，极其厌恶过去存在的一切，以及没有能力应对未来"。[13] 根源在于"我们的学校要求的太多了"，到1890年，人们已经普遍接受了这种抱怨，并在那一年导致了学生负担的减轻。[14]

教育也不应该是通往财富的有利之路；它应该再次变得实用且有等级体系。它应该具备区分社会地位和激发知识潜能的作用：应该严格限制下层阶级的职业培训；未来的德国统治者，为数不多的具有高才识的人，才应该接受新的、更集中的培训。妇女只局限在语法学校学习基础知识，并辅之以少许公民教育；如果她们渴望学习更多知识，她们的丈夫可以在以后的时间指导她们。文理中学应为特别有天赋的男童而设立，但毕业生不应享有任何特权。我们要摒弃普遍教育的理想，这

第一部分　保罗·德·拉加德和一种日耳曼宗教

是一个无法实现且不可取的目标,课程也要随之改变。历史应完全从课程中删除:很少有教师能够在教授历史的同时学习历史,而缺少这样的学习研究,历史学家就无法实现其学科不可或缺的一项要求,客观性。那些能够做到这一点的少数人也不足以填补必要的大学职位。允许不合格的历史学家来教书会导致他们传播危险的政治偏见。[15]

拉加德认为最重要的改革是需要建立一些公立学校,在那里,国家的知识精英和政治精英能受到良好的教育。"我认为认真地对少数人进行真正的教育,不论其出身如何,仅出于道德和智力能力来进行选拔,我们应该建立一个班级,这个班级将得到人民的信任并为了人民而管理。"[16]在农村地区,远离父母的溺爱和城市生活的罪恶消遣,这些学校将培养出未来的领导者——大约五万名男性,或者全部男性人口的百分之四。国家将施加最严格的知识和道德标准。这些学校不应该被学生生活中最大的祸害,即抽烟和喝酒所污染。这种对节制和意志力的呼吁,突显了拉加德想要为潜在统治者开设专门学校的设想和目标与后来的奥登斯堡学校相同,该校旨在结合国家社会主义意识形态和斯巴达纪律来培养国家社会主义的领导人。

拉加德希望有一天所有学校都能教授他的新宗教。但在这种宗教确立之前,他认为州政府应该鼓励每一种基督教信仰建立自己的小学。如果犹太人想要拥有自己的学校(存在一些针对饮食的特殊规定),他们应该移民到巴勒斯坦。培养没有宗教信仰的孩子是一种道德犯罪,而让他们在公立学校选择自己的信仰则超出了他们的能力。

拉加德还抨击了德国的大学,并严厉呵斥了德国教授的形象。整个19世纪,这些教授时而被人中伤,时而受人尊敬。考虑到拉加德曾遭受的羞辱,或者想到他曾遭受的屈辱,这也就不足为奇了。他如此愤怒地斥责他的同事,而且只是偶尔才对学会做做忠诚的姿态。他指责这些大学教授在德国社会中拥有无上的权力,并且他们的无能和不道德造成了巨大的损失。他们"现在是支配时尚的阶层"。[17]尽管这句话夸张了,但要提醒大家注意的是,在德意志帝国,大学教授的确享有很大的权力和威望,实际上已经成为自由派中产阶级的代表,正如官员是贵族的典范一样。

拉加德终生都在与学会做斗争,他经历的创伤依然存在。他鄙视他的同事,并试图证明他们道德上的弱点和学术上的无能。他认为,许多学者都是自由主义者。学术生活是自由主义思想的延伸,这些学者应对种种文化弊端负责,甚至要对日常报刊的不真实和日常生活中的异教氛围负责。在一些未受过教育的人以及教士和封建精英中,这种情感并不罕见。拉加德也不是唯一一个贬低自己职业的学者。尽管如此,像拉加德这样的批评家们对学者的猛烈抨击再次证明了他们对自由主义和资产阶级社会的敌视,以及对纯粹知识分子生活的怀疑。

拉加德抱怨说,学者们的学术成就也十分惨淡。他们本身就是学术退化的产物,也是他们让制度的弊端永久存在。他们准备不足,对学习的投入不够,教学能力也不行。正如他嘲笑文理中学的普遍教育概念一样,他轻蔑地驳斥了大学所谓在三年内让学生对多个学科做好充分准备的豪言壮语。1873年的反圣职者法律要求对所有神学院的学生进行哲学、历史、文学和神学的期末考核,这无疑将使"至少新教神学家变得比现在更加不重要,更加肤浅和不真实"。[18]他本人拒绝在自己专业领域以外的其他领域对学生进行考核,对于同事们随意在自己的狭隘领域以外对学生进行考核的做法,拉加德认为他们太过自以为是。

老师和他们所教的学生一样肤浅,不负责任。他们太懒,以至于不愿意在进行教学的同时扩大自己的知识面,他们甚至不了解自己学科领域的最新情况。应该给学生和老师更多的津贴,但只给那些既不抽烟也不喝酒,还不养狗的人。正如拉加德本人的作品所见证的,学术性出版物在德国无法打开市场。拉加德再次建议借助行政力量引发根本性变革,即1520年以后出版的书籍在普鲁士任何一家公共图书馆或大学图书馆都不应该流通。由此强迫学者们去购买这些书籍。[19]

在文化斗争开始之后,拉加德要求将所有基督教教会的圣俸充公,并由德意志帝国专门为学者创立学术研究机构——经费来自被没收的捐赠基金。那些认真的学者,他们不受教学要求的限制,能够由国家支付费用来追求自己在学术上感兴趣的东西。学者与教师身份之间一直存在着分离关系,这违背了拉加德的观点,他认为良好的教学与有效的研究是不可分割的,但这并没有使他感到困扰。国家将任命这些学院的成员,并指明要开展的工作的总体方向。任命的唯一先决条件是要加入"基督教或后基督教"——这一可笑之举目的显然在于排斥犹太人。[20]

同时,大学应该摆脱所有外部压力。拉加德建议,政府对大学的监督,包括任命权,应从柏林政府移交给州政府。这种权力下放将会先发制人地破坏"柏林骗子们"[21]的计划。他还要求解散大学中的所有非学术社团,特别是联谊会:对知识的不懈追求才是学生的唯一目的。学习的回报不会超出其自身的内在价值,为了得到奖金而学习不是学习的目的。大学毕业生不会获得特殊特权,也不会在就业中有必然的优先权。违反严格规定的学生将被开除,拉加德还将该规定推广到了中学及其教师当中去。

1890年,威廉二世召集了一些德国知名教育者,并责成他们修改中学系统课程。在讲话中,他要求要有更严格的体育锻炼,以及要更加有力地培养德国人的群体观念。让拉加德懊恼的是,尽管他对教育的苛评众所周知,但他没有被邀请去参加这次会议。因此,拉加德将其思想付诸实践的唯一重大尝试就是他对改进哥廷根科学院所做的努力,而这一努力也以失败告终。1876年,他当选为该学院院士,此后不久便提议对其进行全面重建:应该扩大学院的规模,并赋予它明确的职责,"我们所有人都以履行职责为生。公共机构也同样要以职责为主。"[22]该学院历史文献学部门的两个紧要任务应该是书写古代撒克逊公国的历史和《塔木德》(*Talmud*)的注释。拉加德强烈要求不考虑神学家、医师和法学家，并规定除了历史学家和语言学家外，只有数学-物理学家应该被列为代表。另一方面，会员资格应该向基尔大学和罗斯托克大学有资格的教授开放。一旦规模扩大，哥廷根学院就可以成功挑战柏林科学院至高无上的地位。他认为，随着时间的流逝，其他地区中心将兴起，并放松柏林科学院对德意志学术研究施加的束缚。他还认为，集权化的弊端因为巴黎科学院的独裁统治得到了证明。

所有这些计划都还未诞生就遭到扼杀。拉加德私下秘密地准备着这些计划，并要求普鲁士政府在匿名的情况下颁布这些计划。事实证明，他的赞助人身份也广为人知。他的计划被中止，拉加德含糊其词地宣布，如果学院发生任何变化，他将辞职。他补充说道，他这样做是为了避免诽谤者指责他提倡这些改革是为了实现"自我进步"。拉加德以这种模棱两可的姿态放弃了对德国教育体系进行改革的努力。在他的计划中，很多有用的甚至崇高的东西都因为他乖戾的方式和过度的傲慢而不得不以失败告终。但是，一代又一代的学生和改革家在拉加德的苛评中发现了充足的理由，来为他们自己对德国教育体制的不满做辩护。

第六章

被铭记的先知

如果本卷[所收集的论文]中很多内容看起来司空见惯,那也是只有通过我它们才会变得常见。当先知的布道实现时,他们的命运注定就是被人们遗忘。我将感谢上帝,作为一个政治人物如果我能很快地被人们遗忘:那么我所预言和要求的美好未来也已经到来了。

——拉加德

您,我的元首,拯救了尼采、瓦格纳、拉加德和杜林的作品,避免了它们被世人遗忘——这些作品预示了旧文化的宿命。

——纽伦堡党代会,1934

拉加德去世后,他作为民族先知的名声并未降低,反而稳步增长。他不是一个天生的领导者,也不是一个有魅力之人。在他的一生中,其过激的推论、让人厌烦的回避和坚决的要求,冒犯了他的朋友和敌人。直到他去世后,当他为人的固执己见不再影响他的思想传播,当他对德国文化的哀叹变得更加合理时,他的名字才被许多人以及各种事业所援引,并总是被视作一位受人尊敬、无可指责的道德正义和民族理想主义的代表。

拉加德值得被铭记。由于他的古怪和荒诞,他是第一个意识到德意志帝国文化存在危机之人。在俾斯麦帝国的安稳与成功里,他感受到了帝国内部的空洞;在拉加德去世后的威廉二世时期,许多德国人开始看到同样的缺陷和困惑,当时的君主自己也这样概括。拉加德提醒过人们要注意国内意见不合和国外冲突的威胁,他所有的恐惧都在1914年之前日益增长的政治对抗、1918年的失败和革命、1919年的和平中找到了迟来的理由。他是德国最早对文化的未来表现出绝望情绪的民族主义者之一。他预测的灾祸事件都发生了;这些事件助长了他曾帮助培养过的绝望情绪。难怪他作为先知和教师为世人铭记。他倡导节俭和执行职责,呼吁牺牲和纯洁,对那些在第一次世界大战前后对私人和公共生活的空虚感到不满的德国人产生了巨大的鼓舞。

不能用定量的方式来衡量知识的影响是一件再平常不过的事情。因此,《德国作品》发行量的稳定增长就其本身而言不足以证明其影响力。*我们还知道,支持拉加德的人越来越多,民众不仅喜爱他的几部作品选集,而且还购买了大量包含从他的作品中摘选的带有精粹爱国思想文字的风景明信片。在20世纪20年代后期,即他诞辰一百周年之际,出现了许多赞美拉加德的纪念性小册子和文章,以及大量关于他政治和宗教思想的学术研究,这些研究对他的思想学说持完全赞同的态度。

---

* 在拉加德去世的几个月前,《德国作品》在哥廷根的迪特里希图书出版社第二次印刷。随后在1903年第三次印刷出版。这本书给极端民族主义出版商J. F. 莱曼(J. F. Lehmann)留下了深刻的印象,他于1908年决定将其添加到他自己的出版物中。然而,他的计划推迟了,直到1924年,拉加德的《德国作品》和增补的一册《文选》(*Ausgewählte Schriften*)才以出版商莱曼之名被印刷。此后,《德国作品》再版了三次,而《文选》再版了两次。莱曼总是随身携带《德国作品》一书,1919年巴伐利亚革命者将他关进监狱时,他发现阅读这本书是"一种真正的享受"。参见 *Verleger J. F. Lehmann. Ein Leben im Kampf für Deutschland*, ed. by M. Lehmann, München, Lehmanns, 1935, pp. 34, 110, 159。

第一部分　保罗·德·拉加德和一种日耳曼宗教

但拉加德对德国文化生活的重要性远高于这些数据所显示的。由于其思想的多样性和激情，他在不同的人和群体中引起了热烈的反响。他同时吸引了德国文化精英中的一些领导者以及德意志帝国、魏玛德国的政治和文化黑社会中的一些声名狼藉的团体。这种双重吸引，让他在两个极端之间（以及德意志社会那些看似不相容的群体之间）建立了一种密切联系。这些群体都没有意识到这种密切关系，这种关系也从来没有被明确表达出来，但在1914年8月它却促成了民族团结情感的大爆发，之后又在魏玛衰落时期和国家社会主义崛起的年代再次掀起一波浪潮。

拉加德之吸引力的多样性与我们称拉加德具有两面性并不矛盾。拉加德一生都有"温和"和"强硬"两种不同形象：温和的一面让他吸引了现代文化中的理性批评者以及在瞬息万变的世俗世界中对宗教、道德的前景做出思考的人；强硬的一面让他吸引了那些已经将自己的不满情绪转化为明确的、残忍的计划的人和团体，无论他们是有组织的反犹太主义、帝国主义还是好斗的民族主义。处于两者中间的那些人只掌握了拉加德思想的一部分，即他对教育的反思或对神学的批判。*

温和的拉加德受到了人们的钦佩，人们将他看作伟大的理想主义者和改革家，是追求信仰、真理、精神价值的先知——他谴责世俗主义、物质主义和枯燥乏味的世界。在他的第一篇论文得到发表后，他不仅受到德国人的热烈称赞，也受到知名外国人的赞美。1875年，与拉加德在思想和性情上颇多共鸣的托马斯·卡莱尔写道："我已经很多年没有在任何德国或其他国家的书籍上看到如此多忠实的独立思想和真正的原创性了。"他赞扬了拉加德对新教徒和教宗主义者的看法，并补

---

* 受拉加德批判教育影响最大的人就是路德维希·古利特，他打着拉加德的旗号频繁与官僚主义做斗争。参见 Ludwig Gurlitt, *Der Deutsche und sein Vaterland. Politisch-pädagogische Betrachtungen eines Modernen*, 8th printing, Berlin, 1903, esp. pp. 82—83。

充说道：

您对犹太人的看法中带有些许讽刺性，这让我感觉非常有趣。但最重要的是，我对您在书的最后所说的话很感兴趣，那就是任何国家都没有什么真正的收获，除非它恢复某种真正的宗教信仰；这对我来说是真理中的真理；而且我急切地想知道您在这个最重要的问题上有什么更深入的见地。[1]

即使是T. G. 马萨里克，日后的捷克斯洛伐克共和国之父，也向拉加德表示了祝贺："请接受我这本关于自杀的专著，把它看作对您全身心投入的崇高事业的微薄贡献。"*

在他去世后，温和的拉加德开始吸引越来越多受过良好教育的德国人。在那几年中援引拉加德就能证明一个人的爱国理想主义，同时证明一个人对非德国的所有一切的仇恨；援引拉加德就是捍卫"乐观积极"，以及一种非理性的文化创造力，反对纯理性主义的否定主义和物质主义。在许多圈子里，拉加德都变成了尼采的替代者，尼采对许多德国人来说是深奥而且危险的。此外，拉加德拥有不可估量的优势，他是一位民族主义者，而尼采的资产阶级读者至少认为他在这一点上是矛盾的。拉加德的真诚信仰、他的民族精神、他的个人主义以及他对德国教育的蔑视，使一些敏感的人，例如恩斯特·特勒尔奇、弗里德里希·瑙曼、赫尔曼·巴尔、里夏德·德默尔、克里斯蒂安·莫根施特恩和路德维希·库尔提乌斯深受感动。[2]我们已经看到弗朗茨·奥弗贝

---

* 马萨里克写给拉加德的信，1881年3月14日，参见哥廷根的拉加德档案。五年后，马萨里克写道："如果我未经允许擅自把我对具体逻辑的研究寄给您，我是出于某种深切的需求要表达我对您《德国作品》一书的感激之情。稍后，我将更具体地述说，比如改正一些您对捷克人的政治指责，因为我不认为您在这个问题上是客观的。当然，这绝不会损害我对您的诚挚敬意。" 1886年10月30日，参见哥廷根的拉加德档案。

第一部分　保罗·德·拉加德和一种日耳曼宗教

克和保罗·纳托普对拉加德的宗教思想给予了多么热烈的回应。当托马斯·曼将拉加德称为"德国的老师"时，他不仅称赞拉加德，而且还恰当地描述了拉加德在威廉德国时期的地位。[3] 乔治·克瓦博是后1918时代的一位才华横溢的德国保守派人士，在写到拉加德"令人崇敬的保守主义"时，他指出这是拉加德智性上的吸引力以及自由主义者袭击保守主义思想家的贪婪嗜好，还指出拉加德有一天将会成为一位自由主义英雄："我希望他们（自由派）完成证明拉加德思想中具有自由主义特征的戏法时我还活着。如果他没有向犹太人传达那么多难以磨灭的善意，这一点早就被证明了。"*

实际上，无论是犹太人还是自由主义者，都不受德意志导师的理想主义的影响。例如，1901年，犹太籍知识分子埃夫拉伊姆·弗里施向一位诗人兼易卜生译者克里斯蒂安·莫根施特恩介绍拉加德的《德国作品》。拉加德无情的悲观情绪，对新信仰的向往吸引并启发了莫根施特恩。他崇拜拉加德，就像他早先尊敬尼采一样。后来他又开始赞美鲁道夫·施泰纳——施泰纳本人就热爱阅读拉加德的作品。莫根施特恩称赞拉加德，"德国目前最伟大的立法者（尼采从这个意义上来说都不算是一位立法者）……他是傲视群峰的崇山"，因为这个人带领他远离社会并返回到《圣经》。"对于任何不会因为尼采和拉加德一次又一次地走向毁灭，而只会被他们复活的人来说，对他来说，这两个人从未出生过。"在对易卜生诗剧《布兰德》的评价中，莫根施特恩表达了最高的赞誉和独到的看法："我看到，易卜生站在拉加德和尼采旁边，他是第三

---

* George Quabbe, Tar a Ri. Variationen über ein konservatives Thema, Berlin, 1927, pp. 109—110. 拉加德享有双重声誉，其特征是他的伟大崇拜者克瓦博对拉加德参与创立的种族主义和人民意识极为蔑视："的确是简单得让人觉得荒唐可笑的解决方法：我们撵走了犹太人和波兰人，只在我们族群之间通婚，一旦事情变得紧迫，我们就会提倡优生学，然后便其乐融融。"(Ibid., p. 16)

位捍卫纪律精神,反对现代自由放任原则的伟人。"*

拉加德作为德国杰出立法者的形象对所有批评现代文化(在整体上或在某些方面上)不符合德国特性的文化批评家、教育家都极其重要。†第一次世界大战期间,德国知识分子竭力反驳联合声明中说的民主进步的西方在与军国主义、反动的德国做斗争,他们总是争辩道,德国的帝国政权远比西方民主政治机械式的计票系统更具代表性、更加民主。托马斯·曼的《一个不问政治者的看法》(*Betrachtungen eines Unpolitischen*)是这种文化独立宣言的缩影,他力图证明德国人不关心政治的本性和精神天性使他们从其他团体中脱颖而出。曼欣然接受了拉加德所说的急剧分化,即关于总是正确的天才民众,与几乎总是对民众不友善的个人和利己主义者的民主集合的分化。曼认为,拉加德信奉民众是力量的最终来源这种观念依然很保守,尽管它具有明显的民主意义。保守主义并不意味着"保留一切现存的东西,而是让德国保留自身的特性,仅此而已。尤其重要的是,德国人不应将民众与构成物质的单个原子混淆"。那些思考德国命运的艺术家"只能出于其内心深处的信念,去重复我们民族的伟人们,例如尼采、拉加德和瓦格纳说过的话,即带有西方意义和色彩的民主对我们来说是陌生的东西,有些是翻译过来的,有些'仅出现在报刊杂志中',有些则永远无法融入德国人的生活而成为真理"。4

在第一次世界大战之前和之后,当越来越多的知识分子还在苦思纯

---

* 1906年,克里斯蒂安·莫根施特恩在日记中写道:"我要去尼布卢姆休息,从现在开始,自我的石屋给自己写信。只有我的名字和'朗诵拉加德!'/的确,只有大小两件事:我请求只保留我的名字。只有我的名字和'朗诵拉加德!'"参见Friedrich Hiebel, *Christian Morgenstern. Wende und Aufbruch unseres Jahrhunderts*, Bern, Francke, 1957, pp. 63—75。

† 列出所有曾经承认或表现过拉加德影响力的批评家将是一项巨大的、徒劳的工作。我不是在宣称拉加德对他们思想的形成产生过重大影响,但是1933年以前,在或多或少严肃的哀叹文学中,拉加德经常以真理的保证者和民族复兴先知的形象出现。

第一部分 保罗·德·拉加德和一种日耳曼宗教

粹世俗社会的不足时,拉加德以特别的力量站了出来。随着人们对新信仰的渴望加深,拉加德关于宗教不可或缺、当代基督教已死的信念得到了广泛的赞同。无论是像斯特凡·乔治小团体所希望的(其设想的目标只是一种审美的、带着贵族气质的宗教替代物),还是按弗里德里希·瑙曼所计划的(翻新的、具有社会意识的基督教),拉加德的影响都显而易见。恩斯特·特勒尔奇早在1903年就写道:"近代伟大的宗教运动,再次被唤起的对宗教的需要,都在教堂之外以及在广泛的神学领域之外得到发展。"在这方面,特勒尔奇注意到了拉加德不断增长的影响力:"他的《德国作品》生动有力……为他赢得了与他伟大而重要思想相称的影响力。"即使他本人从未在宗教领域到达最高的位置,但是他的神学思想唤起了"别人心中对宗教的渴望,他不仅影响了神学家,而且也影响了普通教徒,并把这些宗教问题的严重性和伟大之处置于他们的心灵和良心之上"。[5]

拉加德也吸引了1914年以前的艺术家和知识分子们:他们为德国的辉煌成就感到自豪,为国家因此付出的代价感到惊骇,因重大国家灾难的预兆而感到烦恼。* 他们也为这个古老的问题感到困扰:"何谓德意志?"什么是人民的本质,是他们必须努力保持的品格,是他们应该进一步发展的目标? 他们在阅读拉加德的作品时发现了这些问题的答案,并承认了拉加德在他们思想生活中的重要作用。

他本应该被这个团体无条件地接受,这也再次证明了很多本质上不关心政治的德国知识分子正在断断续续地关注政治。在赞美拉加德时,他们没有看到他残酷的一面,他巨大的仇恨能力,以及他想要毁灭犹太人、自由主义者、文人以及(如果需要的话)中欧的非德国人民。他们也没有受到拉加德关于不公正的乌托邦主义,对拥有永久秩序和精

---

* 正如一位批评家在1913年所说的那样:拉加德的"思想在现在的我们中间比以往任何时候都更加活跃;他所宣扬、规定和预言的内容在今天的德国人看来,比过去更加清晰、更加紧迫,而且更有可能发生"。参见 Max Christlieb, "Paul de Lagarde", *Die Tat*, V: 1(1913年4月),2。

神管制的日耳曼社区的梦想的影响。

好沉思的德国人只看到拉加德的"温和"一面,而右翼激进主义者和虔诚的反犹太主义者只看到他思想的"强硬"一面,并通过指出拉加德的理想主义来为自己的计划辩护。[*]只有少数团体欣然接受了拉加德的两面性。例如,拜罗伊特的瓦格纳派,德国文化的高级祭司们,就曾将拉加德誉为纯粹德意志文化中一位伟大的反犹太主义先知。当瓦格纳和拉加德都还在世的时候,的确很难发现二者思想上的共通之处,尽管科西马的热忱来信表示她和她的丈夫"一定会竭尽所能让《德国作品》得到广泛传播"。[†]

一方面,拉加德无法容忍未来的音乐,而且这当然是其主人犯下的罪过。[‡]在他生命的最后几个月中,拉加德确实非常接近拜罗伊特的瓦格纳派,该派别现在由令人敬畏的科西马掌控。即使在最残酷的商业交易

---

[*] 社会主义作家弗朗茨·梅林(Franz Mehring)回顾了安娜·德·拉加德的回忆录,并强调了拉加德对威廉王子(后来的威廉二世)的影响:"拉加德是那些闪闪发光的、头脑混乱的人之一,他们太聪明以至于不敢与资本主义的狼一起大声呼喊,太胆怯以至于不敢离开资本主义奢侈的生活。继尼采之后,拉加德成为那些有趣的家伙的信徒了,这些人作为俾斯麦聘请的作家一面享受蒸蒸日上的事业,同时又假称他们是被出卖的国家的救世主。他们通常会引用拉加德的文字,为他们味同嚼蜡的菜肴增加些许美味。"参见 Franz Mehring, "Man nennt das Volk", *Die Neue Zeit*, XIIL: 8, part 1(1894年11月15日), 225。

[†] 1878年,在《拜罗伊特报》中,瓦格纳首次发表了他最初写于1865年的论文《何谓德意志?》("Was ist Deutsch?")。在一篇哀叹新帝国非德国式文化的附言中,他承认他无法再定义什么是德国人,但是"康斯坦丁·弗朗茨难道不能对我们产生令人钦佩的帮助吗?当然,拉加德也一样?让这两个人认为他们是被真诚地要求回答这个重大的问题,以指导我们可怜的拜罗伊特赞助人"。参见 *Gesammelte Schriften und Dichtungen von Richard Wagner*, 3d ed., Leipzig, Fritzsch, 1898, X, 53。也参见科西马·瓦格纳给拉加德的信,1876年2月6日,参见哥廷根的拉加德档案。

[‡] 1881年2月,拉加德在慕尼黑看了一场齐格弗里德的演出:"我烦得要死。四个小时的朗诵令人无法忍受……我完全不喜欢瓦格纳了;我不会让自己再遭受这种痛苦了。"他也会毫不犹豫地让一些专业的瓦格纳的追随者知道他的厌恶。引自 Alfred Rahlfs, *Paulde Lagardes*, p. 75。

第一部分 保罗·德·拉加德和一种日耳曼宗教

中,科西马仍非常爱国并且品格高尚。拉加德的突然去世使得这场积极合作的计划泡汤,但在拉加德去世后,拜罗伊特仍竭力想让他成为一位不朽的日耳曼人物。1892年6月,《拜罗伊特报》(*Bayreuther Blätter*)发行了一册拉加德的纪念物,并着重向读者推荐了他的作品。舍曼·路德维希是拜罗伊特日耳曼人和种族主义者中最多产的人之一,后来成为拉加德传记作者。他总结了拉加德的生活和工作,并得出结论:"为了理解拉加德的全部,人们首先应该记住他总是认为自己是人民的先知和向导——事实上,他的确是。"对于舍曼而言,拉加德的遗赠主要包括他与犹太人的斗争:"自叔本华和瓦格纳以来,德国思想家中就没有人像拉加德一样如此强烈地反对异族人。犹太人亵渎了我们的圣物,毒害了我们的人民,并试图从我们手中夺走我们的财产然后践踏我们。"[6]拉加德作为纯净英勇的德意志国家的反犹太主义先知,他的这一形象也得到了政治上的瓦格纳派和《拜罗伊特报》的长久维护。休斯敦·斯图尔特·张伯伦既是瓦格纳的女婿,也是其门徒,他写道:"对我们而言,《德国作品》一直是我们最珍贵的书籍,我们认为拉加德毫不掩饰地揭露了闪米特人宗教本性以及他们对基督教的有害影响,这些是他做出的值得我们赞赏和感激的成就。"[7]尽管张伯伦批评拉加德缺乏坚定的种族主义,并对新教徒的未来感到悲观不已,但张伯伦始终歌颂拉加德的日耳曼性格和使命。实际上,张伯伦的影响力比拉加德的影响更为有限:张伯伦是威廉二世统治时期的公共哲学家,他对同胞的虚荣心颇感兴趣,但出于同样的原因,他未能触及很多群体,包括当时反对威廉德国的文学精英。只有像拉加德这样的局外人才能吸引其他局外人。

激进的拉加德是新兴的反犹太或种族主义运动的守护神。*在他

---

* "反犹太运动背后的日耳曼种族主义特性的伟大精神运动首先建立在保罗·拉加德的基础上。"参见 Adolf Bartels, *Der völkische Gedanke. Ein Wegweiser*, Weimar, 1923, p. 24。

生命的最后十年中，他与一些重要的反犹太组织者和宣传人员保持着联系，其中包括特奥多尔·弗里奇、弗里德里希·朗格和尼采的妹夫本哈德·福斯特，这些人不知厌倦地宣称自己受益于他的教导。* 他们长期努力奋斗的主要目标就是消除犹太人参与德国文化生活的机会。[8] 拉加德与这些人的关系并不总是那么稳定。[9] 他拒绝了弗里奇为他画像的要求，并说他的性格就应该远离公众的视线："这不应该被人们知道，因为我天性中那种严厉的认真会令人不快，而且只会损害正义事业。"† 他甚至断然拒绝了这些与他同道的勇士，并经常指责他们剽窃、对他人缺乏尊重以及存在其他出于恶意的行为。拉加德对建立于1881年的德国学生协会的影响是最持久的，"该协会对于日耳曼种族主义者立场的影响远比反犹太主义政党更为重要"。[10] 该学生协会早就在拉加德的反犹太主义思想中发现了为其偏见正名的道德合理性，并将拉加德誉为他们的赞助人之一。‡ 拉加德还属于后来漂鸟运动（Wandervogel）中受到人们热烈称赞的少数英雄。[11] 对于这些人来说，拉加德是他们父辈的仇敌，因此是他们的朋友。其他学生组织也珍藏着对拉加德的记忆，兄弟会图书馆还专门用一个他们的官方出版物来对拉加德思想做出正面且详尽的阐述。[12]

---

　　* 该群体的另一位成员回忆道："很长一段时间以来，拉加德一直是我的精神领袖。"参见 Max Robert Gerstenhauer, *Der völkische Gedanke in Vergangenheit und Zukunft. Aus der Geschichte der völkischen Bewegung*, Leipzig, p. 11。

　　† 1888年7月8日写给弗里奇的信，参见拉加德档案。拉加德和一些与他有着通信往来的反犹太主义者以爱国称呼签署了他们的信，"德意志的致敬"（mit deutschem Gruss）一词后来被国家社会主义者广泛使用。

　　‡ 拉加德的"理想主义"安抚了许多反犹分子。例如，曾经的泛德同盟主席说："在这些问题（犹太问题）上我们努力保持着适当的精神和道德水平，我们在拉加德、戈比诺伯爵和休斯敦·斯图尔特·张伯伦的著作中得到了有力支持。19世纪末，我投身其中，却不知道我从这三位伟人身上获利最多。"（Heinrich Class, *Wider den Storm. Vom Werden und Wachsen der nationalen Opposition im alten Reich*, Leipzig, 1932, pp. 87 ff.）

第一部分　保罗·德·拉加德和一种日耳曼宗教

与拉加德一样，许多反犹太分子也关注民族主义信仰的起源，他的宗教思想鼓励着后来的日耳曼基督徒寻求一种信仰，这种信仰可以将基督教德国化，这种信仰将祛除基督教中的犹太族元素和普世元素，调和相互竞争的忏悔，并宣扬德国英雄主义的福音。拉加德对德国基督教各个派别产生了特别大的影响，以至于在20世纪30年代初期，一群数量巨大并且在一段时间内极其重要的德国新教徒选择了支持国家社会主义者。早在1921年，德国教会联盟就建立起来了，从一开始，拉加德学说的烙印就清晰可见并得到广泛认可。[13]这场运动开始蔓延，并与德国其他地区的类似团体合并。他们的共同点是都继承了拉加德的传统：希望将基督教转变为拥有好辩的、反犹太主义的、民族主义的信仰，并将以此取代歪曲的、普遍存在的基督教过时且衰败的教义的组织。在曲解基督教和大规模摒弃基督教信仰的过程（国家社会主义崛起最鲜为人知且最重要的方面之一）中，拉加德的思想发挥了核心作用。[*]

大多数民族主义团体都珍视拉加德的帝国主义计划。稍后将讨论的泛德联盟就接受了拉加德的大陆帝国主义，并成为带有侵略性的东方政策（Ostmarkpolitik）最严格的守护者。[14]为大德意志帝国计划辩护的人称赞拉加德是最早看到俾斯麦帝国弊端的人之一。[15]第一次世界大战期间，拉加德频繁受到吞并主义者的称赞，在没有特别承认的情况下，他的一些想法在弗里德里希·瑙曼的《中欧》一书中反映出来，这是一本论德国人战时使命的重要作品。

在战争和十一月革命之后，拉加德成为右翼德国人最常援引的

---

[*] 甚至粗略地检查一下德国基督徒丰富又令人震惊的文学作品，我们就会发现他们多么频繁地援引拉加德。例如，在国家社会主义者与新教教会做斗争的早期决定性时期，德国基督徒的所有出版物的护封都将拉加德（并且只有拉加德）称为"与我们的日耳曼性格相一致的基督教信仰的先驱"。再者，"保罗·德·拉加德是新教徒阵营里坚决拥护民族教会的人之一"。参见 Kurt Thieme, *Aus dem Wieratal ins Reich! Ursprung und Aufbruch deutschen Christentums*, Weimar, Verlag deutscher Christen, 1939, p. 77.

名字之一，这些人都是憎恶共和国但又不希望回到1914年之前糟糕岁月的右翼分子。所有小规模的爱国联盟，以及为了猛烈抨击现状而为无数小杂志写作的业余作者都发现拉加德给他们带来了鼓舞和体面。即使是自由军团的好战分子也受到这位古老的德国学者的鼓舞。其中一位记得，1921年哥廷根学生曾被组织起来加入自由军团奥伯兰（Oberland）："捍卫德国在上西里西亚的土地，拉加德就在我们心中，因为在他身上，爱国主义和虔诚深深交织在一起。"[16]一位哲学家将拉加德誉为19世纪晚期反对德国哲学主要劲敌（笛卡尔主义），和捍卫德国精神的主要人物，并认为拉加德对当代基督教的抨击实际上构成了对西方基督教衰落的、纯理论的传统的抨击，这种传统最初体现在一神论中。* 每当有团体力求表达其思想立场时，或者使他们充满激情的渴望变得合理化时，他们都会转而想到拉加德，认为他是为好战的德意志民族精神做斗争的最早的战士之一。†

　　拉加德在战后声名鹊起，这是证据确凿的事实，并且这些证据也证明几位观察者在20世纪20年代谈到的"拉加德复兴"的结论不无道理。当然，国家社会主义者进一步复兴了拉加德的反犹太主义和帝国主义思想，阿尔弗雷德·罗森贝格在其《神话》（Mythus）中重复了拉加德反对基督教的许多苛评，并坚称国家社会主义运动标志着他日耳曼梦想的实现："当人们沉浸在对第二帝国的狂喜中时，先知拉加德设想了日耳曼-北欧-西方这个梦想，而且几乎独自一人为实现这个梦想设

---

* Franz Böhm, *Anti-Cartesianismus. Deutsche Philosophie im Widerstand*, Leipzig, 1938, pp. v, 274 ff. 该作品将德国哲学史视为对笛卡尔理性主义和乐观主义的一次大规模抗议，并将这种见解归功于他对19世纪后期思想的批判性研究，"特别是我对拉加德的关注"。

† 再者，仅作为一个例子，我们应该注意到，青年德意志教团（Jungdeutsche Orden）对拉加德赞不绝口，保守派革命的较小组织也是如此。参见 Klaus Hornung, *Der Jungdeutsche Ordan*, Düsseldorf, 1958, pp. 69—76。

第一部分　保罗·德·拉加德和一种日耳曼宗教

定了恰当的目标。"[17]不久,国家社会主义者意识到拉加德希望建立大德意志帝国并实现大量人口转移,这一做法将在中欧各地强化德国元素。当然,这并不意味着国家社会主义者依靠拉加德来获得灵感;或者这样说更加贴切,他们像之前的其他人那样援引拉加德来作为一种精神上的合法化,使自己披上受人尊敬的外衣。*

随着时间的流逝以及德国经历的灾难的累积,拉加德的影响力也与日俱增。当德国经历战争、失败和极权主义之后,人们对拉加德的希望与忧郁的独特融合变得更加热情了。当然,他并不是唯一反对现代性的声音。就在他去世之前,他找到了一位门徒,尤利乌斯·朗本。朗本虽然性格古怪,但是满心虔诚,他于私下和公开场合都宣称他的知识传承自拉加德。朗本公开宣布要发扬拉加德的信条,并在拉加德去世不久前取得成果:他成功地说服拉加德的出版商冒险发行《德国作品》第二版。更重要的是,朗本自己也有一本成功的著作《教育家伦勃朗》。这本书在1890年匿名出版,以一种新的形式,从不同的侧重点总结了拉加德作品的几个主题和目的。如此,朗本的《教育家伦勃朗》一书注定会宣告日耳曼意识形态演变的下一个阶段。

---

*　在国家社会主义者的领导下,拉加德的作品被不断重印,甚至有了新的选集。除了几种新版的《德国作品》和本书中已经引用的选集外,还有一本小册子,即 *Nationale Religion*, ed. by Georg Dost, Jena, Eugen Diederichs, 1934;以及一本著作,即 *Deutsche Schriften*, ed. and selected by Wilhelm Rössle, Jena, Eugen Diederichs, 1944。

第二部分

尤利乌斯·朗本与日耳曼非理性主义

第七章
作为失败者的批评家

众多立柱,
有倒塌者,
众多庙宇,
有受难者,
人群之中,
有耕耘者,
千万女子,
有堕落者,
我一直前行且从未停歇。

——朗本

  一个新的时代(它对其本身并不完全了解,也不明确会有怎样的思想意识)往往会首先从纲领性的,甚至拙劣的书籍中汲取自我认知。19世纪90年代的那个十年,整个西方世界均处于探索和创造的时期。1890年出版的朗本的《教育家伦勃朗》就是这样一本书。至少对德国来说是这样。

  这是一个充满斗争和骚乱的十年,曾经仅是个别艺术家和知识分子的牢骚,如今成了大多数人对文化不满的时尚哀叹。人民奋起反抗现代性,旧文明攻击新文明,社会力量众志成城,成百上千民众呼吁抨击一切邪恶与压迫,世界各地的人民都发出同样的控诉。在其创造力勃发的时代受到忽视的尼采,忽然间被重新品读和追捧。易卜生的戏剧被重新搬上舞台并赢得称赞。诺尔道的《大衰退》(Degeneration)引发了激烈争论。不光在德国,甚至世界各地,类似争取更多自由和自主,多实践少理论,尽量保持生活的充盈,以及更多关注饱受罹难和自我摧残的个体的呼声不绝于耳。朗本名噪一时的这部著作能够衡量德国人觉醒的程度。这十年在一场浩荡蓬勃的"德国青年运动"(German Youth Movement)中落下帷幕,而后者就始于这部狂野的著作,这篇振奋人心的演说,这首非理性主义的狂想曲。

不论此书有多么狂野,多么杂乱无章,其初衷是毋庸置疑的:它谴责知性主义与科学,抨击现代文化,赞扬"自由"的个体和本真的日耳曼贵族,并试图复兴往日的德国。身为德国人,伦勃朗在人民中享有盛誉,他将成为新一次,也是最后一次德国改革的引路人。艺术,而非科学和宗教,乃是最高级的善,是知识和美德的真正来源。童真、主观性、个体性等古老的德意志美德如今已丧失殆尽。《教育家伦勃朗》迫切要求抗击现代德国,因为现代德国是知性主义的温床,创造性生命将在这里遭到扼杀;它是对在尘封的文明中被埋没许久的民众的非理性能量的呼唤。朗本的这部作品带有预见性的、富于个性的基调,并折射出作者强烈的苦难。他本人就是一个特殊类型的拥有不满情绪的批评家的极端代表。

1851年3月26日,尤利乌斯·朗本出生于石勒苏益格的哈德斯勒本的一个小镇,是弗里德里希·黑贝尔的同乡,那里的人民以心胸狭隘和顽固不化闻名于世。[*]母亲是石勒苏益格一个才华横溢的牧师家族的

---

[*] "(有一座)荷尔斯泰因神庙,这里充满了痴迷与憎恨。黑贝尔是最为典型的信徒,朗本也在其中。"参见 Alfred Lichtwark, *Briefe an Max Liebermann*, ed. by Carl Schellenberg, Hamburg, Trautmann, 1947, p. 262。

第二部分　尤利乌斯·朗本与日耳曼非理性主义

后裔，其家族有一位成员曾从路德。[1]父亲祖上几代世居波罗的海沿岸荒凉的荷尔斯泰因乡间，除了小农以外，大多都是临时工或纺织工的学徒。然而，朗本的父亲最终走向了世界。他是一位语言学者，受过大学教育。19世纪40年代，他成了当地文理中学的副校长。倘若朗本家族当时能一直安定下去的话，他们很有可能给孩子营造一个舒适而欢乐的童年。

事实上，朗本出生三个月后，其父的事业就由于政治压迫而破灭。1848年革命后，各地的政治压迫接踵而至。革命期间曾在石勒苏益格-荷尔斯泰因击溃了德国军队的丹麦人想方设法打压致力于德国事业的人们，而朗本父亲就是其中一员。1851年夏天，他因拒绝将丹麦语作为学校的主要用语而被丹麦当局开除。

下岗失业的老朗本心力交瘁，于是便离开石勒苏益格前往荷尔斯泰因谋求生计。荷尔斯泰因在当时是丹麦王朝管辖下的一个乡镇，但事实上隶属于德意志邦联。[2]眼见爱国精神得不到回报，他只能拖家带口跑遍一个个乡镇寻求帮助，找工作讨生活，但到头来一无所获。他们终于在基尔安顿了下来，老父亲给当地贵族的孩子当家庭教师。家教工作薪资微薄，两口子感觉很难养活三个儿子。尤利乌斯是三个里面年龄最小的一个。1856年，他们的第四个孩子又降生了。*

尤利乌斯在基尔长大成人，由于家境贫寒，他一直生活在水深火热之中。成年后，他这样描绘他的家：那是一个传统的家庭，父亲严苛自律，母亲温和慈爱并为全家带来温暖。世人对朗本家庭的了解仅限于此。父亲很早就开始培养他阅读的兴趣，"小时候我就一直受荷马和《尼伯龙根之歌》的熏陶，熟读莪相和司各特，身边有山毛榉树林和波罗

---

* 尤利乌斯的长兄是一名邮政职员，1884年死于慢性肺病，未婚。虽然天不假年，这位兄长却不断地支持着尤利乌斯的事业。家中的第二个儿子是一名海员，1864年溺水而亡。1881年，朗本家年龄最小的儿子移居科罗拉多，不久后死于肺结核。

的海。那是真正的英雄气概"。³ 1863年，尤利乌斯进入基尔文理中学念书；就读第二年，他的父亲去世，整个家庭便完全靠母亲来养活。为了养家她什么活都做，但劳累过度、身心俱疲，家境也变得越来越困难。高中毕业后，朗本考入基尔大学学习自然科学。政府发放的微薄薪资根本不够糊口，他还必须干一些杂活，并向朋友和陌生人寻求资助。⁴不顾母亲的恳求，他选择离开家搬到学生宿舍去住。

普法战争爆发之际，年仅十九岁的朗本当即选择自愿参军。在步兵部队经过快捷的训练后，他参与了勒芒和奥尔良等地区的战斗，并由此晋升中尉军衔，然而不久就因患上风湿而被迫退伍。普法战争使朗本对战争深恶痛绝（正如尼采厌恶战争那样），"残酷又粗暴的生活"让他心惊胆战。⁵这段悲惨境遇的痛苦回忆让朗本无法像拉加德和默勒那样将战斗与尚武精神视为文化福祉。

朗本回到基尔大学并开始学习化学。1872年，他得到一位富商的经济资助，转到慕尼黑大学学习。此时他依旧一贫如洗且只能自食其力，但还是开始寻找更有吸引力的职业。他早已厌倦自然科学和艰苦的实验室生活，于是开始对艺术世界着迷。他对艺术家和艺术生们谈论的话题满怀兴致，在他眼里这些人要比那些自然科学家更情感丰富，更富有生气。在慕尼黑这座城市里，施瓦宾格那欢乐的波希米亚生活令他心旷神怡；新结交的朋友鼓励他着手研究艺术和考古。一年后，朗本得知母亲患上精神分裂症并被送到当地机构照顾后深受打击，再加上事业仍前途未卜，于是他决定放弃职责，逃离慕尼黑。*他步行前往威

---

* 朗本的母亲一直住在精神病院里，身体状况始终不见好转，十年后去世。人们对她病情的真相颇有争议。朗本的信徒尼森对他家的情况了解得很细致，却也不清楚内情。参见Nissen, *Der Rembrandtdeutsche Julius Langhehn*, Freiburg im Breisgau, 1927, pp. 25, 60—61。艺术批评家科尔内留斯·古利特曾经是朗本的朋友，他直接指出她患了疯病。参见Cornelius Gurlitt, "Der Rembrandtdeutsche", *Die Zukunft*, LXIX（1909年，12月18日），376。德国著名精神病学家汉斯·比尔格-普林茨通过查阅朗本（转下页）

尼斯游历。在写给家乡朋友的信中,他饱含深情地重复着熟悉的故事:这位怀疑一切的德国人,竟被南方的美景所惊艳。朗本同时干着数份工作,一来为挣钱养活自己,二来以以后游历四方攒钱。

1875年,朗本又回到慕尼黑。之后的五年里他刻苦钻研艺术和考古学,为他关于早期希腊胜利女神雕塑的博士学位论文做准备。[6]他的导师是著名考古学家海因里希·布鲁恩,两人格外亲近,互相仰慕。1880年,朗本的论文终于完成;他以"优异成绩"通过专业课考试,而哲学考试则是"勉强通过"。

朗本与布鲁恩成了好友。大约五十年后,布鲁恩的儿子曾回忆起全家人欢迎这位德国人时的喜出望外之情,"他满头金发,英俊潇洒,是我家的常客……说来也怪,每当朗本的身影浮现在我脑海里,闪现在梦境中或思绪中时,往往会变得更加有风度,而且时间愈久,风韵愈佳"。[7]然而布鲁恩也没有免于朗本固执的一面。面对布鲁恩的帮助,朗本屡屡视而不见;布鲁恩希望他坚持学术事业,他同样漠然视之。相反,朗本打破了学术传统,譬如,他的毕业论文竟肆无忌惮地用哥特体打印。

1880年,布鲁恩推荐他向位于罗马的"帝国考古研究院"申请一笔津贴。这一申请遭到拒绝,一方面研究院认为布鲁恩这个资历尚浅的语言学家还不够推荐资格;另一方面,朗本在至关重要的面试环节显得孤高自傲,让考官无法忍受。*一年后,他接到申请通过的通知时,差一

(接上页)家族的病史,确诊了他的母亲患有精神疾病和精神分裂症,并且她的病症也遗传到她孩子身上。参见 Hans Bürger-Prinz and Annemarie Segelke, *Julius Langbehn der Rembrandtdeutsche. Eine pathopsychologische Studie*, Leipzig, 1940, pp. 10—11。

* 朗本将此事归咎于莫姆森,称他为"柏林密谋者中出了名的主牧师"。出于想当然的报复,朗本公开诋毁莫姆森,而事实上莫姆森曾想方设法用自己的方式为年轻的朗本提供帮助。但多年后,当《教育家伦勃朗》问世之时,莫姆森的一位朋友在他面前夸赞这部作品,他回答说:"经年日久,你的品味似乎越来越差了。"参见 Lothar Wickert, *Theodor Mommsen. Eine Biographie*, Vol. I: *Lehrjahre 1817—1844*, Frankfurt: Klostermann, 1959, p. 280。

点就选择了拒绝。最终他还是选择妥协,并前往罗马。他很快就和该协会的秘书交上了火,这位秘书居然胆敢在琐细的财务问题上说三道四。由于工作计划脱离实际,朗本的工作总是缺乏进展。布鲁恩倒是提出了切实可行的建议,但他不屑一顾,断然拒绝。如今就连布鲁恩也开始责骂他妄自尊大了。即便如此,布鲁恩还是为他寻得了一份大学的教职,但他不愿为学术的清规戒律所束缚。朗本刚回到慕尼黑,他和导师的关系便宣告破裂(其中夹杂着一系列必要的仪式感),朗本最后一次离开布鲁恩家时,扬言要"去汉堡做一名擦鞋匠"。[8]

又过了十年,朗本气愤难平,渴望退出学界,他请求慕尼黑大学把他从毕业生的名单上剔除掉,"我打算……放弃博士学位"。院长告知,校方无法按照他的意愿行事,于是朗本自作主张撕毁了文凭,并将碎纸片寄给大学,以示他那目空一切的退出意愿。在三位教职工的反对声中,校方决定,这场耻辱虽前所未有,但不对朗本采取惩罚措施。*

朗本对漫长的学生生活还算满意。† 他切断了从前的许多关系;意大利之行结束不久,他就脱离了路德宗,其祖先曾与路德宗有着紧密

---

* 历史学家卡尔·亚历山大·冯·穆勒针对此事做出了全新的解释:"[朗本]是个怪人,他的存在预示着灾难即将来临。他的书就像他的生活一样,早就暗示着他的时代将很快陷入深层次的内部动荡之中。对他而言,这打破了其与官方科研机构的联系,而科研机构不仅不明白,事情并不只是把文凭撕成碎片那么简单,甚至相信只需要在档案中做一个记录就足够了——这两者都是即将出现的社会病症。"穆勒通过与国家社会主义者合作的第一手经验了解到了科学事业可以深入到何等程度。参见 Karl Alexander von Müller, "Zwei Münchener Doktordiplome", in *Festgabe für seine königliche Hoheit Kronprinz Ruprecht von Bayern*, ed. by Walter Goetz, München-Pasing, 1953, p. 193。

† 查尔斯·瓦尔德施泰因(Charles Waldstein)提供了关于朗本学生时代最丰富的信息。他是剑桥大学的一位犹太考古学家,是布鲁恩的弟子,朗本的朋友。按照瓦尔德施泰因的描述,朗本其人才华横溢,但性格怪异,总是郁郁寡欢,生活上自由随性。后来朗本与瓦尔德施泰因关系破裂,一方面是因为后者没能在英国为他谋得一份差事,另一方面是因为他的反犹太主义思想日渐浓重。参见 Cornelius Gurlitt, "Langbehn, Der Rembrandtdeutsche", *Protestantische Studien*, No. 9(Berlin, 1927), pp. 28—31。

第二部分　尤利乌斯·朗本与日耳曼非理性主义

关联。艺术成了他新的信仰,艺术家和艺术生成了他的新朋友。在卡尔·海德尔、威廉·莱布尔、汉斯·托马等三位年轻画家的陪伴下,朗本度过了最快乐的时光。三位画家都为他画过肖像。朗本的生活倾向于波希米亚主义,并偶尔会被他后来对私密与孤独的痴迷所触动。"我并不在乎所谓资产阶级传统;我不能为此抛弃我的幸福。"[9]有时他的标新立异也有些过头,"1880年,他因损坏财物被警方罚款三十马克——这一证据足以证明他的大学生活稍纵即逝"。[10]

朗本不可能永远是一名学生。在大学断断续续学习十多年后,于1880—1881年间,他选择了一条路,或者可以说做了一个极不明智的决定:他蔑视一切职业。他给一位朋友写信说:"我不该怀念过往,而应创造未来。"[11]倘若再去罗马和雅典旅行一次,他所受的教育就堪称完满,他也就能满腔赤诚地着手规划德国文化改革,实现人民复兴的事业。为了理想的未来,他向其横眉冷对的这一现世社会,向那些受他辱没的老相识提出了放肆的要求。他假意背离社会,假装漠然视之,但内心仍希望社会能慧眼识人:推崇他、支持他,对他敬若神明。

往后十年里朗本游历四方,从事研究和写作,并始终为改革事业而努力。其中第一个成就便是《教育家伦勃朗》的问世。他不畏辛劳,跑遍一个个博物馆和图书馆,为写这本"书"搜集材料;为此他不得不在柏林、汉堡、法兰克福及其他城市短暂寄居。他曾声称:"旅行让我了解了许多。"通过这次游历,他对人类及其文化有了真知灼见,并在思想上受到了启迪。[12]朗本独爱德累斯顿这座城市,"这是我在德国唯一能久居的城市",1885—1892年间他居住于此。在流浪岁月中他穷困潦倒,于是和两个劳工在德累斯顿合住一间房。朗本靠给他们做饭、擦鞋来换取房间里白天的宁静时光。[13]他感觉他们很好相处,在普通民众面前放低姿态也并非难事——后来他将这一特性确立为改革家处世的一项准则。

在那十年里,朗本拼命掩盖自己的秘密身份,掩饰事实上根本无人特别想要知道的身份。他对自己构建的孤立时而珍视,时而厌恨。有时迫于穷困,他不得不寻求朋友和支持者慷慨解囊。在这些稀有状况下,他会选择冲破孤立的樊篱,表现得极为合群,他为人随和、令人愉悦,给朋友们的第一印象甚是良好。他身材高挑,略显忧郁,像个苦行者,他的形貌同他那丰富多彩的谈吐一样,既不可思议又刻骨铭心。一位德高望重的艺术批评家科尔内留斯·古利特回想起他初见朗本的场景,说道:"我们在政治和文化问题上,诗学与科学上,以及种族和信仰上一直存在争论。在各种学术问题上他都高我一筹,他的思想观念至少于我来说处处新颖脱俗……我虽不是一个优秀的辩论家,可我遇上了一个狠角色,一张利嘴快如刀锋,冷酷又犀利,一边说还一边激情地挥舞着双手,在他面前我通常是相形见绌。"谈话以朗本从古利特那里接受到每月五十马克的补助结束,之后两人再没见过面。古利特仍然赞成朗本的临别赠言,"有朝一日,你会为今天的谈话感到骄傲自豪"。[14]

像古利特一样喜欢良好交谈的其他人同样对朗本印象深刻,连俾斯麦也从不后悔结交这个朋友。* 女性同胞尤其对他的才华横溢神魂颠倒。索菲·舍默林小姐是一名小说家,笔名亚瑟·黑尔德。她回忆自己头回见他时,朗本还不肯泄露自己的身份。但是她敢肯定,此人"绝非等闲之辈……交谈时透出一股不可抗拒的睿智,身上仿佛闪烁着无数聪慧的火花"。[15]

19世纪80年代,朗本隐世独居,养成了一股强烈的"自我崇拜"(culte du moi)气质,整日沉浸在自己的世界里,矫揉造作并自以为荣。那段日子里,他把习惯性的"自恋"(通常会在自己的肖像前坐上几个

---

* 据说1891年俾斯麦邀请《教育家伦勃朗》的作者去他位于瓦尔津的家中做客。朗本住了两天,后来这位主人这样评价朗本:"他像孩子一样谦和,是个值得深入了解的人,但他的写作又似乎有些小题大做,这就比较奇怪了。"俾斯麦大概翻了翻《教育家伦勃朗》这本书,对于作品的成功,影响之广泛,他感到"很欣慰"。参见 Max Bewer, *Bei Bismarck*, Dresden, 1891, pp. 27—30。

第二部分　尤利乌斯·朗本与日耳曼非理性主义

小时，抚摸那美丽的容颜），变成了一种有意识的生活准则。他的生活行为变得越来越缺乏规律，理想中的自我形象与现实中的他相去甚远，这给他造成了巨大的痛苦。他需要朋友，渴望关爱，在得到时却尽皆抛弃；他希望闻名遐迩，广受关注，却故意销声匿迹，精心伪装。他歌颂无上的美德，如强力无比、身体康健、自给自足，实际上只为乞求（粗鲁无礼地乞求）他人的垂青以维护其声誉。结果，一种痴狂的念想一直困扰着他：倘若不为自己专配饮食，就会被敌人下毒害死。他总是唯我独尊，认为自己非常重要，哪怕受到一丁点儿轻视都会痛苦不堪。在与人相处和思想发生碰撞时，他固执己见、不懂变通；他的判断不容丝毫置疑。其他人要么完全听之任之，要么彻底不交流。简而言之，他的情感生活满是残缺与失落，与他人的交往，无论性别，都是一败涂地，极不成熟。由于拒绝工作，他变得更加孤立，生活上越来越多的事情都要靠他人慷慨解囊。他渐渐陷入虚幻的自我世界中，脱离现实，终日活在书堆和图片里，痴迷于自己的想法。*

---

* 朗本的朋友，其他批评家和精神病专家已经质疑他的神智是否正常。譬如，汉斯·托马认为他"聪明绝顶，但是太疯狂了"。参见 Herman E. Busse, ed., *Hans Thoma. Sein Leben in Selbstzeugnissen Briefen und Berichten*, Berlin, Propyläen, 1942, p. 135。当然，尼森坚信他整个人都是神智清醒的，他同人决裂的习惯源于其无比强烈的个人道德观。汉斯·比尔格-普林茨做出了最细致最权威的研究，他认为朗本的作品"很好地表明了精神分裂症的复杂本质"。他得出结论："朗本无法面对生活却意欲改善世界，他性格幼稚、意志不坚定、无自我防卫能力、虚伪、固执死板、极度争强斗狠，他拒绝富贵、性格孤僻、想法奇特怪异肤浅、看问题只停留于表面、行事鲁莽，这些禀性交织在一起——这些重要的特征诠释了这一事实。"参见 Hans Bürger-Prinz, "Über die künstlerischen Arbeiten Schizophrener", in Oswald Bumke, ed., *Handbuch der Geisteskrankheiten*, Vol. IX, part v: *Die Schizophrenie*, ed. by K. Wilmanns, Berlin, Springer, 1932, p. 692。1940年，比尔格-普林茨再一次回到"朗本事件"：纵观他的整个研究，他似乎并不十分确定朗本有精神分裂症；也许只是有些失心疯，实际上，朗本心理上的疾病并不是因为突发怪病，而是出于他长期越来越强的性格特征。参见 Hans Bürger-Prinz and Annemarie Segelke, *Julius Langbehn der Rembrandtdeutsche. Eine pathopsychologische Studie*, p. 180, chapter viii。最近一位天才学生坚称，"毋庸置疑，朗本身上有许多个人特征，这表明朗本非常（转下页）

105 　　对于朗本来说，与任何一个人维持稳定关系都极为困难,譬如他与拉加德的关系就阴晴不定。他对拉加德评价颇高。1887年朗本致信赞扬《共生》(*Symmicta*)的道德情操与爱国情怀。出人意料地,也是平生头一回,他请求为《德国作品》向拉加德提供一笔小额贷款,宣称自己既不能买也不能借。他在信中并未透露名姓,"我是谁并不重要,重要的是我是个德国人——而且我能证明"。[16]一次漫不经心的通信(通过朗本的出版商)之后,两人见了一两次面。两年后朗本要求独享拉加德的宠爱。他向拉加德的妻子透露:"我是一个孤独的存在,伫立在勃朗峰之巅。山下风景一览无遗,却没有人能看到山上的我。"[17]1890年,朗本渴望让自己,抑或他的著作闻名于世,于是他向拉加德施加压力,强迫他出手相助。拉加德本应起草一份宣传广告,或者至少应该签名举荐,做些传播工作。但他有些犹豫不决,朗本因此变得暴躁起来,他的顺从消失了,取而代之的是隐约可见的怨恨。两人的关系陷入了僵局。他把另一位好心的支持者也当作敌人看待,并再次相信整个世界都与他为敌。

　　面对外部世界,面对不断变化且日益缩小的社交圈,朗本想要借助《教育家伦勃朗》来证明他的自我重要性。挣脱学术生活后不久,他便立即着手此书的写作,并希望这本书成为改革后的新生德国的"圣经"。针对这本尚未完成的著作,朗本向朋友和熟人们提出了一些难以满足的要求。他恳求若干人提供资助,并担保他们在这桩交易中会成为真正的受益者。以慷慨换慷慨,如果哪个朋友胆敢出言批评,或哪位熟人向他打听,做出这么大牺牲写这本奇书对谁有好处,他就会大发雷霆。

(接上页)不循常理",但这并不能合理解释他的精神病症。参见 Rudolf K.Goldschmit-Jentner, *Vollender und Verwander. Versuche über das Genie und seine Schicksale*, Hamburg, Wegner, 1952, pp. 185—197。

自己的朋友必须无一例外地爱戴自己,成为自己忠实的信徒,任何独立的念头都会引发嫉恨,并必定招致关系的破裂。他认为"谁要是承认他是我真正的朋友,他就得保证友谊关系高于一切"。[18]而卡尔·海德尔主张他首先是丈夫,是父亲,最后才是朋友,朗本就和他成了陌路人。他和汉斯·托马也分手了,因为后者居然敞开大门,接纳得罪过朗本的一些故友。托马有一位朋友(此人也是朗本的朋友),这位朋友问朗本为什么他不和自己来往了,"我哪里对不起你了,是伤你的感情了还是哪里冒犯你了?"朗本回答:"没错,如果我要是上帝,我会把你造成另一种样子。"[19]

原则上,许多朋友在听到类似的言语后都会选择疏远,如同战场上的士兵对自己的老战友如是说道:

> 我给你寻得一份工作……即每年为我提供一千马克的生活费。这不是为了我,而是为了祖国。所以我想告诉你它虽然劳苦,却十分值得。我觉得这种关系就像一桩长久的婚姻,就像格林兄弟、路德兄弟和梅兰希通兄弟那样。我敢肯定在这样的劳动分工下,我们一定能并肩奋斗。前头提到的几对兄弟中,毕竟总有一方影响力小一些……[我的职责]主要是规划,而不是改革德国的整个文化生活。[20]

人们有时会提供帮助,然后又终止,于是资金又再度告急。在这些清贫的日子里朗本只能委曲求全,做回原来的家庭教师,偶尔也会匿名向报刊连载投稿。任何人只要建议朗本找一份稳定的、永久性的工作,他就会怀疑赞助人已心生厌烦——怀疑交往无法再进行下去。只有那些心甘情愿赞助他的人才被允许成为朗本赞助圈的一员。

1889年到1890年之间的那个冬天,朗本暂时放下书的写作,开始了人生中的一次最怪诞的冒险。听闻尼采精神崩溃的消息,他决心"拯救"他。朗本与尼采及其家人素不相识,却乞求尼采的母亲在他的安排下离开她的儿子。尼采的母亲满怀热情欢迎朗本的到来,并正式批准他参观耶拿精神病院。她激动地对女儿说,"上帝给我派来了一位天使"。[21] 两周的时间里,朗本每天陪尼采聊天散步。他自豪地认为他重新燃起了尼采的智慧,赢得了尼采深深的感激之情。[*] 与此同时他还发起了一场运动诬陷精神病院的医师,又设法蛊惑尼采的母亲去应付尼采的两位朋友彼得·加斯特和弗朗茨·奥弗贝克。朗本坚信自己一人足以帮助她的儿子脱离苦海,只要她把患者委托给他照顾,并予以信任。这就相当于正式的护卫。他提议让尼采搬到德累斯顿居住,置于朗本的完全监督之下。尼采母亲被要求签署以下条款:"她坚决做到……避免与儿子弗里德里希·尼采进行一切口头与书面交流",除非得到监护人朗本的许可。[22] 在这一点上,连尼采母亲也不敢痛下决心,气愤之下,朗本遂不再提供服务。弗朗茨·奥弗贝克终于说服了尼采母亲和彼得·加斯特,让尼采远离朗本。听了这位来访者的说教后,尼采雷霆大怒,连屋里的桌子都掀翻了。他愤然远离了朗本,朗本也离开了耶拿。尼采在那一时期仍有持续性的清醒时间。

尽管朗本与尼采的关系是微妙的,但毋庸置疑他对这位孤独的先知有着特别的亲密感。朗本期望自己能对他人起到像尼采那样伟大、高洁,且具有较为建设性的作用。我认为朗本很可能把自我崇拜和他的癖性看成是尼采式的,就像未来的年轻准天才能够掌握尼采式伟大

---

[*] 朗本对尼采的评论带着高傲的情绪,他写信给尼采的母亲,说他儿子"知识面广,记忆力惊人……他是个孩子也是个王,他应该被当作王室之子对待——此乃唯一善法"。引自 Carl Albrecht Bernoulli, *Franz Overbeck und Friedrich Nietzsche. Eine Freundschaft*, Jena, 1908, II, 317. 十年后,在尼采死后,朗本写信给主教开普勒,说他仰慕尼采的性格,但痛恨他的著作:"无神论者像是雪莱,反基督教者就像尼采一样,只是个逃学的学童,需要有人将他引入正道。关于尼采我多有注意,但他的情况比我的要严重……说实在的,我无法在阅读其著作的同时,保证没有身体不适。简而言之,我认为像有恶魔侵入了他纯洁的灵魂。"引自 Nissen, *Der Rembrandtdeutsche Julius Langhehn*, pp. 132—133。

第二部分　尤利乌斯·朗本与日耳曼非理性主义

的表象，却无法领会其本质。毕竟尼采对自己在恩加丁谷地美妙的隐居生活颇引以为豪——虽然他身边有着一大批不为人知、却值得信任的朋友。朗本的救助行动戏剧性地预示着德国生活的最黑暗面日后会如何擒获自我防备不足的尼采，以及如何将他玩弄于股掌之中。

也是在德累斯顿，朗本为书的出版做着最后的工作。他期望《教育家伦勃朗》不仅能和尼采的《不合时宜的沉思》(*Thoughts out of Season*)以及拉加德的《德国作品》平起平坐，而且能比两者更受欢迎，影响更加持久。虽然文风低劣，与时代脱节，还时不时出现一些无聊内容，但这部标题页文字显示"出自一位德国人"、于1890年1月由C. L. 希施费尔德的莱比锡公司出版的著作，在出版之后立即获得了巨大成功。朗本主导了本书的舆论宣传。书籍销售能如此火爆，很大程度上归因于他非凡的商业头脑。他在预售时宣布：本书是"为当代年轻的、鼓舞人心的一代德国人吹响的号角，他们代表着国家的未来。为保证本书尽可能赢得最多的读者，每本书定价仅两马克"。*

匿名出版增强了书的吸引力。对群众来说，朗本的名字不代表任何意义，它只是一种神秘的猜字游戏。书的作者据推测可能是拉加德、尼采、威廉二世的家庭教师欣茨佩特，许多神学家，以及其他若干同时代名人。人们常常认为拉加德是一位潜力无限的作家。† 出版的头两

---

*　我在拉加德档案中找到了一份通知的复印本。出版商犹豫过要不要冒这个险，在朗本的朋友沃尔德玛·冯·塞德利茨(Woldemar von Seidlitz)向他担保了印刷成本后他才答应下来。然而朗本坚决要求书的售价不能超过两马克，出版商大为不悦，直到朗本接受了对方开出的条件，即不接受贵族读者，出版商这才答应妥协。"钱乃肮脏之物。"朗本对这位出版商如是说，而出版商并不信他的话。参见Hans Bürger-Prinz and Annemarie Segelke, *Julius Langbehn der Rembrandtdeutsche. Eine pathopsychologische Studie*, p. 82.

†　朗本向拉加德"透露"自己之前，后者已经猜到了作者就是朗本。拉加德肯定不愿对该书负有任何责任，纽约大学高地图书馆里存有拉加德的《教育家伦勃朗》复印本，文本中有拉加德手写的评论，尖刻地批评了朗本标新立异、言语失当。也参见Paul de Lagarde, *Ausgewählte Schriften*, p. 281; 在该作品中，拉加德否认了这些评论是他的手笔。

年里，这本书已经拥有三十九种版本。[23]出版后，朗本还对书进行了修订；1891年，他为第三十七版增添了两章内容，一章歌颂反犹太主义，另一章则适度赞扬天主教会。

这部作品不仅取得了商业成就，而且影响重大。很多批评家写文章进行深入研究，并表示认可。这一令人震惊的事实我将在第十章中展开讨论。然而，短短两年时间，读者们对此书的兴趣就减退了，渐渐地，各个书店里也看不到这本书了。至今它仍具备影响力，虽然只限于一些鲜为人知的人群而已。

如此盛誉使朗本备受鼓舞，这一次他发表了一册薄薄的诗集，希望再次掀起一波热潮。这第二次冒险（《四十首诗》，其作者同样以"一位德国人"署名），结果却是一败涂地。*这些诗歌非但诗风低俗不堪，而且带有淫秽色彩。石勒苏益格-荷尔斯泰因一名州检察官准备发起诉讼，朗本为了逃避法律制裁很快从江湖上销声匿迹。尽管朗本始终坚持，他本人出淤泥而不染，指责作品下流实属荒谬，但此书仍销售不佳。诚然，即便只有几首诗含有色情描写，但这些诗全都冷冰冰、赤裸裸地表现出性满足的欢乐。[24]它们无不表达出对性伙伴、性爱、淫欲抑或柏拉图式恋爱的强烈饥渴。他为何发表这些诗歌尚不清楚，况且他还屡屡吹嘘自己纯洁又清白。古利特表示朗本发表这些不健康的诗作是在暗示他的目的——预先阻止那些指责他性冷淡的盛气凌人的批判。[25]他的很多朋友都不读这些诗歌，而朋友们的厌恶让他更加孤独自闭。他坚定地怀疑，虽然他取得了一些基本的成就，但人们对他仍存在误解。对于少数谴责他的朋友，他毫不客气地将他们从生活中直接剔除。

这件事后不久，朗本打算尽最后的努力让他的处女作再度流行于

---

* 出版商格洛斯（Glöss）在自己的房中立了一块大理石牌匾，匾上用金色字母刻着："《四十首诗：一位德国人所著》印于此屋。"参见 F. W. Glöss, "Der Rembrandtdeutsche", *Die Zukunft*, LXX（1910年1月15日），95；对此，格洛斯补充道，朗本并没有出属于他的那份印刷费。

第二部分 尤利乌斯·朗本与日耳曼非理性主义

世。他又一次选择在格洛斯出版他的《德国的伦勃朗：来自一位真正的朋友》(*Der Rembrandtdeutsche. Von einem Wahrheitsfreund*)。本书附加了两则P.W. 冯·开普勒为本书撰写的评论。开普勒是图宾根大学天主教神学教授，后任罗滕堡主教。书中另外增加了六百六十六条警句，或是出自朗本，或是与他有关，尽管其中有几条被归于马克斯·贝韦尔和海因里希·普多尔名下。* 他曾蛮横无理地向朋友提出的要求，如今都暴露在公众面前，并夹杂着一股强烈的自夸气质。甚至他忠实的信徒尼森都觉得这本书"充满智力的高傲，自大得没边了"。[26]

经过这两次惨败后，朗本便消失在大众的视线里。无论是他的出版商，还是与他仍有来往的朋友，都找不到他的踪迹。1891年，他回到基尔大学待了些时日，而他与"学生们（男学生）自由相处的方式时常遭到误解"。[27]气愤之下，他辞职回到德累斯顿。不久后为逃避受《四十首诗》牵连的又一次传讯，他离开德累斯顿，定居维也纳。在这里他深居简出，每日只能自食其力种植蔬菜，以素食为生。即便在这里，他也又一次触犯了法律，未经房东允许便砍掉了花园里的二十五棵树，原因是它们"阻碍了他的视线"。于是接踵而来的是对朗本的三项判决，每一项都判他有罪。但是法律还没来得及做出制裁，他就逃之夭夭了。

就在他隐居的这段日子里，他渴望追随者的迫切愿望终于得到了满足。还是这一年，他结识了弗里西画家尼森。尼森小他十六岁，一度成为朗本的追随者；他始终忠诚于朗本，直至主人离世。朗本视尼森为"助手、秘书、仆人、亲密的朋友"，尼森发誓要完全效忠于他。[28]两人成为伙伴，却从未实现地位上的平等，也无法亲密相处；亲密的称呼"你

---

* 后来他发现这位激情热血的反犹太主义者竟有一位犹太母亲，这导致了他与马克斯·贝韦尔有一段时间没有来往。参见 Hans Bürger-Prinz and Annemarie Segelke, *Julius Langbehn der Rembrandtdeutsche. Eine pathopsychologische Studie*, p. 98。

（du）"被永久禁止使用。朗本立即着手教育他的信徒，使尼森意识到自己的不足之处。尼森心怀感激，记录下了他进步的历程。朗本对德国政治未来的绝望尤其引发尼森深省，他相信只有像维也纳具有煽动性的市长卡尔·卢埃格尔那样的人才能带来一丝希望。*

数不清的法律诉讼纠缠着朗本，他很不情愿地离开了维也纳。1894年他游历了意大利、法国南部、巴斯克海岸和加那利群岛。一年以后，筹集资金的活动重新开始，他被迫返回德国。朗本并不打算结束自己无拘无束的生活，他说服尼森住在汉堡，当一名肖像画家，这份工作可以养活他们两个人。与此同时，他开始继续旅游，在吕贝克待了没多久，就搬去鹿特丹，之后又去了乌兹堡。在孤身一人浪迹天涯的最后时光里，他过分刻意卖弄自己隐秘的身份，为此房东们经常怀疑他要么是个逍遥法外的逃犯，要么就是个疯子。

朗本无家可归，焦虑不堪，还动不动就债台高筑，他得不到关注和认可，缺乏陪伴，生活没有快乐可言。老朋友都被他拒之门外，结交新朋友又越发困难，仅有的一个追随者也时常对他敬而远之。他除了为使命而坚守的信仰外一无所有。为了坚守信仰，他拒绝接受任何可能会耽误其改革规划的工作。他同社会的鸿沟越来越大，并最终与艺术界分道扬镳。朗本随心所欲地建立壁垒保护自己，以防受到敌人伤害。他被折腾得精疲力竭，创造力丧失殆尽，在生前最后的十五年里一无所成。

孑然避世的这十年间，朗本在出版《教育家伦勃朗》之后与天主教走得更近了。虽然他早年抨击过罗马教会，但他的文化诉求并未与教会对立。他曾通过艺术探索民族复兴事业，但在他看来艺术近乎神秘

---

* Nissen, *Der Rembrandtdeutsche Julius Langhehn*, pp. 220, 342. 就在几年后，阿道夫·希特勒总结道，卢埃格尔"无论何时都是德国最优秀的州长"。参见 Hitler, *Mein Kampf*, New York, 1940, p. 72。

第二部分　尤利乌斯·朗本与日耳曼非理性主义

主义,因此是一种宗教的形式。伦勃朗象征着改革,复活的先知能摧毁自然主义的伪艺术,这位先知的例子揭示了艺术的目标并不仅仅是创造美,更在于获得最神圣最充实的真理。在追求真理的道路上,朗本相信艺术和宗教应当共存,就像人类和上帝的和谐相处。

当他退出艺术界的时候,只有天主教人士向他伸出了双手;当公众对他的工作和项目越来越不在意时,仍只有这些人给予了他鼓励。旅行期间他发觉天主教世界的人身上透出生活的乐趣,一种自然的美德,一种孩童般的善良,这种善良在新教徒国家和地区已经许久未见了。19世纪90年代中期,他首次开始参与天主教服务工作,徜徉在天主教赐予他的美的乐趣中。1898年,他乞求开普勒主教帮助他探索信仰之路。他们之间关系融洽、亲密、活跃,这表明了朗本皈依天主教并不是出于对知识的诉求:"当我还是个孩子的时候,我对天主教就有一种母亲般的亲密感……这意味着精神上回到了母胎里。"*

朗本总是要求自己的朋友和追随者完全服从于他,自己却没能做到完全忠于天主教。他乐于接受天主教的权威,仰慕圣徒们的传奇故事和他们创造的奇迹。他坚信这些超自然的事物透露了教会传统的真相。在接受正式的指导之初,朗本宣称他相信教会的所有教条。朗本匆匆地接受了天主教,他的多明我会导师为此异常不安,他担心这种宗教热诚会颠覆神学研究的地位。[29]朗本最情愿接受的教规乃是原罪,"我们生而怀有重罪,多数人都犯下了重罪"。[30]

作为对低地德语区(Niederdeutschland)最后的示爱之举,朗本决定进入鹿特丹教会。1900年1月,一位多明我会修士指导他如何信仰

---

* 出自1899年3月3日的一封书信,参见 *Langbehn-Briefe an Bischof Keppler*, ed. by Benedikt Momme Nissen, Freiburg im Breisgau, 1937, p. 1。开普勒长期以来都在直言批评德国社会,尤其是犹太人对其的影响:"(犹太人)是基督徒的肉中刺,吸他们的血,用金钱束缚他们,奴役他们,用笔杆子毒害他们,玷污文化与道德之源。"引自 Ludwig Schemann, *Die Rasse in den Geisteswissenschaften*, München, 1928, I, 385。

天主，2月份他接受了洗礼，并于一个月后进行了第一次圣餐礼。他欣喜若狂地告诉尼森，他终于获得了完整的幸福。

皈依天主教后不久，朗本重拾改革家的使命。这一次是针对宗教。他指责罗马天主教会的羽翼"太自由化"，企图与现代文化妥协。他告诫开普勒要与世俗教育做斗争，重申宗教传统乃是圣洁的，是牢固不破的。1902年，朗本对宗教改革的呼声传到了广大民众的耳中。开普勒在一篇布道文中谴责了自由天主教义，并提议要坚决遵守基本的教义。这篇布道文大部分出自朗本的手笔。开普勒警告那些想要摧毁现代文化中邪恶力量的人们，绝不能与这些邪恶力量的保护者妥协，整篇布道都体现了朗本对现代知识分子的敌视。群众对开普勒煽动性的言论议论纷纷，甚至教宗利奥十三世在读过这些反对现代主义的文字后都"欣喜若狂"。[31] 朗本想要将斗争进行下去，却在发表演说后不久就与他的主教发生了争执。开普勒写信告诉他，从现在起"各走各的路，凭自己的良心服务上帝"。[32] 朗本陷入了天主教义的斗争，这同他为伦勃朗式改革而斗争所持有的自我肯定如出一辙。有时他对这种自我肯定心理也有几分惧怕，"在智艺方面的强大，与其说让我无法保持谦逊，倒不如说让我无法保持纯真"。[33]

尼森跟随朗本一同信仰了天主教。1903年，两人安顿在慕尼黑，尼森继续靠绘画为自己和朗本谋求生计。在与开普勒主教决裂之前，朗本求他允许尼森为教宗利奥十三世画像。开普勒接受了请求。尼森和朗本遂前往罗马完成了画作。教宗接受了两位皈依者的服务，并视他们为朝圣者。

朗本生前最后几年未写出任何作品，却始终坚持着天主教义的改革。他的心中激荡着往日的希望：反宗教改革，调和天主教与新教的纠纷。为此他认真考虑以平信徒身份进行宣教。1906年，他和尼森去瑞士旅游，后在萨尔茨堡过冬。次年开春他们回到慕尼黑，就在这时，朗本的健康状况急剧恶化。1907年4月30日，在南下前往一个气候温和城市的途中，朗本死于胃癌。

旅途中一直陪伴着他的尼森如今要完成朗本最后的遗愿。朗本这些年来一直在探索身边的世界，同时又在远离这个世界。他要求自己的死讯不能被人知晓，死后埋在巴伐利亚一个小村庄的菩提树下。这棵菩提树曾守护过法国公主圣埃迪娜。12世纪时，她抛弃王室生活，通过隐居避世来救赎灵魂。尼森将他埋在树下，并安置了一块墓碑，上面刻着 J. A. L. 字样。多年后，世人在一番激烈的争论中发掘出了他最后的秘密。[34]

第八章

艺术与反抗现代性

> 让人类重新回归自然的自发与淳朴,远离人造与虚伪,此乃我真正使命。
>
> ——朗本

朗本的书就如同他的生活一般:难以捉摸,隐晦难解,矛盾重重。《教育家伦勃朗》就带有捉摸不透的暗示基调,充满隐喻色彩且神秘莫测。[*]该书分为五个主要部分,作者大费周章,将每一部分都划分为约三十个带有标题的小模块。虽然这部著作大胆地强调了秩序与组织性的重要,读起来却毫无章法,内容让人难以领会。整篇文章缺乏连贯性,逻辑也不是很清晰。朗本写作随心所欲,喜欢频繁变换主题,观点

---

[*] 据说这一书名受到尼采《教育家叔本华》(Schopenhauer als Erzieher)的启示。歌德曾写过一篇短评,名为《思想家伦勃朗》(Rembrandt als Denker)。朗本取得成功后这一形式出现了猛增,市面上涌现大量的小册子,推举俾斯麦、摩西、毛奇(Moltke)以及赫伦布鲁盖尔(Höllenbreughel)等为教育家,一本正经又带着几分讽刺。1894年,弗里德里希·瑙曼写了一本关于基督社会福音的小册子,《作为人的耶稣》(Jesus als Volksmann)。第一次世界大战后,马丁·哈芬施泰因(Martin Havenstein)的《教育家尼采》(Nietzsche als Erzieher)于1922年在柏林出版。

第二部分　尤利乌斯·朗本与日耳曼非理性主义

也极为跳跃；时而说些微不足道的小事，时而书写未来的大事；时而叙说对某事的个人看法与偏见，时而发表深谋远虑的真知灼见和对改革的直接看法。书中的格言体是对尼采晚年散文的拙劣模仿，语言生硬，句式冗杂，文风笨拙且显得极不自然，这让文章读起来更加松散凌乱。*除此之外，迂腐的文字游戏，作者自命不凡地给一些词汇和名称创造延伸意义，以及某种神秘主义语言学的整体展示，让外人读起来很是吃力。可能有人会质疑，这样令人生厌的胡言乱语为何能如此受欢迎。

然而学术作品中的缺陷也许就是预言作品的财富吧。混乱与荒诞可能代表着某种伟大与高深莫测，不断的重复会迷惑读者，使其产生某种信仰。独特的篇章结构折射出无可抗拒的个性，也没有学术文章司空见惯的致谢，这无疑显示出天才的特立独行。世俗的先知自然可以略去神祇或脚注。朗本将所有了不起的文化伟人写进了书的各个角落，炫耀他的博闻强识。他哀叹昨天，又预言明天；他轻狂地贬斥当下，又憧憬神圣的未来。然而全书并没有展开讨论，段落之间也缺乏逻辑关系，只有必须为当下的罪恶负责的罪魁祸首或替罪羊偶尔会引发作者的议论。这部作品几乎无法评判，它成则享有盛誉，败则乏人问津。朗本此书之所以受到追捧，是因为表达了对文化的希望与绝望之情，正是这种希望与绝望触动了广大德国人民。

《教育家伦勃朗》无法被明确归到哪一类作品里。因为它与真正的、历史上的伦勃朗没有什么关系。它既不是传记，也不属于美学专

---

* 本书的写作不讲究章法，组织结构欠缺，这表明朗本的思想缺乏系统，对《教育家伦勃朗》的构思较随意。19世纪80年代初，一位大学的朋友发现朗本从浩如烟海的毫不相关的版面上搜集了大量纷然杂陈的信息。《教育家伦勃朗》一定是这样开的头：不连贯的注解，以及大量不相关的内容，被貌似十分随意地摆放在一起。朗本还和他的各路朋友熟人写信往来，希望以此为他在各技术领域的推断得到一些专业性的证明。参见Hermann Brunn, "Julius Langbehn, Karl Haider, Heinrich von Brunn", *Deutsche Rundschau*, CCXVIII（1929年1月），32。

著。朗本的伦勃朗是对文化理想的拟人化,就像尼采对戴维·弗里德里希·施特劳斯的抨击是一场论战一样,他反对的不是人本身,而是人的心态与文化状态。朗本此书涉猎广泛,主体多元,但作品的基调和写作目的是清晰的。伦勃朗是一名优秀的德国人,一位举世无双的艺术家。作品中他是现代文化的对立面,是"第三次改革运动"可能仅有的模范人物。[*]他是理想中的类型,是衡量一切的尺度:"我们创造一个尺度……它并不以年龄衡量人——而是以人来衡量时代,衡量当今的现实。"[1]众所周知,用年龄来将许多毫无可比性的东西进行比较是荒谬的,而这个时代正在受此折磨。朗本笔下的伦勃朗包含艺术、个体性及生命的最高形式等主题。另一方面,当今的德国人被描绘成了懦弱之人。他们背离了养育他们的土地和族群,受到腐朽知识的奴役。他们不再是神秘艺术的正当主宰。伦勃朗应为人类社会指明道路:淳朴、自发、直觉。科学、技术和商业必须消逝;艺术、个体性与原始生活必须被奉为新时代的神灵。

朗本缺乏批判眼光,无法用分析思维来评判他的直觉印象与模糊不清的渴望。他提出的世界观既粗糙又荒诞。这一世界观倡导以一种伪宗教的、哲学的、神秘的眼光看待世界,它是思想与梦想的独特融合,在现代德国的世俗社会中颇受赞誉。[2]其世界观的核心思想是消极和怀旧的。他摒弃当代文化,对理性嗤之以鼻,惧怕科学的存在,他那批判性的语气体现出他对改革的愿望不如对摧毁现代社会的渴望来得强烈。他反对现代性,反对他一度认同的理性科学传统,这种态度在书中比比皆是。不论朗本的表述有多么不连贯,这本书都被一种对原始主义形式的一贯渴望所支配,该渴望旨在当现有社会被破坏后,可以激发

---

[*] 路德的第一次改革深入德国人心,但其影响在某种程度上被第二次改革所抵消;第二次即莱辛改革运动,该改革源自思想,却未能发动广大百姓。伦勃朗的改革是以上两次的结合。参见 *Rembrandt als Erzieher*, 33d ed., Leipzig, 1891, pp. 165—170。

第二部分 尤利乌斯·朗本与日耳曼非理性主义

人类最初的激情,创造出一个靠艺术、天资和力量发展的崭新的日耳曼社会。

出于种种原因,朗本将伦勃朗视为新社会的先知。其中最主要的一点是他对这位艺术家满心崇拜,这一审美评判也预示着伦勃朗将在19世纪名声大噪。*伦勃朗所用的明暗对比手法揭示了深不可测的社会和人类生活的冲突,对于朗本而言,这显而易见地证明了通过艺术直接感受到的学问远高于科学研究推导出来的学问。由于伦勃朗具有反古典的特征,启蒙运动时期忽视了他的存在。这一"黑暗面"源于一种需要崇拜与信仰的宗教,而不是来自纯粹的教条。除了本书的一位次要人物莎士比亚以外,朗本再也挑不出能轻而易举达到如此理想状态的艺术家了。诚然,幻想与现实交织在一起,而幻想居于主导地位。但

---

* 19世纪80年代,朗本的一些赞助人也是研究伦勃朗的学者,最著名的是沃尔德玛·冯·塞德利茨和威廉·博德。朗本选择伦勃朗作为写作对象,无疑是受此影响。著名的汉堡博物馆馆长阿尔弗雷德·利希特瓦克和朗本来往密切,他尤其坚持应该推翻古典绘画与文艺复兴绘画对德国人理性的独裁,并培养对荷兰艺术尤其是对伦勃朗艺术的研究和鉴赏。1886年,他埋怨道:"还没有一代人能从内心深处向往伦勃朗艺术,就像我们对拉斐尔艺术的渴望一样。"伦勃朗"达到了生活真谛的最高境界"。参见 Alfred Lichtwark, "Rembrandt und die holländische Kunst", in *Eine Auswahl seiner Schriften*, ed. by Wolf Mannhardt, Berlin, 1917, II, 261—262。将伦勃朗说成是思想家早已不再新鲜;著名法国批评家尤金·弗罗芒坦在1875年出版的那部划时代的作品《古代大师》(*Les Maîtres d'Autrefois*)中赞扬伦勃朗是"劳苦的分析家,是酝酿者,说得更高尚一些,是一位形而上学家,而非诗人……从第二个角度看,由于他梦游似的直觉,他看到了更远的超自然景象,这一点无人能及"(引自 *The Old Masters of Belgium and Holland*, Boston, 1882, p. 311)。朗本当然宣传了对伦勃朗的这一看法,他的作品很快激发了人们对伦勃朗的狂热崇拜,伦勃朗崇拜由此深入德国战前一代人的心中。朗本的作品问世两年后,现代女孩便以伦勃朗帽为时尚[参见格哈特·豪普特曼的《同事克拉穆普同》(*Kollege Crampton*, 1892)中的舞台说明]。对于德国人来说,伦勃朗逐渐成了独树一帜的文化英雄,一位艺术大师和哲学大家。德国社会学家格奥尔格·西梅尔以同情的眼光评论了朗本的作品,并怀着严肃的态度尝试鉴赏它,参见 *Rembrandt. Ein kunstphilosophischer Versuch*, 2d ed., Leipzig, 1919;该书详述了朗本的主题,并强调了伦勃朗的日耳曼个人主义和反古典主义。其他作家,特别是斯宾格勒和阿尔弗雷德·韦伯,延续了这一传统。

是伦勃朗至少考虑到了要运用诸多手法,达到逼真效果。*普通人与艺术家,厄运与天资之间也存在着某种关系,这比较符合理想中命途多舛的艺术家形象。伦勃朗的画作蕴含着某些关于他自身以及人类的令人费解的成分,而他的艺术(就像他的生活)是公然的个人主义。伦勃朗无法抑制的个体性启发了德国人,让他们抛弃了刻板又狭隘的现实生活。最后,书中赞扬了伦勃朗的自发性与率性,更重要的是他那坚定不移的"民族性"品质——如此品质不仅属于、表达而且超越了他的人民及其传统。†伦勃朗是"德国艺术家中最具德国特色的一位",说得再确切一些,是最具低地德语区人民(德国人中最具创造力的民族)特色的典型代表。‡伦勃朗用他的"民族性"激励德国人回归最初的统一与自

---

* 朗本的书获得了研究伦勃朗之学者的认可,虽然偶尔也会引发困惑。第一条这类评论就出自威廉·博德:"虽然伦勃朗是作者展开叙述的唯一线索,但他赞扬这位出色大师首先要了解他的作品,全面掌握他的品性。朗本对他的评价往往带有新意且语出惊人,还总是精彩绝伦,怀着对艺术家热情的敬仰……(该书)在伦勃朗文学中占有卓越的地位。"[参见 *Preussische Jahrbücher*, LXV: 3(1890年三月), pp. 301—314] 法国学者埃米尔·米歇尔(Emile Michel)也对此做出了评论,参见 "Les biographes et les critiques de Rembrandt", *Revue des Deux Mondes*, CVIII: 3(1891年12月1日), 652—660。卡尔·诺伊曼(Carl Neumann)的权威研究《伦勃朗》(*Rembrandt*)用了八页篇幅来讲朗本,并总结道:"《教育家伦勃朗》不是艺术史著作,但艺术界会努力思考读者会从书中感悟到什么,也会努力领会伦勃朗现象,利用其全部力量把我们的艺术和生活变得更加丰富多彩。"参见 *Rembrandt*, 3d rev. ed., München, Bruckmann, 1922, I, 30。

† "民族性"(Volkstümlichkeit)一词在英文中没有完全对应的意义。雅恩神父在《德国民俗》(*Deutsches Volksthum*, 1810)一书中首次用到该词,意为一国独具一格,他国无可媲美之特质。雅恩之后和朗本之前不久的一段时间里,该词失去了原意,渐渐开始表示下层阶级人士、没有学识之人和无家可归之人的品质。此乃朗本的理解。与"人民之子"意义相似,但后者缺乏德意志民族特色的神秘含义。参见 Jakob and Wilhelm Grimm, *Deutsches Wörterbuch*, Vol. XII, part 2, Leipzig, Hirzel, 1951, p. 499。

‡ 下一章我们将了解到低地德语区(Niederdeutschland)的概念对朗本是多么重要。他运用这一概念来指代德国西北部的民族地区和那些自然纯朴、勤劳勇敢的农民,这一坚强、独立自主的部落,仅这一群体就真正保留了德意志民族的特性。语言学层面的高地德语(hochdeutsch)替代了低地德语(niederdeutsch),但是朗本还是拥护它(转下页)

主,回到最原始的传统中去。现如今的德国人只有做回自己,回到人民中去,接受过去,才能重新成为自由的个体。

伦勃朗永远是个充满矛盾的人物。朗本捕捉到了人类这一特性,并以此证明只要人们愿意秉持和谐共处的原则,一切思想和社会的矛盾均能得到缓解。朗本认为,用他那独特的缺乏逻辑的话来说,如果伦勃朗能超越自身的矛盾走向卓越,那么所有人都可以。从不同方面来说,朗本运用伦勃朗这一象征从语言层面调解了矛盾,将冲突与多元转变成似是而非的和谐共生,并通过创建语言架构来化解复杂性。在朗本的笔下,这一象征失去了其一切意义,它被赋予了生命和力量,却与现实混同。

伦勃朗无疑是有指导意义的。可如果教导只停留在表面,如果伦勃朗的调节方法不能解决政治与哲学中真正的矛盾,它便不再具有指导意义。*朗本对"第三",对二元融合,对事物的更高形式怀有激情,这三者可以对先前的对立矛盾进行调节、融合,从而产生新的形式。他期望这些深奥的"调和"或融合(关于黑格尔辩证法的模糊阐释)能靠社会来实现。他对抽象力量的信仰是伟大的,并且能够吸引读者。

后世的作家经常引用朗本的开篇语句,这段话向读者介绍了其文化批评主义所涉猎的范围:

> 当代德国人的精神生活正在走下坡路,这渐渐不再成为秘密。有些人甚至断言,它在迅速衰退。各地的科学已经开始专业化;在

(接上页)留存下来的形式:低地德语(plattdeutsch)。

* 尼采写叔本华:"最艰难的使命依旧是:说出新一轮的责任如何源于这一理想,一个人怎样通过平常的活动把自己和如此超然的目标联系起来,简而言之,就是证明这一理想具有教育意义。"尼采给出了详细的解答:"这些新的责任并不只针对个人,而是需要整个强大的社会共同承担,这些使命不由外部的法则仪式来规定,而是由基本的思想来规定。这是文化的基本思想,文化只交给我们每个人一个任务。**要加强哲学家和艺术家的创造性,我们心中和外部的圣人的创造性,就要致力于营造美丽的自然。**"参见 *Schopenhauer als Erzieher*, in *Nietzsche's Werke*, Leipzig, Naumann, 1906, II, 256, 263—264。

文学思想界却看不到能够铸就时代的人物。视觉艺术虽说由举足轻重的艺术大师所代表,却并没有纪念意义;……演员数不胜数,而音乐家少之又少。毋庸置疑,这个原子论主导的民主化国家在如此状态下向世界诠释着自己。更有甚者,如今社会文化……整体变得落后;创造新的价值观不如寻找旧的价值观……(文化)越科学化,创造力就越差。[3]

贯穿全书的主题是:科学和唯智主义正在摧毁德国文化,在新社会,只有艺术得到复兴,卓越的、有艺术天分的个体越来越强大时,我们的文化才能重生。

正如愤恨自由主义是拉加德的指导思想一样,对科学的憎恶是朗本的指导思想。评论家们无法定义他所憎恨的对象。在他们眼中,科学与自由主义就相当于邪恶。对朗本来说,科学预示着实证主义、理性主义、经验主义、机械功利主义、技术、怀疑主义、教条主义与专业化。实际上,科学意味着一切,却与对知识热切无私的追求无关。他厌恶科学的意义与科学的本质。他憎恶那些(用华兹华斯的话说)"设法仔细分析"的人,憎恶那些为遵循某种模式或抽象概念而糟蹋生活的人。他痛恨科学无疑也是因为它企图深究神秘的生命与自然,朗本希望它们披上神秘的面纱,朦朦胧胧,富有诗意;而科学偏偏要揭开宇宙之谜。他质疑道:"今天所谓科学的、专业化的、微观的文化难道在某个重要方面比人类的灵魂还先进吗?"[4]他不胜其烦地离开实验室,饱含激情地投入艺术的怀抱中,并由此写出这本书。他一时冲动选择的专业(现在给出了一些合理的解释)意在鼓励他人能够接受各自的反科学倾向并乐在其中。*

---

* 并非只有德国人厌恶科学。约翰·赫伊津哈在回忆19世纪80年代发生在荷兰的一场运动时说:"它教导我们将科学置于艺术之下,从内心深处寻找生活的真谛——此乃伟大的福佑——不必在乎政事及其他事,这是大错特错。"(参见 *Mein Weg zur Geschichte*, Basel, 1947, p. 22)

第二部分　尤利乌斯·朗本与日耳曼非理性主义

朗本有充分理由只把自然科学视作德国文艺生活的主要成分。科学家本身就充满了变数，朗本又极其夸张地扩大了关于科学的疑虑和误解。19世纪中期，德国自然科学家战胜了自然哲学，又逐步控制了高等教育。科学家原本长期处于哲学家和形而上学家的保护之下，然而得胜之后，科学家们却彻底否认哲学，提议仅在"事实"基础上建立自己的知识体系。通过细致的研究收集案例，将这些案例进行归纳、推理并整合，然后用大量实验去证明。科学理念在最新的领域得到了认可，它因成功而获得威望和道德正当性。科学家的道德观代表着人类智慧中最非凡、最忠诚的信仰。随之而来的是科学的专业化，其成果是在新的自主学科里有了许多惊人的发现。但是其中一些发现有悖于朗本这样信奉神秘主义的活力论者，譬如生理学和心理学的研究结果。亥姆霍兹表示，视觉现象和心理现象都可以简化为根据经典力学测量的定量关系；冯特也出了许多心理学方面的类比研究成果。新的领域刚刚建立，他们的弟子便勤奋而吃力地大加钻研。以比希纳、摩莱萧特、海克尔这样卓有成就的科学家为首的一批学者普及了这些知识，但这些人的科学态度也不再那样严谨，而是变得更加大胆。总的来说，从一开始他们宣传的科学唯物主义比18世纪晚期一些哲学家们宣扬的要更容易理解，而且一样不落俗套。*在这样的世界观下，只有物质，亦即能无限组合的原子才具有真实性。人类的思想和意志这类独立存在的力量沦为了靠"唯心主义"想象出来的虚构事物。有几位科学家反对这样的形而上学，但他们的同行和广大群众却不顾他们的反对。他们的话

---

* 他们的确有宣扬：创于1904年的德国一元论协会为一元论的宣传提供了赞助，协会中许多成员都受了海克尔信徒威廉·奥斯特瓦尔德（Wilhelm Ostwald）的启发。参见 Frederic Lilge, *The Abuse of Learning. The Failure of the German University*, New York, 1948, pp. 81—82, chapter "The Idolatry of Science"。为了描述这些将大众科学和伦理道德融于一体的说教，以及它们在德国文化中起到的作用，参见 Hedda Eulenberg, *Im Doppelglück von Kunst und Leben*, Düsseldorf, n. d. (c. 1950), pp. 148—163。

虽然苍白无力，却证实了该时期最杰出的一位学者得出的结论，"19世纪的德国，冷酷无情的推理性思维凸显，(对科学而言)专业科学领域蓬勃发展，但同时也正因为如此，传统的人文思想消失殆尽了"。[5]

朗本抨击科学与科学主义；与此同时，全世界也在批判哲学基础和机械科学，特别是针对实证主义的文化影响。但朗本的科学批判与后者在方法上不尽相同，其精神也不可同日而语。这一改革运动波及的范围太广，超出了本研究的范畴，但只要稍稍列举几位杰出人物，譬如尼采、巴特勒、詹姆斯、狄尔泰、柏格森、弗洛伊德，就明白他们依旧是科学领域的有生力量，是严肃科学的代表，是科学界坚守到最后的人。个体差异很重要，他们携手推翻了教条式的科学至上主义。[6]面对这些人的批判，人们不得不丢弃掉科学至上主义中很多机械的、过于简单的概念。是他们奠定了现代心理学与物理学的基础，也是他们带来了哲学与历史学的先进思想。朗本与这些人物没有丝毫共通之处，除了他们都抨击了19世纪晚期的科学。朗本的目的、禀性、所接受的训练，最重要的是他的心理素质，决定了他与别人的格格不入。

虽然朗本与尼采的批判从表面上看有几分相似，但我们不可借此妄断二人的实质观点与产生的影响。他们都与该时期的主流思想趋势发生过争执，不同的是，尼采批判科学是因为他那一代的科学家们正变得越来越狭隘。他是反达尔文主义者，因为达尔文主义者们公然批驳他关于人类自由的观点，所以他就反过来抨击那些机械死板的、没有灵魂的科学。但尼采的思想深深根植于西方人文主义与科学传统，他希望保护自由和人文思想的生命力，使其免受教条主义和瞬息万变的异端思想的侵扰。而朗本是对科学充满了愤懑，不愿承认科学的有效性，不愿认可智力的至高无上，甚至不愿对科学的研究成果有所钻研。他是现代反科学势力的原型，追求宗教与神秘，藐视智力的作用。

假如科学能成为直觉的、神秘的力量，朗本就承认它的可能性，"只有有法则的、有灵魂的科学才能叫作真正的科学，这样的科学更接近艺

第二部分　尤利乌斯·朗本与日耳曼非理性主义

术"。朗本斩钉截铁地说,归纳法无法让人理解他所戏称的是"整体精神"(Geist des Ganzen)还是"自然构造"(Tektonik der Natur);只有通过意会,这些概念才有意义。他引用了歌德的色彩理论作为这种"科学"的正面例子,并断言,该科学就算完全错误,也比达尔文的"偏颇"真相更可取。他认为后者是他那个时代最具代表性的科学家。达尔文只"注重局部,忽略了整体",他应当清晰地阐述宇宙哲学理论,并用该理论赋予进化应有的意义。开普勒曾是德国"最伟大的科学家",正是对艺术的狂热与对和谐的探索推动了其科学事业。*开普勒的例子表明,"真正"的科学理应发源于直觉,只有这样,科学中神秘的因素才能保留下来。无论如何,"科学的使命是投身[untergehen]于艺术,这样的献身[untergang]会让艺术大放光彩"。[7]

对于同时代的其他科学家,以及大部分人文主义者和历史学家来说,他们是绝不会屈尊于艺术或直觉的。他们强调事实,明白探索真理须靠艰苦卓绝的奋斗,要有坚定不移的精神和不偏不倚的态度。但在朗本看来,科学工作需要进行不断的主观判断;科学家应主要依靠直觉与感性思维。

> 假科学的终点是记录事实,真科学的终点是强调价值判断。当然,后者要先于前者。假科学之所以是假科学,主要因为它是半个科学……[学术上的]客观判断对一切事物一视同仁,现代"人文主义"对人类一视同仁,但两者都不真实。

他引用斯韦登堡的话来批判科学,说这种假科学乏味无聊,它"并

---

* 在一个不合情理的巧合之下,一群新生命主义者、相信生命力量的人和一元论的反对者在1907年组织起"开普勒同盟"(Keplerbund)。参见 Theodor Ziegler, *Die geistigen und sozialen Strömungen Deutschlands im neunzehnten Jahrhundert*, Berlin, 1911, pp. 315, 329。也参见 Hans Driesch, *Geschichte des Vitalismus*, Leipzig, Barth, 1922, chapters 2—4;该作品讨论了1850年以来的生机论发展史。

非是发自肺腑的声音"——科学就像是儿戏。[8]

主观判断只有在历史作品中才是最关键的。朗本指出,兰克所提倡的客观视角已经遇到了瓶颈。当然,朗本在这里预示着对主观视角的更普遍的、批判性的呼吁,比如,在狄尔泰和克罗齐的作品中所展示的。在朗本对当代历史学家的批评中,他特别提到了莫姆森,并将其纯知识性观点比作伊拉斯谟。他说莫姆森和伊拉斯谟都为了自己的才智而牺牲了自己的灵魂,两人都要面对被德国人民遗忘的命运。具有讽刺意义的是,朗本本应将批评的矛头主要指向莫姆森:莫姆森的政治激情为写作提供了灵感,这一点胜过了他的许多同行。

历史学家不能光是主观的,还应该有爱国精神和激进的气势。他们应当全然领悟民族历史中的超自然因素。接下来的重要任务就是掌握"德国民间风俗、服饰及其身体特征"的历史,加快民族觉醒。历史学家特别要铭记"客观性如水般清冽,不可玷污;激情如酒般醇香,不得流失;将二者融合才是正道"。[9]

朗本将科学与不断增强的学术专业性联系在一起,只是在陈述一个文化事实,然而通过一种典型的简化,他扭曲了专业的意义:"如今的知识分子不再像昔日那样凤毛麟角,也不像昔日那样学识浅薄,事实上他们正零散地存在于各自的领域中。"[10]他抨击了德国高校和大学教授。叔本华早先就发出了批驳的声音,布尔克哈特、尼采和拉加德等人也紧随其后。朗本的批评无疑是后来居上。学术界人士的主要罪过是思想狭隘、性格懦弱、感情冷淡,而且在专业上太虚伪。*那些思想为专

---

* 经过对现代学者性格的一番精彩剖析后,尼采总结道:"……他本性难移,生来就不是个全能的学者,骨子里无疑痛恨涉猎广泛的作家,这就是全才和专家宿怨不断的原因。后者期望摧毁、剖析、理解自然,而前者希望在新的生机勃勃的自然之中加强自然性……欢乐的时代不需要专家,更不必了解专家;在病态和阴沉的时代,他成了最高尚、最有价值的学者。"参见 *Schopenhauer als Erzieher*, in *Nietzsche's Werke*, Leipzig, Naumann, 1906, II, 285。

第二部分　尤利乌斯·朗本与日耳曼非理性主义

家的判断所左右的德国人"简直比不上早期从台彻尔那里购买赎罪券的德国人"。[11]作为现代学者的原型,朗本对杜布瓦-雷蒙的哲学和文学演讲内容进行了诋毁;但是杜布瓦-雷蒙所做的正是朗本所建议的。他打破了专业限制,开始在更多领域发声。*然而学术界人士皆是乌合之众,他们夸大了普通德国人民的偏见心理,尤其是年轻人之间的偏见。由此朗本得出结论:"大学教授乃民族之疾,当下的德国青年教育无异于在屠戮生灵。"[12]

谈及伪教育,科学家与学术界人士难辞其咎,朗本在遣责这些"野蛮文化"[13]时只是套用了一下尼采。然而与尼采不同的是,朗本虽是人文主义传统的捍卫者,但他没有介入到针对德国教育的纷争中,而是为德国文化营造了一种更加强悍,更加原始的气氛。书本教育与学究式学习受到了过多的尊重:"要舍弃文字,保留图片。"[14]他嫌弃德国学校所有知名的酸腐学究,并说道:

> 一个金发的孩子悄悄地擦去眼泪,这数不尽的眼泪也许还不足以说明,学校的书呆子式教育给孩子们的负担远比他想象的重得多。我们保卫人民的未来,首先要保卫孩子的未来。孩子们牺牲在莫洛赫式伪文化中,这实在让人忍无可忍。我们绝不能允许孩子们接受歪曲的教育,被毁掉、被摧残。有朝一日也许会出现一个大孩子,一个"隐秘的皇帝",他将为这些小孩讨回公道。[15]

在之后的几个版本里,他对学究式教育的抨击变得更尖刻了,并开始

---

* 在科学家反抗生命学家和自然哲学家的斗争中,杜布瓦-雷蒙起了主导作用,参见 Ernest Jones, *Sigmund Freud. Life and Work*, Vol. I: The Young Freud 1856—1900, London, Hogarth, 1953, pp. 45—48。杜布瓦-雷蒙在其哲学散文中回答了无知之徒的发问:何为物质和能量的本质,何为人类思想的结构和本源。这一讨论引发了广泛争议(参见 *Über die Grenzen des Naturerkennens*, 1872)。朗本还批评了杜布瓦-雷蒙关于浮士德的讲座。

批评整个教育系统,提倡对"国家的少数贵族"展开培训,激发他们的活力与想象力。[16]朗本很同情某些学生,他们的老师不教孩子怎样整体把握一个时代的意义或者一部文学作品的意义,却让他们肢解历史和经典。*

德国最大的隐患是过分重视文化课,持续忽视孩子的健康状况和体能训练。年轻人在社会上生存靠的不是书本学习,而是性格与顽强的毅力。他拿英国人举例来告诫本国人:英国在这方面比德国做得好,他们懂得平衡体格和心智的训练。倘若柏林的五万家酒吧全部取缔,然后建造起相同数量的公共澡堂,那么社会民主党派的成员就会迅速减少。[17]强调健壮体格和政治保守主义令人想起了英雄生机论,这正是朗本希望的。[18]

朗本的生机论促使他去批评盛行的医药科学。他在一些写有神秘预言的文章中支持催眠术,强调了某些身心疾病的内在联系,并呼吁用"局部的心理治疗"取代"化疗和体疗"。他谴责当代医学不重视人的身体,为当下的社会潮流束缚,"现代文化犹如现代服饰般没有生命,没有灵魂,就像是木乃伊"。[19]朗本反对上述这些形态的压迫,但在性压迫上只字未提,全书中根本没有和爱情相关的内容。由于涉及很多敏感话题,需要避讳,因此他书里存在诸多不确定性,也遗漏了许多内容。†

---

* 朗本的思想与国家社会主义法则隐约有契合之处,他的思想同样见于希特勒帝国委员会发表的一篇教育演讲中,该演讲广受赞誉,伯恩哈德·鲁斯特有言:"关键不在于年轻人是否了解萨拉米斯海战和坎尼会战的战斗计划,也不在于他能否背出荷马笔下所有的经典诗句,而在于他能否领悟英雄精神,萨拉米斯海战的意义能否再生。"引自 Cuno Horkenbach, *Das Deutsche Reich von 1918 bis Heute*, Berlin, Verlag für Presse, Wirtschaft und Politik, 1933, p. 111.

† 德国批评家基本上都对爱情、婚姻和性之类的话题避而不谈。他们不敢追随尼采,尼采是弗洛伊德之前对此类问题讨论最激进的德国思想家。他们遵循德国作家的传统道德,即德国上层阶级文化圈的道德。即使维多利亚时代的人并非真正的维多利亚人(如今学者们认为他们就是),但德国人是,关于德意志帝国的性和人权压迫问题的文章最能引人深思。举一例来说,想想特奥多尔·冯塔纳对德国人传记的不满:"多弗那篇写弗罗斯特和洪堡的文章很有指导意义,但我有些失望,因为这些文章都是按照(转下页)

第二部分 尤利乌斯·朗本与日耳曼非理性主义

朗本在对现代教育的谩骂中一直扬言要守护孩子们,这一直觉是清晰的、确定的,而且反复萦绕在他脑海里。在某种程度上,这也预示了他生命中的一段宗教情结。甚至城市文化熏陶下的孩子都依然懂得亲近自然,拥有敏锐的悟性,这是那些受教育过头的成人所不具备的。"对当下不正派的东西,简洁原则是解决问题的良方。"[20] 在崭新的德国,成人会保护孩子的天赋与欢乐,甚至在当下,"纯正"的德国人骨子里也比其他民族要多出几分孩子气,而在所有德国人当中,低地德语区人民则堪称完美无缺。毋庸置疑,在一个对童年充满无知与偏见的时代,朗本对童真的追求颇有几分吸引力;[*]然而这种田园诗般的颂扬的反面,是朗本对智识的无情打击。当然,朗本对童真的狂热通过另一种形式揭示了他对新的神秘原始主义的坚定态度。

实际上,朗本不遗余力地在争取年轻人。他是最早一批宣传"青年的狂欢"的民族主义批评家。[†]在本书结尾,哀悼年轻人的言语反复出现,"全新的文艺生活对教授们影响不大,但对青年来说则是个麻烦,尤其是对那些思想未腐化,受到良好教育,又无拘无束的青年。权利在他们一边"。[21]

朗本对成人迂腐无趣、无能且平庸的社会大加贬斥,此举延续了19

(接上页)德国传统传记写作规则而撰写的,在我看来,文章牵强附会地美化了他们,使人无法忍受。我认为倘若某位作家索性就如实真切地叙述洪堡的故事,详细研究一下洪堡家族(确切来说就他一个人)的性生活紊乱问题,再对他们的生活刻画一番,那么文章内容将有趣十倍,但并不是从街谈巷议的角度去写,而是从生理学和心理学的角度去写。"1884年12月5日的书信,参见 Theodor Fontane, *Briefe an Georg Friedlaender*, ed. by Kurt Schreinert, Heidelberg, 1954, pp. 2—3。

* 弗朗西丝·霍奇森·伯内特夫人(Mrs. Frances Hodgson Burnett)的小说《小公子方特洛伊》(*Little Lord Fauntleroy*)于1886年问世,次年两种德语译本上市后,该作品开始流行。朗本遂对这一充满感伤色彩的作品加以攻击。

† 19世纪里,没有几个改革家,也没有几场政治运动认为年轻人能推动改革和社会进步。第一次世界大战后,各地的法西斯运动企图吸引年轻力量,反法西斯派出于自卫立场也必须吸引年轻力量。

文化绝望的政治

世纪以来蔑视资产阶级的传统。1871年之后,德国丧失了艺术风格,不再具有"里程碑意义",也不再产生伟人才子。然而由于朗本一生都在轰轰烈烈地反抗资产阶级,有人能从他的生活中听到不同寻常的音符,以致后来国家社会主义者不厌其烦地加以引用。资产阶级已"没有了根",人民与自然都同它隔绝,它丧失了自己的民族性和孩子气,不再拥有培养伟人、成就卓越的条件。再者,就像他的许多保守派同胞们一样,他毫无保留地斥责全体城市生活,特别是那些都市社会的生活。柏林代表德国文化的邪恶力量:"无论是从精神上,还是从政治上,我们应该集结并控制各省份来对抗首都城市。"* 恶毒的商业和物质主义(有时朗本称其为"美国化")侵蚀着普鲁士城镇的古老精神;† 哪怕是旧秩

---

* 选自 *Rembrandt als Erzieher*, p. 133。柏林并没有像巴黎和伦敦那样成为人民心目中受尊崇的首都城市,人们普遍认为柏林是德国的暴发户城市。在反城镇主义盛行的国家,每个大都市都难逃这种嫌疑,德国显然更加如此。反城镇主义史不仅是一种概念,也是一种具有实践意义的政治运动。关于这一概念有人做了及时而重要的研究。特奥多尔·冯塔纳也许又是见证者:"既然俾斯麦通常是正确的,那么他厌恶大城市也是正确的。你自己写作时别那么一副'事业有成'的样子,我们周遭的世界就会更加真实。没错。不仅会更加真实,而且更加单纯,不易受到伤害,更光荣仁善,知识更加丰富,人民更加努力,一切更加美满。那么'事业有成'除了表示住在柏林还意味着什么;柏林除了'事业有成'还意味着什么?为了找工作,有一些人确实需要大城市,但如果他们不去体会大城市生活的艰辛,不去体会离开大城市后何去何从,他们就会迷失自我,特别是迷失在谋求生计的路上。"1884年12月21日的书信,参见 Theodor Fontane, *Briefe an Georg Friedlaender*, p. 3。

† 从19世纪70年代开始,德意志帝国的保守作家们就在担忧"美国化"现象,特别是美国的拜金主义、物质主义、机械化和大众社会将摧毁德国人的灵魂。具有讽刺意义的是,第一个为该词赋予这一意义的人竟是朗本笔下一位主要的反派人物,杜布瓦-雷蒙,1877年此人警告说欧洲文化有被"美国化"摧毁的危险,换言之,会败倒在过度的现实主义和科学技术之下。参见 Otto Basler, "Amerikanismus. Geschichte des Schlagwortes", *Deutsche Rundschau*, CCXXIV(1930年8月), 144。美国化意味着现代化,在朗本这样的批评家看来,被称为现代主义的天主教内部的反对运动就起源于美国。这一说法是比较合适的,19世纪90年代有个项目以自由异端形式出现,遂获名美国化。反击美国化的斗争已经变得十足重要,在法国和德国都是如此。1899年1月22日,(转下页)

序、贵族阶层、军官队伍这些天然的守卫者在财富这一新生力量面前也要卑躬屈膝,允许新兴富人步入其社会。四十年后,数百万德国人民异口同声斥责"犹太民族和北美民族性格影响下对金钱的狂热占据了柏林的生活"。[22]

科学、假学问,以及现代生活的喧哗与骚动几乎磨光了德国人的意志。与其他日耳曼批评家相同的是,朗本想出了一系列复兴德意志民族的方法,下一章会做详细论述。这些改革措施的中心思想是一个预言:艺术时代将取代当下占据优势的科学时代。

朗本认为,艺术和科学是针尖对麦芒,它们为争夺现代德国人的灵魂而展开较量。对朗本来说,生机盎然、活力四射的艺术必将战胜冷酷僵硬、死气沉沉的科学,正如马克思提出工人阶级必将战胜资产阶级。他效仿马克思,企图引导并加快历史的必然性。在我们采用朗本提出的荒谬方法之前,必须首先回答一个朗本自己不曾回答过的问题,为什么艺术和艺术崇拜是唯一的救赎方式?为什么伦勃朗就能教化人民?朗本的沉默很重要,因为这显然是一个古老而强大的德国神话的全新版本。这对朗本来说不言而喻。

艺术是社会的最高形式,拥有任何人都无法企及的永恒与神圣性,它可以抵达终极真理,教化万民,引领道德——这些信念源自狂飙突进运动(Sturm-und-Drang),那是德国天才解放运动的一次精彩的爆发,以致后人不断效仿。随着人们对艺术家及其生活,对其苦难和天赋的热切关怀,艺术被神化了。除了他的创造意识和能力,用卡莱尔的话说,即"解读宇宙的公开秘密"的能力,艺术家被认为是人类境遇的化身,

---

(接上页)教宗利奥十三世向巴尔的摩红衣主教吉本斯发布通谕,题为《见证仁善》(*Testem benevolentiae*),他谴责了"美国化",尤其是"教会本身应该适应我们的先进文明,放宽陈旧的严酷法令,适度贯彻现代流行的理论与方法"这一观点。参见 *Documents of American Catholic History*, ed. by John Tracy Ellis, Milwaukee, Bruce, 1956, pp.553—562; 以及 Albert Houtin, *L'Américanisme*, Paris, Emile Nourry, 1904。

体现了人类的精华,强烈程度前所未有;艺术家与庸众(Philistine)的斗争是现代德国文学独树一帜的主题,任何思想都无可比拟。这些信仰经过信徒们的美化改造,即便日益受到科学发展的挑战,在整个19世纪里依旧发挥着作用。怀着对艺术的崇敬,人们常常会相信伟大的艺术是德国人的代名词。德国人特别要求创新与艺术培育。早在1773年就有一本名为《德国艺术论》(*Von deutscher Art und Kunst*)的小册子,它将性格与艺术联系起来,想要确立一种艺术风格:德国民族的艺术能掌控别具特色的德国人民及其民族性格。这一想法证实了德国文化存在一种最强大、最坚毅的魔力。*当然,它也很容易变成仇外武器。法国大革命爆发后这一思想开始盛行。存在德国的艺术和非德国的艺术,后者即外族的、西方的艺术。起初(欧洲浪漫主义运动期间)各地人民都奋起反抗法国传统和古典形式的统治,最终,在刚刚过去的一段时间里,希特勒统治下的慕尼黑出现了"颓废艺术"(decadent art)展。

在这期间(时代特征各异,人物迥然不同),纯粹的艺术审美观反抗着功能性的、民族性的主导艺术观。叔本华哲学认为,艺术,特别是音乐艺术,使人们幸免于这场无意义又无休止的斗争悲剧。叔本华在德国国内和国外的影响都很大。不过德国艺术巅峰时期最了不起的人物则非他曾经的信徒理查德·瓦格纳莫属。此人曾在青年尼采的生活中昙花一现。瓦格纳将利益与信条适度结合,设想出了一种日耳曼艺术哲学,其中的"总体艺术"(Gesamtkunstwerk)不仅讨论各种艺术,还涉

---

* 的确遍布欧洲的浪漫主义运动对艺术这一概念做了类似的改变。雷蒙·威廉斯在其最近一部作品《文化与社会,1780—1950》(*Culture and Society, 1780—1950*, New York, 1958)中,探究了这类变革在英国文化中的表现,并强调浪漫主义时期的艺术和艺术家两个词需要赋予新的意义:"艺术逐渐开始代表一种特别的真理,'虚构的真理',艺术家则代表特殊的一类人,这类人可以用'具有艺术性'、'有艺术创造力'等词来描述,这是19世纪40年代的新说法。"(pp. xv—xvi)对艺术和民族天才的认同无疑是欧洲现象,但这一现象在德国国内发挥着特殊而强大的作用。

第二部分　尤利乌斯·朗本与日耳曼非理性主义

及哲学和宗教，是最完美的例子。拜罗伊特将变成全国的麦加，即德国民族与德国艺术的圣庙。

尽管瓦格纳持批判态度，但朗本仍认为德国艺术是拥有非凡力量的。痛恨科学的时代已经过去，信仰科学的时代即将到来；而艺术的新时代是两者的结合。这种"大众化"艺术可能是宗教的唯一替代品，是维系高尚精神生活的唯一途径。它能启发宗教与哲学，衍生出真和美，还能成为民族天才的化身。前辈改革家指望宗教复兴和有创造性的乌托邦社会正义观能成为唯一的救赎手段，朗本则希望艺术成为唯一可能的救赎方式。它将化解人民的分裂，因为有一般审美经验的人可以战胜物质力量，发展出一个新的世俗版本的理想化的中世纪社区，即日后遍布"工人歌手"的纽伦堡。一个民族的艺术会教所有德国人认清自己存在的本质，教他们如何认识自己。俾斯麦实现了帝国的外在统一，但秘密的皇帝，这位伟大的艺术人物则需要将帝国内部的统一继续维持下去。*

至少在朗本的时代，艺术也是非民主非科学的，因此艺术卓越的时代也势必是精英重生的时代。把艺术家视为英雄，这一看法使人重新持有正当的、非物质的生活观。个体性焕发生机，屈指可数的天才一旦重新占据支配地位，就有复兴民间艺术的可能。从人类的观点来看它还会引发另一场革命——人类科学的或机械层面的观念取代了精神层面的观念，然而只有艺术才有能力探索并诠释人与自然的奥秘。现代心理学和心理分析学有助于加深对于人的理性认知，而朗本并没有预见到这一点，他认为艺术和直觉才是理解物质主义观点的唯一途径。朗本认为艺术将不再是广泛和谐发展的人文主义文化中的一个元素

---

*　这也是旧时代的浪漫主义思想："人们认为现代文明残缺不全，缺乏美感，从而借艺术来增强凝聚力，艺术遂被赋予了最高使命。"参见 Franz Schnabel, *Deutsche Geschichte im Neunzehnten Jahrhundert*, Vol. I: *Die Grundlagen*, 4th ed., Freiburg im Breisgau, 1948, p. 262。

（在德国古典时期或伦勃朗在荷兰的时期也是这样），而是科学的伟大对手，与现代文化的征服者。朗本的艺术崇拜方式是回归原始，回归某种部落式的盲目崇拜。*

并非所有艺术形式都能达到这一宏伟目标。只要艺术受到热捧，它就有被修剪（censored）的风险。朗本警惕地指出并斥责了德国艺术的一些新发展方向。譬如，他对瓦格纳持强烈批判态度，并尤其反感作曲家身上的那种傲气，这与真正的艺术家，与伦勃朗，特别是与莎士比亚这样的文豪有着巨大的反差。"'简约与沉默的伟大'是瓦格纳未曾提供的……他本身就很紧张，搞得别人也紧张。"23 换言之，他对瓦格纳存有偏见，说他现代气息太重，过于追求戏剧效果，"他比迈尔贝尔还要迈尔贝尔"。瓦格纳被贴上"浪漫主义者，而非古典学者"的标签（这在任何地方都未见详述），"单凭这一点，他就被归为了二流作家"。24

朗本还抨击"为艺术而艺术"（l'art pour l'art）的拥护者，骂他们不务正业。之后他又公开指责德国的自然主义者的新兴学派，指责他们代表了冷酷的科学。试想朗本怎会赞同格哈特·豪普特曼那粗俗的现实主义，又怎会支持其他一些初涉学术界的自然主义者呢？艺术理应套上神圣的光环，朗本厌恶那些揭露社会阴暗面和反传统力量的文学作品。† 他抨击欧洲自然主义之父埃米尔·左拉"是人类的大敌"。所有德国人都应该憎恨他。他指名道姓地憎恨左拉的"迂腐情感和学

---

* 直到20世纪20年代，人们依旧普遍心怀"艺术比理性与科学更真实"这一信仰，托马斯·曼对此进行了仿拟："诗与艺术，至少是浪漫主义诗歌和德国艺术——这些无疑代表着梦想、纯朴、感觉，或是更优秀的情感。以上概念与'智力'一词并无共性。就像在魏玛共和国那样，'智力'往往被认为是犹太男孩的品质，为爱国者所不齿。"参见"Von deutscher Republik"，*Bemühungen*，Berlin，1925，p. 174。

† 朗本对现代艺术的苛责几年以后得到了回应，当时议会的中间力量和右翼势力迫于压力开始修订所谓海因策法，意在打压一切现代艺术，包括苏德尔曼的自然主义戏剧。参见 Theodor Ziegler, *Die geistigen und sozialen Strömungen Deutschlands im neunzehnten Jahrhundert*, p. 652。

第二部分　尤利乌斯·朗本与日耳曼非理性主义

识傲慢",但除此之外,朗本的指责虽然激烈,却含糊不清。仇恨很好解释:左拉在文学上是保守主义学者的头号死敌。因为这些人感到他的作品中蕴含着一股强大的力量,这股力量正推动德国艺术步入现代民主时期。[25]对朗本而言,艺术的目的太过严肃神圣,根本容不下自由。在艺术中加入科学成分则有亵渎神灵之嫌。因此艺术必须讲规则,它必须把根扎在人类最基本的激情中,它还必须是自发的、原始的、符合大众口味的,要有道德情操但不能有智力因素。两位画家阿洛伊斯·费尔曼和威廉·莱布尔已经"指出了艺术的未来走向"。[26]二人都用大众化的方法作画,"德国的新艺术必须以农民为起点,它是民族精神最简单、最出色的表达"。[27]

可是要怎样将这种艺术落到实处呢?首先需要有人领导和指挥。朗本坚信德国只有在"艺术政治"的统治下,这一新时代才会到来。*政治除了可以处理军事担忧与党派政治外,还应该为艺术服务。†

朗本指出,"艺术政治"要向两个层面发展:对艺术天才进行鼓励和直接管理,优化艺术家的社会背景。该策略有助于摧毁一切文化障碍,以保护艺术的伟大。清除文化障碍又要依赖民族性的发展,换言之,要依赖民间文化的发展,这意味着一个民族的民间传统习俗应受到保护,以便艺术家能与其健康的人民亲切交流。归根结底,民间艺术想要蓬勃发展,就需要靠新艺术大家的成就来加以映衬。朗本指出,墙倒众人推,庸俗的文化统治终会瓦解。"对于德国军事与艺术的未来,反庸

---

* 从字面上理解,对于艺术的政治这一新词,"美学政治"或许是更好的译法。朗本的"艺术政治"让人隐约回想起约翰·拉斯金的《艺术的政治化经济》(*The Political Economy of Art*, London, 1857)一书。

† 或者可以将艺术与政治、战争相结合,因为"'艺术与战争'是希腊人、德国人和雅利安人共同的口号……在每首盎格鲁-撒克逊诗歌的名字里,这种艺术与战争相结合的做法都彰显了诗的无限伟大:莎士比亚(shakespeare)意为挥矛之人(spear shaker),名字皆有来历"。参见 *Rembrandt als Erzieher*, p. 211。这是朗本小题大做、穿凿附会的一个极端示例。

文化绝望的政治

俗力量的发展不可或缺。"[28]

"艺术政治"呼吁艺术的广泛教育,而朗本在这一方面的建议尤其受德国教育家欢迎。[29] "认为艺术脱离现实生活的看法乃是艺术退化的表现,艺术应当充实生活、丰富生活,而不是背离生活;前者属于古典主义诉求,后者属于浪漫主义思想。"[30]首先,他坚信培养年轻人的艺术才能,必须训练其感知,而不仅是促进心理健康。其次,外部建筑和内部装饰的改革与净化将成为文化的实际力量。赏心悦目的建筑物应取代恶劣的现代城镇房屋建设,如此才能给人民带来美的快乐享受。

重中之重,在新艺术时期到来之前,会出现一种新的道德秩序。伦勃朗象征着"艺术政治",以及"如果不能对全民族的道德和智力兼具影响,他的性格对德国艺术的影响就是无法想象的"。[31]现在,日耳曼批评家身上自相矛盾的特点使朗本很为难:艺术先于拯救,拯救又先于艺术。这一困境是假想的,所以只有假想的、隐秘的领袖才能引领人民,我们也只能依赖这样的领袖。

第九章

艺术、政治与英雄人物

土地、言论、民族都不能代表祖国,只有统一的民族才称之为祖国。

——朗本

民族与人民的概念,人民与文化人的概念都不应被夸大为人造的矛盾,而应相互协调,实现自然统一。对人民和个人的教育,其根本宗旨是和谐,而不是分裂,要引领上层阶级和底层人民和睦相处,使家庭生活和社会生活保持平衡。

——朗本

与同时代的许多德国人一样,朗本没有政治倾向。他既不关心政治生活的理论问题,也不关心权力、外交,以及国家内部利益冲突等实际问题。漠视这些实际问题是清高的表现。朗本蔑视政治生活,朋友建议他创建自己的党派并成为领袖,发起"社会贵族"改革运动,但他嗤之以鼻。*政治在非政治的理想中才更高贵,它被赋予了神秘色彩,反

---

* 1896年,一次偶然的机会,德国自然主义者阿尔诺·霍尔茨创作了一部戏剧,名叫《社会贵族》(*Sozialaristokraten*),该剧描绘了一位自由文学家,之前做过(转下页)

137　对当下，憧憬未来，这才是朗本能够接受的。这种政治与权力的"美化"在德意志帝国是再常见不过的。[1]

虽然朗本的改革措施陈腐不堪，而且事无巨细，但他的政治思想毕竟和"艺术政治"存在千丝万缕的联系。他渴望振兴艺术、重塑道德准则。艺术为政治辩护，政治创造艺术，两者都能启发改革，并将德国的道德改革进行到底。

艺术和政治的关联在于人民，后者充满神奇的个性与力量，每个保守主义德国人都为之神往。"无论谁想要发扬德国艺术，都必须首先发扬德国的民族精神。"[2]朗本秉承赫尔德的观念，断言伟大的艺术只能来自人民，来自有机统一的社会，来自专门培育的本土土壤，尽管他始终没有提及赫尔德的名字。如果没有土地的滋养，艺术家就会毁灭。[*]在他对艺术的先决条件的分析中，朗本接近了物质主义和自然主义，19世纪80年代末，这两大流派得到了明确的叙述。他愤而说道：

> 艺术作品是多种力量共同作用的产物：是个人主义的产物，是大众传统的产物［民族精神］，也是时代局势的产物。假如这三种因素团结一致，便会造就卓越。所有的政治联系和社会关系对艺术作品都至关重要，即便确实不比艺术作品本身更重要。无论如何，精神发展完全取决于政治发展。[3]

（接上页）高校教师，同时也是尼采的信徒。此人早年是一位理想主义者，只信仰个人主义和"非政治的政治学"，不信仰超人的存在，只信仰超人精神。他因写过一篇文章宣传自由恋爱而被拘禁，后来申请加入德国议会成为反犹太党成员，并宣扬"犹太人之于政治事务，就像臭虫之于个人生活"。一边是霍尔茨戏剧里刻画的形象，另一边是他印象不深的朗本，两者竟出奇地相似。

[*] 他曾带着辩解的口吻说："我们的文化像挤柠檬汁那样研究歌德之后，就应该铭记青年时期的歌德，早年的工作经历帮助他实现了精神上的成熟，让他领悟到了真实的民族性。"参见 Julius Langbehn, *Der Geist des Ganzen*, ed. by Benedikt Momme Nissen, Freiburg im Breisgau, 1930, p. 43。

第二部分　尤利乌斯·朗本与日耳曼非理性主义

要造就一位艺术家,这样的社会观是多么的不浪漫,多么缺乏英雄气概啊!暗地里否认艺术家是自由的灵魂,是高于社会的人,这种做法是多么庸俗!朗本像所有日耳曼批评家一样,赞颂个人主义是至高无上的善,是德国人独具一格的属性。然而他说这话的语气并不是很坚定。德国批评家所说的个人主义是站不住脚的,因为它必须规避民主和自由的政治概念。个人主义的真正来源是人民或社群,只有民族得到复兴(必要时可采取强制措施),我们才能实现自由,铸就卓越。

生机勃勃的人民悄无声息地消失了,朗本对此表示惋惜。他志在唤醒人民,为实现这一目标,朗本才转向了政治。因此其著作的第三部分就叫作《德国政治》(*Deutsche Politik*)。他花了五十多页的篇幅评论德国社会的弊病并提出补救措施。他的政治立场是含糊不清的,甚至比他在其他领域的思想还要抽象,确切地说,比德国形而上学理论日益具体化的实践还要抽象。*他打算结束一切政治事务,制止这一可憎的现代性创新,消灭1789年的思想和制度。可这一意图连他本人也不明确。在伦勃朗时期和青年歌德时期,荷兰和德国都是没有政治斗争的,所以批评家们认为不会有分裂发生。如今却截然相反,一个看似统一的德国实质上四分五裂,对立阶级林立,纷争遍布,区域间相互敌视,朗本无比渴望的民族性不复存在。因此,他乞求人民复苏,乞求元首,乞求"隐藏的"皇帝再度与人民携手,消除政治斗争。只有伦勃朗或基督——在之后的几个版本中,基督,"极有可能是雅利安人",成为不可或缺的角色——才能够促成日耳曼民族的复兴;因此贵族领袖要领导人民,让人民凝聚起来,共同为民族发展与复兴而

---

*　德国政治理论的抽象性并不仅仅体现在朗本身上,或这里所研究的团体中。在早年一部关于兰克的书中,作者指出:"德语词汇中充满了抽象词汇,这些抽象词汇又变成了主动动词的语法主语。行为,换言之,是以抽象概念来解释的,而非仅仅是个体的行为。" Theodore H. von Laue, *Leopold Ranke. The Formative Years*, Princeton, Princeton University Press, 1950, p. 92。

奋斗。

可这些英勇的人民是如何消亡的？朗本没有告诉我们。日耳曼批评家无法解释，如此高贵的人民，如此英勇的种族，怎能丧失凝聚力和自身的力量呢？他们不同程度地针对某个险恶的民族——犹太人。犹太人侵蚀了德国文化，消磨、腐化了德国人真正的民族特性。外族人横行霸道，入侵本族，攫取权力，卖弄地位。朗本回归原始的愿望与反犹太倾向之间的联系是显而易见的，即便其写作中没有揭示这一点。德意志民族退化的根本原因是现代性本身，纷繁复杂的新的暴力力量摧毁了传统社会和传统信仰。但直接原因则是犹太人及其同胞们，以及学术界人士。

起初，朗本把犹太人分为差异明显的两种：正统犹太人和外族同化犹太人。他相信正统犹太人与德国人是绝佳的互补社群，他用热情的笔触叙述了几位犹太人，特别是斯宾诺莎和拉埃尔·冯·瓦恩哈根这两位。他同样也诋毁同时代的另一些犹太人，因为他们为了转变成现代世俗的犹太人而断然抛弃了自身传统。19世纪最后的二十五年，绝大多数德国犹太人或变得世俗化，或加入犹太教改革派。如同自由派新教主义，这是一种文化宗教。莫姆森提议广大犹太人皈依基督教，于是他痛斥莫姆森，"宗教不是外衣，想穿就穿，想脱就脱"。[4] 朗本一针见血地指出了德国犹太人面临的核心问题：两条路供他们选择，要么彻底摒弃自己的身份，受德国人同化，要么保留身份并面对分裂。总的来说，大部分进步的犹太人受到精明世俗的德国人的鼓舞，选择了第一条路，并于同时代的外邦人一起共同遵守德国文化，吸收德国学问。有压迫自然就有反抗。犹太人内部也发出了许多警告，一部分带有几分政治倾向，另一部分则恪守原则：犹太民族不应该公开地全盘接受外来文化，有朝一日德国人会对德国文化的犹太占有者和传播者施以报复。针对这个问题，有时群众之间会发生争论，但更多的是私下里的争论，因为同化的过程会触及一些最深层次的信仰和民族意识问题，这些

第二部分　尤利乌斯·朗本与日耳曼非理性主义

问题是犹太人和德国人都要面对的。*朗本宣扬消灭所有被同化的犹太人:"他们是恶毒的种族,应当剿灭……他们是民主的,非常亲和乌合之众,他们对颓败的同情随处可见。"[5]在该书之后的版本中他变得更加尖刻,甚至援引反犹太运动的代表、德国宽容的倡导者莱辛的话:

> 现代犹太人不信教,缺乏特色,居无定所,无儿无女。他代表着尖酸的人性……当代犹太人对精神和物质占有的渴望,导致了这样一句传言:德国以德国人为本。李子成不了苹果,犹太人也成不了德国人……如今,犹太人是压迫者,是所有德国人的天敌,就

---

* 《教育家伦勃朗》问世前的几周,这一问题被公之于众。一位名叫康拉德·阿尔贝蒂的犹太作家发表了一篇指责犹太人的文章,按理来说这有悖常理,但受到广泛赞扬,参见 Conrad Alberti, "Judentum und Antisemitismus", *Die Gesellschaft*, No. 12(1889年12月), pp. 1718—1733。"我可以断言,充满现代教育的年轻一代犹太人无不发自内心地承认:犹太教已成冗余,有害且腐化。"阿尔贝蒂认为随着上帝信仰的减弱,犹太人已经失去了单独存在的理由,他们已经成为一个纯粹的小团体,"是所有腐败和停滞的主要参与者"。倘若德国人不再反犹太,那么就可以实现完全同化,因为人们不希望犹太人同化于枪口之下。如果德国人加快同化的进程,那么一百五十年后,某个世界展览会上,"最后一批犹太人会被当作稀有之物展览"。犹太人的力量越来越强,就连不少态度平和的德国人也开始耐不住性子了。譬如冯塔纳写道:"抛却道德不说,敌视犹太人简直荒唐,因为这压根就是行不通的。我所了解的身边的每个人都明显离不开犹太人,尤其是部队士兵和贵族,而且每天都更加如此……别无选择,只有管住嘴,慢慢地接受基督教化。"1892年11月9日的书信,参见 Theodor Fontane, *Briefe an Georg Friedlaender*, p. 197。第一次世界大战爆发前不久,极端反犹太主义曾经一度受到削弱,其后对此又出现争论。参见 Werner Sombart, *Die Zukunft der Juden*, Leipzig, 1912;该书认为同化政策已经破产了,犹太人应重拾民族的自我意识。有位名叫莫里茨·戈尔茨坦(Moritz Goldstein)的犹太人在《艺术管理员》[*Der Kunstwart*, XXV: 11(1912年3月), 281—294]中以如下方式对犹太问题下了定义:"我们犹太人有权管理一个民族的财产,哪怕这个民族否认我们有此权利和能力来管理。"站在犹太人的角度看,他的提议更加具有自尊意识:他认为那些"总是贩卖德国文化,矫揉造作,认为不会被识破身份的犹太人才是真正的敌人。必须将他们从显赫的岗位中剔除出去,他们代表着一类虚假的犹太人,他们必须保持沉默,再慢慢地被消灭掉"。

连莱辛也会与他们斗争到底。*

犹太人是什么的压迫者？这一点朗本没有交代。他所指的很有可能是犹太人在艺术领域日益明显的作用，尤其是在戏剧行业以及批评家中。1892年，他写了一本《德国的伦勃朗》，在书中他总结出一个不祥之物，"犹太人对我们来说无异于害虫和瘟疫"。[6]

他急切要求德国青年应带头反抗犹太人的毒害。他指出，学生会组织一直都排斥犹太人，军队和耶稣会士也明白只有被排斥在外的犹太人才是好的犹太人。耶稣会士不接纳上推五代具有犹太血统之人。朗本建议德国应实行一种类似的"血统证明"（Ahnenprobe），并将此作为公民的先决条件。[7]

虽然朗本作品中采用了不少种族主义修辞，但他并不是一个彻底的种族主义者——信奉种族主义的国家社会主义者对此时常深表痛惜。种族主义对朗本来说"过于科学化了"，他的种族主义是有偏向的且断断续续的，更像是带有血统论色彩的神秘诗歌。在再版的书中他更是强硬地强调了种族和血统的作用，这是犹太民族问题的关键所在。他认为德国人是雅利安人，"这唯一的德国血统统治着德意志民族，它是我国人民首要的、根本的权利"。[8]

倘若哪一位回顾一下德意志帝国五花八门的反犹太思想，就会惊奇地发现，这些思想只有模糊甚至微弱的动机，以及一个精确而又残酷的意图。[9]譬如，无论在朗本的生活抑或著作中，反犹太主义的分量并不重，他对犹太人的批判只有区区几页的篇幅。但是论述和结论所占的比例相差悬殊，犹太人造成的苦难只是简略提及，大部分篇幅都

---

* *Rembrandt als Erzieher*, 49th ed., pp. 348—351. 就在那些年，德国自然主义者，尤其是格哈特·豪普特曼，致力于研究优生学问题，致力于酒精中毒、疯癫及其他遗传性疾病。对某些人而言，由于这类遗传疾病与生理缺陷再次引发了广大人民的担忧，反犹太的种族运动一定会看起来更加合情合理。

第二部分　尤利乌斯·朗本与日耳曼非理性主义

在呼吁消灭犹太人。他没有亲身接触过他们，也没有什么能激起他对犹太人的憎恨。与拉加德不同，他的同事里没有犹太人，他也从未提到曾经遇见过哪些讨厌的犹太人。于他而言，这已经成了一种信仰，犹太人和所谓现代主义一样，他对现代的一切的愤恨点燃了他反犹太的怒火。他恨犹太人，他们鼓动德国人信仰科学、民主和受过教育的庸才。*犹太人当然支持自由主义、世俗主义和资本主义。除了在城市里，一些自由职业里，以及开放社会中，还有别的地方可以摆脱早期封闭的封建社会施加的桎梏和偏见吗？某种程度上，他们促进了现代化，并受益于现代化。就冲这一点，朗本，还有许多像他一样的人都不能原谅犹太人。

支持犹太人的正统地位比要求德国人信仰传统基督教要容易得多。朗本具有很强的宗教心愿，他早期著作中（在皈依天主教之前）关于艺术时代的呼吁对宗教的愿望进行了美化。显然，日耳曼批评家也不能想当然地宣扬旧的、非日耳曼的信仰，因为德国的基督教有可能导致民族分裂，他们只能向往那种可以促进民族融合的神秘宗教。更有甚者，高级批评和学术研究严重损害了基督教义足有一个世纪之久。尼采对基督教伦理进行的价值重估，在日耳曼批评家看来尤其具有说服力。因此，朗本的艺术幻想，神秘主义和民族主义的幻想，以及信仰和形而上学的幻想便融为一体。

朗本没有把宗教当作书的标题，这让神学评论家们嗤之以鼻。书中关于宗教问题的评论杂乱无章，对宗教的态度也是模棱两可。"把基

---

*　犹太人是捍卫现代主义的力量这一观点是绝对真实的。L. B. 内米尔在讨论1750年到1914年之间的欧洲社会和思想的扩张时说："有两个民族引领了该运动——英国人和犹太人，虽然二者身处不同的条件之下。他们都是资本主义的先驱，也是其第一批，也许是最主要的受益者……如今他们是世界两大城镇社群……拥有最多的工薪阶层职工和专业知识分子，但各国对立阶级的势力日益增长，使得他们分崩离析，地位受到威胁。"参见 *In the Margin of History*, London, 1939, p. 56。

督教融入日常生活一直都是德国人民的一项重要使命,伦勃朗颇具艺术特色地践行了这一使命。如果德国人不奢求更高的精神寄托,恪守基督教义即可。迄今为止这项使命仍未实现。"[10]这种"不得已而求其次"的信仰无异于被肢解的基督教。"宗教不稳固,而且捉摸不定。"现代德国人需要一种更稳健、更有魄力的基督教,一种新的对"基督的模仿"(Imitation of Christ)就要凭着这种精神写成。基督本人向来都是一位了不起的导师,"现代人也能接受某种有活力的、灵活的、独特的基督教"。[11]一种对宗教的,甚至基督教的自觉意识会在每个孩子身上重现,但是信仰的形式和仪式一定是随着时代而改变的。*朗本对基督教的现代主义运动丝毫不怀同情之心,但还是在不知不觉中接受了这场运动的观点:宗教教义和实践有着革命性特征。虽然朗本是科学和理性主义的强劲对手,却无法帮助基督教从高等批评家和饱受诟病的相对主义者手中解脱出来,实际上,他已经接受了这些学者的思想,因为他和其他文化批评家都深受"异教之风"(winds of doctrine)的影响。

尽管不屑于教派之争,但朗本与新教的关系似乎比天主教更加密切。其宗教思想的要领在于信仰先于行动,在于更有德国特色的路德主义。路德与伦勃朗交相辉映,相得益彰。朗本称赞路德是一位名副其实的德国英雄,在他的作品和思想中,艺术和宗教被熔为一炉。"艺术是主观的,主观即是信仰。路德这位有信仰的德国民族英雄除了在宗教上有举足轻重的影响外,更是完美的英雄。是路德最先赋予了德国生命。"[12]艺术只有在信仰新教的地区才能蓬勃发展,因为在这里,新教的"内在信仰"替代了天主教的"外在信仰"。为了揭示这对矛盾以服众,他列举了鲁本斯和伦勃朗这两位对手加以证明。宗教从属于艺术:

---

* 朗本这些独特的零碎杂事并没有因为宗教事务而停止。且看几个事例:"论价格,德国精油比东方精油贵;同理,德国的基督教世界要比东方的高贵……雅利安主义是童真的,也是基督教的:这三种生活的元素完全相同。基督本人就是个典型的孩子,他是上帝之子,无比高贵。"参见 *Rembrandt als Erzieher*, p. 311。

第二部分　尤利乌斯·朗本与日耳曼非理性主义

"歌德、伦勃朗、路德：这三位是德国人的大救星，德意志文化应向他们致敬。"[13]

朗本的天主教批评家指责把宗教和艺术混为一谈纯属亵渎神灵。*从1891年出版的第三十七版开始，朗本删减了一些关于新教的溢美之词，增添了一个关于天主教的板块。同时他刻意贬低路德（"历史超越了其自身伟大的个性"），并着重讲述路德与15世纪天主教神秘主义者的亲密关系，以此将路德稍稍推向天主教阵营。从莎士比亚到拉加德的所有新教作家都有"一种亲天主的情结"，如今的德国人应当明白，天主教徒在某些方面更加德国化，也的确比新教徒更具艺术特色。[14]在1892年的封笔之作中，朗本承认天主教徒为他打开了智慧之门，感染了他的同情心。他总结道："《伦勃朗》这本书并不是在特定的忏悔基础上写成的。如果最终有人想问：'支持基督还是反对基督？'那么《德国的伦勃朗》给出的答案一定是：基督有今天，有明天，有永远。"[15]但是《伦勃朗》的匿名作者和《德国天主教历史–政治论文集》的匿名投稿人之间的神秘对话仍在继续。后者虽然支持朗本投身天主教，但也正确地指出朗本根本算不上是基督徒。

朗本想要达到目的，无论是宗教信仰还是反犹太，都远远不够。要恢复先前统一圣洁的日耳曼社会，就要发动政治和道德革命。他发现德国遍地都是分裂与衰落，以及敌对利益之间的争斗。政治斗争不符

---

* 天主教徒对《教育家伦勃朗》的评论主要有两种。鲍姆加特纳是一位杰出的耶稣会批评家，他把这本书批得体无完肤；他对该书极尽诋毁，其程度无人能比。参见 *Stimmen aus Maria-Laach. Katholische Blätter*, XL（1891），86—104。另一个评论匿名写在《德国天主教历史–政治论文集》（*Historisch-politische Blätter für das katholische Deutschland*）上，该评论带着同情口吻。经证实，这篇评论，还有同刊后续的两篇补文是神学家（后来成为主教）P. W. 冯·开普勒所写。开普勒的评论对朗本产生了极大影响，并让后者铭记在心。朗本将前两则评论收录于《德国的伦勃朗：来自一位真正的朋友》（*Der Rembrandtdeutsche. Von einem Wahrheitsfreund*, Dresden, 1892）中。最终两人成为好友。

合大众意愿，反而成了缓和冲突的平台。他政治写作的特点彰显了他无比强烈的愿望，也彰显了德国批评家的强烈愿望：废除政治斗争，代之以统帅、神秘和领袖魅力。所有这些想法都是含糊不清的，也注定是难以理解的，因为19世纪90年代无人能预见领袖统治取代现代典型政府的手段是怎样的。这个愿望半遮半掩，没有完全说出，人们既没有认清它，也未能表达清楚，因而批评家无从下手。

朗本隐约意识到了社会不平等和政治冲突之间的联系，并试图在不破坏前者的前提下消灭后者。他反对资本主义的文化影响以及自由放任主义，并将早期传说中的质朴与现代金钱崇拜进行了对比。当务之急是处理那些心怀怨气、受到排挤的工人，因为无产的、失去希望的人群才有可能发动革命。统治者与被统治者，雇员与雇主的关系既非对立也非平等，而应该是和谐共处，但要维持和谐，就要恢复家长制管理，提高工人薪酬，给工人提供社会保障和一定财产，还要通过其他方式激励工人，以此取代工业社会的金钱关系。朗本的想法与社团主义者的想法类似，该群体不少成员对他的特色口号持赞成态度："消灭平等，发扬等级。"[16]

那些受排挤的工人们把德国社会民主党当作政治武器。朗本提议该党应"民族化"，换言之，将其变成一场民族主义-社会主义者的运动。朗本还要求无产阶级与人民再次融合，而贵族阶级便是合适的中间人。社会民主派只会受"有传统历史背景的社会贵族的统治，这符合优良的下层阶级的利益"。[17] 以他一贯的文字考据功夫，朗本仔细辨别了贵族（Adel）和高贵（edel）这两个同源词，并告诫贵族必须履行其高贵的义务。贵族和王公应积极处理失去继承权者的有关福利，在等级社会里这些人只得接受现实。"他一开始就直截了当地说，贵族的任务就是给忍饥挨饿的人提供食物和水。"[18] 用机械死板和民主的方式无法解决上述任何问题："法国大革命后，德国改革顺势而来，平等过后就是等级和差异。"[19] 朗本唤起了一个旧梦：由君主、"自由贵族"和无产

第二部分　尤利乌斯·朗本与日耳曼非理性主义

阶级共同组成一个其乐融融的社会，无产阶级在这个社会中会重新发现习惯性顺从的乐趣。社会问题和政治问题再一次沦为简单的道德问题。倘若德国的每个公民都能重拾过去真实与幻想的美德，那么动荡和斗争就不再会上演。

最优秀、最纯朴的德国人就要数德国农民了。农民是人民的化身；他的美德、他的气魄一度铸成了人民的力量。也难怪伦勃朗曾经是农民，名副其实的具有民族精神的农民。此人性情质朴、活力四射、为人忠实、体魄强健，这些都印证了他是个地道的农民。如果德国人不能彻底摧毁城市中的畸形建筑，那至少需要重塑农民的精神气质。当然，必须以讽喻的眼光来领会这一独特思想；"农民最终会取代教授，德国人骨子里最原始、最自然的特质要胜过人为的元素。"[20]寓言可能会，也一定会变成现实。农民代表着社会上所有未受污染的东西，代表着一切根深蒂固、不可动摇的东西，其最大的美德就是他乐于表示服从——"现代"德国人几乎完全缺少这种品性。

正如瓦尔哈拉神殿是北欧诸神的家园一般，这些理想化的农民也有最后一片沃土——低地德语区。在德国西北的平原上居住着最优良、最坚强的农民。朗本断言，农民的传统、民俗和服饰、方言和信仰等依然有保留下来。实际上低地德语区一词含义灵活丰富，正如德国批评家的其他象征一样。无论何人的祖先居住于此，他们都可以说自己是低地德语区人，因此朗本赞颂农民是"唯一长存的传统德国人群"。* 卓越的文化伟人都是低地德语区人，自然也包括莎士比亚和伦勃朗，但在离我们最近的时代，俾斯麦、朗本，甚至强尼·阿普尔西德都可以是低地德语区人。[21]理想化的低地德语区人远远超出了优秀的农民。作为一个历史悠久的德国民间传说，也由于低地德语区人

---

* *Rembrandt als Erzieher*, p. 125. 他十分欣赏布尔人，几年后广大老百姓对这些不苟言笑的乡下表亲盛赞有加。

的祖先德高望重，因此他们在朗本笔下神奇的帝国主义中占有一席之地。

朗本赋予了低地德语区人理想的形象，他们永远不符合现实生活。但此种做法也存在风险，因为它引发了德国政治生活的另一种分裂。朗本对现存的分裂状态本就忧心忡忡。俾斯麦表面上抑制了普鲁士与德意志帝国的政治和文化斗争，但是他也被一大堆麻烦所困扰。而在朗本的书中，普鲁士和德国是两个对立的文化阵营，只有正当统一才有望实现国家复兴。普鲁士外表看上去"冷酷"，与德意志民族关系疏远、隔阂颇深，因为很多外族都混有普鲁士血统，比如南斯拉夫人、犹太人、法国人等。因此普鲁士文化较为空虚。而德意志民族相对"更温情"，颇具民族性，且文化前景辉煌。两者结合必能产出优秀的后代，把普鲁士当作男性伴侣，德意志民族看作女性伴侣，"智力才华必定由母亲赋予。鉴于这种结合孕育出了非凡的智力，德意志民族就拥有了最好的品格"。*

然而，德意志民族的统治权掌握在议会成员和党派人士的手中，与农民无关。德国人向来鄙视议会及议员，就跟蔑视犹太人和记者一样普遍、一样久远。法国大革命爆发后不久，德国政论家开始抗议国家议会，认为这一设想没有成效，并反对其"选举机制"——通过这一机制当选的每个人都各为其主，因此永远需要维护特殊群体的利益。经历了1848年那次失败后，人民更加鄙视议会机构。俾斯麦孜孜不倦而又无比轻蔑地宣传国会大厦里的无效争论，这加深了对议会的轻蔑心理。朗本遂对一个传统的主题稍稍做了下变通。他抨击"小团体主义"（Fraktionsmenschen），叱责他们"是党派鹰犬，没有人性，他们庆幸一位

---

* *Rembrandt als Erzieher*, p. 203. 此模式确实怪异，不过普鲁士人的不信任和蔑视心理是德意志帝国一些文化精英的正常情绪。第一次世界大战之际迎来了巨大变革，详情见下文。

第二部分 尤利乌斯·朗本与日耳曼非理性主义

伟大总理[俾斯麦]的离职,就好比学校的孩子庆幸严厉的教师离职一般"。这些人意味着德国进步力量的衰退。俾斯麦已经离去,然而只有极少数人表示哀叹,他们就是那些年轻人,因为他们明白,"在俾斯麦身上,德国人的性格体现得最为真切"。[22]

朗本痛恨民主,因为民主以人类平等为原则,实行民主的尽是些凡庸之士。不久的将来德国定会得救于"恺撒艺术……独立个体……民主是一个需要领袖的团体,这就是为什么践行民主常常没有领袖,为什么寻得领袖又相当容易,不管这位领袖是政客还是恺撒"。* 只有在领袖或元首的引领下才能实现统一,领袖们能直接感受并说出人民意愿的实质。从词源学角度看,"人民"(Volk)表示"跟随",德国人有能力响应"国王的号召"。人民需要新的领袖,谁"能发动群众,谁就有资格做领袖。此人不搞独裁,而是仿效俾斯麦治理德国的方式治理他的子民,换言之,须顾及人民的感受,满足人民的愿望和需求,甚至有时这种做法看似有悖人民的意愿"。[23]然而俾斯麦已经离开了我们,朗本说道,他留下的是一个顶戴王冠的共和国,一个缺失霍亨斯陶芬的强权和威望的霍亨索伦王朝。我们需要闹哄哄的繁荣场景——朗本不经意间预见了威廉二世时期的一幕幕政治闹剧,也预见了他历经艰难险阻赢得威望的时代。

这位上进的帝王身边需要一位少言寡语的替身,一位"秘密皇帝",即能够真正统一德国文化之人。† 这位民间英雄也许是另一个路

---

* *Rembrandt als Erzieher*, pp. 267—168;参见两种恺撒资料的轻微差异。实际上朗本和他同时代的许多人对于元首的理想,都是在回顾不可抗拒的恺撒形象,而非盼望19世纪现代多姿多彩的政治领袖的形象。从拿破仑到尼采对恺撒传奇皆大为同情,斯特凡·乔治的一位门徒曾对此做过评论。参见 Friedrich Gundolf, *Caesar im neunzehnten Jahrhundert*, Berlin, 1926。

† 《教育家伦勃朗》的畅销度减退后很长一段时间,朗本仍然坚信秘密皇帝的出现将挽救德国。他曾经无数次学习这些秘密皇帝的榜样,想要成为这样的人,至少能做他们的先知也行。关于秘密皇帝的主题无疑是德国神学的一个古老话题,并且(转下页)

德或莎士比亚,他将是全德国人公认的立法者。朗本时而描述文化英雄,时而讲述政治领袖。文化总是和政治相提并论,就像抽象和现实糅合在一起让人完全摸不着头脑。文化和政治的联系在于前者发挥的道德作用,能够改善后者的精神。政治分裂归根结底是道德沦丧问题,因此道德改革可以解决一切政治矛盾。不仅如此,还能帮助德国人认清自己"世界领袖"的身份。德国人认为自己是最优越的民族,常言说道:"最优等民族方能统治天下,这就是德国人希望主宰世界的原因。"[24] 朗本从一个假想的秘密文化统治者发展到世界最优等德国人,这一进步并不像表面上看起来那么奇妙独特;为德意志帝国主义辩护的大众总是援引德国文化的优越性,希望

世界重新振作,必与德国有关。*

(接上页)通常着眼于位于屈夫霍伊泽的巴巴罗萨。也参见 Albrecht Mendelssohn Bartholdy, *The War and German Society. The Testament of a Liberal*, New Haven, 1937, p. 99;在该作品中,作者指出,在北部以及西北部(低地德语区),除了秘密皇帝的传说之外,普遍的政治观点都是共和主义的。

* 这是埃马努埃尔·盖伯尔的对仗诗句,其思想已经很陈旧了。德国文化的优越性是德国在欧洲的霸权地位的正当理由,这一观念最早是在德国精神觉醒和政治屈辱期,即大革命时期,提出的。譬如,德国教育是古典思想与现代道德的结合,席勒认为它构成了德意志民族的世界意识。19世纪,随着德国实力的增长,精神使命或精神统治的概念逐渐物质化了,但讽刺的是,德国的教育水平也随之下滑了。1859年,康斯坦丁·弗朗茨在柏林发表了一篇文章,即《欧洲平衡研究》(*Untersuchungen über das europäische Gleichgewicht*)。文章思想深刻,怎奈犯了严重的历史性错误。他认为德国的民族使命并非对西方列强的政治统一的盲目模仿,而是继续一种不团结的、精神上的欧洲人民共同体的领导。拉加德和朗本让旧的传统理想与政治帝国主义的现代辩护相符合。也参见 Ludwig Dehio, "Gedanken über die deutsche Sendung 1900—1918";该作品探讨了德国无法定义什么是解释和传播德意志帝国主义思想的价值标准,在近代帝国主义列强中尤其如此。以及 *Deutschland und die Weltpolitik im 20. Jahrhundert*, München, 1955, pp. 71—106。

第二部分　尤利乌斯·朗本与日耳曼非理性主义

与同时代的许多人一样，朗本列出了一大串理由来解释德国为什么拥有帝国主义者的命运。却对德国面临的危险只是一笔带过。德国强大的军事力量和工业力量必然会招致邻国的敌视和嫉妒，再加上德国位于欧洲大陆心腹地带，这意味着："在欧洲国家秩序下，德国要么统治他国，要么受他国统治。绝不会有第三种可能。只要德国统一，就能占据统治地位。"再往后一页，他认为主宰世界虽然也要身体力行，但具备可贵的精神是最起码的要求。然而在另一页中，他却批评荷兰和丹麦这两个低地德语区国家为一己之私而搞"精神附加物"，"这样他们就不会因为眼界狭窄显得空虚无味"。德国必须建立一个自阿姆斯特丹到里加的庞大帝国，"必须将自己的子孙招揽到身边。这对国家对民族都是上策，此乃家族政治"。[25]

一位名叫夏尔·安德莱的学者在探索德意志帝国主义的根源时，把《教育家伦勃朗》理解成"哲学视角下泛日耳曼主义的第一个信号"——它在俾斯麦离职之后问世，反对俾斯麦不称职的继任者。[26]虽然人们可能会质疑夏尔·安德莱对朗本在日耳曼运动中扮演的重要角色做出的评价，但朗本政治思想的核心是帝国主义这一点却是毋庸置疑的。[*]他不失时机地宣扬扩张政策，并将重生的希望寄托于帝国主义的加速前进。扩大边界后，农民将会越来越多，低地德语区的成分也会得到加强，人民会更加康健，"秘密皇帝"会更加强大。

帝国主义的最终解释就是德国文化，这是朗本曾经企图加以指责的文化。这似乎与朗本当其作品的剩余部分都在宣扬德国文化的衰退时，朗本却在试图诉诸德国文化来为德国的帝国主义辩护。要想理解这一突出的矛盾现象，理解朗本如何实现从绝望到激进这一巨大转变，

---

[*] 由于吸引了国外的德国人，朗本引以为豪："《教育家伦勃朗》是一部泛日耳曼的作品。该书在奥地利、俄罗斯、斯堪的纳维亚、英国、荷兰以及北美等地比在德国要受欢迎。"参见 *Der Rembrandtdeutsche. Von einem Wahrheitsfreund*, p. 64。

就需要深入钻研我在这里讲到的文化绝望的政治根源。

对文化的不满,以及对文化圈里自己地位的不满使得朗本的作品中充满了悲观色彩。德国久负盛名的科学与政治成就遭到诋毁,时代的失败被不断放大。朗本不可能忍受这一诊断,他缺乏尼采所规定并拥有的冷静和"永恒"。他试图预言毁灭与重生,带着憎恨与失落这一自作多情的复杂情绪,他急切地想要成为"秘密皇帝",做他人的领袖,也做自己的领袖。绝望终究要过去,救赎注定会到来。因此,走向重生的坚定步伐,伦勃朗的治愈力量,低地德语区尚未激发的力量,以上所有的语言建设都被用来抗击人们根深蒂固的绝望感。同理,帝国主义的命运承诺了德国的复兴,但矛盾的是,该命运是由帝国主义尚未实现的德国文化的无上地位证明的。朗本抱着认真的态度将自己看作德国理想主义的继承者,他抨击现实政治,贬斥自足经济,但他从一个完全理想化的(抽象的)前提出发,结果却得出了一个与激进的扩张主义相同的计划。这些前提还具备一些优势,即拥有无限阐释的空间,它们可以用来合理地解释任何行为与抱负。从这一角度看,朗本的帝国主义必然会弥补文化的绝望,而非否定它。俾斯麦并未偷偷铸就一个殖民帝国,而是日后的不满和绝望情绪,在呼吁创造一个世界帝国。从伦勃朗到帝国主义的跨越也许十分牵强,甚至有些异想天开,然而19世纪90年代的德国,条条大道皆是阳光普照、灿烂辉煌。一切都始于神秘,止于政治。

第十章
朗本与19世纪90年代危机

　　自从歌德的《少年维特之烦恼》和席勒的《罗贝尔》以来，还没有一部真正重要的文学作品能像《教育家伦勃朗》一书一样有决定性影响。虽然人们如今设法掩盖这一影响，但《教育家伦勃朗》仍会产生新的影响。

——朗本

　　有很多迹象表明了人民内部的衰退：自私和无所顾忌的职业规划取代了心中的荣耀感与贵族的仁爱。腐朽的、毁灭性的思想冲击了人心，而外部如今滋生了一种于我们而言已经灭亡的、前所未有的拜占庭主义。由于这些事物的存在，我们的年轻人正以一种特别的方式变得麻木不堪，人们随波逐流，唯领袖马首是瞻，人云亦云，不再独立思考。昔日，一人跟风，事物便会"流行"起来，无须所有人都跟风。现如今，一句口号或流行语会如同流行病般传播开来，无人能幸免。这一现象会持续发生，直到社会的某一特定部分被彻底消毒。

——特奥多尔·冯塔纳

文化绝望的政治

朗本充满困惑的哀叹立竿见影，引发了前所未有的轰动。书商将书展出，称其为"本世纪中流砥柱之著作"，批评家或赞扬、或质疑、或谴责；关键是，成千上万的读者在阅读此书，相互谈论，并加以称赞，也有读者贬低这部作品。[1]朗本能够捕捉到人们的探索、渴望与不满心理，他的作品自然就能受到读者的青睐，人们认为此书诠释了自己初露端倪的不满情绪。《教育家伦勃朗》是匿名之作，就像是由普通人所写，又为普通人所写，在这十年乱世中，普通人饱受生活艰辛。

这部作品花费很长时间写成，出版时恰逢吉时佳日。可以肯定，在本书出版之前，有些人已经按捺不住厌恶与不满的情绪了，德国青年反叛旧秩序的运动也开始萌芽。然而旧秩序似乎不为所动，甚至完全不受影响。1890年，伦勃朗这位虚构的教育家和艺术政治家出现时，代表传统和权威的现实政治家俾斯麦就被搁置在了一旁。俾斯麦离职后，旧秩序出现了明显的衰退，随后的十年，政治、哲学、艺术、科学及大众品味等领域不断出现新的，往往非常积极的离职。*朗本从某种程度上来说已经预见到了这些新的离职，并尤其预见到了人民对新帝国的政治文化的不满和厌倦。这种心态并不只是德国人才有，实际上这场运动类似于19世纪90年代末困扰着美国的那场"精神危机"，类似于巴拿马丑闻和德雷福斯案件泄露时期席卷法国的一场运动，还与民粹民族主义、反犹太主义的爆发有相似之处。[†]19世纪90年代早期德国反犹

---

* 除了H. 斯图亚特·休斯（H. Stuart Hughes）的《意识与社会：重整欧洲社会思想》(*Consciousness and Society. Reorientation of European Social Thought*, New York, 1958)以外，没有人撰写过这十年的通史。这部作品完美地分析了始于那十年的思想运动。休斯指出，在德国，"这一时代变迁的最初表现为1890年……《教育家伦勃朗》的问世"(p. 43)。

† 理查德·霍夫施塔特最先分析了美国的精神危机，参见Richard Hofstadter, "Manifest Destiny and the Philippines", *America in Crisis. Fourteen Crucial Episodes in American History*, ed. by Daniel Aaron, New York, Knopf, 1952, pp. 173—200。实际上此次精神危机似乎让西方众多民族饱受苦难，一个普遍因素是该危机具有强烈的反现代性。

第二部分 尤利乌斯·朗本与日耳曼非理性主义

太运动的伟大胜利反映了这场精神危机,而该危机同样反映在节俭劳苦的农民思想中,反映在泛日耳曼主义与日俱增的影响中,更反映在这十年结束时的青年运动中。这些运动(智力与艺术的革新)正呼应了《伦勃朗》一书中体现的心态与期盼。这些运动不负书中所望,完成了使命,甚至在最初的激情磨灭之后也让书中的思想得以保留下来。第一次世界大战以前,称自己是"德国的伦勃朗"是在检验心中的高贵承诺,是希望看到艺术的民族有一个更加美好的未来。第一次世界大战后,这本书重新赢得大众青睐,新版陆续问世。魏玛共和国的天主教徒和保守派批评家继承并发扬了朗本的非凡影响。*

日耳曼批评家的其他著作从未这般融入德国文化,文化绝望与民族希望以其他形式进行的融合也从未这般受大众追捧。伦勃朗和艺术维护了日耳曼意识形态的体面,为其套上了一层保守的、理想化的、让人能完全接受的外壳,此时的日耳曼思想最具吸引力。书中宣扬虚无主义并带有暴力倾向的弦外之音几乎无人觉察,德国公众已经越来越习惯于唇齿交锋中那种不可思议的粗暴行为。

《教育家伦勃朗》的销量远远超出了朗本的奢望,且每周都在增加,还有新的版本在印刷出版。批评家不可能忽视这一轰轰烈烈的成就,随着书籍越来越受关注,销量也随之上涨。前几个月里,巨大的销量激发了人们的好奇,就像书本的内容引发的好奇一样。出版第一年印刷了六万册,前两年重印了四十版。到了1893年,读者对此书的兴趣慢慢减退了,但书籍照旧在市场上继续销售;20世纪中后期,销量再一次飙升。第二次世界大战结束之时,至少售出了十五万册,其中包括朗

---

* 1922年,卡尔·诺伊曼在其著作《伦勃朗》中写道:"此书影响很大,如果我们当下没怎么听说过它,那是因为朗本思想的精华早已不言而喻,并为公众舆论所接受。作者写的大部分内容都是正确的,若读者们认为他的解释奇异古怪,应当读读他的论文,并要记住律师和法官仅仅是决策者,意见则仍需要年轻法律职员来提。"(参见 *Rembrandt*, 3d ed., München, Bruckmann, 1922, I, 28)

本去世后更新的版本,这些书至少由四家不同的出版社出版。[2]

1890年,此书风靡市场,成为文坛上的一颗彗星。它不仅受普通大众的欢迎,更受德国艺术界和学术界精英的关注。[*]它成了"19世纪的斯宾格勒之书,灾难之前的斯宾格勒之书"。[3]实际上《伦勃朗》一书的销售程度接近于后来的斯宾格勒的售书热——八年时间里向更多的读者大众售出了十万册。[4]最近一位很称职的批评家称这本书为"最拙劣的文学商品"。[5]而大量的读者,包括德国一些主要批评家竟对这本书大加赞扬,这听起来非同小可,令人困惑不已。人们对此书价值的看法难免存在分歧,然而它造成的轰动受到了不小的重视。随着书籍受到认可,它很快便产生巨大影响。第一次世界大战后,哲学家鲁道夫·奥伊肯写道:"自从本书[刚开始]出现以来,我便有意识地受它影响,目睹了其发展历程……事实证明它越来越成为德国人生活中的一股强大力量。"[6]

第一个发现这本书的并不是批评家,而是广大民众。大多数情况下,评论家也不太明确在那时什么才算不可动摇的成功,他们也不深究,只是偶尔提出质疑。[7]1890年和1891年这两年,各大报纸几乎每一季度都会刊登评论。同年,有关《伦勃朗》一书的著作和一些小册子铺天盖地涌入市场,其中有支持的声音,也有反对的声音,而一些明显带有讽刺口吻的文本,也经历了多次加印。[†]无论是拙劣的模仿还是严肃

---

[*] 这里略举一例,据埃内斯特·塞埃尔回忆,1890年他在海德堡上学,当地"有本书获得巨大销量,成为老师和同学们闲聊的话题。书名叫《教育家伦勃朗》……"参见 Ernest Seillière, *Morales et Religious Nouvelles en Allemagne. Le Néoromantisme au delà du Rhin*, Paris, Payot, 1927, p. 69; 该作品关于朗本的部分,参见 pp.69—125。也参见 Cornelius Gurlitt, *Die Deutsche Kunst des neunzehnten Jahrhunderts*, 3d ed., Berlin, 1907, p. 470。古利特在该书中回忆了《教育家伦勃朗》:"因存在太多缺陷而受到贬损,又收到铺天盖地等嘲讽的反馈。然而该书仍是那十年里艺术家们实打实品读的第一部作品。"

[†] 奉承语气最浓的小册子当属马克斯·贝韦尔的《伦勃朗与俾斯麦》(*Rembrandt und Bismarck*, Dresden, 1891), 出版后数周内就加印了十次。贝韦尔既是(转下页)

第二部分　尤利乌斯·朗本与日耳曼非理性主义

认真的文本,对《伦勃朗》一书的回应让这场文学争议延续了好几年。[8]

还有比这些小册子更重要的评论。期刊杂志每天都会发表不计其数的严肃评论。幽默杂志《闲话》(*Kladderadatsch*)甚至刊登了一幅卡通画,画的是一间教室,伦勃朗朝几个男孩挥动教鞭,指挥他们搬着画作进进出出。[9]批评家们在一点上是一致的:这是一本奇怪的书,其公众接受程度前所未有,令人不解,也不可小觑。此书竟获如此成功,他们对此表示质疑,也不赞成此作品其他方面的成绩。书中的一些部分取悦了一些人,也激怒了另一些人;一些人视之为书中的精华,另一些人却对其视而不见。评论家无法忽视朗本的怪异风格,大多数批评家的观点至少和格奥尔格·西梅尔发表在《福斯报》(*Vossische Zeitung*)的长篇评论中的正面总结是一致的:"我从未听说因为心血来潮而产生思想如此平淡无奇,风格却又如此独特的原创作品。"[10]评论家通常会选择自己感兴趣的主题,并忽视其他主题。初期的评论大多比较温和,不过这都是在朗本修订版的书激怒几个强大群体之前的事,尤其是犹太人、自由主义者和一些虔诚的新教徒们。*朗本心怀不满的理想主义,他诚挚的道德和他的真诚给评论家留下了深刻印象,尤其是对他的成功印象深刻。虽然他们也承认书中有一些小瑕疵,但一直都称赞其神圣目的与出色品质。只有几个不出名的批评家持反对意见,批评作品矫饰愚蠢,作者愚昧无知。

艺术世界因《教育家伦勃朗》一书绽放光彩,为该作品对德国艺术

(接上页)一位记者,也是一位诗人。他认为"正当俾斯麦退位之际,一本佳作顺势而生,它怀着一腔热忱与才气,力求唤醒德国人的自然情感。这一巧合来得很是奇妙……它为时代而写……在反抗西方物质主义上实现了完美突破,同时,它还是一次巨大的飞跃,迈向无限与永恒" (pp. 38, 46, 66)。

*　1892年,朗本就他知名度下降做出了解释:"那些德国评论员天天在媒体上大肆赞扬《教育家伦勃朗》的作者,可等到他说出一句反抗犹太人的话时,态度马上改变了,足以说明这些人有多虚伪。从那一天起,他就屡遭污蔑。"参见 *Der Rembrandtdeutsche. Von einem Wahrheitsfreund*, p. 42。

之重生的预言感到欢欣鼓舞。几部广受赞誉的艺术专刊创立不久后，朗本的书就问世了，这是一次意义非凡的巧合。*这些专刊都赢得了广大读者不同凡响的支持，它们关于朗本这本书的几篇书评对他的事业具有里程碑式的意义。书籍出版六个月后刊登在《艺术管理员》(*Der Kunstwart*)头版的评论，一般被认为出自编辑费迪南德·阿芬那留斯之手：

> 书籍本身以及它在前五周引发的轰动对这个时代很重要，对于这类书籍来说是如此特别……主要是《教育家伦勃朗》并没有向读者传递多少原创的、引人深思的思想。不光是尼采和拉加德，朗本同时代若干批评家的著作……都预见到了这部作品体现的些许思想，《艺术管理员》本身可能会真诚地指出[它自己的]文章……证明了它的渴望之情与一些不知名作者的旅行方向有多么相似。这部作品的主要影响在于作者将他思想的各种元素整合成了一个连贯的世界观，虽然是崭新的，却一度成了数百，甚至数千德国人世界观的一种典型。在这一程度上，《教育家伦勃朗》确实是一部救世之作。[11]

阿芬那留斯通过强调朗本"不可思议的重要性"，他与尼采和拉加德的关系，以及他关于拯救的誓言，预示了批评家们争论的永恒主题。

---

* 1885年，弗里德里希·佩希特开始出版《大众艺术》。1887年10月，费迪南德·阿芬那留斯创办《艺术管理员》。1890年1月29日，由菲舍尔出版，奥托·布拉姆(Otto Brahm)创作的《现代生活的自由剧场》(*Freie Bühne für modernes Leben*)在柏林上市。1890年3月，斯特凡·乔治决定出版一种只有内行才懂的期刊《艺术家评论》(*Blätter für die Kunst*)；1892年10月，第一刊顺利发行，并宣扬了其信仰，即"艺术将会获得非凡的重生"。参见Friedrich Wolters, *Stenfan George und die Blätter für die Kunst. Deutsche Geistesgeschichte seit 1890*, Berlin, Bondi, 1930, pp. 29, 42—43。

第二部分　尤利乌斯·朗本与日耳曼非理性主义

弗里德里希·佩希特在其刊物《大众艺术》(*Die Kunst für Alle*)上发表的评论与前者有异曲同工之妙：

> 此书探讨了艺术的未来，其思想充盈，令本杂志社的编辑十分满意。从理论角度上来看，极富思想性的作者在五十年漫长艰苦的亲身经历后，多次得出与我们相同的结论……此书思想独到，值得一读，更可贵的是，它如今已加印至第三次，每一页都写有宝贵的建议。[12]

《社会》(*Die Gesellschaft*)杂志是德国自然主义和现实主义的喉舌，也是左拉的捍卫者。针对一本试图毁灭左拉的书，它评论道："所有轻浮草率的浪漫主义者都在赞扬此书为德国人新的信仰，它无疑是智慧和勇敢之心的结晶……[但是]里面的描述漫无边际，好像我们生活的世界里再也听不到社会问题、社会苦难和社会需求的出现一样。"[13]

威廉·博德长达十三页的评论赞美更甚。博德是德国最有名的伦勃朗学者，1890年3月，他的评论出现在人们广泛阅读的《普鲁士年鉴》(*Preussische Jahrbücher*)上。我们提到过博德称赞朗本与伦勃朗的共鸣之处，他称这本书是"一部论战檄文，它源于德国精神生活的最深处，它想要澄清是什么造成当今社会的腐败，并为德国艺术文化的重生奠定基础"。[14]

博德的评论主要探讨了艺术问题，但对德国艺术文化重生的必要性的部分也引起了广泛关注。其他批评家也注意到了其关于救赎的承诺，然而甚至最明智最谨慎的批评家也为朗本强有力的观点所震撼，抑或他们对这些论点太过熟悉，以至于对其立论的偏颇以及古怪的文风视若无睹。格奥尔格·布兰德斯的身份类似于欧洲文化的秘书长，不久前刚发表了关于尼采的开创性讲座，他宣称：

在最自律的欧洲民族中，再一次出现了一位宣扬个人主义的作家……《教育家伦勃朗》的匿名作者学识渊博，聪颖睿智，原创性十足，即便作品有时略显乏味，但趣味多少还是有的，他的年龄足以表明：一个人可以通过阅读最优秀的德国书籍，与更优秀的德国人交流来熟悉他……没有人会后悔结识这位杰出的怪才。[15]

最后再谈谈马克西米利安·哈登（他很快就成了德国批评家当中的领军人物，而他本人也是个出色又怪异的作家）。

在诗人和思想家辈出的国度，一部严肃的著作能获得广泛的商业成功本身就是不可忽视的奇迹，对这种奇迹，典型的廉价商品只能解释部分原因。不论好坏，这本书都是天才之作，这是一种解释。虽然风格怪异，但非同小可、独树一帜、原创性强，这才能解释所有原因。很多人生活在大一统的模式之下，在这之后出现了一个人；付出各种努力后，有了文学自主……他坚强自信的性格包含热情的主观特征的所有优点和缺点，这部作品只会取悦那些反对客观事实和严密逻辑的读者，而那些寻求高贵和古怪精神的读者已经完全意识到了该作品的怪异之处。

哈登认为，个人主义是《教育家伦勃朗》的指导思想，个人主义让人们回想起尼采的贵族激进主义和拉加德的风格与思想："最终看来，《德国作品》的作者可能就是那个匿名的德国人[《伦勃朗》一书的作者]。"但是在哈登看来，朗本的个人主义的确是对天才的狂热崇拜，他"痛恨时代，痛恨科学和远超民主的力量"是因为时代对天才的成长并不友好。可是把一个人对时代的憎恨化作"纠正世界"（corriger le monde）的欲望是个致命错误，哈登警告作者在他的世界观里必须戒除狂热信仰，在哈登看来这一信仰就像是宗教。本书应当增加一条警告：

第二部分　尤利乌斯·朗本与日耳曼非理性主义

"慎用。"先知（不只哈登一人认为朗本是先知）更加形象，因为"首先[作者]是文体大师，自叔本华之后我们再没见过能与其媲美者，也许尼采是个例外。他有着惊人的阅读量，但他出色的意象和无穷无尽的，虽然偶尔是做作的、自相矛盾的，巧妙隐喻更加让人钦佩"。[16]虽然哈登的评论略有几分苛刻，但基调充满景仰之情，令人颇感意外。

其他杂志和一些不出名的批评家的评论则更加尖锐，有时甚至会故意捏造一些理由。《凉亭》（*Die Gartenlaube*）这一赏心悦目的家庭期刊对《教育家伦勃朗》大加赞赏，因为个人主义反对社会主义，这是好现象。但另一方面，它鼓吹的德国人全部变为低地德语区人，将会进一步撕裂德国，这就很糟糕。从其不受干扰的有利视点出发，《凉亭》揭示了朗本的反现代主义倾向：他对当代文化的抨击太过极端，从而引起了反感。[17]历史学家奥托·泽克写了一篇文章为现代主义辩护，但缺乏说服力。1891年，泽克在《德国评论》（*Deutsche Rundschau*）上连续三期发表评论，花费长达四十二页篇幅，意欲彻底铲除《教育家伦勃朗》的恶劣影响。泽克的长篇评论极有力度，他指出这一怪诞的说教之书竟获得赞扬，真是咄咄怪事。此书发自内心写成，"因此彰显了它的不普通：大多数人都觉得它发自自己的心声……以致此书引起了如此强烈的轰动，这一结果足以证明其学说大谬不然"。泽克继续批判反现代主义和反科学主义的错误，并认为这些错误都来自"一句老生常谈却往往受到忽视的格言：一切都是美好而有效的"这一观点。他还试图抨击作者（据我发现，泽克是第一个揭露朗本姓名之人）："他从几个小册子或演讲集里了解到了最全面的德国伟大学者的作品，并对其进行诋毁，还有比这更大胆更轻浮的言辞！我们德国人——但为何要谈论德国人！如果只是在争论思想，匿名可能是合适的，但如果攻击的是其他个人，那么他就应该实名支持这一攻击——J. 朗本博士是考古学专业学者"，他曾读过莫姆森、兰克或杜布瓦-雷蒙的作品，尽管他并未声张。怀着对科学和"人性的持续进步"的信念，间杂着不无恶意的人身攻击,泽克对《教育家伦勃朗》大肆抨击,称它虚假矫饰,微不足道。这一带有居高临下和羞辱口吻的长篇评论具有一种巧妙的肤浅味道,除了德国批评家,其他德国人也憎恨现代主义批评和新闻业中的这种肤浅。[18]

一位多产的文学批评家利奥·贝格做出了与泽克相似的批判,贝格认为"此书荒唐而危险。说它危险是因为作品的荒唐与时代的荒唐有着紧密的联系"。贝格是一名犹太人,也是先进分子,他看出了朗本那"令人厌恶的沙文主义:假如该书的成功可以视作测量当今德国的沙文主义的体温计,那么也确实是时候考虑寻些缓解病痛的药物为国家降温了"。此书既无艺术价值也无文学价值,作者简直就是个蠢货。贝格总结道:"有智慧或寻求自由都不是现代人该有的素质。我们这位哲学家伦勃朗既不睿智也不在乎现代自由。简而言之,如果他不是女人,就是个不折不扣的德国人。"[19]

天主教评论员堪称例外:他们激情澎湃,对《教育家伦勃朗》爱不释手。多年以来,由于文化战争的缘故,他们一直被归为异类。此后这些天主教徒拥护该书,将这本小册子看作非天主教爱国人士发出的潜在同情之声;天主教徒赞扬此书,即便书中有不少类似亵渎耶稣和基督教的语言。约翰内斯·扬森和路德维希·冯·帕斯托尔两大天主教历史学家对该书深表支持,《德国天主教历史-政治论文集》杂志社一位年迈而出色的编辑约尔格博士还与朗本结交,成了通信好友。[20]约尔格博士发表了两篇很重要的长篇评论,并带有 P. H. 冯·开普勒(之后的罗滕堡主教)所写的附言。正如本书第七章指出的那样,这些评论对朗本的皈依起着决定性作用。

从一开始,开普勒的评论就持有宽容的态度,带着关怀的基调。开普勒感到奇怪:一个没有任何信仰,实际上对信仰一无所知的人竟有如此之多的宝贵思想与真知灼见。该书获得成功离不开天主教徒,即使商业的成功通常证明罪恶。相反,该书还未取得它应当拥有的全部

第二部分　尤利乌斯·朗本与日耳曼非理性主义

成功。与其建设性相对立的批判性的一面,赢得了开普勒无尽的欣赏。他欣赏朗本对理性主导地位的批判,对"当代煤气灯式陈腐文明"的批判,欣赏他对心灵、对情感、对艺术,以及对道德的捍卫。

> 人们在阅读本书的每一页时,都会遇到让人欣然接受并理解的思想,人们长期追寻和感知的事物,以及对目前模糊不清、令人困惑的状态进行抉择和救赎的语言。书中的每一页都能让人重新欣赏作者丰盈的智慧,对文化各领域的看法,敏捷的思维,灵魂的深度,犀利绝伦的目光,理想而纯粹的目的,以及具有道德高度的严肃色彩。

这就是对一个明确否认神,甚至否认耶稣独有道德的人的赞扬。反自由主义的开普勒和他的宗教同胞发觉拥护这一非正统作品的感觉是如此的强烈!可以肯定的是,人们对这位前途无量的作者否认基督教优于其他宗教、优于艺术感到遗憾,但也有着期待。开普勒认为:他会懂得"他的信条模糊不清,毫无色彩"。然而,甚至就现在的状态来说,他也要高无神论者和自然主义者一等。只要接受一点点信仰教育,作者就会逐渐明白伦勃朗永远不会成为救世主。[21]

一年后,在对扩充后的第三十七版的评论中,开普勒报告了非凡的进步。作品中删掉了很多拥护新教的言论,增加了许多支持天主教的论述。现代性仍受到更加激烈的抨击,"犹太人遭到了强大打击"。所有的行动都向好的方向发展,走上了正道。朗本依旧反对物质主义和自然主义,他对童真和纯朴的看法说明他希望终有一天会找到真正的信仰。"未来,他心中的艺术家会逝去……基督徒将出现,他心中的旧德意志民族必将灭亡,人类会获得新生。"[22]

第三篇评论主要讨论朗本的第二部匿名之作《德国的伦勃朗》,开普勒警惕地察觉到他潜在的盟友和皈依者已经失去了很多阵地。朗本对批评者的猛烈攻击令他大为震惊。他谴责朗本对犹太人的粗暴攻击,尽管开普勒自己也声称他们是有害人群。"诚然,媒体、文学和社会主要领域的犹太化是对当今时代的极大损害",但是,朗本对犹太人的抨击犯了策略性的错误。开普勒奉劝他态度谦逊一些,不要走极端,要有仁爱之心。开普勒担心朗本在通往救赎的路上迷失方向。在这番告诫之后,他放弃了公开拯救此人灵魂的希望。[23]

之前提到的耶稣会文学批评家亚历山大·鲍姆加特纳对该书的抨击对朗本从神秘主义皈依天主教起着非常重要的作用,且与上述评论大不相同。开普勒所赞扬的朗本的反现代主义,正是他的耶稣会同胞所谴责的。对鲍姆加特纳来说,朗本的"伟大智慧"似乎微不足道,而他的道德理想主义则显得十分冗长:"我们伫立于荒唐的自然主义面前。"他列举并批判了书中四处虚构的地方,最尖刻的是对"现代世界应当也能够无所作为"这一设想的批判。他随即批判了他认为最糟糕的一个设想:"该假设认为一个人可以变宗教为艺术,人们可以把它当作一种品味来看待。一切接近基督教思想的进路,刚一出现就淹没在了一个惊人的文字瀑布里。在其中,基督教思想和异教信仰,人道主义和德国新教主义漫无边际的论述,感伤神秘主义和新时代的同胞情谊等零乱地冗杂在一起。"朗本的哀叹仅仅是"对愤恨的片面性,对不如意的日耳曼主义,对无知的艺术迷狂(Kunstschwarmerei)的焦虑哭泣"。书籍的成功本身就是个警告。十个月里本书加印二十五次,是这个时代"最惨重最可悲的标志。如果成千上万的人在常识遭受如此巨大的冲击时仍不为所动,那么这一健康认知的气质和活力就会大打折扣,宗教最基本的原则也会消失殆尽。"[24] 与其他尖刻的批评家一样,鲍姆加特纳也认为朗本是一位固执又危险的先知,《教育家伦勃朗》一书对19世纪90年代文化造成的影响充分证明了他对此书可能招致的后果的担忧。

从立即接受《教育家伦勃朗》到讨论此书对德国生活的持久影响,

第二部分 尤利乌斯·朗本与日耳曼非理性主义

这一过程太过漫长，人们只得笼统地推测一番。的确，任何企图评价一本书或一个人的行为都是一项有损名誉且非常危险的任务，讨论预言性质的书籍同样很危险。以前受追捧的先知是活着也好，死了也罢，谁都不可能轻易断定先知是否帮助实现了其做出的预言。朗本在恰当的时间用有效的方式表达了其思想和感伤，而这一切在后来创造了一个崭新的文化时代。他的成功为威廉时期的不少文化运动奠定了基础，这些运动也相应地传承了他的思想，凝结了他的回忆。后来时代的许多重要的创新人士都拜读并赞扬过《教育家伦勃朗》。然而，朗本对非知识分子、年轻人、非学术界人士最有吸引力。但无论他的影响有多大、多深远，都很难考察并且很确定地说"他的思想已经传遍各处"。[25]

1890年是德国文化生活的一个转折期，19世纪末的最后十年让人们加快了希望和思想的前进步伐，针对人民内部自由出现了新的担忧，对现代德国如何实现这一自由，人们陷入了焦虑与徘徊之中。* 这种病态心理随处可见：尼采的声名大振，对教育事业的担忧，对知识化学校的过分批判，对艺术和美的追求，男女时尚运动的出现，潮流的转变——所有这些在某种程度上都是朗本预见到的新气象。政治形势也发生了改变。俾斯麦旧秩序的衰败让权威散落四处，但这又有助于未受影响的组织和一些不计其数的压迫团体的发展。19世纪90年代每个德国人都有自己的组织归属。国家的分裂越严重，君王的统治越不

---

* 将近八十岁高龄的伟大历史学家弗里德里希·迈内克十分敏感地记录了他的生活道路，他回忆了他是怎样在大约五十年前目睹一场巨大变革的："1890年前后，德国各处都可以发现一些新颖的东西，有政治方面的，也有文艺方面的……政治事务衰落后，又以文艺的形式卷土重来……无论人们如何评价当时所取得的成就的积极价值，先是精美艺术和诗歌，后是人文学科，有一样是可以确定的，那就是人们急切地渴望了解真理的本质，重新感悟碎片化与问题重重的现代生活，并试图从一种文明的生活状态深入到当今那种恐惧的、具有诱惑力的深渊……说得俗一点，1890年之后的时期要比1870年之后二十年的平均水平更有品味。"参见 Friedrich Meinecke, *Erlebtes 1862—1901*, Leipzig, 1941, pp. 167—168。

稳定,对国家统一和道德重生的呼声就越响亮。

我曾说过,朗本预见到了很多这样的社会运动和人民心愿。更重要的是,他独具一格的思想融合,他对政治事务的审美关切和对帝国主义的文化守护,他为道德与古老德意志民族的虚构特征创建的联系,成了新兴右翼团体的共识,出于策略方面和心理方面的原因,这些团体强调的是与现代主义在艺术上的对立,而非政治上的对立。简约、自然、能量、民族性、日耳曼艺术及新日耳曼社会,以上都是朗本所介绍和推广的部分思想和一些关键词,有吸引人的一面,也有理想主义的一面,但这两方面加在一起则衍生出了德国生活中一股危险的新生力量。

甚至朗本最古怪的思想(譬如对健康的看法)也空前地呼应了"精神信仰花开"的十年,"信仰的救星们共享繁荣盛世"。[26]相比自发而积极地反抗现代主义的青年运动浪潮,他的影响更为直接,他生活的各方面都与那个时代的各领域有着更为紧密的联系。青年与社会,自然的和谐,对学究式学习的反叛,生活的简朴与艰辛,这些都是《教育家伦勃朗》活生生的思想。朗本与这十年的风气之间(他对价值与道德的追求,他的忧郁与希望,他的个人主义与对组织的渴望,他的恐惧与宏伟)有着密切的相似性。

同拉加德一样,朗本第一次受到如此激情的喝彩。他是先知,是"德国的教师",是道德主义者——在人们记忆中,朗本的形象就是如此,崛起的右翼也首先利用了朗本的名望来搞政治运动。*他们心怀感

---

* 朗本风度翩翩,是一位道德导师,直到前不久仍为人所铭记:"他(朗本)将作家这一职业做到了最高境界。虽然我们时代经历的事件肯定了他的教导,但这些事件也取代了其教导。这一衰落无可挽回。然而,他的教导总会一次次地被人们挖掘出来,一些人效仿他的教导,甚至有人通过作者的性格来自我改善。朗本将跻身于最优秀生活文化改革家的代表之列。文明需要领军人物,以反抗大众社会的崛起。"参见 Rudolf K. Goldschmit-Jentner, *Vollender und Verwandler*, pp. 195.

第二部分 尤利乌斯·朗本与日耳曼非理性主义

激地引用朗本的辩词:德国人应当珍惜本国的传统,唾弃知性主义和天下大同思想的虚假诱惑。对多个世纪以来一直臣服于其他民族优越文化的民族来说,这一决心是相当传统的,它成了"19世纪90年代席卷全国的日耳曼运动"的集结口号,并大力宣传了朗本的本土原始主义。[27]

这一日耳曼运动根本上是一种精神状态的表达,一种没有明确来源或目标的不满情绪。一个个小团体聚集在一起形成爱国集体,立誓要净化日耳曼文化,消灭自己文化的敌对力量。如果皇帝与犹太人联合,且他的政府胆敢攫取农业特权,这些团体则会拥护新的民族主义:"德国民族主义者不为祖国而战,而为德国人民而战。"*无论这些组织有何具体的目标,他们都渴望净化并加强德国文化。虽然这一誓言如今四面受敌、每况愈下,但它注定要于世界民族之林建立无上地位。此种帝国主义与人民利益相一致,而非与国家利益相一致,它已同反犹太主义和恺撒主义紧密交织。19世纪90年代的这一时期,文化悲观主义和反现代主义思想成了德意志帝国保守派的双重怨恨,因此它们也会为各利益集团所操纵。现代的、"进步的"、堂堂正正的德国突然变成了"非德国"(undeutsch),失去了德国的民族性。

例如,德意志联盟(Deutschbund)创立的初衷是发展壮大国内外的纯粹的日耳曼主义。1894年,弗里德里希·朗格将德意志联盟组织成"一个社团,一个成年人的博爱团体",除犹太人外面向所有人开放。[28]社团里有学识的领袖和中产阶级成员持续发动反犹太运动,直到魏玛共和国灭亡。另一位反犹太主义者是特奥多尔·弗里奇。他给朗本写

---

* 对日耳曼运动的自传性指导,参见 Max Robert Gerstenhauer, *Der völkische Gedanke in Vergangenheit und Zukunft. Aus der Geschichte der völkischen Bewegung*, Leipzig, 1933, p. 14。作为文理中学的一名学生,格斯滕豪尔"兴高采烈地"拜读了朗本的作品,身为年轻人,19世纪90年代初,他加入了这场运动并一跃成为所有日耳曼组织的领头人。拉加德的一位忠实信徒在几本关于泛日耳曼联盟的小册子里表示了与朗本的亲近,他赞扬了低地德语区农民,并请求吞并所有低地德语区国家。

文化绝望的政治

了一堆书信,劝他加入反犹太主义强硬派。此外,他还在另一份杂志《锤子》(*Der Hammer*)上发文,赞扬民族土地的高尚与种族的纯洁,称其为征服犹太人的潜在力量。对于这些和其他类似群体来说,朗本就是他们的守护神,正是由于朗本的成功和他的个人干预,另一位更加著名的守护神,拉加德,其《德国作品》于1891年成功发行了第二版。*

除了这些领导层关系复杂交错,成员大量重叠的非政治团体之外,一些规模更大的政治组织同样利用了德国反现代主义的意识形态。遭到社会和经济重创的各类组织(重农派和保守党其他成员)设法通过贯彻民族主义、民粹主义和反犹太思想来寻求广泛支持,正如1892年通过的保守党的"蒂沃利纲领"和1893年组织起来的德国农民联盟那样。在当今变化迅速的德国,昔日的忠良(路德主义、君主制以及普鲁士爱国主义)再也没能获得足够支持。为了恢复元气,保守党成员开始寻求新思想,把强调的重点从要保留什么,转移到应当恢复什么,比如日耳曼的过去,再到应当摧毁的现代主义。为了保护德国的特色和传统文化,反抗犹太文化的束缚和侵蚀,这一做法要比公开保护谷物税,保护阶级特权切实可行。对于直接利益不受影响的人,他们支持此种做法,并满足于一种煽动仇恨情绪的意识形态。朗本的信念的确与此事业息息相关,他的成功为新制度铺平了道路。一位当代观察员 F. 格赖费拉特将1893年选举结果归因于朗本的影响,即"用议会语言将《教育家伦勃朗》变成了人民的意愿"。[29] 选举中柏林的激进派和知识阶层遭遇失

---

* 拉加德的遗孀这样断言。参见 Anna de Lagarde, *Paul de Lagarde*, Göttingen, 1894, p. 108. 阿道夫·巴特尔斯(Adolf Bartels)是一名文学教授,他是一位在日耳曼运动中占据主导地位却不得人心的人物。巴特尔斯回忆道:"在19世纪的最后几年中,德国人和那些有意识投身其中的作家已经完全适应'现代柏林'的时代特征。他们培育出一种强大力量,并借此力量成功确立了自己的地位,即便面对着犹太人的压力与威胁。这一动力往往来自朗本的《教育家伦勃朗》。"参见 *Einführung in das deutsche Schrifttum füur deutsche Menschen*, *In 52 Briefen*, 2d ed., Leipzig, Kohler und Amelang, 1933, p. 507.

第二部分　尤利乌斯·朗本与日耳曼非理性主义

败,反犹太主义者则赢得了前所未有的胜利。

这一时期最著名的政治组织是泛日耳曼联盟(Pan-German League),该组织于1890年起步,并于一年后改了名字。1894年再次改组成为泛日耳曼联盟。1891年,该组织发起宣言号召所有国内外德国人投入其事业:

> 我们相信,在致力于维护德国精神并发扬到整个世界的道路上,我们的人民会高效地促进世界道德建设。我们的德国文化代表着人类智慧的理想核心,因此在通往日耳曼主义的道路上,我们迈出的每一步都代表着我们德意志民族的本性,都是为了我们种族的未来。[30]

泛日耳曼联盟的学术成员比其他任何一个组织的代表都多。它从不抛弃两个目标:一个是维护国内的日耳曼主义,这意味着实行反动的、反犹太主义的政策,另一个是把德国的影响扩大到国外。其章程宣称:"联盟致力于让所有德国人尽快拥有日耳曼民族情感,尤其要唤醒并培养德国人民的种族和文化亲缘关系……[联盟]致力于用符合德国人民传统的方式解决所有文化和教育问题。"[31]也许一些物质利益集团有时会指引并利用泛日耳曼联盟来为自己服务,但该联盟最强烈的情怀发源于易招惹是非的乌托邦主义,它与朗本倡导的帝国主义是同一概念。从这一点来看,夏尔·安德莱将朗本置于泛日耳曼主义重要代表之列的做法是十分正确的。*

虽然这些组织十分正当地声称朗本属于他们,但朗本确实不是他

---

* 在我们的时代,杰出的马克思主义批评家格奥尔格·卢卡奇(Georg Lukács)仍然指控朗本是帝国主义者,还顺便将他列到某种出色又陌生的队伍里。与尼采相反,卢卡奇写道:"从《德国的伦勃朗》到库斯勒和伯汉姆,这些反动小册子的编纂者从来都是如此,通过施加一点煽风点火的手段,来满足帝国主义资产阶级的战略性需求。"参见 *Die Zerstörung der Vernunft*, Berlin, 1954, p. 251。

们独有的。长远来看,朗本对于民族主义者的重要恰恰在于他的这种无处不在的影响。他是煽动暴民的民族主义者和反犹太主义者,与德国生活中深受敬重、文化不满、政治无私的团体之间的一座桥梁。实际上朗本的非凡影响在后者的群体中才能感受得到。

将朗本的书说成是对个人主义的辩护,这在所有批评家看来都是很平常的事。朗本对缺乏个人精神的批判是最为及时的。[*]19世纪90年代,各地高呼需要新的个人主义,一种优于曼彻斯特会计室和民主选举系统的个人主义。新个人主义希望自然人的出现,呼吁心理和生理上的自我摆脱社会和传统的枷锁。这种个人主义与更高尚更正规的思想有很多相似之处,在这类思想中,科学领域中对实证哲学的批判和艺术领域中对自然主义的批判表明了主观性和个人意志受到人们极大的关注。哲学方面,马克斯·施蒂纳的作品重获重视,艺术领域则有斯特凡·乔治。[†]乔治的工作生活与朗本曾预言的"秘密皇帝"颇有相似之处,虽然乔治反抗时代的行为并没有传统根源,但它体现出了深奥有趣的法则。那时有广受欢迎的易卜生和斯特林堡的戏剧,还有他们的德国戏迷笔下的作品,这些作品同样描绘了现代人与各种独裁的斗争,并提出了激进的自我主张的责任。关键这是一个迟到的提议,来得突兀,实在可悲。某些时候,认为尼采是伟大思想家和个人主义者的错误观点与朗本思想的受欢迎程度是吻合的。

1890年尼采首次被捧为卓越的德国思想家。在他充满创造力的

---

[*] 《教育家伦勃朗》问世几个月后,顽固的批评家利奥·贝格评论道:"呼吁个人主义如今已非常普遍。每当一些富于卓越新想法的人士呼唤自由与智慧之时,个人主义就顺势而起。但是,当一些颓败虚弱且注定会失势之人发觉自己濒临落魄,于是携手争取最后一搏,这时个人主义也会出现。"参见 *Zwischen zwei Jahrhunderten. Gesammelte Essays*, Frankfurt, 1896, p. 293。

[†] 约翰·亨利·麦凯出生于英国,后来加入德国国籍,他为施蒂纳的复出提供了赞助。若想了解那时的个人主义,可参见 Georg Steinhausen, *Deutsche Geistes- und Kulturgeschichte von 1870 bis zur Gegenwart*, Halle, 1931, pp.302—365。

第二部分　尤利乌斯·朗本与日耳曼非理性主义

时代,他却饱受德国人民轻视,屡遭公众谩骂,并患上了不治之症。"19世纪70年代和80年代的德国人对尼采几乎一无所知。"[32]他初获名望的前十年主要因"贵族激进主义"*和日益强烈的个人主义而享有盛誉。这一单方面的诠释将尼采和朗本画上了等号,这是第一次世界大战前德国书籍中常出现的错误。†很多批评家确实认为《教育家伦勃朗》为大众热情接受尼采埋下了伏笔。然而,年轻人更喜欢朗本,"直到最近[1897年],德国青年的哲学教科书并不是《查拉图斯特拉如是说》,而是《教育家伦勃朗》"。[33]或许确有其事吧。

在那十年,年长者谈论改革,年轻人谋求生计。几十年以来,德国国内一直在高呼教育改革,朗本将这一躁动提炼为对过分知识化的文化发起的猛烈抨击。多年以来文理中学因为过分注重古典文化的学习,扼杀了学生的想象力,净教一些与德意志民族和爱国精神无关的东西,忽视自然科学,而遭到批判。威廉二世在卡塞尔文理中学学习的日子就是一种折磨,这也让他热情地投入到教育斗争之中。1890年12月威廉二世倡议召开帝国教育大会,他在会上陈述了自己的教育理论。他整理出许多过去的批评意见和教育改革方案。他的陈述,甚至演讲

---

*　这一名词无疑是格奥尔格·布兰德斯创造的,他把该词用作1889年一篇文章的标题——这是第一篇关于尼采的严肃研究。两年前,尼采评论布兰德斯:"贵族激进主义"是"我读过的关于我自己的最明智的一个概念"。参见 Georg Brandes, *Friedrich Nietzsche*, London, Heinemann, 1914, p. 64。

†　1904年,另一位斯堪的纳维亚人奥古斯特·斯特林堡把这两位联系在了一起:"在那时,1889年[原文如此],出现了两位新的思想家和预言家,一位是《教育家伦勃朗》的作者朗本,另一位是尼采,以作品《善恶的彼岸》闻名遐迩。不论二者多么差别巨大,不论二者的立场多么相去甚远,他们身上终究体现出共同的趋势:对微观思想的反应。从整体来看,朗本以宏观的角度观察事物……朗本出于19世纪末,他确实是19世纪之初的康德再世:两者都在假设和强制中寻求庇护,因为良好的判断能力与纯粹的理性都无法揭开世界之谜[典故来自海克尔的《宇宙之谜》(*Die Weltratsel*)],也无法让一个人安全掌舵,纵横于四海之上。"参见 August Strindberg, *Die gotischen Zimmer. Familienschicksale vom Jahrhundertende*, trans. by Emil Schering, München and Leipzig, 1908, p. 113。

的基调都与朗本的信仰惊人地相似，也许这只是个巧合。威廉二世强调学生要加强训练、增强体能、培养敏捷思维，要求更加有意识地努力建设德国传统文化，创办符合现代需求的教育。[34]然而大会只满足了他的几点要求：整体上减少学生的学业负担，牺牲拉丁文并增加了德意志民族文化的学习。教育改革的躁动多年以来持续不断，不同利益间的冲突相当剧烈，文理中学未能实现彻底的改革，倒是建成了富丽堂皇、令人生畏的思想堡垒。1891年，为促进"国家青年体育活动"，德国建立了中央委员会，该组织"与民族主义思想有着密切联系"。[35]朗本对于严格创立运动项目的要求只实现了一部分。

到了19世纪末，朗本为童年大唱赞歌的论调已成社会共识。1902年，瑞典妇女运动活动家爱伦·凯的著作《儿童的世纪》出版德语译本，大受欢迎。该书名带有预言性质，折射出民众对于理解和保护儿童的关切日益强烈。*死板的校纪和家规不应遏制孩子的天资。有几个学校对这些要求进行了试点改革，特别是伊尔森堡的赫尔曼·利茨寄宿学校，以及维克斯多夫的古斯塔夫·维内肯对学生自主管理的自由实验。很多此类新兴教育理想都与朗本的愿望类似，并与后者一样被塑造成了民粹主义模式。

走向19世纪末，很多学生都赞扬艺术，以寻求庇护，并开启了波希米亚风。为艺术而艺术的信念和堕落的资产阶级恬不知耻的乐趣对那一代的人来说已经过时了；现在是为民族而艺术，为自身更高尚的道德情操而艺术，艺术成了唯一有意义的生活方式。那一代的很多人认为朗本的伦勃朗是一位迷人的教育家，他将艺术与道德融为一体。†

---

* 作为反现代兼有厌女倾向人士，朗本无疑是女性运动的反对者，然而女性运动又呼吁朗本倡导的个人主义与自我发展原则。在那个组织遍地的十年，妇女也建立了自己的组织。1894年，德国妇女协会联盟成立。

† 该时期的传记和自传中这种态度比比皆是。举例来讲，我们可以参考知名诗人和散文家威廉·冯·肖尔茨1893年在洛桑的学生生活。他回忆着自己和（转下页）

第二部分　尤利乌斯·朗本与日耳曼非理性主义

艺术的理想在19世纪90年代形成，"艺术教育运动"就是一个例子。朗本在这方面产生了最为直接、最易受到认可的影响。[36]那十年甚至往后许多年，在艺术家和渊博之士的领导下，人们企图将艺术审美关切融入日常的生活实践中。一些人主要热衷于通过廉价的复制品、更好的学校艺术指导，以及类似的其他想法，来培养艺术感知能力和想象力以丰富个人生活。其他人则认为应当维持艺术与机械时代的平衡，他们探索着现代之美，功能建设之美，建筑、内部装饰及工业设计之美。面对急剧工业化的祖国，面对工人与其工作的疏离，面对城镇生活标志性的丑恶掩饰了现代技术与规划的审美前景，这些人深表担忧。在"艺术教育运动"中，关于虚构过往的浮夸与奇想不乏其例，但毕竟大多都是无私奉献之人的努力成果，他们希望通过这些艺术改革能够解决德国棘手的政治问题。

"艺术运动"千方百计地试图提高大众的品味。1901年以后，"艺术教育舞台"开始两年举办一次，而阿尔弗雷德·利希特瓦克对首次出现的此类活动发表了结论性的演讲，他着重强调了它们与朗本作品的密切关系：

> 艺术教育这一要求的提出并不是空穴来风，它从一开始就与19世纪80年代中期针对我们生活的道德改革要求有着紧密联系。艺术和道德这两个领域不可分割……长时间以来我们为知识而活。如今该轮到道德宗教与艺术的力量得到全面发展了。[37]

(接上页)同学们一次又一次滔滔不绝畅聊的场景，想起了他们的信仰："他们本就存在错误的信仰，在维持了几个世纪后，我们将开创一个富于知识的纪元，为人民解惑，满足他们的情感需求，一个绝对艺术的纪元，这一行动是具有划时代意义的。"他所有的朋友都普遍拥有这一信仰，并不仅仅是某个狂热分子"因为《德国的伦勃朗》高深莫测的内容，以及心中的困惑和热血沸腾而心血来潮产生的"。参见Wilhelm von Scholz, *Eine Jahrhundertwende. Lebenserinnerungen*, Leipzig, List, 1936, pp.52, 54。

文化绝望的政治

　　1902年，费迪南德·阿芬那留斯组织起"文学书目顾问学会"。这是一个迅速成长起来的队伍，它希望就美学问题向政府、人民和企业建言献策，并致力于将美付诸实用。该组织成了促进文化发展的有效游说者。1907年，弗里德里希·瑙曼连同赫尔曼·穆特修斯、出版商尤金·迪德里赫斯、费迪南德·阿芬那留斯以及阿尔弗雷德·利希特瓦克共同创立了"德意志制造联盟"，这个历史悠久的社团想要把艺术家、实业家、设计师和技术人员召集在一起，以提升现代生活的审美标准。* "德意志制造联盟"有意识地学习英国的艺术与手工艺协会，希望重新衡量生活与工作的快乐标准，促进"通过艺术崇尚劳动"。† 整个运动包括各式各样的理想，虽然其大多数只在魏玛时期，在艺术、道德、民族主义不言而喻的联系中存在，但我们可以看到朗本对德国文化确实产生了长期的影响。

　　这一影响并非没有受到挑战。在对《教育家伦勃朗》的热潮消退十年以后，伟大的语言学家赫尔曼·迪尔斯在普鲁士科学学院发表了一次演讲，他谴责现代人赞扬艺术贬低科学。对于科学遭到的大肆攻击，他追根溯源，指出自卢梭以来就有众多不同领域的人赞扬艺术诋毁科学。他说现今再次爆发了老少间的斗争，"[年轻人的]斗争口号是支

---

　　* 特奥多尔·豪斯很长一段时间对"德意志制造联盟"态度很是积极。他遗憾地说："'德意志制造联盟'的历史是德国思想史上最重要、最感人的几个篇章，但至今还无人编纂。"瑙曼曾读过拉加德和朗本的作品，两人"均对他产生了影响"，这一点是不言而喻的。参见 Theodor Heuss, *Friedrich Naumann. Der Mann, das Werk, die Zeit*, 2d ed., Stuttgart and Tübingen, 1949, pp.103, 224。如想了解"德意志制造联盟"，可参见 Ernst Jäckh, *Der Goldene Pflug, Lebensernte eines Weltburgers*, Stuttgart, 1954, pp. 195—208；一部出色而妄自尊大的回忆录，其作者恩斯特·雅克长期担任"德意志制造联盟"的执行主席。

　　† 这一名词是艺术与手工艺协会的杰出人物威廉·莫里斯提出的。英国社会与"德意志制造联盟"大相径庭：莫里斯是某种程度上的社会主义者，而他的德国同僚都是忠实的反社会主义者，事实上他们希望通过"德意志制造联盟"来削弱马克思主义。参见 Holbrook Jackson, *The Eighteen Nineties*, new ed., London, 1927, pp. 246—247。

第二部分　尤利乌斯·朗本与日耳曼非理性主义

持艺术,不惜一切代价支持艺术……在我们看来,有两位斗争先驱是争勇斗狠的青年团体中的杰出代表,他们第一个高喊出最受欢迎的战斗口号,'在科学领地,向艺术迈进'"。这两位先驱一位是朗本,另一位就是尼采。

> 有一位青年才俊领悟到了科学的内涵,便带着宏伟的改革计划来到德国人面前。聪明的他呼吁爱国情怀,而这种情怀在第一次世界大战和政治统一后减弱了。他提议应培养爱国主义艺术而非科学,科学因此受到国家排挤而丧失。身为艺术大师和艺术典范,他推了熟谙明暗对比法的画家,如果这位画家听说他被封为德国民族英雄肯定会有些吃惊。

朗本的著作获得巨大成功,一定程度上是出于"对我们学术界之美化粉饰的强烈批判,很明显它讨好了某些领域的人,让他们聆听那些叛教者的忏悔。叛教者们加入了新的宗教,他们为那些和本领域不大相关的人树立了信心。虽然作品荣获巨大成功,但只是昙花一现,人们对这本充满困惑、极不成熟的著作之热情很快便消失殆尽了。如今已成过眼云烟"。[38]在反抗现代生活最激烈的十年,在反抗赫尔曼·迪尔斯宣告的年长者已经取得胜利的十年,当德高望重的迪尔斯宣布埋葬本书之时,朗本依旧活在人们的记忆中。

德国青年运动像自然灾害一样爆发。从无法预料的深渊中涌现出了轻蔑、憎恶、渴望、爱,以及数十年来一直被压抑、否认甚至强制升华的一切希望与恐惧。该运动具有自发性,它直接将情感化作行动,时不时用思想作为从属性指导。甚至对青年运动最简洁的描述就足以表明其与朗本在历史和心理层面存在的紧密联系。[39]他模糊表达的东西,被这些年轻人充满激情地付诸了行动,他们听从了朗本的建议,也愿意认可他的建议。屈指可数的几位成年人不可或缺地协助并保护了这些青年，他们也成了伦勃朗的追随者。

1897年，青年运动在柏林一个舒适的资产阶级市郊简单地拉开了序幕。当地人文主义文理中学的学生对一个年长干部卡尔·菲舍尔的领导才能神魂颠倒，他们团结起来每周组织一次游行。不久后，他们穿上了自己的队服，在遥远崎岖的土地上昂首阔步。这里虽然环境恶劣，但亲近大自然的渴望足以慰藉一切。在他们的郊游活动中和简陋的营地上，他们再次寻找蓝色花朵，吟唱着奇异的学生之歌，陶醉于团建体验之中，即一种归属感。*

但是在政府管控仍旧很严格的国家，青年运动组织本身就把年轻人带到了反抗的边缘地带，因为法律严禁校内外搞学生组织。菲舍尔的追随者为他高呼万岁，他的团队赢得了文理中学校长的认可。1901年，这一组织从单纯逃离城市生活、逃离学校的枯燥训练和难以理解的家庭独裁转变成了所谓"漂鸟运动"，甚至在菲舍尔的领导下，该组织扩展到了德国各地，还招纳中产阶级背景的文理中学学生作为组织的成员。

"漂鸟运动"很快成长了起来，但转眼便分崩离析。多种不同势力开始崛起，一些组织想要维持青年运动的高洁和原始性，另一些组织则希望郊游活动更加舒适，青年运动更受人尊敬一些。几年后，人们不再接受菲舍尔的领导，紧接着便爆发了围绕计划和组织展开的斗争。这一事件证明，"漂鸟运动"规模越大、势力越强，就越有可能遭遇失败，实

---

* 马里奥·多曼迪（Mario Domandi）十分关注青年运动中神秘语言的重要性，这是理所当然的；参见 "The German Youth Movement", Columbia University doctoral dissertation, 1960, chapter 8. 赫伯特·毛（Herbert Mau）认为："经历是青年运动的重中之重。不理智事件的发生将对心理危机产生最为重要的影响，它避开了定义的可能性……有了对经历的渴望，德国资产阶级青年将会充分体验男权社会，由此他们能够化解资产阶级晚期生活状况下的各种疑惑。"参见 "Die deutsche Jugendbewegung. Rückblick und Ausblick", *Zeitschrift für Religions- und Geistesgeschichte*, I (1948), 135。

第二部分　尤利乌斯·朗本与日耳曼非理性主义

在令人惋惜。青年运动大爱无边,然而这种爱却看不见未来。团建体验和郊游活动的魅力越强,其结局越悲惨,这是深入真实世界,深入祖国文化必须承受的苦难。因此他们不得不"振作起来",在这单调肮脏的世界中振作起来。无论是智慧云集的文理中学还是充满活力的郊游活动都不能让一个男孩默默地接受自己的身份,做自己的工作,提升自己,直至死亡。德国青年运动失败的原因很复杂,但它提醒了人们要关注德国青年,愤恨与不满深深根植于他们心中。如今这一情绪在他们心中依然不灭,压抑已久的能量就要爆发出来,而且会比"郊游运动"更为激烈。*

青年运动起初是自发的、缺乏理智的,但随着该运动的发展,它开始提倡牺牲与决策,并不可避免地获得了自我意识和意识形态的正当性。年轻人自己必须明白,也得让其他人明白,哪些事是因冲动而做下的。《德国的伦勃朗》在他们的历史环境下很可能会直接表达出这些年轻人自己的情感。为了效仿朗本的反叛,他们反抗父亲和老师们的文化理念,反叛整个令人窒息的知识系统,包括迂腐学问、过分知识化、抽象和虚假。汉斯·布吕厄是青年运动时期的历史学家,还曾一度参加了运动,他称该运动为"激进的浪漫",可谓实至名归。

---

*　参考赫尔曼·劳施宁提出的术语。他是一位敏锐的观察者:"这个时代,作为高年级学生,我们都是青年运动的一分子,很多人都知道,青年运动是革命发展的第一步,如今,青年运动在无教条主义中发展到了顶峰,但也因为缺少教条,最终适得其反。某人不禁会认为该运动开始的那几年是人民精神状态极端深度分裂的时期。自愿参加青年运动的年轻人能够理解并对诸多冲动心理表示同情,而对老一代的人来说,他们从一开始就没能逃出保守的桎梏,自然不会同情这些冲动。资历最老的青年运动成员现在已经四十多岁了,连他们都能和战后最年轻的几代成员有同感。他们普遍秉承反自由主义,一定程度上极度反对资本主义生活观,在这些理念之下,所有人都团结了起来。最早的青年躁动也许已经变成某种腐朽的革命冲动,但毋庸置疑,在'郊游'背后,或是在为了平息内心的革命冲动而采取的行动中,以及在当今随心所欲的革命活力中,有着深层次的共同点。"参见 Hermann Rauschning, *The Revolution of Nihilism. Warning to the West*, New York, 1939, pp. 64—65。

文化绝望的政治

其种种活动和乐趣，包括置身大自然的欢乐、自律的组织、对大众艺术的推崇、对知性的厌恶，都和朗本非常相似。* 除了整体上很相似以外，表明朗本之影响力的例子是数不胜数的。这里略举三例。自由组织的缔造者、最伟大的领袖卡尔·菲舍尔很明显是朗本的信徒，布吕厄称菲舍尔"有着《德国的伦勃朗》的德国式思考"。† 他总是从《伦勃朗》一书的视角解读郊游活动，他和其他成员都感觉青年运动和朗本和拉加德颇为相似，但与尼采不同。[40] 再者，教师兼改革者路德维希·古利特是施泰格利茨团队不可或缺的保护者，他因为提出激进的建议而被施泰格利茨文理中学开除。他在父亲家中详细了解了朗本，并成为他的拥护者。在青年运动中，历史学家汉斯·布吕厄提出的历史观本身是该运动寻求身份的历史性一步，他将朗本的一段话题为他著作的座右铭，并怀着欣赏的态度从头至尾都在引用朗本。若不是朗本，青年运动想要在成人世界里找到定位，打造自己的天地可谓难上加难。‡

朗本和青年运动除了拥有一种可证实的历史关系以外，还存在一层更深的关系，该关系阐明了他和同时代其他运动的联系。朗本是"漂鸟运动"和某些日耳曼民族运动的原型，这些运动希望摧毁理性至上主义，建立生机盎然的、民粹主义的原始社会。朗本在现代德国决定性

---

* 他们对性的态度甚至都有些相似。朗本与青年运动的一些成员都强烈提倡清心寡欲，有时甚至会谈性色变，他们渴望拥有男性伙伴。在"漂鸟运动"中，男性伴侣关系逐渐演变为赤裸裸的同性恋。汉斯·布吕厄在往后的著作里详细阐述了男性社会，尤其是"漂鸟运动"中的这种色情成分对一些成员造成的痛苦和厌恶。

† 我们可能也知道菲舍尔对犹太人的看法与朗本相似。倘若犹太人满足于在盛行的德国文化之外培养属于自己的犹太文化，菲舍尔就能用善意的眼光看待他们。在后来的"漂鸟运动"中，犹太人逐渐受到该运动多数分支的排挤。

‡ 朗本对后来的天主教青年组织也产生了非凡的影响。"朗本反对智识教育的设想，与天主教青年运动的愿望不谋而合，并获得了热烈的回应。"参见Robert Scherer, "150 Jahre Geschichte des theologischen Denkens im Verlag Herder", in *Der Katholizismus in Deutschland und der Verlag Herder 1801—1951*, Freiburg im Breisgau, Herder, 1951, p. 44.

的文化时代之初就表示要脱离社会、根除现代性,并寻求自我救赎——这一思想先是见于艺术领域,而后是宗教,并总是出现在民族精神不断再生的社会中。他的不满情绪和对理想社会的探索成了下一代人的病症,只有在第一次世界大战时,他们才从这种不满中得到解放。

第三部分

默勒·范登布鲁克和第三帝国

第十一章
作为流亡者的批评家

> 没有一个社会像德国一样,把那些杰出的、有创新意识的和真正具有个体主义精神的人变成局外人,或者违背他们的意愿,将其孤立起来。
>
> ——默勒·范登布鲁克

19世纪90年代是朗本的时代,阿图尔·默勒在这一时期成年。作为一个身处异乡的美学家,默勒感觉自己为威廉德国文化所排斥,并早早加入了反对德意志帝国的"内部反对派"。作为德国的批判者,又在外流放十年,默勒形成了他自身关于"理想德国"的设想,并一生忠诚于此。第一次世界大战和十一月革命改变了他的人生轨迹,却没能改变他的思想。无论是作为文学家、预备役军人、诗人还是政治宣传家,他都渴望一个新信念、新社会、新德国。1918年后,他成了德国保守主义革命的领导人物;1922年,他写下了《第三帝国》,这本书通常被视为预言希特勒统治之书,事实上这也是他战前文化批评中的最终政治设想。他是德国最后一个批判家,某种程度上也是最令人敬仰的批判家。通过他,我们可以了解到,德国保守主义革命不是对《凡尔赛和约》和魏玛共和国心血来潮的反动,而是在更合适的历史条件下对19世纪思想体系的重组。

　　1876年4月26日，默勒出生在德国莱茵兰地区的索林根。在父亲家的族谱上，他是普鲁士军官、官僚和路德教牧师的后裔；他的父亲是普鲁士行政部门的建筑师。他母亲的家族（范登布鲁克）具有荷兰和西班牙的血脉，于是默勒在三十几岁时将"范登"加到自己的名字里。他举手投足表现得像是德国最西边的莱茵兰人，因为这样更容易融入外国文化中。

　　很多人书写了默勒的传记，但关于他的一些事迹依旧模糊不清。这也让一些作者，尤其是他的遗孀，可以随意渲染他的生平往事，为那些扑朔迷离的事迹添上一抹日耳曼传奇色彩。*默勒自年轻时期开始便是"局外人"。少年时，他被逐出德国文理中学，家里也与他断绝关系；青年时他为了逃脱兵役离开了祖国，同时也远离了任何宗教团体。他继承了家里的少量财富，有了这笔钱，再加上他作为自由作家的收入，他便无须从事一份稳定的工作。四十年间，他都生存在德国社会的边缘，拥抱尼采式美德，让自己陷入孤立。有多少青年人都引用查拉图斯特拉的话来美化他们逃离生活的行为，仿佛那位出色的自我征服者在面对不合时宜的文化时宣扬了逃离和消极态度似的！默勒思想的抽象性和空想性无疑源自他长期孤独在外的生活背景，而他对带领人民走

---

　　* 关于"永恒的神秘性"，可以参考默勒遗孀发表的有关她丈夫生活的唯一一篇采访，开头第一句是："你如果问默勒·范登布鲁克是谁，就等于在问德国的命运问题。"参见 Lucy Moeller van den Bruck, "Erbe und Auftrag", *Der Nahe Osten*, XX（1952年10月15日），430。参考文献中列出了关于默勒的几部传记，全部都发表于希特勒时期。1954年夏天，我多次前去拜访，她非常乐意花时间来讲述这些事情，并给我看了一些信件，但对档案馆一事仍语焉不详。她声称，档案馆仍在布置之中。我非常感谢她给我的帮助。档案馆的很大一部分都让俄国人占领，东西也被移走；我印象中留下来的很少。我所谈论的默勒的人生和思想，都与海因里希·布吕宁、黑达·奥伊伦贝格、马克斯·菲舍尔、海因里希·冯·格莱兴、海因里希·赫尔法特教授、恩斯特·雅克和鲁道夫·佩歇尔商讨过。我非常感谢他们的帮助。

第三部分　默勒·范登布鲁克和第三帝国

向一个新社会的热切渴望也由此萌发。

当默勒到了上学的年纪，他们一家搬至杜塞尔多夫。默勒进入了那里的德国文理中学读书，这是一所崇尚人文主义的学校。距离毕业还有三年的时候，默勒退学了，这就意味着他永远无法进入德国的大学。关于他退学一事，有无数矛盾的猜测，但我们尚不清楚他是主动离开还是被迫退学，是被驱逐还是为不懂教育的人所害。我们只知道他似乎触犯了学校的纪律。*无论他多想将这次失败包装成一次勇敢的反抗，所有的解释大都反映出：经历这次失败的默勒在很长一段时间都感到很不安。

退学加速了他和家庭的决裂，他的父母一直希望他能继承父辈的职业，参军或是担任神职人员。而他违背父母的意愿，选择成为一名作家和艺术家，过一种独立的生活。相关传记表明了一个重要事实，默勒的余生都在努力习惯常见的德国主题——"代际问题"。年轻一代与上一代的斗争，以不同的形式支配着他的思想，贯穿于他创作的各个阶段。†

继学业上的失败后，默勒开始了将近二十年的"漫游"生活，中间

---

*　默勒这一时期的生活仍然较为神秘。默勒的第一任妻子写信给我说，他在两次未能升入高年级之后主动退学了（来自黑达·奥伊伦贝格的信，1959年9月12日）。他的遗孀和他的传记作者都提到了学校对一个天生敏感的男孩进行的报复，这个男孩过早地（很显然非法地）撰写了关于爱德华·蒙克的画作的报刊文章："当然，他离开德国文理中学的真正原因源于他对生活的创新理解。当他通过艺术家蒙克来体验生命的时候，他又能对死亡有多少了解呢？他排斥大学里的常规授课，认为自己早已知晓那一切——虽然这并不能否定有时大学会创造出一些先进的东西……他更喜欢从旅行而不是从书中学习知识，他过去常说，他曾是见证者。"参见露西·默勒·范登布鲁克写给我的信，1951年8月8日。

†　默勒当时的英雄偶像是德国自然主义者赫尔曼·康拉迪，他于1890年去世，年仅二十八岁。关于他和他的时代，几年后默勒写道："这个民族需要换血，需要后辈对长辈奋起反抗，需要新旧更替。"参见 *Die Deutschen. Unsere Menschengeschichte*, Minden, 1904, Vol. I：*Verirrte Deutsche*, p.142。

只有短暂的停歇。他先去了莱比锡,在大学里听了几场讲座,其中包括威廉·冯特著名的心理学课程和卡尔·兰普雷希特的历史学讲座。[1]在那里,他遇到了康拉迪的继承人、《社会》的编辑汉斯·梅里安,于是默勒为这份现代期刊创作了他的第一篇文章。那段时间,默勒属于反对帝国的先锋派,他反对"模仿时代"的空洞虚无,是年轻作家和现代人民的坚定支持者。

离开莱比锡后默勒去了柏林,那年他二十一岁,娶了他年少时的朋友黑达·马斯为妻。我们所看到的唯一一张默勒年轻时的照片就来自她;在她的印象中,他是一个非常严肃的人,以至于他的朋友们第一次看到他笑都惊呆了。[2]从孩童时期起,默勒就遭受着间歇性神经疾病的折磨,甚至还有对学校和军训的恐惧心理。但他后来成了一名多产的作家,他的风格也与他一贯的严肃态度相一致。他的作品并不充斥智慧或欢乐,但极富感染力。

默勒讨厌柏林——它是驻军之镇和新贵首都的可怕结合体。二十年后他依然称柏林为"名副其实最丑陋的城市"。[3]但是柏林活跃着很多年轻有为的艺术家。默勒在进入文学世界后生活好了一些,他经常出入"黑仔猪"咖啡馆,这是里夏德·德默尔、奥古斯特·斯特林堡和其他几个斯堪的纳维亚人的常住地。[4]钢琴家兼作曲家康拉德·安佐格、作家兼神智学者弗兰兹·埃弗斯都与他成了密友。1901年,他遇到赫伯特·奥伊伦贝格,对后者极为欣赏并把他介绍给妻子,这位年轻编剧的大胆性爱主题戏剧随后在柏林进行展演。* 同时默勒也积极投入到文学批评中。为了赚钱,默勒和妻子翻译了丹尼尔·笛福的《摩尔·弗兰德斯》、莫泊桑的一些短篇小说和埃德加·爱伦·坡的作品集。不久

---

* 正如我们所见,不久后,默勒的妻子靠近并最终嫁给了赫伯特·奥伊伦贝格。她写了一篇引人入胜的自传,讲述了她与奥伊伦贝格的生活。在自传中,她巧妙地选择对自己与默勒的早期婚姻保持缄默。参见 Hedda Eulenberg, *Im Doppelglück von Kunst und Leben*, Düsseldorf, n. d. (c. 1950)。

第三部分　默勒·范登布鲁克和第三帝国

之后,他的妻子为一家德国出版社翻译了约翰·拉斯金的艺术讲座。

默勒很快把精力投入到他的第一个宏伟计划中,虽然他的计划几乎都没能实现。他开始创作关于现代德国艺术的三部曲,但只完成了第一卷,该作品于接下来四年间在报刊分期连载。1902年,他的《现代文学》(*Die Moderne Literatur*)出现在大众视野中,这本书有八百页,批判了当时的散文和诗歌。对于一个这么年轻的男人来讲(他二十二岁开始写作这本书),对尼采之后的德国文学进行批判研究是一个了不起的成就。他对各个文学流派都有着自己的看法:他批判德国自然主义者,尤其是阿尔诺·霍尔茨,但是赞赏格哈特·豪普特曼和德默尔,并帮助阿尔弗雷德·蒙巴特、斯坦尼斯瓦夫·普日比谢夫斯基等年轻诗人树立了良好的声誉。*他对风格和品味的判断通常很具有说服力;他的散文虽然比较啰唆,但是充满激情,只是偶尔带有一些后来越来越吸引他的神秘和预言色彩。

实际上,默勒不仅仅想成为一个批判家,他还试图通过美学创作来发现时代的精神。他创作了一种说教性质的、主观主义的历史,一种蓄意自创的历史,并想要以此去实现一个想象中的理想的未来。他公认的老师是朗本[†]和休斯敦·斯图尔特·张伯伦,虽然默勒反对张伯伦僵化的种族决定论,但后者的《19世纪的社会基础》给默勒留下了深刻印

---

*　然而德默尔不同意默勒的一些设想,并给他写了一封谦恭和蔼的谴责信。他对默勒的"爱国式冷漠"感到非常愤怒。"当然,我认为沙文主义是最廉价的一种夸耀,但我真实的德国情怀,我安静的'德国人的愤怒'(顺带一提,这与关于种族的胡言乱语无关),可以在许多文章中得到印证。"他同样也不接受默勒对他的另一个指控,即他在主要的诗篇中对性的特别关注。1905年12月11日的信,参见 Richard Dehmel, *Ausgewählte Briefe aus den Jahren 1902 bis 1920*, Berlin, 1925, pp. 85—86。

†　默勒在几年后写道:"朗本的书从很多方面开启了对诸多领域的全新视角,并提及历史创作一旦开始追寻传统对民族、部落和人的发展的影响,史学革命就会爆发。"参见 Moeller van den Bruck, *Die Zeitgenossen. Die Geister—Die Menschen*, Minden, 1906, p. 105。

象。默勒的书是德国思想史的简化版：一个时代的精神隐匿于它的艺术之中，而理解艺术最好的方式就是观察它的代表人物。这样一来，人们就可以发现简化和阐释历史的复杂运作的意义和符号了。在元史学家登上舞台之前，现代德国已经出现了一大批斯宾格勒。默勒的方法（典型的德国非专业编史）让人们想起歌德的警告："时代的精神"深藏在"反映时代的历史学家自己的精神中"。[5]

《现代文学》详述了默勒的信仰，他相信在过去的几十年中一场文化动荡已经来袭，尼采是第一个感知到这一点的人，所以现在年轻一代的艺术家要抓住机会去阐释这场动荡的意义。"李利恩克龙和尼采……站在时代的急转弯中，我们的文化将上个世纪残朽的关于人生的道德前景和实践抛诸脑后，选择通往新世界的朝圣之路，在那里，生命因它的强大和美丽而重生。"[6]新世界必须由前卫的艺术家们去开拓。默勒和自然主义者因为一个问题进行了激烈的争吵，即艺术只是对自然的不完美的模仿。对于默勒和他的很多同龄人来说，艺术是"通往真理路上的指示标"。不只如此，"我们已经拥有一种艺术……它让宗教显得多余，让每一个现代人都相信宇宙安然无恙，这在其他的时代只有上帝才能做到"。[7]勃克林的一幅画或德默尔的一首诗便可以带来这样的宗教体验。

默勒的书是关于其生命哲学和早期文化思想的第一次暗示。通过将简略但或许很受欢迎的尼采的超人哲学和同样简略的达尔文的进化论相结合，默勒为自己强烈，或许还很痛苦的偏见找到了理论基石："反抗是壮丽的，比起扬扬得意的自我沉沦，它更能实现人生价值。最优秀的国王和最棒的英雄往往出现在与人较量之时，尤其是那种带着热情和力量的对抗……永久的和平让人无法忍受——如此无趣，只会诞生平庸之辈。"[8]因此，他转向攻击德意志帝国毫无新意的物质主义便不足为奇了。如果创新的前提是饱受折磨，那么新帝国的繁荣将是文化的灾难。同样地，默勒开始相信奋斗可以造福整个民族，以及战争也像精

第三部分　默勒·范登布鲁克和第三帝国

神上的自我征服一样有着解放和激励人心的作用。

默勒还写了两本小书,《综艺表演》(*Das Variété*) 和《法国剧场》(*Das théâtre française*)。前者是对这种新的艺术形式的评价,尤其是对韦德金德作品的评价,后者展现了一种非常成功且受欢迎的讽刺手法。通过追寻它的发展历程,默勒力图说明美好的艺术总是来源于民粹主义半艺术,一种徘徊在生活和艺术之间的形式。*另一本书描绘了默勒所认为的法国戏剧的衰退史。

在出版第一本书之后不久,默勒就离开了德国以逃避兵役,这在现在是不可能的。他的妻子回忆道,正是他的"恐惧心理"让默勒更快地离开了德国。默勒的传记作者在他突然离开的原因上观点不一:准确来讲,至少在短时间内,他被列为了逃兵。1908年,他试图改变自己的身份,但是没能成功,终于在1914年,他从逃兵的名册里消失了。

默勒把他怀有身孕的妻子留在了德国,1902年12月,她生下了他们唯一的儿子沃尔夫冈。†接下来的四年里,他都居住在巴黎,并与那里的艺术家朋友们交好。他常和弗兰兹·埃弗斯、马克斯·道滕代、画家爱德华·蒙克一起出入丁香园咖啡馆,但在贫穷的时候就会戒掉黑咖啡。‡他成了俄国神秘主义者德米特里·梅列日科夫斯基的门生——就

---

* 里夏德非常赞同这部作品,他给这位年轻作家写信说:"第一部分又是这种我无法忍受的狂放的风格,在愉快的忍过了第一部分之后,你的多变让我无比开心;我衷心的感谢你。"1902年3月23日的信,参见 Richard Dehmel, *Ausgewählte Briefe aus den Jahren 1883 bis 1902*, Berlin, 1923, p. 408。

† 这个孩子在二十一岁那年死于肺炎,几个月后他的父亲自杀。参见 Hedda Eulenberg, *Im Doppelglück von Kunst und Leben*, pp. 18, 362。

‡ 他晚年的一位密友声称默勒"和一些安于现状的社会人士挥霍财富,以此来向他们证明他并不在乎这些东西"。参见 Hans Schwarz, "Über Moeller van den Bruck", *Deutsches Volkstum*, XIV: 14(1932年9月), 690;他的遗孀坚称他在丢掉了所有的钱后计划移民美国。参见 Lucy Moeller van den Bruck, "Erbe und Auftrag", *Der Nahe Osten*, V: 20(1932年10月15日), 431。

像纳粹思想领袖阿尔弗雷德·罗森贝格几年后要做的那样。[9]

在巴黎,默勒遇到了俄国人露西·卡里克,她后来成为他的第二任妻子。默勒的第一任妻子在被他抛弃后与赫伯特·奥伊伦贝格生活在一起,1904年她生下了他们的孩子,在与他的关系合法化后又结了婚。*在梅列日科夫斯基的影响下,默勒阅读了陀思妥耶夫斯基,并说服了慕尼黑出版人赖因哈德·皮珀发行陀思妥耶夫斯基作品的德国版本。[10]出版商答应了,并任命默勒担任编辑。默勒委托E. J. 拉申(露西·卡里克的姐妹)翻译了二十多卷,并在编辑工作上得到了梅列日科夫斯基的帮助。

长期来看,巴黎也并不适合默勒。在1905年俄国革命和摩洛哥危机暴发的动荡时期,他生活在巴黎这个政治活跃的城市里,这让他对政治的兴趣大大提高。离开巴黎后他去往意大利,花了两到三年时间旅行。在那里,他再次转向艺术,与德国一些表现主义代表人物亲近了起来。在佛罗伦萨,他遇到了恩斯特·巴拉赫,此人后来描写了默勒成功向出版商推荐特奥多尔·多伊布勒的史诗《北极光》一事。他写道,在就合同进行协商时,默勒读了这首诗的一些历史证据,于是多伊布勒让默勒在作品上添加新的"必不可少的补充",此时这部作品已经计划分三卷出版。[11]完成《北极光》后,默勒一路向北,穿过德国,他徒劳地希望自己能与普鲁士军方和解。在俄国波罗的海沿岸的省份待了几个月(其间去了一次英格兰)后,他选择前往斯堪的纳维亚,并在那里待到了战争暴发。

住在国外这么多年,默勒发现自己深爱着德国。远离德国社会令人不满和恼怒的社会根源,让他构建并屈服于一个理想的德国及其过

---

* 看她愉快的讲述她与奥伊伦贝格的罗曼史吧,这段罗曼史非常适时地开始于特里布西。参见 Hedda Eulenberg, *Im Doppelglück von Kunst und Leben*, pp. 18—40。

第三部分　默勒·范登布鲁克和第三帝国

去。*他在国外的旅途经历也塑造了他的这样一种观点,即每个人都有他自己根深蒂固的种族性,世界可以划分成年轻民族和年老民族——粗略地讲,那些有未来和没有未来的民族。这也是默勒后来思想的核心观点。这个观点也像他其他的观点那样仍在持续酝酿、没有定论。19世纪末,忧虑的欧洲人把这个观点看成隐喻表达。†对于默勒来讲,这不是隐喻,而是描写自然和政治现状的一个形而上学的真理。这是一个典型的错觉,默勒似乎将原本清晰的生物学观点变得模糊且神秘了,直到后来人们发现这些观点都是描写政治的。

在国外时,默勒出版并计划撰写几本书,其中包括了他对国家的忠诚和见解。1904年到1910年,他出版了长达八卷的德国历史著作《德国人:我们人类的历史》(Die Deutschen. Unsere Menschengeschichte),他的民族自豪感也在这本书中第一次得到体现。[12]他还写了一本研究当时文化和领导者的书,《同时代人》(Die Zeitgenossen),这本书进一步分析了年轻民族和年老民族之间的区别。[13]最后他劝说赖因哈德·皮珀接受一个长达六卷的系列丛书,名字叫《人民的价值》("The Values of Peoples"),其中三卷研究年老民族,三卷研究年轻民族。他所设定的题目清楚揭露了每一卷的内容:法国怀疑主义、英国常识、意大利美

---

* 德国人经常从局外人的视角看德国。特奥多尔·莫姆森回忆起了1848年之后被长期流放的路德维希·班贝格尔的经历:"他远离了自己的祖国,远离了日常生活中令人厌恶的缺陷,看到了纯洁无瑕的美丽。"参见 Theodor Mommsen, *Reden und Aufsätze*, Berlin, 1905, pp. 407—471。

† 在这个种族思想和优生学盛行的时代,把民族分为年轻民族和年老民族、活着的民族和死去的民族是一个非常吸引人的概念,它迅速出现在各个地方。例如,1891年受命为法国制定新关税的梅兰妮委员会就对来自"年轻民族"的竞争威胁发出了警告,尤其是美国和俄罗斯。参见 Eugene Golob, *The méline Tariff*, New York, Columbia University Press, 1944, p. 182。1898年,索尔兹伯里勋爵严肃地警告了"活着的"和"死去的"民族之间不可避免的战争。参见 Elie Halévy, *A History of the English People of the Nineteenth Century*, Vol. V: *Imperialism and the Rise of Labour*, New York, Peter Smith, 1951, p. 50。

学；第二个系列：德国世界观、美国意志和俄国精神。

这些标题说明每一个民族都有它独有的特点，对于"年老民族"来讲，标题解释了每个国家衰落的主要原因。法国人太多疑犹豫；英国人太肤浅太功利；意大利人太注重审美。不巧，在第一次世界大战时，"年老民族"成了德国的主要敌人，这减轻了默勒的负担，他无须再做解释。皮珀同意发表这一系列丛书。关于意大利的第一章很快写好，皮珀收到后立马以精装本刊印，但默勒不停地给出版商送去越来越长的章节手稿，令出版商大受惊吓。多亏了特奥多尔·多伊布勒，书的成稿非常完美。默勒用七百六十页阐释了从伊特鲁里亚到当时的意大利艺术和历史研究，但在宣传时草率地把该书当作了旅游读本。[14]事实上，这是一本反布尔克哈特史，文字聚焦在中世纪，意大利的古典时代，在这一时代，人们赞誉皮耶罗·德拉·弗朗西斯卡是被人忽视的最伟大的画家。*该书是这一系列丛书中唯一一部写完并出版的。

《德国人》第一次署上了默勒的新名字：那时他把自己的名字改成了默勒·范登布鲁克，而不再是默勒·布鲁克。虽然荷兰语中"范"（van）不像德语中的"冯"（von），它仅指代地理位置，并不代表贵族出身，但默勒似乎因为它比较有特色便选择了它。默勒在《德国人》中也美化了他自己的民族，就像他修饰了自己的名字一样。

《德国人》以一种新奇的表现手法展现了关于历史的传统观点。一个伟人的过去是一个民族的精神和历史最好的写照，这是一个共识。因此默勒试图通过撰写德国首脑、思想家、艺术家的传记去再现德国历史，这并不奇怪，不同寻常的是他不以时间顺序而以心理状态的分类去写，这里他受到了兰普雷希特的影响。他把德国人分成七类，除了其

---

* Moeller van den Bruck, *Die italienische Schönheit*, München, 1913, pp. 295, 455—493. 默勒的书具有反布尔克哈特倾向，并偶尔探讨种族主义，这让人联想起路德维希·沃尔特曼颇具影响力的作品，参见 Ludwig Woltmann, *Die Germanen und die Renaissance in Italien*, Leipzig, 1905。

第三部分　默勒·范登布鲁克和第三帝国

中一卷以外,每一卷《德国人》都致力于某一特定的"类型"。第一卷叫"漂泊的德国人",其中包含了对从18世纪早期诗人约翰·克里斯蒂安·金特到当代诗人彼得·希勒等八个德国人的描写。"漂泊的"后面分别是"有领导力的"、"爱幻想的"、"果断的"、"积极的"、"沮丧的"和"愉快的";还有一卷专门写歌德,因为他融合了所有德国人的特点。*
这个系列从头到尾都在崇尚英雄主义,并且回顾了卡莱尔的《论英雄、英雄崇拜和历史上的英雄传说》以及爱默生的《代表人物》,这两位都是在德国赫赫有名的人物。

这本书的每一篇文章都很简短,没有一篇难度超出受过教育的德国人的认知范畴。默勒想要唤醒人民及其时代并教化它们,所以他并不需要严谨的学术研究。关于默勒的历史画像有五十幅左右,每一幅画都给默勒添上了说教者的名号。总之,这是一出恢宏的历史剧,默勒将自己所有真实的喜恶全都放了进去。†

默勒创作《文化史》(*Kulturgeschichte*)怀有明确的目的性。如果他能像陀思妥耶夫斯基为俄国思想所做的贡献那样造福德国思想,也就是说,能够引导人们自我觉醒,他就可以帮助自我意识形成针对现代

---

*　德语的标题为:"漂泊的德国人"(Verirrte Deutsche),"有领导力的德国人"(Führende Deutsche),"爱幻想的德国人"(Verschwärmte Deutsche),"果断的德国人"(Entscheidende Deutsche),"积极的德国人"(Gestaltende Deutsche),"歌德"(Goethe),"沮丧的德国人"(Scheitende Deutsche),"愉快的德国人"(Lachende Deutsche)。默勒的第一部也是最成功的一部作品是关于漂泊的德国人的,这不可能是偶然的;我敢肯定,他对这些不寻常的德国人有一种特别的亲和感:"他们那个时代所缺乏的力量和功绩,造成了个体的灾难。他们无法在自身之外找到一个团体,也无法在自身之内成长为一个整体,因此他们在不确定性和多样性中衰退。"引自 *Verirrte Deutsche*, p. 13。

†　1913年8月24号,默勒的好朋友、德国表现主义艺术家恩斯特·巴拉赫写信给他:"在尽可能地读完你所有的大部头之后,老实说,正如我那天在明信片中写的:它读起来像戏剧,我最多可以添一句,这是一部关于神权和世俗权力相互斗争的戏剧……比起哲学,我看到了更多宗教成分。"参见 Ernst Barlach, *Leben und Werk in seinen Briefen*, ed. by Friedrich Dross, München, Piper, 1952, p. 69。

文化绝望的政治

社会全然一新的环境的反应。在一些传记和《同时代人》中稍微更系统一点的论文中，默勒努力地在描绘现代社会的新奇之处：巨大的科学动荡、世界的缩减与美国文明的承诺和威胁。新时代的物质进步还没有找到合适的"钢铁风格"，默勒这样说道。同样地，默勒哀叹现代社会缺少伟大的思想家和艺术家，除了沃尔特·惠特曼这样的例外，因为他是"现代世界的荷马"。现代人的思想漂浮不定，没有停泊之处，年轻人尤为如此。对于这些人，默勒献上他的《德国人》，希望他们可以从中找到他们的世界观，找到人生所必需的缰绳。

默勒的世界观本身是保守的，但对现实怀有敌意。他想要表达保守的现代人的困境；他知道自由主义是现代社会的哲学表达，但那与他的审美信念相冲突，他相信人的本性是英勇的，社会是贵族化的。但是另一方面，摆脱旧的价值观也是不可能的：基督教已经过时；它已经被上层的批评家和科学家折磨得太久。旧的政治传统和体系也不可能被保留。因此他极度渴望新的信念，并对自由主义深恶痛绝，即便这缺乏哲学依据。这一新的信念要成为德意志民族的世界观，能够取代宗教，激励整个国家在现代工业社会继续保留从前理想的政治和文化优势。一旦建立了这样的国家，德国将会成为欧洲甚至世界的领导者。

默勒的思想植根于他对人的性格和历史的命运的理解，也植根于他未曾得到证实的假想，即自由主义者相信人都是美好理性的生物，这一点是新保守主义者们共识。对此，默勒反对一种关于人类的本质上悲观的看法，并从他自己的这种对立中推断出他对自由主义的永恒敌意。"幸福和福利狂热者仍然在幻想一个受祝福的时代，那时人们将集该隐和亚伯的性格于一体成为一个完美的人。他们应该明白在他们的乌托邦里，我们应该停止反抗"——而反抗是人的本性。[15]在过去的几个世纪，一切都发生了改变，甚至可能取得了进步，只有"赤裸裸的人类依然存在：我们的本能已经被分化，而不是被修改；饥饿和爱，渴望和满足，努力创新的意志和对世界的渴望让我们前行"。[16]这种传统主义

第三部分　默勒·范登布鲁克和第三帝国

源于他相信人的本性是永恒不变的,这也成为他后来改革保守主义时的主要思想之一。

默勒承认人类之间的不平等、固有的缺点和感性心理,并认识到经历苦难和自我征服才是成就伟人的唯一条件。像金特或康拉迪这样的人,要么自我斗争、要么勇敢反抗那个时代的陈规或资产阶级的偏见,这些都是默勒作品中真正的英雄。歌德的平静或康德的超然让他觉得厌烦和苦恼。他喜欢战士,失败、英年早逝的战士,或过早参与斗争的战士都成为他特别关照的对象。但是德意志帝国没有英雄主义,隐晦地说,他认为英雄主义是对资产阶级的谴责和对专制以及帝政主义社会的认可。只有英雄可以统治他人,因此才有了这样的领导者:"精神、冲动和人民之渴望的化身……他们的人民跟随着他们,朝着单靠其自己永远不可能实现的统一前进。"[17]

《德国人》系列的每一卷至少都有一篇有关当代人物的文章,默勒借此机会抒发了他对德国统一后文化衰落的失望之情。*普法战争后的第一代人的生活非常惨淡,这是"官僚主义的时代,是社会主义到来前的战栗的时代,是空洞又嘹亮的狂欢的时代,是民族情绪狂热的时代,也是《走遍美国》式愚蠢的时代"。[18]他看到,由于德国社会保守、"官方"的成分,即军队和官僚,与新兴的有创造力的成分之间的鸿沟不断加深,俾斯麦的时代岌岌可危。除非可以革新国家力挽狂澜,否则这个帝国终将瓦解。[19]

默勒频繁的用不同的方式抒发他的忧虑:德国文明太多,文化

---

* 正如我之前所说,默勒对德意志帝国的抨击直白且频繁,他最完美的抨击之一是在其不加掩饰的著作《意大利之美》(*Die italienische Schönheit*)中:"罗马人贫穷又自负,因而他们当时所创造的文化成为建国岁月中真正悲惨的外族文化,然而,在罗马,这种文化不仅延续了一代人,而且占据了其三分之一的历史。我们必须记住,这毕竟是外来的皇帝自己的文化,是富有的商人、谷物贸易者、有野心的军官和扶手椅上的将军,以及从帝国的各个省份涌入首都的乌合之众的文化。"(p. 36)

太少。"文化是精神食粮,而文明是为了填饱肚子",一个永恒不变,一个转瞬即逝。*按照默勒的话,美国只有文明,而俄国只有文化。一个理想的社会,也就是未来的德国,必定会在文明和文化之间取得平衡。[20]

默勒关于文化衰落的主题(在那个时代的德国非常普遍)有很多变化。它在强调那个时代艺术的匮乏、令人厌恶和无趣的资产阶级统治、个人主义的衰落和平庸之辈的胜利。资产阶级"生命力的减弱"令他厌恶,同样的还有他无力反抗生活的无奈。[21]在他攻击资产阶级的时候(也是在他悄悄赞赏他们的物质成就时),默勒与表现主义者的性格态度非常接近,关于表现主义者,可参见瓦尔特·索科尔的《危急关头的作家》。但是资产阶级已经变得物欲横流,默勒攻击他们在经济发展方面的达尔文式立论不过是空谈——好像他的版本的达尔文主义更有说服力、更合理一样。

默勒担心德国社会遗留下来的敌对势力、特殊主义、宗教冲突和社

---

* *Die Zeitgenossen*, p. 8. 这种文化和文明的对比是德国"理想主义者"最喜欢的说辞;它以一种最有教养的方式地表达了对现代化、民主和西方的怨恨。在两次世界大战中,德国知识分子将协约国的力量描绘为文明的主角和文化的敌人,而文化的代表就是德国。最可悲的例子出现在托曼斯·曼的《一个不问政治者的看法》中,要想看关于这一区分的简单总结,可参见 Norbert Elias, *Über den Prozes der Zivilisation*, Basel, Haus zum Falken, 1939, I, 1—64。埃利亚斯认为第一个做出此类假设的是康德;其他人则认为是威廉·冯·洪堡。不管谁是第一人,毫无疑问,在文明和文化之间创造尖锐对立的思想在德国理想主义时期就产生了,并从那时起就对德国思想产生了巨大的消极影响。它在斯宾格勒思想中的核心地位是众所周知的,因而,在最新的一项美国研究中也发现了同样空洞的对立,这很令人沮丧。该研究参见 Amaury de Riencourt, *The Coming Caesars*, New York, Coward-McCann, 1957。"文化在焕发活力的年轻国家中占主导地位,在年轻社会中觉醒、成长,像一个赋了旺盛生命力的年轻有机体,代表着一种新的世界观。它意味着创造新的价值、新的宗教符号和艺术风格、新的知识和精神结构、新的科学、新的立法、新的道德准则……文明旨在逐步创建一个标准,将越来越多的人民禁锢在一个僵化的模式中,那些思想相像、感觉相像、因循守旧、愿意屈服于庞大的官僚机构的'普通人',在他们身上,社会本能超过了创造本能。"(pp. 10—11)

第三部分 默勒·范登布鲁克和第三帝国

会问题会瓦解俾斯麦创造的一切,并摧毁整个帝国。然而,最让他担心的是民众思想上的不满,因为默勒已经有了这种不满,他认为这种感觉最终会蔓延到每一个公民身上:"我们应该知道一种对文化的愤慨,即使现在只有一小部分人有所感知,但它最终会愤怒地支配我们每一个人,因为它关乎整个国家当下和未来的命运。"[22]

对于默勒和他的研究对象拉加德来说,自由主义是主要的敌人:所有的邪恶都来自自由主义,所有的危险也将来自自由主义。默勒没有告诉我们什么是自由主义,但它是所有挫败和软弱、无助和容忍、物质主义、民主和腐败的代名词。事实上,默勒(还有同时代的很多人)并不是在攻击一种政治或社会哲学,而是一种生活方式和精神状态。他们反对自由主义的慈悲和理性,反对他们令人难以忍受的傲慢,反对基佐的"富起来吧"(Enrichisssez-vous)。德国已经将这种精神贯彻到教育和财富分配中,与其说是追求公平,不如说是在向困难提出挑战。另一方面,这种对自由主义的攻击缺少对社会结构的批判,而这种社会结构是自由主义所捍卫的,其要旨在于保护私有财产权。[23]

默勒将他的贵族自由思想与自由主义者所宣扬的自由相对立:"自由主义和自由本身一点关系都没有……它的自由只是让每一个人都变得普通。"[24]他攻击自由主义,因为他们出于人道的愿望、不分青红皂白的慈善和怜悯保护了这种"普通的人性"。他对自由主义的不满扩大到了对现代体系的不满,现代体系又包含了政党和议会制政府。但又有什么能够代替自由主义呢?这个问题困扰了默勒一辈子,因为他内心深处知道人是需要信仰的。现代科学,尤其是达尔文的生物学,摧毁了宗教信仰的基础,而(作为一个坚定的进化论支持者)他认为基督教应该被摧毁:"基督教的历史就是腐败的历史。"[25]默勒认为,人要想活着,必须拥有一个具有创造性的信念,他还认为,自宗教改革以来,天主教会已经在精神上破产了。他对新教和其祖先之信仰的敌意很大程度上受到了拉加德批判思想的影响。*他模糊不清的立场可以用他的感叹来概括:"然而上帝本身仍然存在,即使我们知道他不存在。"[26]

他对自由主义的攻击和对基督教的摒弃也有好的一面,那就是他在寻找一种适合德国的世界观:"支撑我们这些凡人在这个世界上生存下去。"[27]那"将是宗教的一种新表达",但接下来的很长一段时间它在本质上都是艺术而不是哲学,因为在知识范围而不是知识内容的问题上,哲学陷入了认识论的泥沼。在温和地批判哲学、表达对陀思妥耶夫斯基的崇敬之时,默勒预见到了现代存在主义的氛围。

在遥远的未来,甚至基督教也可能被改写,假如它还是"德国自然主义流派的……关乎文化和审美的……或许现在就会出现另一种基督教,饱含怒气和决心,它将是我们人类的真正的基督教"。[28]现在的时代需要一个英雄式的强大的基督教,默勒作为半个尼采式思想家,对基督教安抚人心的特质感到不屑:"上帝为谁而存在?为脆弱的人还是强大的人?为人性脆弱的时刻还是强大的时刻?这个叩问良心的问题的答案只能是:最脆弱的时刻和最脆弱的人,我们的自尊心阻止了我们一遍又一遍地召唤上帝。"[29]默勒所有的作品都在探求宗教问题的最终答案或表达,但从未得到结论;他的两难困境也揭示了其他渴望世俗的神秘主义的批评家的痛苦,传统的宗教或哲学都不会允许它的存在,然而这对他们来说仍是强大的精神必需品。

同样的问题也影响着默勒对一个新的伦理观的思考。他拒绝基督教伦理,尤其是基于"登山宝训"的传统伦理观,就像他厌恶自由主义和世俗功利主义一样。但是,尽管他对现代怀疑主义和相对主义进行了长篇大论的抨击,他还是抛弃了所有绝对的道德价值观。道德必须随着进化过程的推进而改变。总而言之,默勒认为,对于现代人来说,道德准则只能从社会学的理解中获取;他预见到了一个准则

---

* 这至少是默勒遗孀的观点,关于这一点我和她有所讨论。

第三部分 默勒·范登布鲁克和第三帝国

它将来自不断演变的、伟大的正义,它将假设世界上的任何发现都有其诱因,任何结果都有其原因,任何事件都有其动机。它让真善美(确切地讲近来已受到压制)成为推动进化的全部力量,假恶丑反之,因为它们会延误文化的形成,甚至可能延误所有能够促进文明形成的有利因素。[30]

默勒将道德和演化联系起来并不是为了提供一个令人满意的答案。他已经拒绝了所有的价值观,只留下一个:为了生存而奋斗。只有奋斗是不能被征服或废除的;它是人类或历史固有的品质,决定了一切演化进程。这种"道德上的达尔文主义"与默勒的英雄主义的生活理念紧密相连,具备普遍适用性。出于对达尔文理论的误解,默勒认为将人和国家视为通用的单元是合理的,前者的道德体系也可以用于后者。

默勒的思想中又出现了传统的自由主义和保守主义政治思想的对立。典型的就是,他虽然超越了党派政治,却攻击了每一个当下的政治力量。他指控德国的保守主义逃避现代社会的挑战,只维护现存的特权。他攻击社会主义者,他们承诺用激进的方法解决现代社会的问题,却执着于两个错误:人人平等和人类的问题可以被简化为经济问题。不过,"作为一个国家,我们可以对这种社会民主性感到骄傲",这也是很多保守的德国人怀有的一种观点,因为他们知道这些所谓国际主义运动都具有普鲁士或其他爱国主义色彩。[31]在一个日益繁荣的国家,社会主义将会消失;默勒指出,在美国没有一个工人会说自己是社会主义者,因为他们对自己美国人的身份感到非常骄傲。在经过一些必要但不明确的资本主义改革后,德国工人终将不再是社会主义者,他们会重新投入这个国家,因为国家才是真正的历史单元(historical unit)。

默勒对未来德国的政治格局没有明确的说明,但是他希望建立一个紧密连接的社会,来取代所谓自由国家的原子主义社会。如果一个精英比起当时的议会更能代表团结的人民的意志,那么他将统治国家,经济问题也将被某种形式的社团主义组织解决掉。

默勒还没有为德国制定出一个明确的政治纲领。他的政治从来不是对当下的历史条件或实际需求的分析结果，而是对一种审美判断的预测和对文化的批评。这充分体现在他著名的对年老民族、年轻民族和初生民族的划分，以及对他们命运的预言上。衡量一个民族是否年轻的标准与默勒关于个人的性质区分是一致的。就像伟人可以享有特权一样，年轻人（他们的未来仍在前方）必须被赋予帝国的权力和责任。德国是唯一真正的年轻人，勇敢、有活力、有扩张和征服的能力；而英格兰虽然看起来年轻，实际上却是一个已经倦了的年轻人，准备从托儿所直接跨入老年。法国已经死亡了（它的未来已经被抵押），因为它变得迟钝和多疑。西班牙和意大利也在走向末路，虽然意大利惊人的出生率和科拉迪尼领导下的新民族主义可能会触发新一轮罗马复兴。出生率上升，是帝国主义者判定人口过剩的另一种说法，实际上也是默勒的帝国主义唯一可以偶尔引用的物质标准。排在年轻民族后的就是初生民族了：俄国和美国。他们站在国家发展的起跑线上，未来一片光明。还是那句话，人民的命运就是民族的命运：他们都靠战争过活。几年前，威廉·詹姆斯尚未出版警示世人的《战争的道德等价物》，弗洛伊德也未通过《战争和死亡的思考》进行反思，那时默勒毫不犹豫地残忍宣称："有人想把人性变成危害社会的存在吗？……战争一直都是国家为了生存而奋斗的表现。"[32]

有时默勒会用种族主义者的言论来表达自己的民族主义，并将其归因于种族在历史上的一个因果作用。在其作品的其他部分，他避开了种族的概念，并宣称它不适用于现代国家的历史。他总是看不惯种族主义学说，常常试图去削弱其决定性的性质。"种族几乎算是一个形而上学的概念，但是从生理基础上来说……种族是一种力量，任何一个感受到这种力量的人，都可以掌握它、利用它。种族主义的观点基于对这种力量的信念，以及对人的信念，相信人不是服务于环境的仆人，而

第三部分　默勒·范登布鲁克和第三帝国

是掌控自身的主人。"*他对"精神上的种族"和"血缘上的种族"的区分很另类，前者是他终生传播的一个概念，后者是他时断时续半信半疑的概念。†英国人和德国人（一个因其"功利主义的物质主义"受到惩治，一个因其理想主义精神受到赞美）都属于日耳曼种族，因此默勒总结道，发展的历史条件是让国家发生改变的强大媒介，它们使原始的种族身份显得无关紧要。但这种种族主义不适合犹太人：事实上，在战前的写作中他从未触碰犹太人的话题——这也是当时表达主义者和文学先锋派的一般态度，但在后来的国家社会主义者中并不受欢迎。

默勒预言德国未来将是伟大的帝国主义国家。在吞并了奥地利之后，德国的使命是"在未来的种族和洲际冲突中代表欧洲，成为欧洲的代名词"。[33]世界不能阻挡德国；由于人口不断增长，自然法则决定了德国一定会成为"欧洲的统领"。尤其是他命令德意志民族，以及那些与此相关的荷兰人和中欧民族，一起守护他们的日耳曼特性，并等待最终融入"整体的德国"（Gesamtdeutschland）。[34]

简单地说，默勒在这里书写的帝国主义愿景是另一种新型的帝国主义，它既不是基于对客观政治状况的评价，也不是基于对未来任何社会中的物质利益的渴望。它远离普鲁士军国主义传统，也远离泛日耳曼联盟的目标。相反，它更像是一位美学家以印象派的方式表现了其观点，以英雄主义的理想和偏见分析了各个国家和他们的外交政策，就像他区分个人时一样。因此，默勒认为"伟大的个人"应有不受约束的

---

* 1908年，默勒攻击德默尔时表达了他的种族观点，并在再版的《青年的权利》中进行了重申。参见"Rassenanschauung", *Das Recht der jungen Völker*, ed. by Hans Schwarz, Berlin, 1932, pp. 193—196. 德默尔回复了他，并特意批评了种族主义的罪恶和默勒的踌躇不定："即使默勒·范登布鲁克啰唆地声称'种族观点来自对种族力量的信念'，我更相信优育，即更多爱的力量。"1908年9月4日写给《人类学评论》(*Anthropologische Revue*)的信，参见Richard Dehmel, *Ausgewählte Briefe aus den Jahren 1883 bis 1902*, p. 160.

† 即使在希特勒政权之后，"精神上的种族"一词也没有任何贬义，而默勒的遗孀在信件和谈话中也仍然带着敬畏的喜悦使用该词。

文化绝望的政治

权利,他对这一观点的坚持在此处有了可怕的对应。默勒宣扬帝国主义的意图与他的总目标相一致:它会在德国引发一场文化复兴。文化上的不满和达尔文主义(我们熟知的默勒思想的根源)颇具特色的结合,为默勒的帝国主义提供了灵感。这种类型的帝国主义不能仅将其视为个人的反常行为而不予考虑,以下事实充分说明了这一点:19世纪20年代,德国国家社会主义者(尤其是希特勒和阿尔弗雷德·罗森贝格)出于本质上与此相类似的动机,制定了他们的帝国主义计划。如果我们能充分考虑现在这种不切实际的乌托邦式帝国主义,便能更好地理解他们发动第二次世界大战的决定。

我们已经看到了默勒的世界观中的持久愿景。他的作品中反映出:他置身于普通的职业生活之外,事实上也置身于他的国家之外。但他始终离自己的精神困境很近。我相信,正是这种从个人不满向对政治和文化改革提出建议的转变,使德国批评家们与众不同。在这些人中,默勒无疑是最擅长内省和自我批评的。他的作品试图从危机中拯救他人,他本人对此非常清楚:"作为一个现代公民,我太过于习惯游荡在怀疑之中,正如我们现在的青年人一样,由于所有这些相对主义,我们没办法紧握人生的方向盘。"[35]

默勒战前的作品没有给同时代的人们,以及后来的传记作者们留下什么印象。他们忽略了这才是他后来思想的根源。截至1908年,《德国人》只收到一条书评,还是在一份报纸的儿童板块;默勒将这个状况归咎于这本书预示了"一场与所有可以概括为自由主义的事物斗争到底的新战争"。*

默勒持续反对德国当局,而不只是其中的自由主义者。1913年,

---

* 参考他1908年1月22日写给路德维希·舍曼的信,该信再版于 *Deutschlands Erneuerung*, XVIII: 6(1934年6月), 323。"唯一一个理解他的作品的德国人",他写给舍曼的信充满了自怜的谦卑和无尽的傲慢。

第三部分 默勒·范登布鲁克和第三帝国

在人民共庆威廉二世登基二十五周年之际,他在公共场合表示了反对。在一篇关于帝王和建筑的文章中,他谴责了威廉二世的空洞浮夸,对他的品味大加贬斥。[36]对于默勒来说,艺术,尤其是建筑是如此重要。而威廉二世在这一方面的失败警示着后面会有更严重的不足。默勒并不是唯一一个抱有这种顾虑的人;很多年之后,一位敏锐的批评家回忆道:"无论我们的祖先在政治上的立场如何,无论他们在1918年决定走哪条道路:在19世纪和20世纪之交,艺术问题上的反对声音已经非常普遍。在想象中已经不复存在的政治大厦,在现实中难道不正在遭受威胁?"*

在《同时代人》中,默勒警告说:"(当代)思想家也包括那些看清了我们时代的人,但他们又用社会乌托邦和美学乌托邦理论为自己掩盖了这一点,为了'第三帝国'的梦想开始在现代社会中跌跌撞撞。"[37]讽刺的是,默勒完全履行了自己的判断。因为正是他在德国战败后的那些年里,在帝国的幻想破灭之时,对第三帝国做了最通俗的描述,为自己和他人将那不幸的时代掩埋。

---

* 参见Otto Westphal, *Feinde Bismarcks. Geistige Grundlagen der deutschen Opposition von 1848—1918*, München and Berlin, 1930, p. 186. 或者正如关于德国艺术的权威之作所言:"现代德国艺术还有另一个敌人,德国皇帝。"参见Cornelius Gurlitt, *Die Deutsche Kunst des neunzehnten Jahrhunderts*, 3d ed., Berlin, 1907, p. 661。

第十二章

美学家的政治转向

> 腓特烈二世认识到,对于一个作家来说,文学作品本身不如其背后的东西来得重要:国家、民族和作者为之而活的人民。
>
> ——默勒·范登布鲁克

对默勒和他那一代人来说,战争和德意志帝国的分裂是起决定性作用的历史事件。人民以热情迎接战争,却迅速坠入愤怒和被动,经受着挫败和改革。曾经看起来如此光芒万丈、屹立不倒的帝国已分崩离析,而临时建立的新的共和国看起来更是岌岌可危。事实上,这两种感觉都是错的:旧秩序试图去掩盖德国社会中的可怕对立,而魏玛共和国由于其政治体制的本质,破坏并夸大了这种对立。对于像默勒这种已经疏离了曾经的社会秩序,能够迅速在战时的德国找到归宿的人来说,新的秩序激发了他的绝望情绪,这种绝望又转化为蔑视。

默勒充分展现了战争刚刚爆发后人们的狂喜之情。在战争的最初几天,德国人不仅团结起来保卫国家——所有人都去了;而且他们期待这场战争会以他们压倒性的胜利早早收尾。他们响应号召的精神如此强烈,欢迎战争的心情如此热切,希望和要求自我牺牲的愿望如此明确,但是这些都来自某种比爱国主义更深层次的东西。*对于包括默勒在内的很多德国人来说,战争意味着逃离无法忍受的过去,逃离世俗的空虚生活。对他们来说,1914年8月的狂喜隐含着向过去岁月的诀别,也是对整个威廉二世时代有意无意的控诉。只有很少德国人完全意识到这些,更没有一个人能像1915年托马斯·曼这样强有力的指出来:

> 让我们记住开始——那些永远不被遗忘的最初的日子,发生了我们认为永远不可能发生的事。我们不相信战争,我们的政治洞察力还不足以让我们看到欧洲灾难的必然性。但是作为受过道德教化的人——是的,我们看到了磨难的到来——甚至还有更多因素,从某些角度讲我们希望经受磨难,因为从心底的最深处我们感觉到这个世界不能再这样继续下去。我们知道和平世界,也了解坎坎舞文化(cancanisierender Gesitttung)……等着这场风暴过去,已经离我们远去的可怕的世界就不会回来了。它难道不会像带着蠕虫一样正在带着精神寄生虫爬行吗?它难道没有因文明中的腐烂物质而发酵并散发恶臭吗?[1]

---

* 三十年后,在经历了两次惨败之后,弗里德里希·迈内克仍然以一种喜悦的心情回忆着这段时期:"1914年8月,这段最伟大的日子虽然短暂,但对所有经历过它的人来说,却是最珍贵、最难忘的回忆之一……所有阵营的人都意识到,仅仅是功能性的伙伴关系是不够的,我们的国家和文化必须要进行精神革新。"参见 Friedrich Meinecke, *Die Deutsche Katastrophe. Betrachtungen und Erinnerungen*, Wiesbaden, 1946, p. 43。迈内克回忆起了一段几乎所有德国人都感兴趣的经历,从诗人里尔克和恩斯特·托勒,到泛德主义者和希特勒,在战争结束后的几年里,希特勒写道:"1914年的战斗当然不是强加给群众的,上帝!而是全体人民所渴望的……对我个人而言,那些时光把我从年轻时的恼人情绪中拯救出来。因此,今天我跪在地上,并不感到羞愧,我的心满溢着对上帝的感谢,感谢它赐予我幸运,让我得以活在这个时代。"参见 Hitler, *Mein Kampf*, New York, 1940, p. 210。

文化绝望的政治

我们能不考虑其中令人恶心、厌烦的因素，以及对战争的"道德上"的渴望，正确地认识第一次世界大战吗？

无论是多么不同的情绪影响了"八月革命精神"，它都展现了德国人民团结一心、目标一致的精神——这是他们现代史上的第一次。取得"城堡和平"（Burgfrieden），以及党派斗争的停止也是德国人民齐心协力的又一体现，这对不涉政治的德国人非常具有吸引力。1914年夏天，默勒很可能察觉到自己战前对战争的歌颂成效显著，而战争的牺牲确实塑造了人们崇高的精神，这种精神假以时日会将他们带向一个新社会。*

这种团结的自发性活动在"1914年思潮"中得到了智慧的体现，德国最优秀的一批人在战时文学中试图证明德国的文化独立于西方，并优于西方。那几年里，恩斯特·特勒尔奇、托马斯·曼还有很多其他作家开始研究德国的文化与欧洲的文明之间的对立问题，只有目光短浅之人才一味地指责西方。† 在这种氛围和努力之下，默勒如鱼得水。

因为战争，默勒从美学研究转向政治，在战争临近末尾时他已经成为广受尊敬的政治类作家。战争给德国社会的各个方面带去了类似的

---

* 1914年8月的记忆和"前线体验"（Fronterlebnis）的神话一直为德国人所珍视。例如，1920年，"青年德意志教团"组织成立，致力于在和平时期弘扬"（前线战友的）道德品质，这种品质不应成为军队独有的特权"。参见Klaus Hornung, *Der Jungdeutsche Ordan*, Düsseldorf, 1958, p. 15。

† 托马斯·曼的《一个不问政治者的看法》就是尝试定义日耳曼主义本质的典型例子。那是一份非常私人的记录——毕竟它诞生在曼和他的兄弟海因里希决裂的时候。在书中，他抨击海因里希为"文明"文学家，指责他站在德国的敌人一边。关于1914年的思想，也可参见Klemens von Klemperer, *Germany's New Conservatism. Its History and Dilemma in the Twentieth Century*, Princeton, 1957, pp. 47—69；以及我的论文，"The Political Consequences of the Unpolitical German", *History. A Meridian Periodical*, III（1960年9月），104—134。关于"八月革命精神"的逐渐衰退，以及在战争目的问题上旧有的敌对情绪的重新出现，参考Hans W. Gatzke, *Germany's Drive to the West*（*Drang nach West*）. *A Study of Germany's Western War Aims During the First World War*, Baltimore, 1950。

第三部分　默勒·范登布鲁克和第三帝国

改变:当战争带来的政治和经济问题影响到一个人生活的方方面面时,人们无法置身事外,原本不涉政治之人也被迫参与进来。*不幸的是,在德国人转向政治的同时,德国政坛也越来越不负责任。严格的媒体审查制度和德国议会的无能,导致任何有效的政治辩论和政治活动都无法开展。作为魏玛共和国时期的政治宣传家,默勒之所以有名气,一部分是因为很多德国人在没有担负过政治责任的情况下开始具备政治意识,进而发现默勒对政治的独特美学和理想主义解读中肯且深刻。

默勒对战争的反应很明确。战争一爆发,他就结束了在斯堪的纳维亚的长期逗留返回柏林,直到十一年后在柏林去世。[2]正如威廉时期德国的很多其他批评家一样,他当时成了德国事业的一名热情支持者。1916年,四十岁的默勒自愿参军,成为东部前线上的一名预备役士兵。几个月后默勒由于过度紧张被开除。†战争期间,默勒在柏林军队总部获得了一个职位,成为埃里希·冯·鲁登道夫领导的针对东部国家的媒体宣传部门的成员。默勒通过这个官方职位接触了一些新的重要人物。与表现主义作家们一起喝着咖啡探讨文学的日子已经远去;现在他每周都与恩斯特·雅克散步,还和他一同在德意志制造联盟中工作。他不时向各种各样的重要报纸投稿,包括《克鲁兹时报》(*Die Kreuzzeitung*)和《柏林书业周刊》(*Berliner Börsenblatt*),并将关于历史和政治的文章发到《德国评论》和《普鲁士年鉴》等重要期刊上。这样

---

* 1914年之前受过教育的德国人很少思考政治;战前和战后传记或文学集的对比凸显了激增的政治热情。战前的德国人缺乏政治意识,非常不切实际,参见Otto Baumgarten, *Geistige und Sittliche Wirkungen des Krieges in Deutschland*, Stuttgart and Berlin, 1927, pp. 5—14。

† 还是他想被开除?当然,他的传记作者断言,他对自己被解职感到惊讶和痛苦;然而无处不在的恩斯特·雅克声称是他帮助默勒得到释放,以下是他给默勒的信:"我们终于做到了!你可以把剑换成笔了!我不得不亲自去找野战军司令冯·法尔肯海恩阁下,尽管我们对军队在东方的行动持不同意见。"参见Ernst Jäckh, *Der Goldene Pflug, Lebensernte eines Weltburgers*, Stuttgart, 1954, p. 342。

一来，在旧帝国瓦解之前，默勒就在那个体制内站稳了脚跟，为自己作为一名文化和政治批评家树立了稳固的声誉。

1914年，默勒带着他最成功的事业出现在德国公众面前：第一个德国版本的二十三卷陀思妥耶夫斯基作品集宣告完成。他的早期作品和缺少适当翻译的作品已经绝版很多年了。于是默勒决定出版新的版本，并监制了整个出版过程。最终，他为几乎每一卷作品都写了冗长的序言——德国人民就这样认识了带着默勒标志的陀思妥耶夫斯基。

新版本的第一卷于1906年问世，具有讽刺意味的是，这本书正是《群魔》，人们高呼它是近期俄国革命的重要解说。更重要的是，《群魔》让默勒有机会从最开始就将陀思妥耶夫斯基介绍的非常神秘和政治化，且与默勒自己的意识形态倾向毫无关系。在默勒的介绍中，陀思妥耶夫斯基是东方的一个神秘莫测的人物，他形成了"基于对人性和他所了解的人民的认识的保守思想"。他的政治思想"指向联合而不是分裂"。最终，似乎是为了彰显他和陀思妥耶夫斯基的亲密关系，默勒引用了他的一句话："我们是保守主义的革命者。"[3]

默勒在随后的介绍中，同样隐晦地将陀思妥耶夫斯基描述为俄国灵魂的化身和阐释者、预言了俄国命运的先知以及西方自由主义的头号敌人。默勒和陀思妥耶夫斯基一起深入研究了俄国精神和俄国生活，钻研了斯拉夫世界的所有神秘领域，德国人有时对此着迷，有时又感到厌恶。默勒关于俄国地缘政治定位的观点很大程度上来自他对陀思妥耶夫斯基的理解，这个观点对于他后来支持民族布尔什维克主义和苏联至关重要。根据陀思妥耶夫斯基的设想，俄国的未来在东方："在欧洲我们就是奴隶。来到亚洲我们就是主人。在欧洲我们是鞑靼人。来到亚洲我们就是欧洲人。"[4]因此，默勒得出结论，俄国将在亚洲立足，因而德国人永远不必再惧怕俄国的势力。

默勒所有的介绍都涉及陀思妥耶夫斯基对西方社会的憎恨，他唯恐俄国会变得西方化："[陀思妥耶夫斯基]了解欧洲和西方，并认识到

第三部分　默勒·范登布鲁克和第三帝国

了自由主义……后者崇尚自私自利和个人主义，传播典型的俄国虚无主义，带来完全非俄国式的工业主义、资本主义和物质主义。"[5]默勒确实把陀思妥耶夫斯基变成了自己的同盟。*

除了尼采之外，没有任何一个其他现代作家像陀思妥耶夫斯基一样给德国思想带来如此巨大的影响，而这种影响很大程度上是默勒塑造的。[6]在其他任何一个国家，陀思妥耶夫斯基的精神遗产都没有被卷入政党之争，而只有在德国，他成了右翼势力、反自由主义和反理性主义的英雄。他是保守主义对进步主义昔日的英雄左拉的回应。他分析人性深度而不是社会表面现象，他的悲观主义滑向神秘主义，而这吸引了默勒和他的朋友们。陀思妥耶夫斯基不仅为自己赢得了赞赏，还为德国提供了一个逃避西方的通道。很重要的一点是他在德国的胜利促进了文学政治的发展，将德国人从"西方的暴政"下解救出来，通过克尔恺郭尔的神学体系，亨利克·易卜生、奥古斯特·斯特林堡和爱德华·蒙克的悲观主义艺术，将他们引入东方的预言世界。

对于普通的保守主义革命分子来说，陀思妥耶夫斯基非常重要。赫尔曼·劳施宁是保守主义革命最重要的政治家之一，他经常会表现出"对陀思妥耶夫斯基绝对的尊敬"，第一次读到陀思妥耶夫斯基作品时的他，还是第一次世界大战期间的野战医院里的一个受伤的士兵。[7]在托马斯·曼早期的政治探索中，陀思妥耶夫斯基一次又一次的被视作人类非理性的见证人。†

---

* 即使在布尔什维克革命之后，他也依然是一个盟友。陀思妥耶夫斯基被描绘成马克思的重要敌人，作为一个作家，他预见并超越了社会改革者唯物的知性主义。短暂的失败过后，"陀思妥耶夫斯基属于那些起死回生的人"。引自"Dostojewski der Politiker"，*Gewissen*，II：30（1920年8月4日）。

† 出于不同的原因，尼采警告不要将陀思妥耶夫斯基的作品翻译成德语版："任何一本俄语书，尤其是陀思妥耶夫斯基（法语版，千万不能译成德语！），都是最能安抚我的事物之一。"写给格奥尔格·布兰德斯的信，1888年10月20日，参见 *Friedrich Nietzsches Gesammelte Briefe*，2d ed.，Leipzig，1905，III，318—319。

默勒的这次出版取得了巨大的商业成功；虽然起步缓慢，但之后销量急剧上升，即便在糟糕的1916年也取得了令人瞩目的成绩。德国分裂后，该作品销量继续飙升，有几卷不得不多次重印。1920年售出十三万五千册；1922年，销量达到十七万九千册。[8]1950年开始，同样的译文仍在再版，但不再附有默勒的序言。

　　在文学作品之后和政治作品之前，默勒的首部出版物是《普鲁士风格》。这部作品的题词是献给默勒的舅舅，一位普鲁士陆军中校。"作为对黑格尔和卡尔·克劳塞维茨的信仰告白"，这本书是他转换信仰以及坚定支持德国的文学表达；一个唯美主义者变成了普鲁士人和政治家。在他创造"第三帝国"的愿景之前，默勒最后一次回望了德国历史，并从中发现了普鲁士传统中德国生活最崇高、最珍贵的特征。这一传统证明了德意志帝国的防御合情合理，并保障了它的复兴。默勒热情献身于普鲁士（尽管这一普鲁士多半是他自己虚构的），他对普鲁士王国和军队的"信仰告白"标志着他打破了以前艺术至上的信念。在北方的"沙盒"（Sandbox），也就是勃兰登堡，矗立着很多城堡和教堂，但这些并没有引起唯美主义者的兴致。事实上，几十年来，德意志帝国的很多人将普鲁士看作自傲、贫穷、苦行僧似的民族，认为他们试图给整个德国打上粗野的烙印。第一次世界大战开始后人们才开始夸赞普鲁士。*

　　《普鲁士风格》通常被视为默勒最优秀的作品，它无疑证明了默勒

---

* 事实上，战前人们在政治和意识形态对普鲁士的反抗非常强烈，以至于在1912年成立了一个致力于捍卫普鲁士主义的组织"普鲁士联盟"（Preussenbund）。这种对抗主要针对普鲁士在德意志帝国的主导地位。关于"普鲁士联盟"和保护普鲁士这一重大问题，参见Graf Westarp, *Konservative Politik im letzten Jahrzehnt des Kaiserreiches*, Vol. I: *Von 1908 bis 1914*, Berlin, Deutsche Verlagsgesellschaft, 1935, I, 210—211, 358—366. 有趣的是，托马斯·曼也是假借一篇普鲁士故事而步入政治领域的。参见*Friedrich und die Grosse Koalition*, Berlin, 1915.

第三部分　默勒·范登布鲁克和第三帝国

意志最积极和最成功的尝试，即通过关于一个民族的地理和历史、艺术和政治的研究定义了他们的风格和精神。[9]对于那个时代来说，除了那些解释或联系元史学本质的、不可避免地具有神秘色彩的宣告外，他的作品达到了一种简朴的境界。通过对每个历史阶段的印象主义描绘，默勒追踪了普鲁士精神的进化过程，包括从条顿骑士团的时期开始，到统一后持续了数十年的衰败。因为他认为"没有神话"的普鲁士是德意志民族中唯一一个具备充分的现实条件去建立国家的德意志部落，但是随着德意志帝国的统一，一旦它的政治使命得以实现，它的精神也将处于危险边缘。[10]

　　普鲁士精神的本质就是单纯的实事求是，而且（考虑到默勒的手法这并不让人惊奇）他发现这种本质贯穿了普鲁士人生活的各个方面。普鲁士建筑和雕塑，尤其是年轻人基利、申克尔和它最伟大的统治者腓特烈·威廉一世的作品，都是普鲁士风格的缩影。但这种精神也表现在普鲁士人忠于职守、服从权威、严控自身等特质上。普鲁士人坚韧不拔且注重实际，以他们的勤奋和才能而著称，依靠为社会目标而开发的男性力量来生活。腓特烈·威廉一世是第一个将这些特征人格化的人，"原始的普鲁士人，才是真正的普鲁士人"。[11]有这样的领导者，又具备这样的品质，普鲁士人顺利完成了他们的历史任务；而腓特烈大帝和俾斯麦则带来了最终的胜利。德意志帝国的统一，这一普鲁士人的最大胜利，随着普鲁士风格的几近湮没而告终："普鲁士成了德意志的受害者……它的倒塌开始于自我分裂；普鲁士完全曲解了它所继承的价值观……否认了过去……它的灭亡开始了。"[12]德意志精神与普鲁士精神正相反，它的特点是坚持建立一个宇宙帝国的中世纪浪漫梦想，充满诗意但不切实际，且缺乏阳刚之气。德意志精神的理想主义倾向造就了伟大的艺术成就，但是统一的民族国家的缺失在历史上阻碍了民族风格的诞生，德国的天才也因此被荒废。普鲁士传统尽管很伟大，但它的优点也正是它的弊端：它过于严肃，永远也不能激发审美表达。

默勒以这种方式描绘德意志和普鲁士民族的特点,建立它们之间的对立关系。像往常一样,当他提出一系列对立时,就意味着会有一个综合体;在这里,这个综合体调和了所有对立,不仅包括他对德国文化的持续批判和对美好的民族未来的承诺,还有他对德意志战争的支持。只要普鲁士和德意志风格仍然彼此对立、互不相容,文化混乱和政治分裂就始终有可能发生。然而,在战争期间,普鲁士精神将再一次证明它存在于德意志文化中,一个最终的综合体将调和普鲁士和德意志文化,开启德意志的伟大文化新纪元。默勒引用了他常说的一句格言来简单地表述了这一点:"普鲁士是德意志精神伟大的殖民功绩,正如德国**将会**是普鲁士精神伟大的政治功绩。"(着重标记为笔者所加)

当然,战争与默勒对普鲁士传统的赞扬之间有着明显的联系。他所认为的普鲁士的优良传统正是德国取得胜利的先决条件:自律、朴素和服从。这些美德也被"1914年思潮"称赞为德国特有的美德;当默勒认识到普鲁士人愿意服务于"德国及全人类最崇高的自由"时,他便同那些战时的德国作家一道,开始以对抗性的反西方方式重新定义自由。[13]

默勒显然已经改变了他对"伟大的人类"的认知。他不再像先前那样热爱努力反抗社会的艺术家,而是改为赞扬致力于建设美好社会的战士。后来,默勒发展了保守主义的革命立场,试图通过一种新的革命复兴普鲁士传统。他的"日耳曼"社会主义(这一概念在《第三帝国》中得到了充分发展)主要是基于普鲁士个人利益服从社会整体利益的传统。*

---

* 四年后,奥斯瓦尔德·斯宾格勒在他的《普鲁士主义和社会主义》(*Preussentum und Sozialismus*, München, 1920)中提出了几乎相同的说法:"普鲁士主义是一种重要的感觉,一种本能,一种必须团结一致的精神。"(p. 29)斯宾格勒用与默勒完全相同的方式描绘了普鲁士人和德国人的性格。关于国家社会主义的哲学前提,可参见 Karl Pribram, "Deutscher Nationalismus und deutscher Sozialismus", *Archiv für Sozialwissenschaft und Sozialpolitik*, XLIX: 2, Tübingen, 1922, 298—376。

第三部分 默勒·范登布鲁克和第三帝国

《普鲁士风格》是默勒最后一部美学历史著作。随着战争的推进,他变得越来越关心当时的政治问题,并开始在"永恒的形式下"(sub specie aeternatais)研究这一问题。他不再是一名纸上谈兵的策略家,而是研究危机的形而上学家,是这场磨难的深层原因和前景的探索者。正如其他德国思想家一样,他想要寻找出斗争的基本精神意义;这种斗争在最初的热情褪去后,只留下无尽的空虚。如果能发现某种具有世界历史意义的成果,那么也就能推论出行动计划,并预言扩张。这就是默勒接下来要做的事。它的意义埋藏在遥远的国度里,只能通过种族、空间和人的价值观等类别来加以阐述,但其政治后果切实可见。

1916年7月,在他一篇最重要的战时文章里,他阐释了一种观点,即决定战争结果的是天命,而不是政治家的聪明才干,考虑到德意志领导者们在战时犯下的愚蠢错误,这对他的一些久经世故的读者来说是一种安慰。[14] 天命,就像运气一样,眷顾年轻和勇敢的人,因而德意志的敌人们(年老的民族)注定会失败,没有任何外交策略可以拯救他们。战争说到底就是一场年轻民族和年老民族的对决,也是这场极具历史意义的权力东进的一个阶段。幸运的是,东进的脚步停在了德国这里,他预言俄国将缩小其国界,失去战前对波罗的海的统治。就像默勒用他代表性的诗意预言宣称的那样:"海洋不喜欢俄国。"[15]

以上这些,以及类似的历史发展规律确保了德国的胜利,也预示了它将带来的和平。默勒抨击泛日耳曼主义者"仅从务实角度出发的"言论和那些希望收复旧帝国时代领土的超级爱国者:"泛日耳曼主义者要求收复大拉丁区、新凯尔特地区,这是玩弄历史而不是掌控历史。"[16] 应该收复的只有那些与德意志有共同利益或精神的民族。战后德国的扩张还应该遵循另一历史发展规律:在19世纪,各民族都追求独立,而20世纪,在德国的统治下,各民族都在寻求相互依存。波罗的海沿岸国家更是如此,那里的爱沙尼亚人和列托人与德国人有着密切的文化和种族联系。一定程度上讲,比利时人也是如此。佛兰德斯艺术和波罗的海建筑的灵感都源于德国,因而把这些民族从其他帝国或自治政府之中拯救出来是德国的历史使命。"与其说这是国家的问题,不如说是人民的问题:这是对一直存在的文化和经济归属进行政治上的维护和加强。"[17]

默勒的战时帝国主义(按照泛日耳曼标准)是结合了个人经历、文学畅想和政治观察的一种非常特殊的混合体,并以最高理想主义的形式表达出来。比如他关于德国东部命运的核心观点,他一直坚持这个观点,直到战争结束。在1918年早期,他写道:"在很长一段时间里,欧洲似乎都坚信德国将赢得东进的战争,即使它应该在西方输掉。"[18]他知道这些是因为他曾在波罗的海地区居住,并曾与当地一个家庭联姻。陀思妥耶夫斯基笔下的俄国景象让他对东方产生了兴趣,他看到了东方民族与更强大的德意志民族之间的战时强迫合作关系。*从这些不同的方面,他编造了他独特的带有浓厚东方色彩的帝国主义图景。幸运的是,他的远见和幻想触及了现实,并与更为正统的计划相吻合。例如,他的很多主张都在呼应弗里德里希·瑙曼1915年10月出版的先锋之作《中欧》,但缺乏像瑙曼那样支撑观点的详细证据。[19]而且默勒最关心的是波罗的海地区,不是瑙曼所关心的巴尔干半岛各国或东南欧地区。但有一点很重要,即默勒的美学和元史学理论与那些拥护真正的经济或政治利益的人所倡导的政治计划是平行的,而这些巧合也被证明是他的影响力不断扩大的先决条件。

1918年11月,他在《德国评论》上发表了《年轻民族的权利》一

---

* 许多德国人认为,这种战时与其他民族组成的"命运共同体"是和平时期共同体的前奏;很少有人认识到这场战时实验的弄巧成拙之处,就像恩斯特·特勒尔奇1919年所指出的:"不要忘记,无论是国内还是国外,我们的品德(在战时)都衰败了,东部和西部的被占领地区到处都充满了对德国的仇恨。我们的统治阶级一点领导和管理占领区的能力都没有。"参见 Ernst Troeltsch, *Spektator-Briefe. Aufsätze über die deutsche Revolution und die Weltpolitik 1918—1922*, ed. by H. Baron, Tübingen, pp. 319—320。

第三部分 默勒·范登布鲁克和第三帝国

文,这篇文章热情地捍卫了德国必胜的信念,也对当下的军事状况深表不满。他再次声称战争将世界上的民族分为年轻和年老两大阵营,而德国站在年轻队伍的一边。他发现了一件明显不恰当的事,那就是日本和美国在攻打同盟国,而土耳其在支持德国,当美国向年老民族伸出援手的时候,它就背离了它的本性。但它仍然可以醒悟过来救赎自己,成为年轻民族中的领导者。默勒承认短期内有战败的可能性,但声称最终年轻民族会成为战争或和平的胜利者。这是自然规律,是人类无法逆转的命运。在该文发表的当月,协约国军方打败了这个自然规律,并迫使德国提出停战请求。

突如其来的战败震惊了德国人,战时的审查制度向他们隐瞒了迅速恶化的局势,甚至保守党领导人冯·海德布兰德也哭诉:"我们被欺骗了。"[20]默勒这篇不合时宜的文章就是这种无知的显著例证;1918年的11月,或者确切地说,那年8月之后的任何一天,都不适宜再宣称德国必胜的信念了。但默勒可以在战败后修改他的理论,在停战与和平会议召开的空隙,他将这篇文章扩展成了一本书:《年轻民族的权利》。在书中他直接向威尔逊总统喊话,声称德国的自然发展不应该受到抑制。他一边奉承又一边威胁他;威尔逊面临挑战,他需要草拟一份恰好符合默勒要求的和平条约来得到他的尊重。*

默勒本应视威尔逊总统为一名自由主义者,但他对威尔逊总统的呼吁证明了他的理想主义在一些情况下也有实用的一面。有时默勒能够透过他自己的元史学迷雾,比他的同代人更清楚地洞悉政治现状的实质。就像他早就认识到威尔逊总统和美国的重要性一样。他相信他的年轻民族理论,并在这一前提上推出了他所呼吁的权宜之计,这完全

---

* 默勒的遗孀写信告诉我:"战争快结束时,默勒要求只有在美国军队占领莱茵河的条件下才应该开始和平谈判。如果默勒的建议被采纳,威尔逊就不会带着他所有破灭的理想离开巴黎了。"1951年8月8日的信。

符合德国政治家们的机会主义决定。讽刺的是,第一个想到将威尔逊置于盟友位置上的,正是默勒名义上的军事长官总司令鲁登道夫,他呼吁威尔逊总统尽早达成停战协议,实现一个友好的和平局面。默勒的推理方式有些不一样,但结论大体相同。他确信他的"美国是年轻民族的救世主"这一看法与德国真正的传统相一致。正如他后来在类似的情景中说的那样,"我们对于美国的了解要比美国对自己的了解多"。[21] 有段时间,默勒的书有机会被译成英文版,他对此感到非常开心,因为他这本书是写给"那些不想过纯粹的物质主义生活,而想要保留美国的爱默生和惠特曼时期的理想主义传统的圈子的"。[22] 爱默生和惠特曼在默勒短暂的参与美国政治时对其产生的影响,恰如陀思妥耶夫斯基对默勒东方政治的影响。因此,默勒自然而然地成了一名现实主义者。

默勒的书有两个目的:一是严肃地指导威尔逊总统完成接下来作为和平缔造者的任务,二是解释德国战败的原因,避免国内的指责和敌人的报复性指控,让所有令人震惊的事情都变得容易理解,并规划新德国的蓝图。他的很多意图都是靠他的那句老话实现的:战争是年轻国家和年老国家的较量。虽然战争的结局并不美好,但德国仍然是年轻国家,因为青春就是心怀壮志,而德国充满了成为年轻国家的豪情壮志。或者就像他经常说的那样,年轻国家靠问题生活,年老国家靠"思想"生活——德国无疑有非常多的问题。此外,德国的年轻是由其出生率、提供就业机会的能力以及解决未来社会问题的能力证明的。*

想要写一份公正的和平协议,人们需要了解造成战争的真正原因。西方嫉妒德国的生命力,因此发动了战争。当协约国几乎要战败的时候,他们向容易上当受骗的美国人求助。为了获得美国的支持,协约

---

* 自19世纪80年代以来,德国的出生率一直在稳步下降。尽管如此,民族主义的公关总是以德国出生率不断上升来为他们的要求辩护。参见 D.V. Glass, *Population Policies and Movements in Europe*, Oxford University Press, 1940, p. 270。

第三部分 默勒·范登布鲁克和第三帝国

国摒弃了1789年的自由主义和民主的旧思想,默勒认为这些错误思想才是德国战败的主要原因。默勒不同于其他德国人,他和希特勒一样,对政治宣传的巨大潜能印象深刻,比如协约国就因此取得了战争的胜利。[23]默勒说,德国人并不是败于战场,而是败于幕后。协约国的政治宣传家不仅成功说服了美国,他们的自由主义观点还腐蚀了一批德国人的思想。政治宣传结束了这场战争:在四年的顽强抵抗后,德国军队没有输在战场上,而是败于年轻人,他们相信威尔逊总统会给他们带来公正的和平。[24]

在战后的德国,流传最广、最恶劣的言论莫过于"一支不败的军队出于对公正的和平条约的渴望,自愿放下武器"。这句话让德国人认为是协约国欺骗了他们,而不是打败了他们,因此,他们犯了一个道德错误。一种不公平的信念因此产生:这支强大的军队遭到了自家人民的背叛,遭到了社会主义者、自由主义者和犹太人的背叛,共和国被叛徒们出卖了。*默勒的书于1919年1月出版,因此他完全可以被视作第一批传播恶性言论的人之一,虽然我们无法推断出他在这次传播中具体起到了多大的影响。就像我们即将看到的,默勒的战后政治来自他的战前承诺,寄托了越来越多心怀不满的德国民族主义者的抱负。

默勒恳求威尔逊总统在和平条约中放过德国。年轻国家的权利不应该被忽视;因为"达尔文和尼采站在他们这一边"。[25]换句话说,德国

---

* 公平起见,我们必须记住,未被征服的德国军队最初由各个党派共同控制。因此,1919年12月,弗里德里希·埃伯特对归国士兵表示欢迎:"你们从战场上活着回来了,我向你们致敬。"引自 Robert G. L. Waite, *Vanguard of Nazism. The Free Corps Movement in Postwar Germany 1918—1923*, Cambridge, 1952, p. 7。然而,默勒一直在反复强调这个主题,即使它已经被归为反动派。早在1919年12月,恩斯特·特勒尔奇就写道:"反动力量基于伟大的历史传说,或者说一个成功的德国军队被背叛祖国的同乡在背后捅刀子的故事……成了所有心怀不满的人的教条和旗帜。"参见 *Spektator-Briefe*, p. 92。也参见 Lindley Fraser, *Germany between Two Wars. A Study of Propaganda and War-Guilt*, London, 1944, esp. chapters 1—2;一个关于"背后捅刀子"的短篇历史传说。

在战场上没能赢得的,应该在谈判桌上赢回来:"战争的输赢总是战后决定的。"[26]默勒预想到了一些牺牲,但是他仍提议阿尔萨斯地区的命运可以由全民投票决定。因为黑人军队的存在,法国已经快要变成一个非洲国家,而且"斯特拉斯堡在法国手里,对于德国来说就像一个小孩落入黑人手里"。而说到波兰的疆土,他提醒威尔逊总统波兹南和比得哥什都是德国的城市,虽然它们的周边乡下属于波兰:"在这里质量比数量重要。"[27]想要给胜利者提和平的条件需要相当机敏的头脑。

默勒对每个协约国国家的呼吁都持不一样的态度,有时是恳求,有时是蔑视,同时避免与西方公开决裂。如果德国被允许保留实力,那它就成了西方的盟友。只有一个强大的德国才能保护协约国免于布尔什维克起义,该观点在美国总统顾问豪斯上校说服英法支持停战时用过,它也注定成为往后二十年政治舞台上的陈词滥调。* 同时,德国所承诺的支持还伴随着毫无掩饰的敲诈:如果协约国趁火打劫,向德国施以恶劣的条款,那么他们就会加入俄国一起反对西方。默勒大声疾呼,德国领土的命运在东方,俄国反自由主义的文化决定着德国未来的意识形态。他的政策非常清晰明了:他想要把德国卖给最高投标者,并且仍然希望中标者是西方。

这本书也表达了默勒一个强烈的希望:希望德国可以解决现代化带来的问题。默勒的言辞中带着暗喜;旧文化已被摧毁,德国的年轻人逃离了过去,并在战争中清醒过来,他们能够重新组建一个新社会。

---

* 1919年春天,温斯顿·丘吉尔从另外的角度出发,提出了一个与默勒的建议类似的计划:"我不认为我们可以与这些仇恨机器一直争吵下去。我也不认为文明世界的结构已经强大到可以承受这些压力。俄国在我们手中已经完全毁掉了,大部分的欧洲地区都处在饥荒的边缘,还有破产、无政府状态、威胁到获胜者和战败者双方的革命,我们没办法开车到布尔什维克阵营,它已经是德国民主阵营中一支有序、稳定的力量了……德国有一条赎罪之路。通过对抗布尔什维克主义,通过筑起抵抗它的壁垒,德国最终将可以迈出与文明世界统一的第一步。"引自 *The New Europe*,1919年4月17日。我非常感谢阿尔诺·迈尔(Arno Mayer)让我注意到这个声明。

第三部分 默勒·范登布鲁克和第三帝国

德国自己就可以解决现代社会的两大主要问题:"我们人类应该怎么办……如何从机器中拯救人类的本性。"[28]德国社会主义可以通过结合西方社会的个人主义和苏联社会的集体主义,来调和工业社会的矛盾,让它更加人性化。德国有必要的道德品质,也有内在性(Innerlichkeit)的、理想主义的传统,能够创造出一种超越资产阶级自由放任主义的和谐社会。

默勒认为马克思的社会主义一定不会实现改善社会的承诺。只有当德国能从其他人民那里获得正义,工人才能站起来。"战争应该带来一种始于国家、终于人类的正义,而不是带来相反的结果。"[29]这便是默勒的民族(或者社会)帝国主义的基本内涵,即一个始于扩张,通过帝国主义走向统一和繁荣的社会主义。

这就是默勒对德国的看法,他之后再也没有过创作《年轻民族的权利》时的力量与激情。这本书写于战败突然来临之时,作者希望立刻实现其创作意图。在这本书中,默勒从战后的废墟中汲取了1914年思想,并利用它建立了德国的新秩序。从捍卫德国利益的角度讲,这本书毫无用处。但作为对人们尚未觉醒的希望和志向的预言,它的描写可谓惊人得准确。

第十三章

右翼的良知

> 我们相信德国的一切都来得太晚了;如果能尽早做出决定会更好。
>
> ——六月俱乐部的信条

> 理想主义的最大危险在于它把人变成了傻瓜,它可以让人们成为诚实的傻瓜,也可以让人们成为伪善的傻瓜,只是程度不同而已。最关键的一点是,这些理想主义,和每天对最高理想的过度祈求,可能会导致现实的消亡。
>
> ——默勒·范登布鲁克

1918年11月9日,德国革命当天,默勒和一些朋友走在柏林的街道上,装载着革命者的卡车轰鸣而过。默勒说:"这是一场没有激情的革命。"[1]这个评价对默勒和革命来说都非常合适。这就是他判断政治的方式,也是他对革命的预期。如果"十一月革命"可以唤起人们1914年8月那样团结一致的热情的话,默勒也会支持。有那么几个星期,默勒认为这种情况可能会发生,但是革命能带来的也就只有高涨的希望和热情。在魏玛共和国的热情走向冰点之后,《凡尔赛和约》摧毁了胜利的所有希望。默勒拒绝了共和制,并返回到早期的政治愿景。他渴望一个新的精神家园,那里闪耀着威廉时期的政治光辉;他还想从魏玛共和国的精神多元主义和政治分裂中逃离多远呢?

恩斯特·特勒尔奇曾将革命与和平条约签署前的间隙称为"停战时期的梦想世界,每个人都可以幻想未来——荒诞的、悲观的或英雄式的,而不知正在到来的和平所需要的条件及其产生的实际影响"。[2]默勒在这种梦想世界中如鱼得水。他向威尔逊总统的呼吁(获得了德国外交部的支持,但从未收到回复)是这段奇怪的充满希望和绝望色彩的时代的缩影。一切都有可能,虽然旧制度的外壳已经破碎,但新制度的轮廓仍然模糊不清。一些外国势力、一些更强大的国家可能会扭转战争的结局,拯救失败的德国。默勒只是夸大了那个时期许多德国人所怀抱的希望;即使是悲观主义者,他们也相信德国最坏的结果不过是丢失一些殖民地和洛林(现法国东北部地区)的一部分。[3]德国人对最终呈现给他们的和约毫无防备,威尔逊总统说,这份合约的目的就是要刻薄。六个月来德国人一直在欺骗自己;当和约粉碎了这些幻想时(在1919年的形势下没有任何和约能拯救德国),他们认为自己受到了双重背叛,并愤懑不平。在四年的战斗中,他们独立于西方并优于西方。现在,1919年6月,西方展现了他们狡诈的复仇,而像默勒一样反抗西方和自由主义几十年的人终于可以一展身手。他们的呼声终于得到了重视。

对于默勒来说,这段梦想时期开启了他在职业生涯中最活跃、最成功的一个阶段。多年来他都活在自己政治美学的梦想世界中,那里全是文学抽象主义和政治幻想,几乎脱离了现实。现在,在战争与和平到来之前的数月间,在旧制度的毁灭后、新制度的创建前,人们发现自己也脱离了现实。默勒用晦涩难懂的文字和口号表达的政治幻想,最终在《第三帝国》中得到了完整的阐释,并赢得了那些在魏玛共和国不同党派间迷茫的人的赞赏。不仅如此,德国在民主化过程中也将宣传家捧到了相当重要且名望极高的位置上。在这种情况下,默勒决定抛弃其文学作品，成为人民精神的领导者。他常常赞美政治宣传的力量，因为它经受住了战争的考验；他决定代表新德国发动一场宣传战争，并以此成为年轻的保守主义新队伍的引领者和信仰。

以此为目标，他立刻获得了成功。在革命发动后的几周内，默勒成了一批作家和宣传人员的精神领袖。这群人像他一样无阶级、无物质利益、无政治企图，仅仅因看到自己战败的祖国接连遭受悲惨失败而有所行动。当政党再次出现时（本质上仍然是旧形式和旧纲领的），这些人立刻表示了他们"反对政党"的立场，同时也反对马克思主义、自由主义、教权主义、反动主义以及整个新兴的党政模式。他们还极力反对布尔什维克主义："这群人将从解体的政府中拯救余烬视为德国最紧急的政治任务，并将它视为击退威胁国家的一切力量的第一步。"[4]在思想上他们与民族主义者相近，但并不怀念威廉时代。从某种程度上讲，他们也与社会主义者相像，因为他们看到了德国需要整合并归化工人阶级，但他们厌恶马克思主义思想及其自由理性的人道主义，这与他们英雄式的保守主义价值观不符。

这个团体和政治党派的主要不同点在于他们即使在讨论或书写政治时，也仍然是审美主义者。他们将一种模糊的反自由主义世界观和对政治的不满情绪带入了政治。虽然他们都已人到中年，但对自己仍然年轻有所执念：他们称自己是年轻的保守主义者、是年轻人的声音、是年轻人的先锋，甚至默勒也专注于年轻人的权利。他们坚信自己很年轻，甚至把目标对准一句拉丁格言："年轻人的新帝国（Juvenum unio novum imperium）。"[5]这种热潮有很多根源，其中一些我们已经在朗本的部分进行了探讨。我们知道很多"年轻的保守主义者"与青年运动似乎有联系，也一同参与了1914年8月的狂欢。他们在战后的探索中有一个显著特点：不是为了造反，而是为了寻求一个可靠的政府。当时没有一个有权柄的人能代表权威和他们说话。魏玛共和国没有令人尊重的声音和象征，默勒的朋友们既希望有明确的政治纲领，也希望有明

第三部分 默勒·范登布鲁克和第三帝国

确的道德规范和社会凝聚力。若干年后,在默勒的鼓动下,很多类似的群体都开始称自己为保守主义革命者。他们之所以是革命者,是因为无法忍受魏玛共和国的软弱和分裂,而年轻人"**为了塑造权威而不是反对权威**"的反抗,成为德国政治中最重要的方面之一。

想要接近这群人,默勒不必重铸他在战前创作的理论。他只是把以前的理论与最新的时事问题联系起来,就赢得了数百位作家的忠诚和成千上万读者的关注。他没有改变,但时代变了。在1918年之后的时代背景下,他的思想颇受欢迎。在战败和革命之后,很多国人感到不满和疏离,尤其是城市中产阶级和经常失业的前军官们。[6]默勒已经找到了他的观众:不满现状的人。反过来,他们也被他那模糊但又让他引以为傲的理想主义计划所吸引。他给人们留下深刻印象的是他的激情,而不是他的党派偏见。对很多人来说,他的理想主义比左翼思想和右翼政党的仇恨更有吸引力。人们对他抽象的思想做出回应,认为这是一种更深层次的现实。人们对他的散文印象深刻,这些散文预示着一种确定性,而这种确定性掩盖了他内心的怀疑。他的写作风格逐渐变得热情饱满、富有诚意,这使他赢得了许多与他共事之人的钦佩。在他去世很久后,也是在这场灾难过去几十年后,他的朋友仍会赞扬他光辉的正直品格,他的同事也会回忆他的个人魅力。[7]

在这段梦想时期,默勒的一些朋友组建了他们自己的组织,并试图发展不同的爱国组织分支。例如,1918年秋天,席勒的后代海因里希·冯·格莱兴-鲁思沃创建了一个民族社会团结联盟,他曾在战时担任德国学者和艺术家协会的会长。爱德华·施塔德特勒,一位曾经的俄国囚犯,成了第一批认识到共产主义的非凡重要性的知识分子;他在反抗组织的主要赞助人胡戈·施廷内斯的慷慨帮助下创立了反布尔什维克联盟。默勒与上述这些组织关系密切;1919年春天,他与格莱兴、施塔德特勒一起参加了一个非正式的讨论小组,该小组有时叫作"年轻人先锋"。他们除了对社会团结和反布尔什维主义感兴趣,还非常关心海外德国人的命运，比如马克斯·希尔德贝特·伯姆，因为他有过在边境地区被视为弱势群体的经历。因此。这群人的主要思想是某种社团主义和国家社会主义，以及对西方的深恶痛绝。这种情感在1919年6月《凡尔赛和约》诞生后变得更加强烈。正是在那一天，这群年轻的保守主义者发现了创办组织的好时机，也在那时选定了组织名称，"六月俱乐部"。在俱乐部里，一群杰出的、富有影响力的人聚集在一起，探讨着这个帝国和社会的未来。"这是属于年轻人的圈子，他们加入过不同党派，又离开了它们。"[8]

六月俱乐部的精神董事会由默勒、施塔德特勒和俱乐部前领导人格莱兴—鲁思沃掌管。默勒为俱乐部撰写了三十三条入会准则，每一条都明显体现了他的风格和他严格的道德要求。"我们的目的是融合；融合是指与人民和思想的融合……成员资格关乎信任问题……想要入会的人只有赢得了所有成员的信任才可以加入。"这样，"胆小怕事、容易妥协之人和思想骗子"都被排除在外了。这个俱乐部是专门为那些经历过战争的人设计的，他们的战争经历使他们有了新的观点，所有的党派观点也都因此变得陈腐而被淘汰。"左翼分子和右翼分子都能在这个团队中用第三视角看问题，我们认为这才是未来的思想。"[9]

我们对这个组织的了解仍然有限，没有完整的成员名单和会议周记。在成立的头几年里，六月俱乐部无疑保持了它的超党派性质，虽然它的领导人物都是保守派人士。这是一次令人印象深刻的聚会；除了默勒、格莱兴和施塔德特勒之外，还有民族问题专家马克斯·希尔德贝特·伯姆，1920年他担任了《边境信使》(*Grenzboten*)的编辑；施廷内斯的报纸《全德意志报》(*Deustsche Allgemeine Zeitung*)的主编、文学家保罗·费希特尔；默勒的好友、轰动一时的《没有空间的民族》(*Volk ohne Raum*)的作者汉斯·格林；海因里希·赫尔法特教授，当时正在攻读宪法学；《德国评论》的编辑鲁道夫·佩歇尔；1920年担任《普鲁士年鉴》编辑，20世纪中叶成为采访施特雷泽曼的常客的瓦尔特·肖

第三部分 默勒·范登布鲁克和第三帝国

特;以及天主教社团主义的主要理论家马丁·施潘。阿尔贝特·迪特里希是俱乐部里最能言善辩的反马克思主义者之一。后来的德国总理海因里希·布吕宁,与从国家社会主义转向创立自己的黑色战线的奥托·施特拉塞尔有时也会参加会议。研究德国青年运动的著名历史学家汉斯·布吕厄也常去该俱乐部,并深受默勒影响。通过他,作家古斯塔夫·施泰因博默尔也接触到了默勒和他的俱乐部。其他的一些人如因斯特·特勒尔奇和奥托·赫奇偶尔也会参与。俱乐部成员和默勒朋友的名单很长,最近的一连串回忆录也常常提及六月俱乐部。[10]虽然该俱乐部由格莱兴掌管,但组织活动的其实是默勒。这一新角色对他来说是一个奖励,也是一种磨炼:虽然他是一个随和的作家,但他似乎一直是最缄默的发言人。但是,能够领导一群有巨大公众影响力和知识分子声望的人并受他们尊敬,默勒比之前更加荣耀了。

在战后的最初几年中,这个俱乐部一直是德国知识分子中的一支活跃的政治力量。通过其成员与其他组织的广泛联系,它对年轻的德国知识分子产生了相当大的影响。俱乐部的总部在柏林中心的莫茨街22号一栋中产阶级住宅里,里面也有几个其他民族主义者的组织。俱乐部有时会有相当可观的资金;包括胡根贝格在内的工业家们也曾资助过一段时间,但并没有影响到俱乐部无党派的立场。[11]为了在德国青年和知识分子阶层拓展更多圈子,俱乐部赞助了一系列的附属组织。默勒将六月俱乐部看作"其他所有组织的范例,所有组织都应当从这里发展出去"。事实上,直到20世纪中期该俱乐部解散前,它确实是某种精神上的控股公司,通常被称为"指环"(Der Ring),并以一种类似于无党派的保守主义倾向,把所有其他组织都松散地联系在一起。

俱乐部最重要的发声渠道是它的周刊《良知:独立的大众教育报》(*Gewissen. Unabhängige Zeitung für Volksbildung*)。这份报纸于1919年4月9日第一次刊发。虽然它将维尔纳·维尔茨列为编辑,并在1920年之后将爱德华·施塔德特勒列为出版人,但在最初的五年中,默勒才是实际上的思想领导者,同时也是最多产的投稿人之一。报纸的名称很恰当:这份报纸致力于为良知发声,无关党派和阶级,客观无私地向德国人传播信仰和传统。它会限制和批评政客和政党领导人自私的演说。在其纲领性说明中,《良知》承诺将与"'这一时代最显著的特征——缺乏良知'做斗争,这种良知的缺失支配着我们,它主宰着欧洲,主宰着世界。良知已经销声匿迹"。[12] 根据《良知》的说法,良知和党派偏见是对立的,它持续夸耀着自己的无党派特性,尽管它越来越倾向于右翼。

《良知》像是一种"民族观点",充斥着日耳曼信仰和保守主义评论。在每周的专栏中,它对德国的衰落表示惋惜,并将它归咎于协约国的报复和他们手下的德国间谍的助力,语气常带有不容置疑的理想主义特点。尽管它常常刻意用晦涩难懂的抽象概念表述其目的,但在描绘国内外的敌人时都足够具体。它的另一个主要关注点是对文化的保护,并带有令人愉快的反民主色彩;默勒在一场关于教师教育的争论中的评论("未完全接受教育是我们这个时代的瘟疫")集中体现了《良知》在这一问题上的立场。[13]《良知》不仅反映了众多保守主义者的利益,还特别关心数百万海外国人的文化福祉。从表面上看,这是一份非常体面的报纸,完全是沙龙式的,非常适合做六月俱乐部的媒体。它避免了大量魏玛政治小册子的粗俗言语。偶尔的小错(例如提到"犹太-大都会出版社"或对埃茨贝格尔过于尖刻的人身攻击),也表明《良知》的作者通常具有多么强大的自我约束力。

"最后一刻"(In letzter Stunde),在这样一个大标题下,《良知》第一期就宣布了他的政治信条。在最后一刻,当内战即将完全摧毁帝国时,"我们想唤醒每一个德国人的良知"。避免民族灾难的唯一希望就是社会和谐,"资产阶级和无产阶级的对立必须消除"。在头版的另一篇题为"更多启示"的文章中,《良知》解释了它对共和国的态度,这让人回想起蒂尔斯的评论:第三共和国是一个权宜之计。它声称,最近的国民议会选举使"十一月革命"合法化,人们必须保护共和国不受左翼朋

第三部分 默勒·范登布鲁克和第三帝国

友的影响——他们威胁要让德国激进化。布尔什维克也是一个巨大威胁,唯一能够抵挡这个威胁的武器就是政治宣传,就像诺思克利夫勋爵在战争时所做的一样,他因此取得了巨大胜利。《良知》承诺要为了德国的统一而发动一场政治宣传战争。[14]

第二年,共和国迎来了一段稳定时期,但这种稳定摇摇欲坠,布尔什维克的威胁已经消散,但《良知》改变了方向,它开始攻击共和国。它先是保持了沉默,然后改变了原来的反布尔什维克主义立场。这本杂志的历史记录了知识分子从共和国的撤退,这种撤退将右翼与托马斯·曼这样的人区分开来,托马斯是支持共和国的,而右翼政客,尤其是德国民族主义者,则是不情愿地与之合作。在1920年3月的卡普政变之后,《良知》的政策发生了明显的转变,这场政变表明了君主制反动派的溃败,以及社会主义者除了被动地保卫共和国之外无能为力。从那天起,《良知》开始有计划地攻击名声败坏的各方,同时还小心的提到了一个可能的替代性力量:工业领导者。在一个"八点计划"(eight-point program)中,它要求在现实中终止议会制,由经济委员会和一个通过"弹性任命和选举"组成的"临时国民代表组织"取代。国家行政权力应该立即交付于"少数人手中,一位经验丰富的工业家,一位久经考验的政治家,一位工人们信任的人……党派可能会消失,但人民必须生存"。[15]这场宣告过后,魏玛的每一次危机,共和国政府每一次向协约国别无选择的妥协,都会引发同样要求终止议会制的呼声。他们反复强调,德国在海外的每一次失败,都是由国内的议会体制造成的。一些共和党领导人(例如广受诟病的埃茨贝格尔,或《良知》昔日的朋友瓦尔特·拉特瑙)被指控主动向协约国出卖祖国。*《良知》预料到了国家社

---

* 《良知》,尤其是其出版商爱德华·施塔德特勒,是针对埃茨贝格尔的最恶毒的诽谤者之一。就在埃茨贝格尔被害的几个星期前,施塔德特勒猛烈抨击了他关于基督教团结主义的新观点:"埃茨贝格尔的教导是一个受到欺骗的骗子对人民的最新欺骗。"参见 Gewissen, III: 26(1921年6月27日);施塔德特勒可能觉得自己被团结主义(转下页)

会主义者的共同策略和口号,并要求以叛国罪审判维尔特政府,因为它放弃了西里西亚。三个月后,它宣布:"实际上,政府只是我们的敌人之意志的执行者。"[16]

格莱兴和施塔德特勒轮流以这种方式攻击党派系统。*他们谴责了所有议员的愚蠢行为,称后者被愚蠢又自私的老板所掌控,他们的措辞在魏玛早期并不罕见,后来更是成为国家社会主义者的口头禅。格莱兴说,如果一个人知道"党派之争从某种程度上讲[是]人们有意为之的",那么他就会想为什么这些党派不能由一个遵循民族主义、基督教精神、社会主义和领导力原则的德国党派来替代。[17]社团主义取代社会主义成为《良知》的目标并非偶然。早在1920年12月,《良知》就谴责了所有对社会主义的让步,尤其针对维夏德·冯·默伦多夫,他是非马克思计划经济之后最杰出的探索者。共产主义者也是反政党的,他们唯一的错误就是否定了贵族领导的必要性。但其他的党派,包括"腐败的中间派",都深陷在政党政府的泥淖中,最终,"在政府、议会和官僚的领导下,德国人民对自治政府的所有信任都被抹杀了",过度自治的政府这一隐晦主题又潜在地构成了《良知》与国家社会主义者的联系。唯一的选择,也是《良知》面对选择时唯一没有退缩的一个,就是建立一个独裁政权,以扭转德国外交政策灾难性的局面。一旦德国不再屈服于协约国,它便可以开始处理自己的内部问题。[18]

《良知》在反政党这一立场上愈加坚定。默勒非常拥护这一点,并

(接上页)思想的复兴欺骗了,尤其是在他不再提倡真正包容下层阶级的时候。于是他又重新加入了辩论,参见"Erzberger und Kein Ende",*Die Grenzboten*,1921年7月27日,pp. 90—100。

* 1921年10月,施塔德特勒仍然是《良知》的出版商,这时他因叛国罪被短暂逮捕,但该罪名又很快被政府撤销。当时有消息称他不久前成了德国人民党的成员,该党曾经是魏玛内阁的合作伙伴。尽管如此,施塔德特勒仍然保持着自己的反政党立场,这一立场与该党本身的特点不无关系,参见"In eigner Sache",*Gewissen*,III:43(1921年10月24日)。

第三部分　默勒·范登布鲁克和第三帝国

将其置于他一贯的元史学神秘色彩之中。在这种情况下，他与其同事所表达的不同语气可能对应着不同的动机。格莱兴和施塔德特勒都与德国社会的物质利益有着密切关系，所以试图以某种经济独裁来取代魏玛政权；而被政党纠纷这些鸡毛蒜皮的琐事激怒的默勒，代表的更像是那些仅仅是无法继续忍受魏玛议会制带来的持续性混乱和动荡的一类人。甚至对于一些人来说，对社会秩序可能会瓦解的恐惧就是一种难以承受的负担。就好比看到一个社会或一个人的缺点，有些人的反应是轻视，而有些人则是极度的恐惧和愤恨。

《良知》的方向虽然微妙，但没有出错。在一个民主社会，人们很难对民主制度进行正面攻击，但煽动反政党意识也是一种含蓄的反民主情绪。并且，这种情绪自1849年以来一直在德国流行。它反映了年轻的保守派人士对德国选民的绝望，他们心照不宣地放弃了说服大多数人支持自己政策的希望。和魏玛时期的普遍情况一样，《良知》夸大了民主的弊端，它既没有智慧也不诚实，看不到自己关于领导阶层和精英政府的模糊计划可能存在的隐患。真正的保守主义者真的会相信冷漠的领导层的稳定性和自我发展能力吗？《良知》的作者们可能被自己反民主的豪言壮语所误导了；他们不可能理解温斯顿·丘吉尔的言论中所体现的常识，即除了所有其他已经尝试过的形式，民主是最糟糕的政府形式。

在《良知》的反民主斗争中还有另一个意识形态因素。在魏玛时期的德国，民主等同于西方，等同于给德国造动荡的那些国家。《凡尔赛和约》签订后，敌人在西方，《良知》的口号变成：东方没有敌人。虽然他们不赞成默勒采取的积极的东方政策，但他们也强烈反对外交政策上的西方导向，反对魏玛所有试图安抚西方政客、模仿西方政治形式的政客。《良知》相信（谁又会在经历了墨索里尼之后不相信？）一个独裁政权将会采取积极地外交政策；有良知的人屈服于不明确的、无目的的权力的诱惑，像许多德国人之前所做的那样相信权力是最好的药方，也是它本身的回报。

《良知》在受过教育的保守主义阶级中享有相当大的声望,尤其是在它最初成名的几年里。就像我们所看到的,这份报纸信心十足,但缺乏具体的计划。在魏玛浓厚的政治氛围中,它保留着一些公认的理想主义者的美德。因此,有件事是可信的:非政治化德国的最伟大代表托马斯·曼给《良知》写了一篇热情洋溢的推荐文。1920年,在写给格莱兴的信中,曼说:"我刚刚订阅了《良知》,这份报纸我想一直看下去。在我和别人谈论政治时,我都会说《良知》无与伦比,它是德国最好的报纸。"* 如果曼不是为了自己的政治意识的话,那这就是对《良知》的高度推荐了。不到两年,曼就在他的著名演讲"论德意志共和国"中正式而响亮地支持共和国,并一直捍卫它到1933年。这十年里,他常轻蔑地提及所谓保守主义革命者,并试图用他迟来的发现(共和国的优点)和政治理由来打动他们。但年轻的保守主义者,包括一些《良知》作者,他们曾看到书写《非政治哲思》(*Unpolitical Meditation*)的曼是他们的主要拥护者,都认为投身共和党的曼是个叛徒,于是曼经常成为他们的攻击对象。

作为魏玛早期最敏锐的观察家之一,恩斯特·特勒尔奇对《良知》抱有不同的看法。他将《良知》视为帮助实业家和作家组成邪恶联盟的核心桥梁,双方都没有意识到这一点,但双方都致力于用经济独裁代

---

* 1920年7月7日的信,在海因里希·冯·格莱兴手中,引自 Hans-Joachim Schwierskott, "Hans-Joachim Schwierskott", in *Lebendiger Geist. Hans-Joachim Schoeps zum 50. Geburtstag von Schülern dargebracht*, ed. by Hellmut Diwald, Leiden, 1959, p. 175;也参见 Gustav Hillard(Gustav Steinbömer), *Herren und Narren der Welt*, München, List, 1954, p. 293。这封信有一定可信性,但也不能完全确定。1951年1月26日,在回答我关于六月俱乐部和《良知》材料的问题时,格莱兴保证说:"我过去所有的材料都已烧毁或以其他方式销毁。"这件事有些奇怪。考虑到卡普政变后《良知》的极端主义和1922年曼对保守主义的彻底否定,涉及曼的整个事件似乎有点可疑。而且根据《良知》的规矩,在曼投身共和国后,难道这封信不会被公布出来吗?

第三部分　默勒·范登布鲁克和第三帝国

替民主统治。他认为,文学的作用就是去掩饰这些目的(他们自己也没有意识到),通过提出一种德国社团主义,以破坏那些妨碍充分行使经济权利的现有障碍。特勒尔奇确信胡戈·施廷内斯是这场运动的主要负责人,因此他关切地指出,在1920年"《良知》的作者们已经转向了施廷内斯新近收购的报纸"。[19]那时特勒尔奇害怕德国的工业家和资本家一同参与到美国化进程中,并取得国家和社会的控制权。事实证明这种担心过早了。右翼记者,包括《良知》的作家,将这种超现代化的趋势伪装成德国人对现代化的回避:"对于工业巨头来说,文学将美国化进程包裹在了浪漫的、社团的中世纪理想主义中,包裹在了费希特和尼采的领导力观念和真正的日耳曼原则里,因此文学在寻找一个通往这个国家和社会的新观点的路径。"超现代主义工业家和旧德国的盲目追求者们的合作确实具有讽刺意味,而特勒尔奇对这种美国化感到担忧,因为它会缺少美国真正的人文元素,"启蒙运动、基督教和物质进步相结合……形成了现代盎格鲁-撒克逊人的文化成就"。[20]

六月俱乐部和《良知》的受众面非常广。《良知》决心在短命且思想狭隘的众多报纸中脱颖而出,它的发行量证明了它的成功。1922年1月,它声称已经拥有三万名读者,其中很多都在受外国统治的日耳曼地区,尤其是波兰和捷克斯洛伐克,此外还有海外的日耳曼群体。[21]一年后,在通货膨胀最严重的时候,它宣布每周的发行量达到了一万份,该数据远高于魏玛共和国政治小刊物的平均水平。[22]在早期,报纸还在努力对抗经济赔率时,它曾请求捐款,也常接受他人的自愿捐赠。从一开始它就有一系列精挑细选的广告商分布在特刊中,大至为吕佐夫自由军队进行大规模征兵,协助军队"张扬大胆"地对抗德国的敌人,小到在一小块普通版面给"两位受过教育的绅士"表达他们对迎娶两位二十四岁以下的富裕小姐的渴望。

通过《良知》,一个爱国主义读书俱乐部"指环"得以创立,它会售卖或作为奖品分发便宜的德国再版作品给任意一个成功劝说他人订

文化绝望的政治

阅报纸的人。这些作品包括在作品榜单名列前茅的拉加德和朗本的作品。1921年,马克斯·希尔德贝特·伯姆对一稿多投的文章进行分流,通过"指环"俱乐部将稿件分散给三十个地方性报纸。[23]通过直接读者和它与其他报纸杂志的联系,《良知》在战后的几年里一直在为同一类人的良知发声,就是那些不接受魏玛共和国的现实,为建立新的民族主义、社团主义且具备侵略性的独裁国家而努力的人。

六月俱乐部在这场战役中还采取了其他方式召集德国的年轻人。其中最具野心的产物就是由天主教历史学家、社团主义者马丁·施潘组织的政治研讨会。该构思诞生于1919年夏天,他期望短期的研讨会能够"通过集约化教育加深人们政治理念"。对"简短"的重视凸显了赞助商们对持续的、无私的政治研究的厌恶。这是一个为了实践而创办的研讨会。*研讨会的讲座主要由六月俱乐部的主要成员举办,面向来自各党派、宗教和社会各行各业的学生,也包括一些工会会员。例如,马克斯·希尔德贝特·伯姆谈论民族主义问题,马丁·施潘谈论外交政策,默勒谈论战争罪责问题和世界大战,施塔德特勒(最活跃的演

---

* Heinrich von Gleichen, "Das politische Kolleg", *Deutsche Rundschau*, CLXXXVII(1921年4月),106. 格莱兴尖刻地暗示,他关于政治研讨会的想法就算没有启发,也会加速1920年瑙曼和杰克的政治学院(Hochschule für Politik)的建立,而且这个学院偏向学术,而不是激进主义。事实上,格莱兴错了;弗里德里希·瑙曼早在1916年就开始关注社会对"政治教育"的需求,并在1917年从工业主义者罗伯特·博施那里获得了必要的资金。瑙曼在生活中对政治教育的关注是那个时代德国思想和需求的缩影。战争期间,雅克为各党派人士组织了讨论小组,他认为这是极为重要的一件事。在短时间内,政治学院会和政治研讨会成为竞争对手,特别是在政治学院拒绝了胡根贝格慷慨的资金支持后(因为担心经济利益会影响到董事的投票权),并将选择由马丁·施潘出任校长。雅克在1952年回忆说,政治学院比"施潘和格莱兴的政治研讨会的竞争"存在的时间长得多。参见 Theodor Heuss, *Friedrich Naumann*, pp. 410—413; Ernst Jäckh, *Der Goldene Pflug, Lebensernte eines Weltburgers*, pp. 184—195; Ernst Jäckh and Otto Suhr, "Geschichte der deutschen Hochschule für Politik", *Schriftenreihe der deutschen Hochschule für Politik*, Berlin, 1952, p. 15。

讲人和旅行者）谈论《凡尔赛和约》的影响。这些讲座旨在针对特定问题打造政治行动，格莱兴希望有更多的教师来参加研讨会，这样他们就可以给未来几代的学生们灌输思想。

俱乐部还尝试了另一种传播思想的方法；1922年，它出版了自己的集体信条《新战线》，俱乐部的三十八位成员参与编写，默勒、格莱兴和伯姆担任编辑。该作品包含的主题非常广泛，从默勒的长篇论文《自由主义是民族的灭亡》，此文后来成为《第三帝国》的一部分，到汉斯·格林关于人口过剩和殖民问题的文章，以及一篇名叫《元政治的基础概念：一元论和二元论》的论文。鲁道夫·佩歇尔的简短训词为这本书奠定了基调。尽管佩歇尔批评了"当今虚伪可怜的口号"，但他的文章却是对神秘宗教口号的传承，意图让人们产生情感波动，而非引发思考。"忠诚于民族主义传统成为一种宗教需求。通往宗教的道路，或本身就是宗教的道路只能由个人来走。"当然，德国人有一个特殊的责任和使命："西方在精神麻痹中沉默不语……撒旦带着上帝的面具统治一切。人类所有伟大的思想都被扭曲和玷污了。"解决方法呢？"正如拉加德所描述的那样，我们要的是'领导者'，他身上应该有德国人本性中最高贵的品质，他身上的每一根毛发都对我们的本性有感情，并对一切非本性的东西感到憎恨，他身上散发着对德国未来的渴望。"[24] 这就是六月俱乐部所传递的特殊信息，令人惊讶的是，这种不顾后果的理想主义和对现实的疏离竟然会引起一个成功的资产阶级杂志出版商的兴趣。

在整个20世纪20年代早期，六月俱乐部都保持独立，并为自己不涉政党的态度感到自豪。但俱乐部和《良知》对党派的疏离逐渐演变成了对他们十足的敌意，这是魏玛时期德国政治伦理学者们的共同态度。*俱乐部的领导者们致力于超越各个党派，他们甚至与极左人士交

---

* 例如，弗里德里希·瑞曼1918年末与施塔德特勒的反布尔什维克联盟（转下页）

文化绝望的政治

谈,特别是共产国际的一位主要成员卡尔·拉狄克。后来爆发的民族布尔什维克主义是魏玛时期的一个特殊插曲,且与默勒和六月俱乐部也有紧密的联系,拉狄克在这场运动中的领导地位将在下面谈到。

1922年,默勒同意了鲁道夫·佩歇尔的建议,让来自慕尼黑的自命不凡的小人物阿道夫·希特勒在俱乐部演讲。希特勒的出现是一个彻底的失败:"在我们进行讨论的夜晚,通常会有一百二十到一百三十个人挤在一间小小的房间里,但在那个值得纪念的夜晚,最多只有三十人参与——这是一个非常糟糕的开端,希特勒讲话时会假装身处满是观众的慕尼黑啤酒店……这次灾难性的失败过后,默勒对佩歇尔充满怨气。"但是他同意与希特勒进行一次私人谈话,当时只有佩歇尔和莱琼·容博士在场。"之后,深受感动的希特勒说:'你拥有我缺少的一切,你为德国的重建创造了思想框架。而我是一个鼓手和召集人。让我们一起努力吧。'"默勒的回答含糊其词,希特勒离开后,他对佩歇尔说:"那个人永远也不会理解这些。"[25] 布吕宁声称在会议的最后默勒说:"我宁愿自杀也不愿意看到这样的人执掌大权。"[26] 一年之后,希特勒在慕尼黑的起义失败,他的政治道路似乎已经走到了尽头,于是默勒写了一篇过早的政治讣告:"有很多话可以用来反对希特勒。但有一句话什么时候都可以说:他是德国的狂热分子……希特勒被他的无产阶级原始主义摧毁了。他不明白如何巧妙地利用国家社会主义。他是激情的化身,但完全没有方法和分寸感。"[27]

(接上页)关系密切,并就党派在新德国中的位置问题与他和他的同伴们决裂。瑙曼保留了战前的两个信念,即"政党是现代国家的一种必要的生活形式",他攻击了施塔德特勒和格莱兴的超党派领导思想(Führergedanke)。比起六月俱乐部中针对瑙曼的批评者,瑙曼更有责任感,更加现实主义。他及时地说出了自己的观点,即不应该以德国传统为名将必要的政治机制视为"机械的"。1919年3月,他在给施塔德特勒的信中写道:"在没有政党的混乱状态下不会有任何政治行动发生。"参见 Theodor Heuss, *Friedrich Naumann*, pp. 500—501;以及 Klemens von Klemperer, *Germany's New Conservatism*, pp. 112—113。

第三部分　默勒·范登布鲁克和第三帝国

正如我们所看到的，默勒是六月俱乐部的核心人物，他积极地参与到俱乐部的审议和阴谋中去，不知疲倦地追求政治宣传的理想，文学力量也达到了顶峰，在保守主义革命的阵营里没有人能与他相提并论。他的声音变得如此有力、令人信服，以至于参与这场运动的年轻的狂热者们将他视为魏玛时期的主要政治向导。[28]

在战后的那几年，默勒学会了用新闻工作者的速度和先知的风格写作。他的产量惊人；单是他署名的文章就有几百篇，还有很多文章是匿名发表在《良知》上的，这份报纸有时像伪装起来的"默勒"报纸。虽然他现在写作的焦点是政治问题，但他有时也会转向纯粹的唯美主义，比如他关于多伊布勒的史诗《北极光》的长文。他在其他方面的主要研究是他对斯宾格勒的批评，先是通过出版物，后来直接在六月俱乐部的会议室里继续抨击。专门研究斯宾格勒争议的历史学家认为默勒的作品"非常重要……从细微之处洞见了斯宾格勒的深奥和矛盾……并用他自己的方式进行了更深入的阐述"。[29]

1920年，默勒开始在《德国评论》的专栏中与斯宾格勒进行辩论。毫无疑问，斯宾格勒的《西方的没落》与默勒的远不那么系统的历史哲学在思想和动机上具有相似之处，而一方的巨大号召力有助于解释另一方的吸引力。两位都是真正的元史学家，都试图通过尼采的哲学来定义不同历史时期的风格；两位都发展了一种文化哲学，提出了文化和文明的对立、衰落的西方和仍然充满活力的普鲁士的对立。两位的政治判断都来自这种文化哲学，都对恺撒主义（即君主专制）抱有模糊的认识，认为这是一种防御文化衰落的手段。然而，默勒反对斯宾格勒的末日预言，并试图反驳他作品的中心观点。默勒华丽的辞藻下隐藏着一个非常简单而又精明的想法：他说，当斯宾格勒认为德国会赢得战争时，他对西方之衰落的预言是正确的；这种情况下即使是德国也有可能屈服于文明。另一方面，失败"也许会给我们带来其他可能性——那些最终最重要的可能性：更加简洁、更加自然的生活……难道战争的结果没有推翻斯宾格勒预言的前提吗？这难道不是战败者命运的真实写照吗？难道它没有拯救我们的命运吗？"同样地，"同质的欧美"也不复存在，"仅是这个原因就不可能存在同质性衰落"。[30]默勒将他的信念寄托在具有活力的年轻民族身上，尤其是德国和俄国，以此来反对斯宾格勒对整个西方不可避免的衰落抱有的悲观态度。他接受了"衰落"的大形势，但他声称俄国和德国的失败迎来的不是猎物的命运。对于这两个民族来说，战争的结果恢复了生机和发展的希望，将他们与腐朽衰败的西方彻底分开。这两人关于新德国的预言的辩论对一些人来说可能有些晦涩，但两者都深入地考虑到了自己看似抽象的推测所带来的实际后果。*默勒当然不是反对斯宾格勒；他只是在从另一个决定论的体系中攫取自由意志，以便他仍能指望一个新德国，一个第三帝国的最终复兴。

他的战后政治文章可以分为三类：一是通过评论时事批判民主共和国，二是探索德国萎靡不振的历史根源，三是对未来德国应该如何做的设想。他的谈论未来的篇章总是包含希望和预言，作为一个形而上学家，他预言了作为一个爱国者所期望的东西。这三种类型相互重叠，因为默勒无论在写什么都要提到虚构的过去、扭曲的现在和幻想的未来。毕竟，未来将解决现在的不足与早期的承诺之间的冲突。他的作品的共同之处在于他关于世界的纯粹精神性的阐释，加上他几乎完全无视事实和现实，这使他有时可以身处平凡的生活之上，以惊人的"千里眼"来预测事态发展，但有时这让他的作品看起来琐碎且无关紧要。

在革命之后的短时间内，默勒不情愿地暂停了他对民主共和国未

---

* 奥托·施特拉塞尔将他们奉若神明，并写道："我永远不会忘记人们在海因里希·冯·格莱兴的六月俱乐部中富有成果的讨论，当时西方的悲观主义者和乐观主义者都阐述了他们对未来几十年的看法。这两种观念是对立的，同时又协调、互补。因此，在那一刻，我们所有人都颇为感动，庄严的发誓将一生致力于实现这般愿景。"参见Otto Strasser, *History in My Time*, trans. by Douglas Reed, London, Cape, 1941, p. 200。

第三部分　默勒·范登布鲁克和第三帝国

来的怀疑。他不是帝国政权的党羽，而且他经常承认，革命扫除了一个腐朽制度，这是它应有的命运。但这短暂的明智举动有多真诚呢？不正是他所信仰和渴望的一切使他拒绝模仿西方的、与西方亲近却饱受屈辱的政治制度的吗？贯穿默勒思想和希望的红线是他对所谓衰落的西方的厌恶，包括它的正义与理性的哲学、它的自由主义和它的单调乏味的生活。几十年来，这种对西方的抽象印象一直是一种过度的夸张，仅与任何可验证的现实有模糊的对应。1918年之后，西方对于默勒和他的同胞们来说变得非常真实；深深扎根于心中的仇恨现在也找到了现实的土壤。只有一场能够跨越西方政治发展阶段，在热情中统一德国的革命，才能让他满意。但是革命过早地转向了资产阶级，默勒因此成了它的敌人："社会主义革命建立了资本主义共和国。"[31]

尽管默勒承认革命后的政权有一些优点（尤其是国家和人民的关系更紧密了），但他谴责其缺乏领导力。此外，他非常确信这种体系会阻碍一种强大的精英阶层的出现。对于魏玛政治家的软弱，他表示无限的蔑视，并相信他们对协约国的屈服源于他们道德上的懦弱。默勒指控的不是一个政治体系的缺点，而是公众的诚信和品德——这是一种毫无根据的指控，但由于其笼统性，人们既无法反驳，也无法纠正。

在卡普政变的前几个月，他迫切希望有一个由右翼和左翼青年组成的联盟去建立一个独裁政权。默勒的作品中独裁主义具有理想主义正当性：议会制政体确实会出现不负责任的领导者，但独裁者也需要责任心，否则就会堕落为暴政——这是默勒和他的政治朋友们从未想到的。关于德国元首的神话，关于权力固有美德的神话，是如此地深植于这些反议会人员的思想和欲望中，以至于他们对可能出现的独裁权力的滥用从未感到不安。卡普政变阻断了德国走向国家独裁的进程。它再一次将左右翼分开，随后在德国中部发生了一系列共产主义起义。在1920年和1921年的起义之后，默勒在《共产主义者是否为德国人》一文中总结说，他们当然是德国人——他们的愚蠢和不负责任的政治激进主义已经证明了他们的身份。[32] 几年后,默勒抱着赞赏的态度评价了国家社会主义思想和以此为名的小型运动。

跟过去一样,默勒对魏玛的文化氛围颇有微词;在鲁尔危机爆发的几周前,他发表了一篇刻薄的预言性文章《德国的面孔》:"他们谈论现在的德国时说的话全都是正确的。"冷漠、淡薄、懒惰和狭隘的自私,这些缺点都是真实的,他尖锐地谴责它们。他严肃地对德国人民的物质主义和享乐主义态度进行了强烈抨击,并多次提问怎样才能把德国人从他们自己手中拯救出来:"我们应该强迫所有人,但只有德国人更需要如此。有些人会因为身处险境而恢复理智。显然,对德国人来说,只有灭亡才能做到。"[33]

正如很多德国保守主义者所做的那样(通常是出于战术原因以便宣扬"元首论"),默勒对德国人在政治上的无能表示绝望和蔑视。自俾斯麦之后,一切都止于失败。1872年的那一代人认为德意志帝国的建立是理所当然的,甚至无法理解拉加德或尼采的愤怒;1888年的那一代人既愚蠢又自私,焦急地让这个国家陷入各种冒险之中;它输掉了第一次世界大战,即使是现在,它的狂热支持者仍然试图微笑着度过灾难,满足于追求财富和享乐。战后的这一代人甚至不知道自己曾经被打败、被侵犯、被羞辱。他坚称,德国人是一个分裂的、倾向自我毁灭的民族,有时拥有恶魔般的、无法控制的能量,但只有在面临可怕的威胁时才会这样。在墨索里尼向罗马进军之后,默勒立即写了一篇文章,名为《意大利纪事》。文中,他颂扬了法西斯主义的历史根源,并抱怨说,德国人甚至缺少必要的集体历史感,没有这种历史感,他们就无法建立起德国式法西斯主义。"意大利人……生活在他们所认为的自由、独立和团结中。德国人民没有那样的传统。"[34]

德国人如此盲目、远离政治,尤其是魏玛的统治阶级,他们甚至不知道政治的核心是外交政策。在默勒那里,外交政策至上(德国历史主义和政治思想的共有原则)达到了荒谬的高度。深深地影响和分裂了

第三部分　默勒·范登布鲁克和第三帝国

人民的内部冲突应该得到镇压,所有的国家力量都应该用来对抗西方的敌人。《凡尔赛和约》签订前的二十年,他怒斥西方自由主义;和约证实了他的仇恨没有错,并赋予了他更多的能量,他的仇恨也前所未有的切合时宜。

德国人应该停止自相残杀,应该学会克服或解决内部的对立。唯一吸取了这一教训并获得了政治意识的人是"局外人",即德国国境之外的欧洲和其他地区的数百万德国人。[35]

默勒对保守主义革命思想最重要的贡献之一是他拥护"社会主义外交政策",但他主张通过惩罚境外的国人来安抚国内的社会不满。"今天的社会主义必须从一个阶级的社会主义转化成人民的社会主义。"[36] 必须把德国无产阶级从马克思主义的错误教条中剥离出来,必须教育他们,只有将德国过剩的人口转移到扩大的领土上,才能消除社会的不平等。这个论点(常被称为社会帝国主义的论点)在第一次世界大战之前很久就以一种更微妙、更无意识的形式引起了人们的兴趣;在魏玛共和国时期,由于西方列强在《凡尔赛和约》中施加的掠夺条款,它便更具合理性了。[37]

讽刺的是,默勒的社会主义外交政策是基于先前的国内政治结构的改变而形成的。只有一个强大的政府(也就是独裁)才能在国外推行激进的政策,因此默勒也面临着国家生活中的内外部因素不可分割的问题。"我们有信心……有一天德国人民将证明他们的生命力比法国人更强,七千万人的力量将战胜四千万人的力量。我们的目标是加速那一天的到来,让七千万人民凝聚一心,获得大众和个人的共同支持。"[38]

社会主义外交政策的方向已经明确。默勒确信西方世界的霸权时代已经接近尾声;第一次世界大战为反对西方的运动提供了最后的动力:"在东方,中国、印度和埃及正试图摆脱欧洲的控制。"澳大利亚会由澳大利亚人或美国人管控,而不再是英国人,就像南非已经变成了"布尔人"的国家。[39] 海外的德国人会痛苦地经历这一过程,因为德意志帝国主义已经灭亡,不会复兴。整个殖民运动就是一个浪漫的错误,重回

文化绝望的政治

"泛德意志政治"的时候到了："这不是单指与奥地利合并……德国与奥地利合并……能够共同发起边界斗争,从梅梅尔地区到波兰-德国公民投票区,再到波希米亚、卡林西亚和蒂罗尔,直到受到威胁的,不,是被破坏和分割的西方边界。"[40]

但是,除了这些具体的目标之外,德国人的愤怒还隐匿在别处。根据默勒,这些目标可以而且应该主要通过和平手段实现。在他生前撰写的最后几篇文章之一,即《神秘的德国》中,默勒预言这种日耳曼式狂热将再次爆发。"毁灭后的我们蕴藏着敌人从未想到的可能性。它赋予了生活神秘色彩,在这种生活中,有些人一无所有,却组成了一个民族。"因此,世界甚至会害怕一个解除了武装的德国。"这种恐惧是我们唯一的武器",但德国人太过体面,不会利用这种恐惧。

> 那些不熟悉德国本质的德国人,不能以同样的慧眼看到历史进程的德国人,根据我们的政治命运得出了我们完全没有政治任务的结论……但我们的任务是:不让世界走向和平。我们的使命是以一种激愤的精神来激励安逸的人民。我们的奇迹将会是:当我们被告知需要自我毁灭的时候,我们就会通过革命的自杀而获得政治上的重生。[41]

这些都是可怕的威胁,它们源于默勒对德国社会的表面下所隐藏的暴力的看法,以及他希望这些暴力最终爆发的愿望。这种暴力是如此强烈,以至于衰弱的西方无法控制它。面对这种黑暗的、毁灭性的力量,这种威胁要吞噬文明的虚无主义,将默勒深深地吸引住了。

默勒对西方的憎恨让他愿意去拥抱这种残酷又虚无的力量。他呼吁与布尔什维克主义结盟,并试图通过其关于第三帝国的愿景团结所有对现状感到不满的民族主义者。在他为民族布尔什维克主义和第三帝国辩护的同时,他也越来越靠近德国政治生活的主流。

第十四章

走向第三帝国

第三帝国的想法是一种超越现实的理想主义观点……德国人太容易自欺欺人了。第三帝国可能会是他们最大的一个自欺欺人的幻想。德国极有可能会依靠这种幻想,并从中寻到一丝平和。这种想法会摧毁德国。

——默勒·范登布鲁克

我们唯一确定的不可剥夺的所有物是现实。然而"真理"遭受了和"自由"、"公正"相同的命运。人们如此滥用真理这一概念,以至于只有骗子会用它来骗人,傻瓜才会被它迷住。真理曾经属于基督教,根据真理,一个人做或不做什么事变成了启蒙的道德要求,启蒙使神性人性化,从而毁灭了神性。对于西方人来说,对他们有用的才是真的。德国人仍然有一种危险的倾向,那就是追求"真理本身"。年轻人将再次"从自己身上"占卜真理,但他将会在现实中探索并发现它。

——默勒给拉狄克的回信,1923年

在默勒最后的几年里,他致力于成为一个政治现实主义者,一个设

文化绝望的政治

法摆脱衰落的魏玛共和国和《凡尔赛和约》的领袖。他取得了惊人的成功,成了年轻保守派的主要发声者,并证实了共和政体中政治理性的衰落。默勒之所以成为杰出的政治思想家,在某种程度上要归功于他现在充满激情和爱国主义情感的愤怒言辞,这些言论颇具成效。从更大的程度上来说,则要归功于战后席卷德国的非理性思想。默勒通往政治现实的桥梁,就是这种非理性对德国政治各个方面的侵扰。当他痛苦地描绘幻灭的德国人的情绪时,他实际上是在描绘自己的情绪;当他预言历史的进程时,他也受到这些人的情绪直觉的引导,这种直觉被欲望所激发。

在他最后一个阶段的作品中,默勒对事实或历史的复杂性保持着令人恼火的漠然态度。他固守着某些他早已熟知的旧思想,并从这些思想中得出(如关于西方或关于自由主义人士)对自己的政治或文化偏见似是而非的辩解。这种分类已经过时,怨恨也是,但默勒几十年来遭受的德国危机现在成了所有人的负担。

《凡尔赛和约》签订后,胜利方复仇,战败方屈服,默勒长久以来对西方的憎恨(他将西方视为腐朽的化身)似乎有了正当的理由。对他来说,资本主义生活和自由主义思想一样可恨,如今他全身心地投入到与之对抗的行动中,这为他赢得了很多政治观众。通过亲俄的外交政策,以及关于第三帝国的愿景,他设计出了新的方法来实现从前的愿望:让德国脱离西方路线。

他在德国外交政策方面坚定的东方立场,和他对民族布尔什维克主义的间歇性支持,都证明了他的政治观念和他的美学观念仍然紧密地交织在一起。这种复杂的思想来自一系列迥然不同的观点,它有时被国家社会主义者轻蔑地称为"东方意识形态"。[1] 最初,默勒的美学幻想和对陀思妥耶夫斯基的崇敬使他为东方着迷。对于他来说,陀思妥耶夫斯基就是俄国。不仅如此,由于默勒把自己对俄国的抽象理解错当成了真实社会,他还可以在这种"俄国"中看到德国的主要受害者和

第三部分　默勒·范登布鲁克和第三帝国

盟友；一条命运的纽带，一种命运共同体将德国与其他年轻民族联系在一起，而这个纽带永远无法将德国与西方联系在一起。如果前提成立（陀思妥耶夫斯基是俄国人，艺术可以把握一个国家的全部特点），那么默勒确实可以得出这样的结论，虽然其中充满幻想的内在逻辑让人疯狂。*陀思妥耶夫斯基证明了俄国文化是非西方的，它的命运是亚洲化的。这促使默勒宣扬一种地缘政治思想，并继续宣扬他关于德国东部扩张的战时预言。甚至列宁也被牵涉其中：他代表了俄国拒绝资本主义西方的另一个阶段，列宁的集体社会比西方的原子主义社会更可取。基于这些理由，加上德国正处于危险的境地，默勒坚持推动强力的东方政策。他希望能够争取俄国做德国的盟友，不是作为现实政治的工具，而是对另一个年轻民族发出的共同抵抗衰落的西方的邀请。

默勒的"东方意识形态"有两方面内容。一方面，他声称俄国和德国有共同的利益，因此应该组成某种同盟。但除了这一具体的想法之外还有一个模糊的概念，即两国之间针对西方的政治合作也应该与德国的国内政治相平行。西方的代表是掌权的共和党人，而极端反对西方者、共产主义者和民族主义者应该求同存异，共同对抗相同的敌人。默勒在寻求外部合作方面非常自信，尽管德国共产主义反复无常，但他从未放弃两个激进组织统一起来替换掉共和政体的希望。

在魏玛共和国时期，默勒的假想常常与德国领导者们的实际计划相吻合，后者致力于迅速恢复德国力量和政治自由。当然，他的亲俄和反西方政策，以及对民族布尔什维克主义的偏爱，收获了一大批追随者。早在1919年6月，德国的外交部长布罗克多夫-兰曹伯爵在给埃伯特的辞职信中已经说过："明确地、毫不含糊地拥护民主自决原则和社

---

* 默勒对德俄关系的观点来自他的文学遗稿保管人汉斯·施瓦茨（Hans Schwarz），一位东方人。汉斯收集到的文献超过一半都与陀思妥耶夫斯基有关，这在数量上证明了陀思妥耶夫斯基对默勒观点的重要性。参见 Moeller van den Bruck, *Rechenschaft über Russland*, ed. by Hans Schwarz, Berlin, 1933。

文化绝望的政治

会正义将是德国人民未来存在的理由；这个理由，**以及对资本主义和帝国主义毫不妥协的战争宣言——他们的劳动成果就是敌人的和平——将赋予德国一个伟大的未来。**"* 数月之后，德国陆军上将冯·泽克特以一种完全不同的精神面貌，在红军和德国国防军之间非法进行密切联系，他认为这是摆脱《凡尔赛和约》束缚的唯一可行办法。[2]政治光谱的另一端是一位保守派布尔什维克主义者，犹太人卡尔·拉狄克。1919年，他在著名的莫阿比特监狱的牢房，也就是他的"政治沙龙"中与德国民族主义者和共产主义者进行了交谈。泽克特和拉狄克(一对奇怪的组合，唯一的共同点是对西方的仇恨)至少是现实主义者，他们都握有权力，为了达到自己的目的而试图了解潜在伙伴的需求。在他们的阴影下，持不同政见的左翼和右翼分子在摸索一个受欢迎的纲领时，编造了所谓民族布尔什维克主义。

人们常说民族布尔什维克主义出现在德国的三个独特时期：1919年、1923年和1930年。[3]但是这种精确的时间点并不符合这一运动的特征。对于右翼民族主义者来说，民族布尔什维克主义作为一种思想状态，甚至作为自发的仇恨态度，在整个魏玛时期都具有潜在的吸引力。它没有具体的纲领，不受条件变化的影响，也不能有任何行动。因此人们很容易就能理解为什么默勒成了民族布尔什维克主义的主要信徒；他不想在关键时刻采取行动，这体现了整个民族布尔什维克运动的精神。

正如我们所见，默勒主要关心的是国外的德国力量的复苏和国内的团结。他有力地指出，德国的主要敌人在西方，而它唯一的潜在盟友在东方。他不时地设想两个受压迫的年轻民族联合起来向西方发动一次伟大的十字军远征。他责怪魏玛政客，因为他们拒绝了"与俄国

---

* Graf Brockdorff-Rantzau, *Dokumente und Gedanken um Versailles*, 3d ed., Verlag für Kulturpolitik, Berlin, 1925, p. 119. 根据恩斯特·雅克的说法，默勒在那一时期与布罗克多夫-兰曹保持着联系，并打算把《第三帝国》献给他。参见 Ernst Jäckh, *The War for Man's Soul*, New York, 1943, p. 81。

结盟,让革命的东方对抗资本主义的西方……利用强大的、有威胁力的东方阵营去扭转[凡尔赛]和约的可能性——即使这仅仅是虚张声势——也因为我们的政治家担心失去敌人的善意而被抹杀了。"[4] 外部的力量需要内部的团结,而这只能通过政治极端主义调和;无疑,与怯懦的小市民或怀旧的反动派相比,默勒更亲近活跃的左翼革命者。只要人们不考虑协约国的实际力量,不考虑无情的克里姆林宫政策或者将无产阶级与德国民族主义代表区别来开的物质对立,而非精神对立,那么似乎人心和政策都鼓动着民族布尔什维克主义。默勒虚无的希望激励了一大批德国右翼分子时有时无的信心,他们对魏玛共和国感到沮丧和厌恶,渴望寻求得到东方的支持来反抗西方。

在1921年6月默勒发表的一篇关于民族布尔什维克主义的宣言中,他将共产主义者和右翼激进分子的"轴心"定义为共同反抗

> 自由主义的斗争,这种自由主义从中间蔓延到所有党派,污染并腐化了他们。在这种自由主义中,革命分子和保守派看到了一种个人主义人生观的表达,而在这种过于人性化的结果中,同样也意味着一种自我主义的人生观。这就是为什么他们都反对议会制政体,因为他们认清了这是自由主义者们为自己设立的保护机制。

因此他们一致认为德国需要专制政体,虽然一方追求无产阶级专制,而另一方追求精英政治。默勒坚称他们都有社团主义基础,唯一的障碍是共产主义者需要学习如何从民族主义角度思考问题。右翼的国会议员没有看到他们和共产主义者的这一关系,但是国会之外的民族主义者看到了:"在如今稍纵即逝的生活中,民族主义者和共产主义者仍然手握武器,面向彼此。尽管处在敌对的立场上,但学生、军官和民族主义士兵仍应该向站在敌人位置上的工人和失业者给予一定的帮助。"受过教育的群体也面临失业,因为他们学到的技能在新德国派不上用场。

文化绝望的政治

默勒继续说道,这种左右翼分子之间的互助不仅仅体现在(人们对此有一些似是而非的争论)社会团结上:"它可以追溯到战争期间。在那四年里,所谓受教育群体常常在面对未受教育群体时有一种特殊的体验。他们发现了普通人的共性。"但是当普通人变成了无产阶级分子,变成了盲目从众者,并开始信仰外国学说时,阶级之间的联系就断裂了。共产主义者和民族主义者的利益在某种程度上完全一致,但具体的合作问题完全取决于共产主义者。如果他们团结起来,将祖国视为唯一的剩余财产,那么左翼和右翼便可以一同推翻国内的资本主义暴政和国外的帝国主义。[5]

在考虑国内的情况时,默勒的民族布尔什维克主义陷入了通常的精神笼统性中。他与东方政策的反对者展开积极的争论;例如,1921年10月,他谴责鲁登道夫提出的对苏俄发动国际远征的建议。他有些迟缓地认识到他在战争时期的长官无法"理解政治现状对德国来说越来越危险……他总是在建设违背人民意志的政治……没有德国工人会与俄罗斯战斗,他们甚至不允许这样的战争发生"。[6]

默勒欢迎《拉帕洛条约》的签订,并声称这是"[决定性的]一次对西方说不"。[7] 1922年5月,他回忆起劳合·乔治早前的警告,"也许愤怒的德国会武装饥饿的俄罗斯",默勒迫切希望将这种可能尽快转化为现实。[8]

一段时间后,苏联第一次认真考虑了民族布尔什维克主义的可能性。[*] 苏联受到了鲁尔危机的惊吓。不仅如此,当英国在近东地区进行了一些敌对行动之后,法国可能会紧接着取得对德国的决定性胜利,这也让苏联感觉受到威胁。在这种情况下,拉狄克在共产国际执行委

---

[*] 参见 Edward Hallett Carr, *A History of Soviet Russia*, Vol. IV: *The Interregnum 1923—1924*, New York, Macmillan, 1954, chapter 7, "Communism and German Nationalism",其中对苏联有全面的介绍;该作品将《良知》描述为一个"国家社会主义刊物",将默勒描述为"纳粹运动中的知识分子",这显然大错特错(pp. 177, 188)。

第三部分　默勒·范登布鲁克和第三帝国

会的扩大会议召开前发表了讲话,公开寻求与德国右翼分子的合作。在得知《良知》上刊载了一些友好文章之后,拉狄克发表了一篇悼念德国殉难的民族主义英雄莱奥·施拉格特的文章。莱奥·施拉格特是曾在波罗的海地区攻击俄罗斯共产主义者的自由军战士,并于1920年在鲁尔攻击了德国共产主义者。1923年,他因在鲁尔进行蓄意破坏活动被法军处死。德国民族主义者是否想要与俄罗斯人民或协约国资本家做斗争?难道他们不应该"与俄罗斯工农共同努力,以摆脱协约国资本对德俄两国人民的奴役吗"?没有这个结盟,施拉格特的死亡毫无意义,他将会是"一个走进虚无的漫步者",这个说法来自一部民族主义小说的标题。回想起自由战争前,"沙恩霍斯特"号和"格奈森瑙"号巡洋舰解放的农民,这些人一直是后来的东德民族布尔什维克主义者们的历史英雄,拉狄克预言只有解放无产阶级才能解放德国人民。"如果德国想进行战斗,它必须创造一个统一的工人战线,脑力劳动者必须和手工劳动者联合起来组成一个坚定的队伍。脑力劳动者们急需这样一个联盟。建立联盟的唯一阻碍就是过往的偏见。"德国共产主义者必须找到通往"民族主义者"内心的路径。共产主义者必须尽一切力量"让人们变得像施拉格特这样愿意为了联盟而赴死,这不是在虚无中漫步,而是在通向全人类的美好未来大道上漫步;他们会为了伟大的德国人民挥洒热血,而不是为了煤矿和钢铁大亨的利益"。解放德国人民,解放"所有那些遭受苦难的人民"是共产主义者们的任务。"施拉格特没法亲身听到这份宣言了,但我们相信还有数百个施拉格特听得到,并理解它。"[9]短时间内,大街上、会议厅里和政党报纸的专栏中都可以看到德国民族主义者、法西斯主义者与共产主义者的合作。左翼和右翼的极端主义者也相互会面。然而,在那一个时期,俄罗斯和德国的意识形态统一战线注定会失败。在其他历史阶段,斯大林和希特勒会再次以不同的形式将其复活。

拉狄克明确请求国家社会主义作家恩斯特·冯·雷文特洛和默勒

（他曾经推荐过默勒的文章）对他的提议做出答复。[*]他还曾在《良知》上称该期刊是德国民族主义圈子中唯一有思想的报纸。1923年7月，默勒在《良知》中写了三篇长文试图去揭示为什么拉狄克的邀请不能只看表面。默勒似乎急于摆脱这种危险的"拥抱"；而且他以最快速度逃离了共产主义者突然向他发出的合作邀请。默勒的梦想世界不容侵犯，他很快就消失在笼统性的烟幕之后。

默勒提出的主要反对意见虽然与当时的目标无关，但在某种程度上确实具有预见性。他告诉拉狄克，战争以来资本主义的特征已经发生改变；现在是"一种具有社会凝聚力的企业资本主义，其中'资本'和'劳动'是同义词……这种资本主义让社会主义不得不担心发生大逆转"。[10]这是美国资本主义的阴影！但也不完全是这样，因为默勒也同意拉狄克，德国需要某种经济专政，但并不是一种无产阶级专政，甚至不是一种由无产主义者和脑力劳动者组成的专政，而是仅有企业家组成的经济专政。"对我们来说德国企业家属于脑力劳动者。在经济事务方面他们与我们一起站在前线。"[11]在外交政策方面也是一样，默勒不再确定他的东方立场的可行性；或许苏联还没有强大到让他们如此冒险。他在警告中还忽然预见到了一个新进展，即1935年组成的法苏联盟："德国必须一直为法国和苏联可能会修复特定的政治关系做好准备，他们对英格兰的态度已经初见苗头……法兰西共和国不会像回避沙皇专制那样回避与苏维埃的联系了。"[12]在与拉狄克抗衡时，他学会了从现实的角度思考问题。但是危险很快过去了，共产主义者很快就抛弃了施拉格

---

[*] 参见Ernst Troeltsch, *Spektator-Briefe*, p. 269。克伦佩雷尔相信拉狄克和默勒举行了一系列的讨论会，参见Klemens von Klemperer, *Germany's New Conservatism*, p. 146。对此我没有找到确凿证据。也参见Abraham Ascher and Guenter Lewy, "National Bolshevism in Weimar Germany. Alliance of Political Extremes Against Democracy", *Social Research*, XXIII（1956年冬），465—466。阿舍尔、莱维、默勒以及雷文特洛的回复放在一起，给人一种默勒也同样有着反犹太主义的印象。

第三部分　默勒·范登布鲁克和第三帝国

特战线,就像当初采纳它一样。默勒可以适时地回到他的东方政策上,他的诉求得到了"20世纪20年代末和30年代初的东方人"的尊重。*

《第三帝国》写于1922年,并于一年后出版。这本书是默勒最重要,也是最为人所熟知的政治作品,它碰巧为国家社会主义运动提供了一个口号,也为国家社会主义者的国家赋予了一个历史性名称。对于默勒来说这个名字是后来者,起初他计划将这本书命名为"第三党派"或"第三视角"。[13]这些名字的目的都一样,但是用一个古老的德国神话为本书命名,便恰当地将这本书置于德国的传统之中。第三帝国之梦可以追溯到中世纪的神秘主义,追溯到弗洛里斯的约阿希姆,还能唤起对中世纪帝国荣耀的记忆。[14]这个梦想一直持续到了19世纪,并在第二帝国(俾斯麦时代)毁灭后迎来了辉煌的复兴。†斯宾格勒称第三帝国为"日耳曼的理想,永恒的明天,从弗洛里斯的约阿希姆到尼采再到易卜生,所有的伟人都与之相连——正如查拉图斯特拉所言,它是渴望飞向河流对岸之箭"。[15]相对于神秘的帝国,默勒本人更强调"第三",因为他希望德国生活中的对立面(教派、阶级、地域的对立)能被归入某种更高层次的和谐的综合体之下。该想法非常合适默勒的论点:这使他能够创造在现实中不存在的逻辑体。在形式上,这种对"第三"的呼吁是对黑格尔辩证法的粗俗模仿;在意图上,这只是一个实现统一的神奇咒语。第三帝国的概念贯穿了大部分现代德国思想,它一

---

* 后期的民族布尔什维克主义者,尤其是围绕着恩斯特·尼基施和卡尔·奥托·佩特尔(Karl Otto Paetel)的群体,是真正的革命分子,他们关心的是德国社会激进的重组。和默勒不同的是,他们相信首要的任务是处理内政,即使后来希特勒大获全胜,他们也没有像默勒的嫡系传人一样与希特勒握手言和。这绝非偶然。

† 默勒早就熟悉了这种神话。在《现代文学》中,他批评了约翰内斯·施拉夫的同名小说。后来他再次触及这一话题,其看法与他日后的朋友兼同事恩斯特·克里克在一部战时作品中的观点颇为相似,参见 Ernst Krieck, *Die Deutsche Staatsidee. Ihre Geburt aus dem Erziehungs-und Entwickelungsgedanken*, Jena, 1917, p. 25。

文化绝望的政治

直在暗示一种超越既定的努力,以洞察现实之外的领域。*

《第三帝国》标志着默勒思想的巅峰,也标志着德国思想的巅峰。默勒承认了前人的失败,希望自己可以重新实现他们的愿望:"[施泰因之后的]保守派思想家不再是政客,而是局外人,他们的命运注定了他们在这个国家不被承认、不被注意或很快被遗忘,从早先以亚当·穆勒为中心的保守派,到后来的拉加德和朗本。"[16]正是默勒将这种特殊形式的日耳曼理想主义带入了历史上著名的第三帝国。

《第三帝国》也是默勒文学力量的巅峰:书的书奏很快,语气充满激情又深奥玄妙,观点似是而非地简单。他再一次对过去的敌人进行攻击,但这次涵盖了对他们具体罪行的指控。1918年,在攫取权力后,他们变为默勒攻击的明确目标;而在软弱地行使权力后,他们变成了极为可耻的目标。《第三帝国》是对默勒战前文化偏见和政治抱负的美化。

默勒对改革和共和国的攻击,对自由主义和社会民主的驳斥,对德国现存的每一个道德败坏的政治力量的攻击都足够真实,足以产生毁灭性的效果。唯一可能反驳他的,是他对政治行动的历史局限性的迂腐叙述,正如对他神秘逃亡到第三帝国的仅有驳斥,只能是他对棘手的"顽固且不可还原的事实"的坚持。但没有什么比政治幻想更不受事实或理性批评的影响:像"爱"一样,这种幻想体现了受害者内心深处的渴望和欲望,他们是最高级别的妄想者,认为自己是自己命运的主人。

默勒将《第三帝国》题献给海因里希·冯·格莱兴,以纪念他们

---

* 在默勒的修辞中,"第三"和Mitte常常是同义的,当《第三帝国》攻击魏玛共和国时,托马斯·曼则在精心地为共和国辩护,他称赞其为德国人性的最佳司法形式,将Mitte描述成介于"审美上的孤独和整体中个性的丧失之间、神秘主义和伦理学之间"、利己主义和民族主义之间的存在。默勒认为,同样的对立只有在第三帝国才能得到调和。而曼则以向共和国的致敬结尾:"共和国万岁。"参见Thomas Mann, "Von deutscher Republik", *Bemühungen*, Berlin, 1925, pp. 189—190。

第三部分　默勒·范登布鲁克和第三帝国

共同的努力,并相信"德国政治的悲哀皆在于党派……我们有必要从思想层面摧毁党派"。[17]在此之前,他系统地回顾了当代所有的政治立场,唯独不包括牧师的立场,因为牧师的立场是所有其他政治立场的中心——在这部经常被称为政治宗教的实践作品中,省略是很重要的。书的前面一直在探究魏玛共和国的政治文化,直到最后一章才提出了有关第三帝国的愿景。[*]

在分析魏玛共和国时,默勒采用了他在《德国人》中曾首次使用的方法。他与理想主义者、自由主义者、社会主义者等一起工作。将自由主义人格化之后,他可以在不了解其哲学或政治纲领的情况下谴责它。如果一个自由主义者不能公正地思考或行动,那么就没必要分析他的思想和行为了。这种毁在标签上的例子并不罕见;比如"资产阶级"也经常是指那些被默勒攻击为自由主义者的群体。标签也是寻找反派的捷径。一旦默勒将自由主义者定义为挑拨离间的群体,定义为懦夫和投机主义者、自私的叛徒和伪造者,并断言共和国是由这样的人所掌管,那么接下来在这个令人恼火的镜像游戏中,"十一月革命"(乃至整个魏玛共和国)都将充斥着自由主义,成为令人憎恨的存在。

这本书的力量和魅力就在于它愤怒地唤醒了一个遭遇背叛后幻想破灭的民族的情绪。默勒对魏玛统治阶级的讽刺性描述就像布雷希特的诗和格罗斯的画作一样残酷。[†]他感受到了右翼人士的愤怒、民众的不满,以及左翼和右翼人士共有的堕落和失望。他对这种感情力量的描述,远胜于他对魏玛政治中有形力量的描述。最终,这种感情征服了

---

[*] 章节题目分别为:革命、社会主义、自由主义、民主、无产阶级、反动派、保守主义、第三帝国。

[†] 事实上,默勒非常关心左翼阵营在文学领域占据主导地位一事。1923年,在写给恩斯特·克里克的信中,他抱怨德国缺少保守主义作家:"有受众,却没有作家。政治左翼,虽然没有思想——这一点他们从1918年起就暴露无遗——但拥有所有的文学人才。"参见 Andreas Hohlfeld, *Unsere geschichtliche Verantwortung*, Leipzig, 1933, p. 21。

所有其他的力量。

关于默勒的政治思想已经说得够多，因此对《第三帝国》的全面讨论也就没有必要了。[18]这本书开篇就呼吁一场成功的革命："战争可能会失败……最糟糕的和平永远不会结束。但革命必须成功。"[19]"十一月革命"是一场失败的革命，因为有人屈服于西方敌人的卑劣思想，在胜利的军队背后捅了一刀。革命摧毁了魏玛时代，依靠的是"自满而又不知何故缺乏安全感的人，接受了过多教育的人和完全没受过教育的人，既小气又自大的人……满足于物质化的规律生活，同时又自吹自擂的人。他们虽然富有却贫穷，花哨却丑陋"。[20]魏玛时代已经离去，但魏玛人民仍然是主宰者，革命要想成功，就必须做到"抛弃所有从上一代延续下来的德国特有的一切"。[21]当默勒宣告自己为革命分子并呼吁新一轮革命时，他设想的是一场德国文化的革命，而不是物质条件的革命。

他对社会主义的批判本质上来说都是学究式阐述："社会主义的所有错误都来自卡尔·马克思所说的'因此人们只为自己设定那些他们能够解决的任务'。"[22]社会主义缩小为马克思主义，马克思主义缩小为马克思，马克思则缩小为犹太教。作为一个犹太人，他误解了人类的精神实质，"作为犹太人，他对欧洲来说是个陌生人，却卷入了欧洲的事务中……作为犹太人他没有祖国"。[23]这个无家可归的知识分子试图劝告所有无产阶级他们也没有祖国。"[他的]影响是犹太性质的，因为它具有腐蚀性。"从默勒只有在试图摧毁马克思主义时才诉诸反犹太主义，可以看出马克思在默勒看来是多么可怕的威胁——由于反犹太主义在魏玛变得越来越庸俗和投机，默勒和他的许多朋友在是否诉诸反犹太主义问题上非常犹豫。

默勒指责马克思和他的自由主义追随者（epigoni）误解了人的本性，完全忽视了外交事务对社会秩序的影响。而默勒的社会主义弥补了这些漏洞，结合人的精神性和民族的贪婪性，他能够设计出不改变德

第三部分 默勒·范登布鲁克和第三帝国

国内部结构就能让德国无产阶级和德意志民族和解的方案。通过默勒的言论,我们可以了解到他的目的之核心是"我们民族的缺陷仍然是对国内政治的关注"。[24]民族统一(不是流于表面的,而是积极、自愿并带有宗教意味的统一)仍然是他最关心的事。

实现民族统一的第一步是毁灭无产阶级,这一步利用思想手段就可以实现:"无产阶级就是想成为无产阶级分子的人。不是机械化劳动或经济上对资本主义生产方式的依赖让一个人成为无产阶级分子,而是无产阶级意识。"[25]这让人回忆起了列宁对工会意识和无产阶级意识的划分,当然,默勒从这种划分中得出了不同的结论。让无产阶级回归到人民的价值中去,他们就会放弃所有马克思主义的空话。让他们知道,无产阶级阵营和资本主义阵营是对民族的划分,而不是阶级。一旦无产阶级分子去无产阶级化,他们就会明白德国无产阶级分子仅仅是克列孟梭口中世界上过剩的两千万德国人。这些"过剩的"德国人只有通过"社会主义外交政策"才能重新获得相应的社会地位,德国也会因此更加强大繁荣。尽管这一切都很模糊,但默勒的言辞听起来异常坚定。他提出了转化无产阶级分子和调整阶级斗争的方案,该方案也是证实德国思想从过度感性飞跃到野蛮扩张的又一例证。

默勒站在国家社会主义阵营向德国无产阶级示好,但也试图抹黑他们的领袖和已经取得的成就。他尖锐地揭露了大多数社会主义领导人的非革命性质,并告诫工人们离开"这些无产阶级的庸人"以及不过是法国和俄国的雇工的独立社会主义者。[26]欧洲社会主义和俄国布尔什维克主义都抛弃了马克思主义,嘴上却不肯承认。默勒建议德国社会主义者正式放弃他们实际上早已放弃的东西。二三十年后,德国社会主义者最终还是照他所说的做了。

就像默勒常常在口号中承诺,"每个民族都有他自己的社会主义",新德国也将建立在社会主义基础上。这种日耳曼社会主义将综合费希特、利斯特和斯泰因的思想,以及中世纪的公会和财产制度。它将属于

文化绝望的政治

有组织的社团主义,在新的等级社会中,阶级差距不会造成民族分裂,而是实现民族统一。但是,除了这些针对有序经济、针对一个愿意接受现代资本主义中不平等因素的社会口头姿态之外,一个把物质问题轻蔑地当作"次等事实"而不予考虑的头脑,不会有,也不可能有其他想法。默勒的理想主义是对现实经济持高冷态度的一个例子,并促使贝托尔德·布雷希特写出如下诗句:

> 首先是温饱,
> 其次才是道德。

当然,默勒的仇恨主要针对自由主义和自由主义精神。在他对自由主义的攻击中,他痛恨魏玛政治和现代文化,在他眼中,自由主义承载着所有现代社会的邪恶,而魏玛是自由主义诡计的化身。也是在这里,默勒清楚地将自由主义和启蒙运动画了等号,他对后基督教生活的两种形式都表示蔑视,并认为,自由主义的根基可以追溯到传统宗教团体解散之时:"自由主义是一个社会不再是团体的表现……当人们感受到自己不再是团体的一部分,他就成了自由人。"[27]他巧妙地把自由主义与自由本身对立起来,坚称自由主义破坏了中世纪以来一直存在的真正自由,并在议会制度中以一种虚假的自由取而代之。例如,1914年前的德国人是"世界上最自由的人",而1918年的自由主义革命奴役了他们。默勒宣称,自由主义代表着国家的死亡,它用关于自由的虚假口号来掩盖它对传统的人类纽带的攻击,这是一种致命的骗局。在说这些话时默勒非常真诚:"它消灭了各种宗教,摧毁了许多国家。它是人类的自我毁灭。"[28]

默勒认为自由主义的近义词是"理性"(Vernunft),它比保守主义的近义词"理解"(Verstand)要低级。对理性的攻击(被托马斯·曼在1922年后不断抨击的攻击)是默勒仇视魏玛的表现。在默勒看来,虽然

第三部分 默勒·范登布鲁克和第三帝国

自由主义者知道如何把抽象的理性转化为具体的利益，但他们是教条化的、无情的、不切实际的。事实上，令默勒抓狂的是他感觉到如此卑鄙又陈腐的自由主义已经取得了全然的胜利，因此他确定其背后必有骗局。为了支撑自己的阴谋论，他开始批判共济会，并将此作为理性自由主义的秘密武器。

德国的情况是因自由主义的欺骗造成的，而且是最令人反感的例子。"全国上下都在怀疑这是一种欺骗国家的诡计。"[29]自由主义的欺骗同时作用于内部和外部；协约国在战争期间欺骗了德国，战后又背叛了它，而国内的自由主义者劝说他们的同胞放下武器，相信国外的自由主义朋友们的好意。因为布尔什维克主义者也像默勒一样认为自由主义是一种欺骗，所以难怪默勒对他们有一种亲近感。他也知道布尔什维克主义者是他在反对自由主义方面唯一的竞争对手，因为他相信反抗自由主义的巨大地下运动有朝一日将在革命进程中突然爆发。而首先爆发的可能就是共产主义革命，但默勒希望他的保守主义革命，也就是在他去过的任何地方都颇受欢迎的"右派赢得大选"这一结果能够提前阻止这一切。

但是这种保守主义革命不能从德国的保守主义传统中汲取营养。默勒是一位有能力的德国保守主义批评者，自梅特涅和腓特烈·威廉三世起，这种保守主义的思想和道德就开始堕落，并专门致力于维护物质利益和特权。在这个纷争不断的问题上，默勒坚持认为反动派和保守主义者不同，1922年的反动派不过继承了早前堕落的保守主义。[*]区

---

[*] 近期，一位年轻的奥地利历史学家弗里德里希·黑尔发表了一篇卓越的文章，参见 Friedrich Heer, "Der Konservative und die Reaktion", *Die Neue Rundschau*, LXIX: 3 (1958), 490—527。黑尔的类型学（主要是心理上的）将默勒及其朋友归类到反动派中，黑尔称之为斯宾格勒派。例如，他说："保守主义者是快乐的，他们可以根据这一点被辨认出来。反动者是暴躁的、悲伤的、非常严肃的，没有快乐和幽默感。他们无法开心，因为他们不是掌控自己的主人……对于反动派来说……最重要的事情就是怀疑。敌人无处不在。"(pp. 503, 505)

分保守主义和反对派的标准在于他们对魏玛历史的态度:"任何一个仍然认为1914年前的生活是积极美好,甚至无与伦比的人都是反动派;任何一个不屈服于谄媚的自我欺骗,并诚实地承认其令人反感的人都是保守派。"[30]不仅如此,默勒偶尔会支持左右翼极端分子联盟,而对联盟来说最大的阻碍就是当前的反动势力。

另一方面,不管是在原则方面还是在对既定情况之局限性的理解上,保守主义者都是现实主义者。他们能认识到人类本质的恒定性:"人类生活的事实仍然是爱、恨和饥饿,是促进发明创造的必要性,是刺激的挑战,是事业心和探索心,是人民和民族的自我主张,是商业和竞争,是意志、理想和对权力本身的驱动力。"[31]保守主义者鄙视自由主义者的乐观态度和他们持有的"人类是可改善的"这一观点。

从当时的情况来看,与反对派不同的是,保守派必须接受"十一月革命"的爆发和德意志共和国的诞生。他们必须完成革命,改变共和国,这样德国人民才能最终收获一个与他们的古老传统以及人类本质的永恒定律相一致的政治组织。除此以外,以及国家社会主义和社会帝国主义计划,其他没有什么比第三帝国的神话更明确的了,它有点像马克思的共产主义社会,预示着所有国内斗争的结束,并使所有阶级和解。关于第三帝国,我们唯一确定的方面就是旧德国思想,所谓元首指导思想,即逃离政治和社会现实。元首会体现所有社会群体的抱负,他本人也会站在德国人民的矛盾之上看待问题。这就是旧的君主专制的合理化,它的民族主义色彩使它更具有现代感,它的神秘色彩则使它更有吸引力。

但第三帝国的很多方面都含糊不清,就像一个神话。它被描述为"最终帝国",标志着德国历史的顶点。但它仍然只是一个神话。第三帝国"永远是一个承诺。它永远不会实现。它是一个只能在不完美中实现的完美"。[32]

在第三帝国中,德国人可以忍受历史上的敌对。其中一些敌对已经消失:在现代德国,德国各部落之间逐渐不再自相残杀,他们的部落

第三部分　默勒·范登布鲁克和第三帝国

自豪感已经变成了德国人民意识的一部分。同样，宗教对立也进入了新阶段，基督教合一的意识在新教徒和天主教徒之间起到了调节作用。通过这种方式，三种遗留的对立都会得到解决。默勒承诺会通过引入"企业家社会主义"，实现帝国和国家、资本主义和无产阶级的融合。他最后一个关心的事是"德国和平主义"，也就是和平主义者和军国主义者的争端。"永久和平当然也是《第三帝国》的观点"，但是这种和平是靠德国军队支撑的。[33]最后的帝国将会是泛德意志的。西方世界取得了暂时的胜利，但它实际上在衰退，只有德国将会屹立不倒，不可侵犯。默勒消灭了所有的危险，禁止了所有的冲突；第三帝国是真正的梦想中的梦想，它承载了德国右翼的所有希望。

《第三帝国》中的想法并不新奇，这是反民主的右翼惯用的伎俩。[34]但是默勒为这些想法赋予了生命，他把这些想法与救赎的神话联系在一起，与第三帝国联系在一起，让它们承载了希望。他的作品被称为"真正的政治宗教"；这是一部关于信仰、愤怒和预言的作品。[35]第三帝国（那个永远无法实现的统一的强大帝国）是一个宗教思想。默勒亲自发声，热情且急迫，像一个布道者一样寻求热切的回应。

默勒并不是立刻就等来了回应。1923年《第三帝国》问世，那时共和国正第一次处在崩溃的边缘。但它挺了过来，经受住了严峻的考验，并在1924年进入了一段貌似稳定的时期。就连德国民族主义者也加入了政府，激进地反对共和国似乎是徒劳的，许多六月俱乐部的成员开始寻求与右翼政党结成更有利可图的联盟。也是在这个时期，六月俱乐部解散，转型为更富有、更世故的德国绅士俱乐部（Herrenklub）。[36]默勒拒绝加入这些人的行列，并疏远了他以前的大多数同事，其中包括海因里希·冯·格莱兴，后者的政治适应能力比默勒强得多。多年来，默勒一直是一个寻求新纲领的团体的核心人物，但他似乎又一次成了局外人，除了几个不起眼的门徒之外，他形单影只。事实证明，默勒的负担确实过重；他的精神和神经都开始支撑不住。1924年底，他彻底精神崩溃，并于几个月后自杀去世。

即使是在共和国稳定时期的那段最黑暗的日子里（1924年至1929年期间并没有很多人投靠共和国），默勒的作品也一直摆在公众面前。1928年，他的遗稿保管人汉斯·施瓦茨和大洋舰队前指挥官A.冯·特罗塔共同创办了一本新的双月刊《中东》(Der Nahe Osten)，这本杂志在莫茨街的老总部大楼发行出版。他们宣布了一个纲领："《中东》要求收复失去的省份，并与波兰清算账目……它将继续默勒·范登布鲁克的工作，重整欧洲秩序，在精神上和政治上向东方的农村特征靠拢。"[37] 该杂志在成立的第一年出版了默勒的杂记；剩下的版面刊登了其他人写的战争文章，其中包括默勒遗孀的文章——她假装默勒信仰她自己的种族主义和极端主义。1930年，人们开始热烈地讨论"真正的"默勒，许多评论家认为他的遗作被他从前的密友们歪曲了。这一看法相当正确。[38]

默勒没有等到他的预言全部实现。但是他的直觉是正确的，反共和国的地下暗流的确存在。在1928年的议会危机之后，在施特雷泽曼去世和魏玛短暂的繁荣后，反对共和国的呼声重新爆发。这些地下暗流先于、伴随并理想化了右翼的业余政客们对魏玛共和国造成的实际破坏。默勒关于第三帝国的神话立刻得到了复苏，到1929年为止，比起希特勒，这个神话仍然与默勒的名字相连得更紧密。"它控制了所有民族主义群体的思想世界。"[39] 在赫尔曼·劳施宁的印象里，默勒的书是"保守主义复苏"的主要动力。甚至默勒的社会主义敌人也说"这个第三帝国的信徒的影响，尤其是对右翼知识分子圈子的影响，会一直存在，而且无论怎样高估都不过分。"[40] 1929—1933年间，默勒的主要作品多次再版，其中的节选在无数廉价小册子中出现，施瓦茨将他的政治杂文收录为了四卷作品。

在最后一次摆脱共和国和议会制的努力中，人们常常提起默勒的

第三部分　默勒·范登布鲁克和第三帝国

观点。在保守主义革命的阵营(借用默勒后来获得极大赞誉的话说)中,他为保守派和革命派双方所利用,因为在政治现实面前,虚假的结合很快就会分解为原始的、对立的成分。我们将会看到,保守的思想家们成了共和国右翼掘墓人的辩护者;革命分子分散在一百个小集团里,组织不善,总是默默无闻,他们真心实意地投身于革命,希望左翼和右翼的反资本主义激进分子能够团结起来。无论革命分子有多么无能,他们都为那个可怕时期的知识热潮增添了一抹独特迷人的色彩。

1927年,《良知》停止发行,但在一两年之内就有更出色的报纸替代了它。1929年,汉斯·策雷尔成为《行动报》(*Die Tat*)编辑,并将它包装成受知识分子尊敬、在无党派年轻保守主义者中广受欢迎的杂志。他立即宣布了最终危机的来临,并呼吁进行一场革命,建立一个独裁政权、一个极右和极左的联盟、一个默勒式的国家社会主义。默勒的名字和他预言的第三帝国常常被提起。* 策雷尔甚至把后来的布吕宁政府称为"第三阵线",认为这是朝着"非自由主义的权威政府"迈出的可喜而不可回头的一步。[41]《指环》也推出了同样的主题,它是《良知》的直接继承者,而且是由六月俱乐部的衍生组织,德国绅士俱乐部赞助的。《指环》和它的主要贡献者格莱兴,德国绅士俱乐部的领头人,在默勒的著作中为议会民主的不断衰弱找到了充分的理由,首先是布吕宁,然后是巴本和施莱歇。这个报纸与巴本关系最紧密,因为他本人也是德国绅士俱乐部的成员和赞助人。巴本非议会性质的总统内阁就是极端反动版本的旧帝国政权,《指环》称赞其为保守主义革命的最终体现,巴本很自豪地用同样的名字来美化他的策略和无用的机会主义。[42]他的"新国家"思想直接来源于默勒。[43]在巴本倒台后,《指环》继续宣称,默

---

* 在风格上,《行动报》也与默勒相像;它最近被描述为"一种无法穿透的清晰与神秘主义、宿命论与无情的激进主义、怨恨与善意、推断与洞察的混合体"。参见 Kurt Sontheimer, "Der Tatkreis", *Vierteljahrshefte für Zeitgeschichte*, VII: 3(1959年7月), 259。

勒的第三帝国已经来临，出乎他们意料的是，到来的却是希特勒的第三帝国。这时《指环》便屈服于诱惑，辩称后者与前者是一致的。1933年6月，该杂志在一篇文章中为政府对一些民族主义组织的禁令辩护，并恰当地将其命名为"极权主义的逻辑"。[44]

资本主义和希特勒的国家社会主义的真正的革命敌人将默勒的遗产以特殊的方式保存了下来。例如，恩斯特·尼基施，这位勇敢的、不妥协的民族布尔什维克主义者，在1926年开始了他更广泛的运动，并致力于"社会主义和民族革命政策"。他也把《凡尔赛和约》和资本主义联系在一起，把普鲁士和社会主义联系在一起，并宣称共产主义的俄国比魏玛时期的德国更像普鲁士。[45]很多年后，在希特勒战败，而他自己重新转向历史唯物主义后，尼基施回忆起了默勒的社会主义，"它就像某种情绪紧紧地包裹住了我们"。[46]

1930年，"社会主义者"奥托·施特拉塞尔与希特勒决裂后组织起了"黑色战线"。施特拉塞尔是默勒早期的朋友，他的"黑色战线"成了"反对一切法西斯主义的战线，成员的旗帜是默勒的黑色旗帜。默勒是这个组织的伟大导师，他的著作《第三帝国》是这个组织的基本思想"。[47]据说，施特拉塞尔是第一个将《第三帝国》的思想引入国家社会主义者阵营的人。

国家社会主义者几乎没有提到过默勒或任何保守主义革命分子，他们的关系我们将在后面谈到。我们从戈培尔未发表的日记中得知，1925年，他被默勒的《第三帝国》深深打动了："如此冷静清晰，却又充满激情，写下了我们这些年轻人心中早就知道的一切。"[48]

这就是默勒对共和国末期的影响。他是极右翼知识分子的英雄；他给反共和主义者树立了一个目标：建立第三帝国。在他们对魏玛共和国的最后猛攻中，在他们不顾一切地投入到不确定的政治中时，他们相信自己正在实现默勒的计划和预言。默勒思想的多面性证实了1933年后一位德国民族主义者所写的："出现了一种完全不合理的东西，它

第三部分　默勒·范登布鲁克和第三帝国

来源于当时流行的思想：第二帝国。这种思想吸引了德国人，也吸引了那些政治冒险家和不涉政治的群众，吸引了深深扎根于政坛或是毫无根基的人，吸引了那些既无法与之谈论更无力与之争辩的人。"[49]

默勒在他的神话风靡德国之前去世，也未能赶上1933年阿道夫·希特勒在口头上实现这个梦想。在他生命的最后几个月里，又出现了其他令他极度失望之事。《第三帝国》反响平平，道威斯计划和随后的施特雷泽曼政策的通过让他感到沮丧。他对自己从前的同事们信奉政治投机主义也感到非常失望。但直到最后，他都保持着对政治断断续续的兴趣。1925年4月，他发出了最后一条政治信息，这是关于兴登堡选举成功的信息："告诉我的妻子我对兴登堡胜选感到万分开心，我必须请求人民原谅我的悲观主义。这是一场情感战胜了功利的胜利，没有比这更纯粹的胜利了。"[50]几天后，他的身体状况每况愈下，于是在绝望中选择自杀。

他的朋友和敌人都对他的死亡感到"迷惑"，并精心将其解释为他们口中的日耳曼式牺牲。他的遗孀和她的朋友们称赞他的自缢为一种反抗，一种对德国未来的绝望；其他人认为他选择离开是因为他害怕纳粹歪曲他的观点，他已经成为"希特勒的第三帝国的第一批受害者之一"。[51]无疑，殉道增强了他思想的感染力，但是人们并没有能证实其神话的证据。只有从更大的意义上讲它才是正确的：它暗示着德国一位主要的批评家的绝望和崩溃与德国政治的未来（以及西方世界的生存）深刻且可悲地交织在一起。

266

结　语
从理想主义到虚无主义

> 疲倦渴望一跃达到极限，伴随着死亡的飞跃；一种可怜的无知的厌倦，即不愿再追求更多：这便创造了所有神祇和其他世界。
>
> ——尼采

I

拉加德、朗本和默勒虽处于不同的世代，但他们的思想和志向却极其相似。三者思想的统一让我们能谈论日耳曼意识形态的崛起；他们相似的生活经历和在反现代主义中表现出的共同心理和智力源头，让我们将他们视为一类独特的文化特征，即现代社会中异化的知识分子。一旦这种类型被定义，评定这些作家在德国文化中的地位，以及分析他们与早期智力传统和后期政治运动之间的关系都将成为可能。

这三位批评家见证了旧德意志帝国的瓦解和新兴世俗国家的崛起。他们痛恨这个新兴德国所具有的特性和体制，谴责其现代化的状态。他们的抗议正如我们所见，也都平平常常。其他人也同样地感到忧虑：保守主义者认为他们的信念和特权被挑战，基督徒认为他们的信仰遭受攻击，一个新兴的城市无产阶级向这个受剥削的、不平等的现代

第三部分　默勒·范登布鲁克和第三帝国

工业社会发起了进攻。上述群体及其领袖要么是曾经的既得利益者，要么于将来有明确预期的目标。但是拉加德、朗本和默勒既不致力于恢复过去，又不捍卫现有的社会特权。虽然他们的民族主义是理想化的、抽象的，是一种对曾盛极一时的德国理想形式的追忆，但是它已经被人们抛弃。他们不情愿地否定了他们祖先的信仰以及传承下来的哲学传统。他们在双重意义上被剥夺了权利，拉加德、朗本和默勒把不满情绪投射到与现实脱节的政治视野中，就像他们本人与社会脱节一样。

批评家们对于这种脱节喜忧参半。他们既满足于这种"不合时宜"造就的敏锐感，但内心又极其渴望终有一日能和同胞们生活在一个和平统一的德国共同体中。正是由于这种渴望，他们从文化批评领域转向政治领域，认为可以通过建立正确的信仰和社会结构来消解文化弊端。然而，无论他们的文化批评多么具有预知性，他们的政治思想都体现出了孤立、初出茅庐的批评家普遍存在的对政治现实的任性无知的特点。他们的政治创造力聚焦于死气沉沉的抽象事物，并拘泥于无关痛痒的改革细节之中，却忽略了普遍实用性。

他们自认为与社会上有利害关系的人截然不同。为了强调他们的与众不同，他们自称是保守主义革命者。他们因怀旧而保守，因绝望而革命。他们未曾考虑过妥协，他们通过毁灭现实的方式在未来的帝国宣告，曾被许诺的幸福自此以后将在这片土地得到实现。他们在思想领域体现了被后来的国家社会主义者在如此彻底的实际行动中所证明的东西：无家可归和颠沛流离之人在一种文化的湮灭中起到的决定性作用。

正如我所言，这些人可以被理解为一种文化特征，一种同时出现在整个西方世界的特征。*这些人与众不同的品质不仅仅存在于他们的思

---

*　这种特征在19世纪80年代开始出现，从查尔斯·莫拉斯、莫里斯·巴雷斯和克努特·汉姆生，到诗人米格尔·德·乌纳穆诺，他们的身上都有这种特征。这些人兴趣广泛、独具才华，与现代世界的异化情感联系密切，且追寻新的信仰。这些特征也在一系列作品中有着清楚地体现，从《附魔者》（*The Possessed*）中的人物，到 D. H. 劳伦斯（转下页）

想和生活中,也存在于他们的思想、性格和文化的碰撞中,并且通过这种方式得到表达。他们与传统的社会特征分类并无多大的相关性;虽然这三位堪称最优秀的知识分子,但是他们的作品多情感化而少反思性;他们是缺少创造性表达的艺术家,是没有上帝的先知。他们鼓励并引导了他们试图斗争和打击的对象,如现代德国的文化解体和秩序崩溃。他们既是控诉人,同时也是极不明智的见证人。到头来,一直与他人做斗争的他们,其实一直都是在与自身博弈。

他们的作品中充斥着关于末日降临的预言,只是救赎仍存一线希望。就好像他们恐惧着自己关于当前真正的邪恶而做出的悲观预言一样,以至于他们不得不假想出一个超越所有历史可能性的未来或再生。既然申明放弃宗教信仰,他们就不会再依赖于神的救赎;既然申明放弃理性,他们便不会期望人类进化会朝着他们寻求的社会发展。因此,目标是一个神秘的东西,手段虽然模糊不清,却暗示着暴力和胁迫。

谈论一种文化特征需要我们展示这种文化特征之下的人所具有的共同人生经历,以及他们的生活和作品在文化上相似而独特的地位。我认为,这可以通过客观陈述而非歪曲事实来加以完成;这种生动的描述可以表明一种复杂的实例,即他们是以一种既难以忍受也无法克服现代生活条件的心境在寻求救赎。

这些人或出生在城市,或早年生活在城市,而这隔绝了他们与大自然以及他们理想化的乡村生活的联系。他们在简朴的环境中成长,父

(接上页)笔下的詹姆斯·夏普:"他身上有着艺术家一半的气质,因此他从未摆脱它,也未能从它的框架中跳出来。"(*Kangaroo*, Penguin edition, London, p. 258)。这种特征影响了"世纪末情怀"和德国表现主义者的文学作品。菲利普·怀利的《恶毒一代》(*Generation of Vipers*)可以被视为具有此种体裁不朽特点的当代作品典范。这一结论可从他的浮夸言辞中得出:"我们的灵魂上长着毒瘤,宗教也无能为力。"此类言论早已成为德国批评家的陈词滥调。参见 Philip Wylie, *Generation of Vipers*, New York, Farrar and Rinehart, 1942, p. 7。

第三部分　默勒·范登布鲁克和第三帝国

辈们期望他们在社会中有所建树、生活舒适。他们出生在声名显赫的书香世家，他们孜孜以求的是获得一定的社会地位，取得公众的认可。我们的两位作家为自己取了别名，朗本则通过匿名这一精巧的面具赢得盛名，这难道全都是巧合？他们投身于浩瀚的商业和金融经济机遇中。他们立志于成为自由知识分子，但是默勒和朗本都不屑或不情愿沿袭知识分子日常的工作轨迹。他们既没有可靠的工作，也没有足够的独立求生手段，他们在寻找高于生存价值的、更具有回报性的东西。他们总是更愿意相信他人，通常是那些邪恶的权贵，认为应当得到他们的尊重从而获得实质性的帮助。

他们的野心首先觉醒于家中，随后在教育中发展壮大。这三位批评家都曾就读于德国的文理中学，但是默勒并未能顺利完成学业。这位德国的高中生在经历希腊和拉丁语的九年艰苦学习后，既得到了优秀的教育，又懂得了获取更多盛名的方法。他本来可以进入大学的殿堂，或在商业领域取得一席之位。拉加德和朗本相继进入大学深造，后又获得博士学位并取得了一定的名气。但这种名气带给他们的大多是孤独感：在他们与学术界的关系破裂后，他们发现自己很难再融入任何社会群体中。

在他们接受正规教育的生涯中，各种分歧和异议已经开始涌现。他们经历了19世纪文理中学固有的缺陷时刻，如对自然科学的蔑视以及对"真实"世界的远离。文理中学最初的理念来源于洪堡，并在整个受现代化统治的一个世纪中，依旧保留着人文主义学习和哲学理想主义是其核心这一理念。本质上，它是焦虑的官员操控下的保守力量，他们担心对社会黑暗和政治的了解会滋生腐败现象和激进主义。德国文理中学在德国文化中扮演的角色至今还未被定性；虽然我们深知它优秀的教学质量，但是我们也明白许多德国青年反感它的原因。青年运动只是一场反对学校的虚伪和迂腐的声势浩大的反抗运动。德国青年对非理性主义的过分追求和对"制度"的仇恨都是在反对这些学校的情况下产生的。有些即使在毕业多年后成为教师或学者的人，依然记

文化绝望的政治

得学生时代曾对这监狱式的象牙塔有着难以言喻的不满；有意思的是，那个时代出版的自传对文理中学褒贬不一。*的确，拉加德、朗本和默勒都不满这种教育。因为它扩大了他们与社会之间的鸿沟，没有给予他们能够站在理性和历史的角度看问题的能力，从而无法与现代主义相抗衡。此外，他们否定了文理中学的正面价值；他们摒弃了天赋较差的学生也应接受教育的思想原则，也抛弃了在优秀学生身上留下烙印的人文传统。拉加德和朗本的作品对德国学校进行了猛烈抨击，并以此助长了无数学生的不安。

朗本和默勒的学校生涯似乎也加剧了他们对索然无味的思想和枯燥刻板的学习的不满。传统的学究式教学完全缺乏想象力，这证实了他们对直觉和非系统知识的偏好。朗本在成年坚定地认为，他从个人的游历中学到了一切；这一点与默勒爽快地要求从文理中学退学形成了对应。他也戏谑道，"书虫"式学习是不够的，并着手进行自我教育——通过书本。

值得一提的是，朗本曾一度投身于化学，但他很快又转向了艺术行业。拉加德和默勒在不经意的科学研究中小获成功，并喜欢闲谈这个科学年代的危机。他们在很多方面都显露出自我教育的弊端，默勒尤为明显。虽然拉加德在学术领域的确取得了巨大成功，但是他仍试图在自己所处领域之外寻求权力和影响力。他们对政治和社会的批评都只是一知半解，未能够掌握获取知识的技巧。对当代文学的理解力可以当作衡量默勒能力的一种方式，但是在其他领域，以他的历史和政治作品为例，他习得的还只是肤浅且不具批判性的知识。第三帝国的政治构建正如朗本激烈的反科学言论一样，有着漠视常识的特点。他们

---

* 例如弗里德里希·迈内克即使在毕业了六十年后，仍十分困惑地说道："看到老旧的文理中学的红砖教学楼，却并没有唤醒我任何温馨的回忆。"参见Friedrich Meinecke, *Erlebtes 1862—1901*, Leipzig, 1941, p. 63。

第三部分 默勒·范登布鲁克和第三帝国

的作品诉诸读者的并非才情,而是他们心中饱含的愤慨和痛苦。

除了糟糕的教育,不幸也贯穿了他们的一生。他们早年便遭受苦难,如拉加德母亲和朗本父亲在他们幼年时期的离世;据说默勒小时候甚至都不曾笑过。他们都不曾拥有一个愉快的童年时光,或和父母保持相对平和的关系。也有人提到拉加德在他父亲离世时表现出的麻木,朗本的不善处理人际关系,以及默勒长期的背井离乡。虽然我们对他们的婚姻和他们与女性的关系知之甚少,但是拉加德和默勒对无子婚姻的冷淡沉静,以及朗本未能与仰慕他的女性结合,都加深了他们的悲剧性,仿佛他们在压抑内心强烈的性冲动。此外,不得不提及他们性格中的一个关键因素,就是他们从未满足于自身的成就。这一大部分是因为他们自身有限的才华天赋,另一部分便是对社会的强烈不满。挫败感让他们变得更加的内向,如拉加德的反复无常,朗本的过度自满,而且在某种程度上,这种挫败感也导致了默勒因精神崩溃而自杀。他们的一生都缺少来自他人的抚慰,也没有欢乐和自我认同来让他们的人生路变得更为轻松。只有朗本在天主教中得到解脱。

朗本的转变指明了他们人生不幸的原因,这种不幸是个人和文化的源头。他们出生在一个没有信仰的年代,这个年代不仅孕育着许多知识分子,而且大部分民众正在从有组织的宗教中脱离出来,转向个人的自然神论宗教、不可知论和无神论主义。脱离的动机和条件是复杂的,他们并不能像别人那样,将其简单地归咎于科学主义的诞生或是工业社会带来的压力。与该动机的复杂性相对的,便是与基督教决裂之表现的多样性,两者皆不能在此被一一赘述。这足以说明这种脱离行为在德国通常是伪装的,信仰者和无信仰者之间没有像法国那样有着激烈的斗争冲突。受过良好教育的德国人倾向于成为无信仰者。许多德国人都听过,巴西尔·威利在描述英国特征时引用道:"虔诚的怀疑论者、拒绝传统宗教的圣人不是因为他的浅薄或不道德性,而是因为他太过认真而不能接受传统宗教——他太了解和熟知各种形式的宗教,因而不能接受其中任何一种。"[1]并且,在年轻一代人之中有着另一种特征,从父辈那里继承了怀疑精神的受难子孙们,却没有意志去承受它带来的重量。拉加德、朗本和默勒也是如此,他们都被强力的宗教冲动所改变。[*]他们自儿童时期起,便被他们所说的生活和自然中的奥秘所困扰,并从未满足于抽象的"冰冷"科学。他们渴望一个比在太空中无休止、无目的地旋转的原子更宏大的世界观。他们感受到了一股令他们敬畏,难以言明而又真实存在的神秘力量。他们相信这股力量主宰着人类命运和自然法则。他们承认超自然秩序和神祇的存在,并向往着能够生活在遍布虔诚信徒的共同体当中。

但是这些情绪并未促使他们去信奉基督教正统信仰;事实上,他们与自己从小耳濡目染的新教决裂,并对在道德和政治上寻求与现代世界妥协的投机主义者大加批判。拉加德和默勒也未信奉更为严酷的天主教教义,因为他们也被难以跳脱的自然主义和不可知论所阻碍。就像其他许多人一样,在与天启宗教斗争的过程中,他们其实是受害者而不是参与者;最终,他们希望将自身的信仰投入到对宗教的热情中。他们既没有摒弃敬畏与神秘感,也没有屈从于已被一代代的科学家和文本批评者攻讦成千疮百孔的信仰。他们甚至因拥护科学和科学主义而多次批判信仰的"不切实际"和稚嫩,并否定了曾为一些伟大的浪漫

---

[*] 定义一个人的宗教意识可以说是极其困难的,但是拉加德、朗本(除了他生命的最后一年)和默勒拒绝去探究宗教情感,以及他们散乱的思想的深奥性都使之变得更为艰难。鲁道夫·奥托(Rudolf Otto)在其著作中深刻地洞悉了这一类心理状态,参见 *The Idea of the Holy*, 2d ed., London, 1950, esp. chapter 4, "Mysterium Tremendum"。一项最近对宗教观的定义较好地揭示了这种特征:"根据宗教世界观,目的存在于计划中,人类生活在某种方式上必须与之相适应,因此才能成为宇宙计划中一个有意义的部分。'最终'(无论它意味什么)主宰这个世界的不是未知的物质力量,而是存在于大多宗教中,在上帝的感化下感知到的精神力量。此外,这世界存在道德秩序,尽管存在一切相反之物,但善意必须被传播,正义必须被实现。"参见 W. T. Stace, *Religion and the Modern Mind*, Philadelphia, Lippincott, 1952, p. 179。

第三部分　默勒·范登布鲁克和第三帝国

主义作家提供灵感的,泛神论中对自然的热爱之情。他们之中,只有朗本成功地改信天主教,而默勒和拉加德无法加入教会或成为世俗的反对党。默勒曾说道,尽管我们知道上帝死了,但上帝必然存在。他把自己意识中的神秘冲动融入到艺术和政治之中,从而解决了思想与秉性、文化与个性之间的顽固矛盾。

这类特征的模样已逐渐清晰:孤立、异化和自我仇恨都是其明显标志。*德国批评家拒绝接受任何传统形式上的社会形态;他们仇视传统的教育,并对大多数人认同的正规教育和先锋派的教条持否定态度。同时,他们也对就业毫不在意,即使他们有着一份与同辈和谐相处的职业。朗本和默勒没有从事过单调乏味的日常工作,只有拉加德为了他在学术界的应得地位而与当局奋力斗争。然而,当他的雄心壮志最终得到充分满足时,当他身处高位时,他便很快将矛头对准了他的新同事,然后又开始愤怒地抱怨自己受到了疏远。事实上,这三位的确偶尔会被轻蔑,尽管被轻蔑的次数少于他们的自我认知。毕竟,他们通过漠视文明的姿态得罪了别人,但他们会对别人轻微的指责心怀怨恨。人们只要考虑到拉加德的利己主义,朗本以"秘密皇帝"自居,就能明白他们何等依赖外界的认可。他们迫切地需要它,尽管他们自己的条件还不成熟。也许没有哪个德国批评家比这些痛苦地盘桓在名与利之间,并坚持通过孤立和自戕的方式进行文化殉难的人更具有代表性。

---

*　我注意到我对这些人的印象和埃里克·霍费尔对真正信仰者的性格特点的描写之间有一处有趣的共性:"这些永恒的不合时宜者身上拥有的极大的困惑和狂热是对创造性工作的未完成的渴望……自卑带来的憎恨比一个正当的冤屈带来的更多,通过憎恨与内疚之间紧密的联系可以得出这一结论。"参见 Eric Hoffer, *The True Believer. Thoughts on the Nature of Mass Movements*, New York, 1951, pp. 46, 93。我也应当指出,我对这些人的看法与 T. W. 阿多诺(T. W. Adorno)和他的同伴对权威型人格的定义之间有着相同点。我有意地避免使用阿多诺在他书中强调的严格的心理分析方法。参见 T. W. Adornoand others, *The Authoritarian Personality*, New York, Harper, 1950, esp. "Syndromes Found Among High Scorers", pp. 753—771。

而在早期国家社会主义运动的领导者和支持者中,这种矛盾冲突经常是其政治行动的主要表现。

人类可以像承受个人失败一样轻易地承受时代带来的重负,这是一个真理;比如拉加德、朗本和默勒就同时承受了个人失败和时代重担。他们反对当时的官僚社会的原因有二,一是他们遵从内心直觉,二是当时社会令人难以接受且不具回报性。但这种孤立令他们多么痛苦啊!他们痛恨自己像游荡的僧侣一般!作为世俗的乞讨者,他们在这险恶的世界布道,为的是所有疲倦的受难同胞们最终会在一个新兴的帝国得到重生。

II

拉加德、朗本和默勒都视自身为预言家,而不是承袭者。他们为自身的创造力和对时代危机的敏锐性而感到骄傲。事实上,他们并没有深刻地认识到传统给他们带来的深远影响,也没有意识到,他们通过扮演文化中介的方式将旧的思想以新的组合方式传播给了后代。

他们不仅不承认智者的存在,也极少提及早期的思想家们。即便在思想领域,他们也感受到孤独。但这种沉默也证实了他们对知识分子生活的怀疑,令他们不愿与先前的哲学家们有所牵扯。他们认真地批判学究式学习,他们是真正"反知识性的知识分子"。[2]他们有时会不加批判地阅读,他们当中有人曾道"拉加德不是一位全方位的思想者,而是一位狂想家",这些论断绝对正确。[3]他们一边宣扬非理性主义,一边践行这一主张。

他们的思想中仍保留着许多重要的传统理念,而且他们从事的工作扩大了他们的个人影响力。在争取知识独立性时(不得不重申的是他们对抽象理念丝毫不感兴趣),他们更关心的是作家的道德底色或理想主义承诺。最终,比起思想,他们更喜欢实实在在的人,特别是那些

第三部分　默勒·范登布鲁克和第三帝国

与他们命运相似，孤独而又壮志未酬的天才。例如，朗本对诺瓦利斯的喜爱，默勒对尼采的欣赏。同样的，他们的厌恶之情也是如此：他们讥讽"年长"而又成功的歌德，厌恶海涅，冷落康德。他们会从喜欢的思想家身上选择一些"重要思想"或标签，这些思想标签也是大众记忆关于这些思想家的印象。之后，这些思想便作为这些批评家的思想体系中的未知成分出现在他们的作品中。过去的思想对他们既影响巨大又微不足道。他们正是布尔克哈特所担心的折中学派和可怕的简化者。*

他们会从每个现代德国知识传统中吸收一些东西，但除了一样。他们一直在与启蒙运动和1789年法国大革命宣扬的思想做斗争，并且他们还深受那些仇视智慧之人的影响，如浪漫主义者、18世纪晚期的文化民族主义者，以及拿破仑时期的雅恩和阿恩特那样的激进民族主义者。他们阐述了尼采所谓"德国人对启蒙运动怀有的敌意"。尼采认为这种"蒙蔽的、狂热的、原始的精神"已经被克服，但在半个世纪之后，托马斯·曼认为这种精神变得比任何时候都要强大。†

德国批评家们追随着当时的公断，谴责浪漫主义者是不切实际的梦想家。但是他们自己在本质上就具有浪漫主义精神：对活力、意志

---

* 1920年，默勒在他的政治计划中写道："实际上它**极其**简单：只有使用概念，才能使一切变得复杂。我们所寻求的便是这个词。"写给恩斯特·克里克一封信，参见 Andreas Hohlfeld, *Unsere geschichtliche Verantwortung*, Leipzig, 1933, p. 18。

† 尼采的名言与德国批评家们有着特殊的关系："德国的整个运转趋势与启蒙主义和社会革命背道而驰，社会革命被粗暴地误解为它的结果：对一切尚存事物的虔诚试图转变成对曾存在的一切事物的虔诚，为的只是使心灵再次充盈以及不为未来理想和改革留有余地。崇尚情感取代了崇尚理智。"参见 "Morgenröte", in *Friedrich Nietzsche. Werke in Drei Bänden*, ed. by Karl Schlechta, München, 1954, I, 1145。托马斯·曼的这一评论也被用于他对保守主义革命的抨击言论之中，参见 "Die Stellung Freuds in der modernen Geistesgeschichte", *Gesammelte Werke*, East Berlin, 1955, XI, 197—200。

277 力、激情、(邪恶的)英雄主义的赞扬,对理性、思想和传统生活的蔑视。因此他们才会被狂飙突进运动和反抗的浪漫主义天才所吸引。*他们与浪漫主义作家一样都反对人类是本质上善良且理智的生物,这一18世纪观点。他们认为人类是需要信仰和集体的精神性存在。他们赞扬人类命运的悲剧性和浪漫性。这其中的大部分人自己也没有意识到,他们是遥远的卢梭主义者,就像德国保守派一样,只能通过诽谤卢梭的民主思想向卢梭致敬。

赫尔德对拉加德和朗本有着更为深远和直接的影响。比如,拉加德的语言观和朗本对真正艺术中原始的、民粹的品质的重视,便体现了赫尔德文化民族主义中的一些观点。赫尔德是最早将民族主义和德意志民俗传统相结合的人之一,是根本地、自然地阐释民族魂的人之一。由赫尔德、歌德及默译尔合著的《论德国艺术及其他》于1773年出版,这是最早宣告新民族主义的著作。几年之后,赫尔德疾呼:"德意志!这由十个民族组成的伟大民族!你虽没有莎士比亚,但难道没有让你感到自豪的古老赞歌吗?……我们可怜的德意志人民难道就注定只能翻译和模仿其他人吗?"[4]赫尔德对民族自我意识的诉求服从于他对于共同人性的世界主义理想,尽管他已经相信德国人民肩负实现人性目标的责任。在多次革命战争的影响下,后来的思想家们放弃了民族主
278 义和世界大同主义之间的联系。

早期的民族主义者和法国大革命时期寻求在外国暴政下解放德国的爱国主义者,对德国批评家们有着明显的影响。他们也深受在民族危难时刻宣扬民族文化命运的费希特的影响。默勒在其同时代人看来,就是一位现代费希特,他在更为艰难的时刻出现并试图拯救

---

* 在德国,狂飙突进运动与浪漫主义有着很大的不同,后者被视为典型的"虚幻而又空洞,且毫无生机"。参见 Rudolf Haym, *Die Romantische Schule*, 5th ed., Berlin, 1928, p. 14. 我支持非德国的观点,即认为狂飙突进运动是德国浪漫主义最有力的表现。

第三部分　默勒·范登布鲁克和第三帝国

这个民族。*

费希特在《对德意志民族的演讲》(Reden an die Deutsche Nation)中提出的"主体思想"重现在德国批评家们的作品中。费希特著名的格言"拥有个性并做德国人",成为后来德国民族主义的重要教义。费希特强调内心的自由便足以达到自我实现,并通过"文化国家观"(Kulturstaat)来协调个人主义和权威之间的关系。费希特受年轻人喜欢的原因是"年龄更接近孩子般天真和自然的岁月",以及他对德国光明前景充满期望,这正呼应席勒所说的"每个民族都在历史长河中留下了足迹,但德国的历史是所有时代的集结"。以上这些后来都成为后世思想体系中的主题。费希特在演讲的结语部分说:"在所有现代民族中,你们是人类最无可挑剔的后代,你们将引领人类的发展。如果你们在这一本质中毁灭,那么人类从苦难深渊中得救的希望便与你们一同毁灭。"这席话至今仍令德国批评家们动容不已。[5]

拉加德、朗本和默勒从费希特微妙复杂的思想中汲取了许多内容。费希特开创了有关政治思想的新形式;正如迈内克所说:"在纯粹的思想家中,没有比费希特的非政治思想侵入德国政治生活更重要的例子了。"[6]这种形而上学地、说教式地和完全非经验地处理政治问题的方式,在其他浪漫主义者身上也同样可见。比如,诺瓦利斯在政治上的诗学方式,他对基督帝国的抒情回忆,对德意志帝国重新崛起的美妙幻想。他的这种精神信仰影响并调停着欧洲的交战双方。朗本认为自己像20世纪早期的新浪漫主义者一样,都在诺瓦利斯那里得到启发。然而朗本和他的追随者们与诺瓦利斯差距甚大,诺瓦利斯在他的著作《基督教国家或欧洲》中,既赞颂了恢宏的过去,又歌颂了光明的新世界。

---

* 默勒的朋友兼合作伙伴马克斯·希尔德贝特·伯姆发表过一篇有关默勒的文章:"默勒具有直觉特征的思想以及对战后德国青年一代的影响可与费希特在解放战争时期撰写的《对德意志民族的演讲》相提并论。"参见 Encyclopedia of the Social Sciences, New York, Macmillan, 1948, X, 569。

文化绝望的政治

在这个新世界他看到了"令人愉快的自由感,对广阔领域的无限期待,对新兴事物的愉悦,同胞间的日常交往,对人类统一的骄傲,对人权、财产所有权和强烈的公众意识的喜悦!"[7]

德国批评家们采用了浪漫主义者的许多思想——国家有机论、社团主义和社会宗教组织的理想化,以及谢林所相信的可以通过"高级三分法"(higher thirds)解决矛盾对立,等等。*更为重要的是,他们效仿了德国浪漫主义者对政治历史的美学和精神解释,以及对实用主义和物质主义的蔑视。正因为这些相同点,人们经常称拉加德、朗本和默勒是浪漫主义者,但是这类称谓忽视了他们也是不辨是非、抱有偏见的剽窃者,他们从矛盾的传统中窃取了符合他们自身偏见的那部分。†

阿恩特和雅恩的作品对德国民俗的赞颂,学生组织的仇外思想都影响着拉加德和朗本的原始主义和反犹太主义思想。在德国重建时期,这类民族意识形态和大日耳曼思想仍留存于 W. 门策尔这样的记者和许多技工团体的心目中,他们将德国的衰败归罪于犹太人对自由贸易准则的滥用。[8]而我们知道拉加德的父亲与这些团体来往甚密。

拉加德对黑格尔的抨击和19世纪下半叶反黑格尔主义的普遍思想如出一辙。黑格尔的思想体系迅速瓦解;叔本华和尼采等哲学家和历史学家也在批判他的思想。在知识分子中,黑格尔的思想以口号和流行语等孤立的形式留存下来,朗本和默勒也有过类似经历。这二位都采用了辩证法的通俗化方式,以及"高级三分法",这也使他们的作

---

* 谢林与我们的批评家在风格和意图上的相似性可在关于谢林的如下描述中得到证实:"两性的敌对可以在总体之中,即在个体与更高的组织的冲突中,在'国家'或人民中,得到解决。国家间的分歧可以通过教会的更高级组织加以解决。"参见 Carl Schmitt, *Politische Romantik*, 2d ed., München and Leipzig, Duncker and Humblot, 1925, p. 127。

† 因此德国批评家们忽视了浪漫主义者的人文主义和世界主义思想。托马斯·曼也反对德国右派利用浪漫主义来中伤魏玛共和国。托马斯·曼在浪漫主义思想和沃尔特·惠特曼的《民主愿景》(*Democratic Vistas*)之间看到了共同之处。参见 "Von deutscher Republik", *Bemühungen*, Berlin, 1925, esp. pp. 163—183。

第三部分　默勒·范登布鲁克和第三帝国

品特点类似于谢林的晦涩模型，以及黑格尔著名但并不相同的方法。甚至反黑格尔主义者发现，黑格尔的辩证法提供了一条调停战争的便捷之路，而停止战争正是朗本和默勒的主要目的。在默勒的历史观中，我们能够找到呼应黑格尔哲学的地方；默勒在《德国人》中也描绘了彰显和实现世界精神的历史人物。[9]对世界历史人物和历史名人重要性的强调支撑了他关于专制君主的反自由主义观点。德国批评家和黑格尔之间确实差异悬殊；不得不提的是，黑格尔认为现代德国是进步的历史进程中的重要载体，但寄希望于民族运动的批评家们则讥讽了这个"僵化的"国家，他们更倾向去构建一个人类共同体。[10]

拉加德的第一篇散文集写于叔本华出名不久前。虽然二人都反对黑格尔的理性主义，但是值得一提的是，叔本华教育德国批评家们，人类至上这类思想会带来生命的非理性，而这反过来又会产生普遍的悲观主义。在他形式哲学的悲观主义之外，还有他对德国文化之衰落的绝望，以及他提出建议，即只有通过苦行僧式的沉思生活才能摆脱世界上最基本的邪恶意志力量。虽然拉加德和默勒接受了叔本华的唯意志论和悲观主义思想，但他们并未接受叔本华对行动的无效性的反思；相反，他们寻求进入预设的激进主义之中，通过一种更伟大的意志来得到解放。*

德国的批评家们在以经验主义和实证主义为风向的年代，越过了在这个时期占主导地位的知识潮流，而去接触了浪漫派、费希特和黑格

---

* 最近有一位评论家这样描述叔本华的伟大之处："像叔本华和布尔克哈特那样把人看作堕落的生灵，把罪恶和邪恶看作人类历史上的组成部分和不可消除的因素，把人类事务看作病态，而不相信现实、存在、可能性以及精神健康的明确贡献，这必然会造成一种深刻的精神困境……困境依然存在；存在于叔本华和布尔克哈特这样的人的一生中。他们以高尚的精神和坚强的性格忍受着，这在人类中是罕见的。"参见Erich Heller, *The Disinherited Mind. Essays in Modern German Literature and Thought*, Cambridge (England), 1952, p. 62。

尔。科学的发展和大学的体制化促进了19世纪德国最重要的发展之一，该发展也是令德国批评家们担心的地方。虽然自然科学家们普遍宣称自己已与哲学分道扬镳，但科学的普及者走得更远；例如，比希纳和海克尔都宣扬一种机械唯物主义，即否定自主意识的可能性。先前所有的信仰都被"对科学的狂热崇拜"所打败，思想再次被禁止进入一个基本现实由物质构成的宇宙。18世纪的唯物主义科学在物理科学取得了多年的实际成就后，于1850年重新崛起，并以更加强劲的态势发展起来。

达尔文的进化论在欧洲文化中具有不可估量的影响力。达尔文之后，无人再对进化论提出质疑，而大众想象在该理论的长期影响下，已经开始将其应用到新兴领域之中。尽管德国批评家们对科学和物质主义表示不满，但他们已经受到达尔文支持者的影响。默勒认为进化论摧毁了所有道德准则、真理和历史悠久的宗教文化；达尔文主义摒弃了先前的道德真理，并为相对主义的胜利做好了准备。但他自己的道德准则中也糅合着进化论，并且默认了社会达尔文主义者支持的自然法则和社会法则具有同一性的观点。拉加德和默勒也诉诸社会达尔文主义的修辞，并通过诉诸自然选择的可疑原则来证明斗争的作用。物竞天择、适者生存的这一理念被他们广泛传播到全世界，并转变成对战争的鼓吹，因为战争可以拣选出强者。事实上，社会达尔文主义为浪漫主义高尚的斗争和自我征服披上了一层"科学"的新装，并在浪漫英雄主义和机械唯物主义的奇特融合中，再次预见了更加危险的国家社会主义。

达尔文主义是三代德国批评家最后的共同知识经验。只有默勒认识到了尼采给德国文化带来的广泛影响。对于默勒以及许多其他同时代的人来说，尼采具有举足轻重的影响。而这种影响力同样会带来被人严重误解的可能性。没有任何伟人能够轻易被人们理解，但只要大家开始接触尼采的作品和思想，其革命思想将强烈地吸引每个人并让

第三部分　默勒·范登布鲁克和第三帝国

他们难以抗拒地沉浸其中。尼采也意识到了他思想的晦涩难懂，但是正如他自己所说："深刻的东西都喜欢戴上一副面具。"

尼采曾预测自己会被人误解，所以他建议在大学开设查拉图斯特拉哲学课程——结果自然落空。战前的德国没有人对尼采进行过学术上的阐释，每个人对尼采都有着各自的理解。尼采的妹妹为寻求政治上的庇护，机巧地篡改了尼采的著作并大肆地扭曲他的思想，这使尼采戴上了本应她自己佩戴的狭隘爱国主义的帽子。*

文化自由放任带来的巨大危险在默勒阐释尼采的过程中得到了很好的证实。从中我们可以看出，尼采的思想在德国遭到了一些扭曲和简化，这也证实了加缪的观点——极少有人能够经受后人如此多的误解："在人类知识长河中，除了马克思，无人能与尼采的开拓性比肩；我们必须不断修正自身对尼采的认知。"[11]

对尼采的控诉通常是因为尼采深化了德国民族主义和非理性的暴力狂热。国家社会主义者将尼采视为他们遥远的先驱之一，对于这一观点，许多西方对手也表示同意。很长一段时间以来，他们都认为尼采是德国虚无主义的智力源泉。但是德国批评家们的例子对这种"影响"的本质做出了有效的解释。我们将会看到尼采的思想与德国批评家们的思想之间有着巨大的差异，但是批评家们却很难察觉这些差异。此外，日耳曼意识形态在尼采的作品问世前就已经形成。虽然拉加德、朗本和默勒都不是尼采的信徒，但值得怀疑的是，他们当中是否曾有过合格的信徒。

尼采与这些批评家存在天壤之别。首先，尼采既是一位哲学家，又是一位伟大而具有自我批判性的作家。他一生都在追求真理和真相，容不得半点虚假并憎恶人们对非理性的趋附。他的风格是科学而不稀

---

* 关于伊丽莎白·福斯特-尼采以及尼采自己的生平和思想，参见Walter A.Kaufmann, *Nietzsche: Philosopher*, *Psychologist*, *Antichrist*, Princeton, 1950。

文化绝望的政治

奇，诙谐而不烦琐，深刻而不呆板。而德国批评家们则从反面证实了尼采的风格的确如此。*尼采希望从个人的苦难和缺陷中有所收获，以此来切身体会人类的境况。而德国的批评家们却屈从于个人的不足并试图因此改变世界。他们在困惑中的所作所为正是尼采最嗤之以鼻的。

除了他们在风格和性格上的差异外，他们在许多实质性问题上也存在对立。尼采歌颂的启蒙运动让德国批评家们感到惧怕。有趣的是，对尼采有着启蒙意义的早期思想家都不被德国批评家所认可。他一直是"优秀的欧洲人"，并经常公开指责德国民族主义、反犹太主义和其他原始纳粹主义思想。他从不放弃个人主义在他思想中的重要性，一个人只有与社会对立，才可以变得伟大和内心充实。尼采痛恨每一个集权暴政，他会像对待现有国家一样与德国社会展开激烈的斗争。[†]他从未试图通过简单的方式去克服文化绝望；他经常自豪而又诚实地

---

* 与他们同一时代的人也承认他们之间的差异。尼采的朋友和拉加德的热心读者弗朗茨·奥弗贝克写道："我早已发现尼采的文章过于'华丽'，但是相较于拉加德，尼采的言辞是多么纯洁，多么基于他的真情实感。两人都很善于自我评价，但是拉加德的虚荣心更加强烈。当拉加德在《末日审判者》一诗中描写自己的荣耀时，尼采便无法做到像他这样。尼采用真实和当下来衡量自己；只有拉加德在这件事上欣喜若狂，并以将来为标准衡量自己。尼采从未认为自己像教师那样严厉。"参见 Carl Albrecht Bernoulli, *Franz Overbeck und Friedrich Nietzsche. Eine Freundschaft*, Jena, 1908, I, 133。

† 事实上，他正是如此：M. P. 尼古拉斯（M. P. Nicolas）引用了两封尼采写给特奥多尔·弗里奇的信，信中指责了整个反犹太运动，其中包括拉加德。"如果你仅知道去年春天，当我读到那个自称保罗·德·拉加德的自负、固执、多愁善感的人的作品时，我对他的嘲笑——显然我缺乏他在作品每一页都诉诸过多的那种'最高伦理观'。"（1887年3月23日的信）一周之后："相信我，这股狂热是部分软弱的业余爱好者想不惜一切代价去讨论人和种族的价值；是对以冷淡蔑视的态度去否定所有理智精神的'当权者'的屈从（如E. 杜林，理查德·瓦格纳，埃布拉德，瓦尔蒙德，拉加德……不知道其中谁是最不合格，最不善于判断道德和历史问题的！）；这些持续的荒谬的证伪，这些模糊的表述。从长远来看，这一切都会严重地激怒我，并会驱散那种讽刺的善意——直到现在，我才注意到当今德国人的口是心非和僵化保守。"参见 M. P. Nicolas, *De Nietzsche à Hitler*, Paris, Fasquelle, 1936, pp. 131—134。这两封信尚未被德国的尼采书信集收录。

第三部分　默勒·范登布鲁克和第三帝国

宣称自己是最后一位"与政治无关的德国人"。的确,查拉图斯特拉的预言与狭隘的乌坦(Wotan)复兴者的世界截然不同。

吸引朗本、默勒和他们的追随者的正是尼采对文化庸俗主义的抨击。文化庸俗主义是对学问的非难,是文盲逃脱学习的借口。尼采(这位布尔克哈特的朋友和同盟者)本着对学问和知识的热爱指责了德国的腐朽和庸俗,而这些指责却成为那些愚蠢之人和杂学者攻击他的把柄。尼采的冷酷无常、言语犀利以及对权利和精英阶层的歌颂,所有这些都相互交织在一起。总的来说,默勒以及其他无数德国人,将尼采的传记、孤独感、惨淡遭遇和最后的精神崩溃作为他们抨击德国文化的有力手段;尼采之牺牲的严肃性也被视为衡量德国衰落的标尺。而对尼采从生病到死亡的过分夸张,这只是尼采神话的一个缩影。

默勒在他的一篇散文中赞美尼采是德国最伟大的文化批评家,是形而上学思想的复兴者。他欣赏尼采高尚的道德和个人主义思想,并从中找到了抨击自由主义和基督教的人道主义的素材。默勒傲慢地赞扬了尼采的心理洞察力和政治观点,即使他也曾从中借鉴。他承认是尼采摧毁了腐朽文化的根基,因此他值得同胞的感激,但是尼采没有在旧世界的废墟上创建任何东西。总的来说,尼采是"不切实际的",或反过来用默勒的遗孀的话说,默勒"太过于现实而不能成为尼采式人物"。[12]默勒总会准备好和解的方案,并善于编造一个承诺给予救赎的神话。相对于默勒对"上帝仍然存在……尽管我们知道他并不存在"的坚持,尼采却说:"有多少人仍在做着这样的推断:'如果一个人失去了上帝,他便忍受不了生活!'(或如理想主义者所说:'如果他们失去了道德意义上的土壤,一个人便无法忍受生活!')——结果就是必须有上帝(或者是道德意义的存在)!……维持我存在的律令必须存在!——多么可笑,好像我的存在必不可少!"[13]

默勒和尼采在对达尔文的理解上存在巨大的鸿沟。默勒曾尝试在达尔文和尼采之间达成一种平衡状态,并提出尼采的超人概念是抽象

文化绝望的政治

意义上的进化论。撇开尼采对这种调解行为的蔑视不谈("任何想斡旋于两位意志坚定的思想者之间的人,都是平庸的;这些人没有独立的思辨能力"),我们也知道尼采的超人概念是达尔文进化论的对立面,而不是补充点。[14] 超人通过自制力和强大的意志力来完善自身,达尔文所摒弃的目的和意志因素在这里被重新提起。默勒未能看出尼采是达尔文主义最强烈的反对者;此外,尼采对达尔文主义的担忧与托克维尔担忧戈比诺主义(Gobinism)带来的后果一样强烈。*

在对尼采未能充分推广权力意志的抱怨中可以看出默勒对尼采的误解:"也许尼采本人应当将他的原则转移到……民族和权力意志上。"[15] 总之,默勒指责尼采不是一位社会达尔文主义者,指责他未能将个人主义道德观在整个民族中发展起来。当然,尼采曾警告过不要将权力意志从人民转移到国家。默勒则不然,他不假思索地将尼采的思想在社会中传播开来,以此宣扬一种社会尼采主义。

默勒在庸俗化尼采的过程中扮演着重要角色。通过他,歪曲尼采思想的当局与魏玛的反民主运动走得更近了。战后,尼采还是一如既往的很有影响力,并且这种影响至少在表面上是弊大于利的。† 但这是历史之过而不是尼采之过;就好比追随路德的再浸礼派教徒,或是追

---

* 托克维尔曾告诫他的朋友戈比诺种族论和宿命论带来的后果:"如果不完全地废除这两种理论,那么它们带来的后果会具有事关人类自由的巨大缺陷……我相信这些理论很可能是错误的;我知道它们真的很具有危险性。"参见 Alexis de Tocqueville, *The European Revolution and Correspondence with Gobineau*, ed. by John Lukacs, Doubleday Anchor Books, New York, 1959, p. 227。尼采曾写道:"有关君主的产生,有关所有……物种的流动性,以及有关缺乏对人类与动物之间基本的区分的这些教义,在我看来,既真实又致命。它们被投掷到了下一代人身上……当以抢劫和剥削非兄弟为目的的兄弟会出现在未来的舞台上时,没有人会感到惊讶。"引自 Walter A. Kaufmann, *Nietzsche*, p. 141。

† 尼采也曾这样预言:"死后的人相较于同时代的人更难被理解,但是更容易被知道。比如说我自己。更为准确地是:因此我们才具有权威。"参见 *Götzendämmerung*, in *Friedrich Nietzsche. Werke in Drei Bänden*, ed. by Karl Schlechta, München, 1955, II, 944。

随卢梭的革命恐怖分子。同样地,反民主主义者也声称自己属于尼采一派。*

关于尼采影响力的历程和特点,在他与默勒和德国批评家的关系中得到了体现。虽然默勒挪用了尼采的某些思想,但整个日耳曼意识形态是在尼采作品问世之前形成的。值得一提的是拉加德在1853年完成了他前两篇文章,又于1873年完成了第三部以他个人生活为重要主题的作品。这时与拉加德素昧平生的尼采也于1873年发表了他对德意志文化进行明确批判的首部作品,一部与戴维·弗里德里希·施特劳斯展开论战的评论文章。这里我们还没有证据表明拉加德在那时受到了尼采的影响。

因此,尼采与日耳曼意识形态的诞生无关,但尼采的确深刻地影响了德国的历史发展,不是指在智力上影响了,因为认为尼采及其永恒轮回学说处于保守主义革命的"中心"的看法,大大高估了整个运动的哲学基础。[16]更确切地说,因尼采的作品变得更加不安的一代人接受了更加接近尼采的德国批评家们的思想。这群"教徒"正是尼采所惧怕的,并且尼采预言:"当你发现我的时候,你还没有找到你自己。"[17]

III

我们看到了拉加德、朗本和默勒如何挪用和歪曲了德国一些主要的智力传统。反过来,他们的思想也被人曲解和挪用;几代"不问政治的"德国人扭曲了这些思想,和我们的批评家一样,他们也对德国的生

---

* 各地的反民主人士的确如此。墨索里尼认为自己是尼采派一员,而后来的"法兰西行动"也对其作品表示同情。参见 Reino Virtanen, "Nietzsche and the Action Française", *Journal of the History of Ideas*, XI: 2(1950年4月), 191—241。关于国家社会主义者对尼采的争取,参见 Crane Brinton, *Nietzsche*, Cambridge(Mass.), 1941, chapter 8; 以及 Walter A. Kaufmann, *Nietzsche*, pp. 255—256。

文化绝望的政治

活方向保持着警觉。拉加德深刻地影响着托马斯·曼、恩斯特·特勒尔奇、弗里德里希·瑙曼和克里斯蒂安·莫根施特恩，朗本和默勒也深受同行的欣赏。上述这些人回应了"绅士的"拉加德，而拉加德也已经扯掉了那些崇拜者给他标榜的反复无常、反犹太和帝国主义标签。另一方面，国家社会主义者完全站在强硬的虚无主义那边挪用着批评家们的思想；这样他们就可以声称拉加德、朗本和默勒是他们继承的遗产中的一部分。事实上，拉加德、朗本和默勒对这两个团体都产生了巨大影响，因此他们之间确实存在一定的联系。日耳曼意识形态是德国精英和国家社会主义者共有的传统之一。

许多年来，德国批评家是公认的文化绝望的传道者。当人们幻想一个超越庸俗主义、物质主义和传统爱国主义的新德国时，他们便会涌现在我们的脑海中。许多真正的思想蕴藏在众多的不满之中，许多危险与高贵彰显在这些于1914年前后拒绝在德意志帝国看到完美社会或是"美好旧时光"的批评家身上。

深信拉加德和朗本的青年运动者像许多对战前德国感到不满的市民和民族改革者一样行动着。见证了魏玛共和国再现威廉二世帝国时期之衰败的共和国批评家们在绝望中选择了默勒和拉加德。这种爱国不满情绪越强烈，三位批评家就越受欢迎。他们的影响力在魏玛共和国解体和希特勒掌权时期达到顶峰。衡量他们影响力的是书刊发行量、关于他们的研究数量和参考书目引用量。德国批评家曾预言自由社会的灭亡，每当这个自由社会开始痛苦挣扎的时候，他们便浮现在我们脑海中。

德国的历史进程以一种奇特的方式证实了批评家的预言。从1890年到1933年，德国爆发了一系列半文化和半政治性质的不满情绪。青年运动的反抗，1914年8月的狂喜，"前线体验"，以及战后的残酷岁月，难道这些没有证明批评家们关于自由理性社会、对民族的厌倦以及渴望集体信仰的认知吗？他们还认为，自由主义政治将无法遏制其滋生

第三部分　默勒·范登布鲁克和第三帝国

的不满情绪,并预言了人们对魏玛共和国的愤怒拒绝,这种拒绝并不具有客观色彩,而是源于主观上的蔑视,而这种蔑视是孤独和期望破灭造成的结果。

他们的预言因为越来越多的人感到不满而已经自行实现。但他们的对手也从中起到了一些助推作用;魏玛德国并不能凭借其政治领导能力来反驳德国批评家对他的指控。德国议会在多年危机中的失败表现足以让他受到德国批评家的指责。*

拉加德、朗本和默勒对许多事情的正确预言扩大了他们的影响力,但这不足以支撑他们的个人观点。他们对德国问题的分析是老套的;他们对许多自由主义和社会主义对手的分析是过于细致且缺乏准确性的。拉加德和朗本预示了,或在某种程度上说是他们制造出了众多德国人民共有的一种文化绝望情绪,而正是这种情绪成了理性思想家从未深思过的政治力量。此外,批评家们还预示了这种情绪引发的结果:他们的绝望促成了他们的政治乌托邦主义,他们的消沉倦怠又增加了他们的神秘感。

在经历了战争、战败和无能的共和主义之后,德国右翼和国家社会主义者都沉浸于绝望和政治神秘主义的情绪中。如果没有弥漫这种情

---

* 对德国政治,尤其是对魏玛议会制政府的绝望普遍存在;作为简单的例子,请参见一份温和的资产阶级杂志的评论,它写于1923年,当时的德国勉强经受住了鲁尔入侵和通货膨胀带来的危机。其中提到了施特雷泽曼允许德国王储从流放地返回的决定,以及希特勒发动的啤酒馆政变。王储在"此时的回归将是一个典型的例子,即威廉时期的德国政治家们只关心内部斗争,无论是1917年的埃伯特和埃茨贝格尔,还是1923年的施特雷泽曼和希特勒。他们没有足够的远见和能力去考虑他们的人民在对外地位上的迫切需要"。关于希特勒的政变,它说道:"对我们来说,法西斯主义缺乏突破性的力量。它并不受欢迎。但是我们的血液中不能没有这一刺激性毒药。而它对于我们最有活力和激情的青年来说,也有着天然的吸引力。"这篇文章的意思就是,如果议会制政府在国家处于危难之际仍在玩弄政治手段,那么军队就必须采取行动了。它本身"就是权力,就是俾斯麦时期德国政治精神的遗产"。参见"Politische Rundschau", *Deutsche Rundschau*, CXCVII(1923年12月),333。

绪，国家社会主义者也不会取得成功。在共和德国，一千名年少时崇拜或读过拉加德和朗本的教师对于国家社会主义的胜利，与希特勒从德国大亨那里得到的数百万马克一样重要。

"德国历史上的真正问题是……为什么只有极少数受过教育的、文化阶层的人认为希特勒是邪恶的化身。大学教授、军官、商人和银行职员都是知识分子，甚至都是尊法之人。但事实上，并没有任何人疾呼：'这是反基督教义的。'"*对于这个问题，日耳曼意识形态的悠久历史为其提供了线索。本书对于这个问题也提供了部分解释：早在希特勒和《凡尔赛和约》之前，德国就出现了严重的民族挫折感和文化不满，而这又激发了德国精英所欣赏的民族主义狂热和乌托邦主义。即使没有希特勒和政治灾难，我们也会在分析现代德国政治文化的时候考虑到这股力量。

当有良好教育的文明阶层认识到日耳曼意识形态不过是一枕黄粱时，他们的内心动摇了；而当日耳曼意识形态以真正的政治现实出现时，他们又依旧相信它。这难道不令人感到奇怪吗？直至1930年，一整代德国人仍像拉加德和默勒一样坚定地崇拜着英雄主义和民族主义；他们在青年运动中的感受，在战争中的遭遇以及在《凡尔赛和约》中的忍耐，所有这一切都促使他们或接受希特勒，或对其持中立态度。领袖的吸引力是巨大的，尽管希特勒在他的理想化预言中掺杂着其野蛮追随者们的虚无主义。国家社会主义者则相应地强调了魏玛共和国在文化上的腐朽和政治上的不作为，这也是默勒一直在推动的主题。对第三帝国、民族团结、帝国扩张以及国内冲突的解决的承诺，和对英雄主义、个人奋斗以及民族意志的崇拜，这所有的一切似乎都与俾斯麦时代

---

* 这是A. J. P. 泰勒（A. J. P. Taylor）对于该问题的定义；他的回答并不让人满意：德国负责任的阶级正在抵制共产主义，"希特勒对共产主义的反抗便是他最强有力的资产"。参见A. J. P. Taylor, "The Seizure of Power", in *The Third Reich*, ed. by Edmond Vermeil et al., London, 1955, p. 525。

第三部分 默勒·范登布鲁克和第三帝国

传播的理念相呼应。国家社会主义运动最终所呈现的热情和宗教色彩正是我们的批评家所渴望的，也是其崇拜者所追寻的。*

在他们的帮助下于德国社会广泛传播的文化悲观主义被认为是促使民众转向国家社会主义者的一个重要因素。† 为理解国家社会

---

* 托马斯·曼是第一位指出国家社会主义历史根源的人之一。在1930年极其糟糕的国会选举后不久，托马斯·曼便在他著名的对德国人民的宣讲中，告诫人民要当心希特勒运动可能利用的"精神支持源泉。""这似乎明显地将今日激进的民族主义与浪漫的哲学思想联系在了一起；然而这种联系确实存在，并且它定会被想了解现在发展的人们所识别……在这，我们发现语言学家的某一思想，德语专家们的浪漫主义，和存在于北欧民族中的迷信，所有的一切都来源于学术教授这一阶级，而1930年的德国人所谈论的种族主义者、民粹主义者、自由青年联盟、英雄主义等词语，促成了杂糅着文化野蛮主义的（希特勒）运动。它比脱离现实和政治浪漫主义更加危险、更不具有现实性，它会让我们身陷战争之中。"托马斯·曼也提到新兴的民族主义相较于国外的敌人，更加痛恨国内的对手。"它的主要目的……就是德国国内的大清洗和让德国恢复到早期的状态，这种状态下的德国人民，将符合激进的民族主义者所珍视的德国人概念。但是，就算假设这一恢复是有吸引力的，这可能吗？这种对原始的、纯血的、心地单纯的、咔嗒响的、蓝眼睛的、顺从的、有纪律的清醒的幻想，这种完全的民族单纯性，即便经过千万次的驱逐和清洗，真的可以实现吗……在一个古老的、成熟的、经验丰富且要求严格的文明国家里？"参见Thomas Mann, *Deutsche Ansprache. Ein Appell an die Vernunft*, Berlin, 1930, pp. 16—18。更为翔实的描述可参见Walter Gerhart, *Um des Reiches Zukunft. Nationale Wiedergeburt oder polititische Reaktion*, Freiburg im Breisgau, 1932, pp. 60—62, chapter 5；该作品中有提及当代新民族主义与旧传统的关系，并涵盖了本书提到的三位批评家的思想。

† 在关于个人转变成国家社会主义者的研究中，早先成为积极国家社会主义者的"四位文化悲观主义者"便是最好的例证。"一般而言，一个人可能会说当国家社会主义出现时，文化悲观主义作为早已广泛传播，并且影响着人们思想的世俗情绪，让一些人从真正的哀伤情绪中一跃成为新的激进分子……我们现在可从这些例证中得到以下结论：我们描绘的'知识分子'的孤立体现在其社会地位上……我们讨论的人物是'漂泊不定的'，缺乏令人信服的榜样人格。他们有义务去寻找自己，去决定自己想要成为什么样的人。无论是宗教还是政治传统，无论是职业的还是其他无可争议的典范，都没有为他们的自我构建提供一种模式。因此，他们在政治领域中行动，仿佛那里是一个真空，他们可以安全地并实验性地引导其神经中的破坏性因子。"参见Wenda von Baeyer-Katte, *Das Zerstörende in der Politik. Eine Psychologie der politischen Grundeinstellung*, Heidelberg, 1958, pp. 42, 45。

文化绝望的政治

主义胜利而做出的种种尝试低估了激发希特勒追随者的根本精神动力,也妨碍了德国精英们对灾难的识别和防范。希特勒力量的不断壮大被马克思主义者和国家社会主义精神分析学家所忽视,同时也被走国家社会主义道路的知识分子所误解,即那些将希特勒思想归咎于继路德之后的每一位德国思想家的人。在那些试图分析国家社会主义力量的社会基础的社会学家的实证研究中,它没有找到任何位置。*

某种意义上,国家社会主义中的理想主义因素直接来源于拉加德、朗本和默勒。但我们发现想要准确地定义德国批评家和早期思想运动之间的关系是很困难的。类似的困难也妨碍了我们对批评家和国家社会主义领袖之间关系的了解。这个问题是关于知识影响力、思想的传播和力量的更大问题的一个特殊例子。但它非常巧妙地处理了复杂思想对非理性群众和运动的影响。事实上,我们面对的是一个日益增长的抽象和篡夺的过程:浪漫主义者和民主批评家的思想,尤其是尼采的思想被曲解了,而后又被德国批评家们挪用,最后被那些蔑视思想并将其作为政治斗争武器的人庸俗化。这是从超然沉思层面流入虚无激进主义的过程,是无党派过渡到狂热党派主义的过程。这些批评家作为思想家,同时与欧洲哲学和国家社会主义思想有着联系;从性格上说,

---

* S. M. 利普塞特最擅于分析国家社会主义者的支持者,他发现这些支持者主要是以前投票给自由党或温和派的人。在一份脚注中,他标注道:"在德国的魏玛共和国和波恩共和国时期,所有的实际选举数据中,天主教成员作为决定政党支持率的主要因素,经常凌驾于阶级或其他拥护者之上。"如果从属于一个宗教团体可以凌驾于所有其他因素之上,那么人们不禁要问,类似的关系或意识形态因素是否没有对非天主教徒的政治选择产生决定性的影响。重要的是要明白,国家社会主义者在个体经营者和其他以前的自由主义群体中有明显的优势,但由于这些群体没有成为一个整体,所以问题仍然是哪些精神或心理因素可能致使某个群体的一些成员倾向于支持国家社会主义,而其他成员则持有相反的态度。参见 Seymour Martin Lipset, *Political Man. The Social Bases of Politics*, New York, Doubleday, 1960, p. 147。

第三部分 默勒·范登布鲁克和第三帝国

他们既是超然的哲学家又是未教化的暴民。

国家社会主义思想在动机、形式和内容上都与日耳曼意识形态相似。两者的消极思想也难以区分。对于它们来说，自由主义就是头号敌人。它是侵蚀真正德意志精神和瓦解第三帝国的一股异化的并具有破坏性的力量。它们都希望看到一个民族性的帝国的统一和壮大，并始终坚信只有特别的领袖才能建立并统治这样的帝国。心怀这两种思想的人都是过着资产阶级生活，拥有资产阶级精神的愤怒的批评家。默勒曾预言国家社会主义信仰存在于德国社会主义之中。拉加德和朗本都强调反犹太主义在国家社会主义思想中的重要位置，德国批评家和国家社会主义者或多或少地都相信种族决定性格和历史。最后，它们共同的思想中有着相同的仇恨和疏离感。我们可以从它们的相似点得出：国家社会主义的领导者并未通过操纵大众的政治意志来形成一种错误的意识形态。德国批评家们证明了这样的意识形态具有内在的吸引力，而国家社会主义的成功使我们相信这种将憎恶和愤懑变成政治神话的特别转化，给那些深陷经济危机和社会分裂的痛苦泥沼而又渴望得到精神救赎的人们带来了希望。

随后，这两个运动有着相似的心理状态，并且它们也承认有相似的意识形态。它们前进的道路经常存在交集。大量证据表明拉加德和朗本对许多重要的国家社会主义思想家有着直接的影响。希特勒运动中重要的思想家阿尔弗雷德·罗森贝格自认是拉加德的追随者。国家社会主义教育理论家恩斯特·克里克公开承认借鉴过拉加德和朗本作品中的思想。[18]几位德意志宗教创建者将拉加德的作品视为自身建设的基础。[19]克里斯托夫·施特丁，这位国家社会主义历史学家们的青年偶像曾将朗本的思想置于他个人工作的重要位置，他曾尝试用元史学方法评论欧洲文明。[20]国家社会主义者将拉加德和朗本奉为先贤，虽然曾一度否定拉加德和朗本带来的影响力，但这并不影响他们对这二人的

忠诚。*

从默勒自己和他的作品中出发，我们可以更加清晰地看到共同之处。默勒在魏玛共和国的保守主义革命中担任着重要角色，且他的第三帝国思想构成了最有影响力的反共和党势力。[†]但他对国家社会主义者并没有产生多大的直接影响：当《第三帝国》出版时，希特勒正忙于脱离国家社会主义，并没有关注这部作品。但是戈培尔却在1925年深受此书的影响，并在1932年《第三帝国》的新版问世之际大加赞赏道："我乐于去宣传默勒的作品，因为它对国家社会主义者的政治思想史至关重要。"[21]

然而，默勒的间接影响却是巨大的。因为默勒的保守主义革命没有自我实现的途径，他的追随者也没有接触政权的机会。虽然希特勒的煽动带来了一丝不安，但许多保守主义革命者从元首身上看到了实现目标的唯一可能性。[‡]随着希特勒的成功，许多追随默勒之人的梦想

---

* 《国家社会主义月刊》(*Nationalsozialistische Monatshefte*)的第一期，作为党的"知识分子"之声，它评估了所有的先贤，不仅指出了拉加德，也提到了朗本。参见 Georg Schweinshaupt, "Nationalsozialismus und Lagarde", *Nationalsozialistische Monatshefte*, III：32（1932年12月）。也参见 Erich Unger, ed., *Das Schrifttum zum Aufbau des neuen Reiches 1919—1934*, Berlin, 1934；该作品在国家社会主义先知作品列表中列出了九本拉加德的著作，以及七本与朗本相关的著作，同时也在"国家社会主义世界观"章节下列出了四本有关默勒的著作。

[†] 虽然如此，但认为"尽管默勒自相矛盾且缺乏理性的思考，但他给希特勒主义带来了灵感，并且许多政治作家阐述并传播了他关于民族性国家的基本思想。在这里，社会主义在独裁统治中找到了最好的表达，进步则意味着民族主义"，这看上去似乎很牵强。参见 Stephen H. Roberts, *The House that Hitler Built*, New York, Harper, 1938, p. 47。也有观点认为默勒的思想"不仅是战后德国先进政治思想的顶峰。在非常真实的意义上，它也是一百五十年内所有理论的顶峰"。参见 Rohan d'O. Butler, *The Roots of National Socialism*, 1783—1933, London, 1941, p. 265。

[‡] 就像我们可以在1932年天主教徒中的保守主义革命领袖埃德加·容的选后声明里看到的那样："过去的选举存在什么问题？魏玛自由主义的清算，加上国内外的失败主义，把我们带到了深渊的边缘。这个垂死的自由主义正处于一种可怕的状态……（转下页）

第三部分 默勒·范登布鲁克和第三帝国

便幻灭了,建立了十二年的第三帝国见证了保守主义革命和国家社会主义的再次分离。*

对于保守主义革命者来说,这种解开纠结的方式是一种令人心碎的、英雄式的经历。保守主义革命运动精神品质的真正体现在于第三帝国的现实唤醒了人们的强烈反抗,他们有时会保持沉默,但也常因公开评论而损失惨重。一些人,像劳施宁和特雷维拉努斯,逃往了外国避难;而埃德加·容等人则在1934年6月30日的大清洗中丧生。少数前保守主义革命者冒着生命危险在1944年7月策划了刺杀希特勒事件,他们为了其早期事业的真正理想而献身。†

对他们而言,国家社会主义者将默勒和他的朋友一并否定了。国家社会主义者在1933年对默勒大加赞赏几个月后,便开始批判默勒。

(接上页)我们不仅高兴[对国家社会主义的成长],而且为实现这一目标也尽了自己的一份力。在不计其数的小规模工作中,尤其是在受过教育的阶段中,我们为德国人民投票给国家社会主义候选人创造了先决条件。我不知道默勒在今天会身处何地。自他死后,他有幸被国家社会主义者所称颂,但这并没有实质性地提高人们对他的工作的理解。"参见Edgar J. Jung, "Neubelebung von Weimar？ Verkehrung der Fronten", *Deutsche Rundschau*, CCXXXI(1932年6月), 154, 159。

* 赫尔曼·劳施宁是该群体的典型代表。"许多在精神上漂泊的保守派人士,从最好的动机和真挚的信仰出发,进入了国家社会主义的行列。"参见Hermann Rauschning, *The Revolution of Nihilism. Warning to the West*, New York, 1939, p. 112。在他下一本书《保守主义革命》(*The Conservative Revolution*, New York, 1941)中,他试图(但不太令人信服)详细解释一个人如何从一场革命偏离到另一场革命。

† 参见Rudolf Pechel, *Deutscher Widerstand*, Zürich, 1947, pp. 71—114;佩歇尔分析了德国的希特勒反对派和保守主义革命之间的联系。佩歇尔本人也是密谋反抗希特勒的参与者。其他保守主义革命幸存者:约阿希姆·蒂布尔齐乌斯(Joachim Tiburtius)现在是西柏林的一名参议员;汉斯·策雷尔现为《世界报》的编辑;以及默勒亲密的政治伙伴马克斯·希尔德贝特·伯姆在国家社会主义政权下写了大量文章,并在最近作为一个三部曲的共同编写为波恩政府服务,参见 *Die Vertriebenen in Westdeutschland. Ihre Eingliederung und ihr Einfluss auf Gesellschaft, Wirtschaft, Politik und Geistesleben*, ed. by Eugen Lemberg et al., in 3 vols., Kiel, Hirt, 1959。

罗森贝格也公开否认了默勒是国家社会主义运动的先驱。1939年，这一政党倡议正式研究默勒的作品，为的是公开调查默勒的"无助于真正历史发展的不切实际的意识形态"与希特勒的"他不是默勒的继承者"[22]之间的关系。默勒因抨击19世纪知识分子的拒绝而被称赞，但最后还是被认定为"他不曾想成为我们国家社会主义国家的'精神建设者'"。[23]

对于我们来说，国家社会主义者对默勒的批判和保守主义革命者对希特勒政权的反抗，是对默勒及德国批评家的部分免责。毕竟他们对国家社会主义并不具有决定性的影响，国家社会主义者也没有肯定他们的所有思想。总之，默勒和其他德国批评家都不需要那样的第三帝国，也不曾寄希望于希特勒去实现他们的梦想。

但是我们不得不问，那里是否可能存在其他的"第三帝国"？在脱离政治现实的疯狂一跃后，是否还有安全的港湾供我们驻足？一个人是否可以放弃理智，去歌颂武力，去为专制帝国时代做出预言？是否可以直言不讳地谴责现有的制度？德国批评家们做到了这一切，他们为我们展示了文化绝望的政治的巨大风险。

注 释

前 言

1. Paul de Lagarde, *Symmicta*, Göttingen, 1880, II, 106.
2. Eduard Spranger, "Wesen und Wert polidscher Ideologien", *Vierteljahrshefte für Zeitgeschichte*, II: 2(1954), 122—123.
3. Alfred Fouillée, Morale des Idées-Forces, Paris, Alcan, 1908, p. 353.
4. Hugo von Hofmannsthal, *Das Schrifttum als geistiger Raum der Nation*, München, 1927, pp. 27, 31.
5. Julien Benda, *The Betrayal of the Intellectuals*, Boston, 1955, pp. 21, 135.
6. 1918年以后,有两项关于德国保守主义革命的研究: Armin Mohler, *Die konseruative Revolution in Deutschland 1918—1932. Grundriss ihrer Weltanschauungen*, Stuttgart, 1950; 以及Klemens von Klemperer, *Germany's New Conservatism. Its History and Dilemma in the Twentieth Century*, Princeton, 1957。克伦佩雷尔的研究是对德国新右翼群体思想潮流的探究性分析。
7. John Henry Cardinal Newman, *Apologia Pro Vita Sua*, Everyman's Library, London, n.d., p. 233.
8. Lionel Trilling, *The Liberal Imagination. Essays on Literature and Society*, New York, Viking, 1950, p. ix.
9. 参见Michael Curtis, *Three Against the Third Republic. Sorel, Barrès, and Maurras*, Princeton, 1959; 以及理查德·A. 韦伯斯特对意大利民族主义的尖锐批

判（Richard A. Webster, "The Cross and the Fasces. Christian Democracy and Fascism in Italy", Columbia University doctoral dissertation, 1959, chapters 1 and 2）。关于"民粹主义的民间传说", 参见 Richard Hofstadter, *The Age of Reform.From Bryan to F.D.R.*, New York, Knopf, 1955, chapter 2。

10. 斯佩尔曼枢机主教, 转引自《纽约时报》, 1955年6月14日, 以及威廉·S. 卡尔森博士（纽约州立大学校长）, 转引自《纽约时报》, 1956年10月22日。

11. 关于德国自由主义的最佳研究, 参见 Leonard Krieger, *The German Idea of Freedom. History of a Political Tradition*, Boston, 1957。

12. Ludwig Curtius, *Deutsche und Antike Welt. Lebenserinnerungen*, Stuttgart, Deutsche Verlagsanstalt, 1950, p. 455。

13. 德国理想主义产生了重大的社会历史影响, 对于了解德国历史, 这一点也很关键; 参见 Hajo Holborn, "Der deutsche Idealismus in sozialgeschichtlicher Beleuchtung", *Historische Zeitschrift*, CLXXIV: 2（1952年10月）, 359—384。也参见我的文章："The Political Consequences of the Unpolitical German", *History. A Meridian Periodical*, III（1960年9月）, 104—134。

14. Friedrich Meinecke, *The German Catastrophe. Reflections and Recollections*, trans. by Sidney B. Fay, Cambridge (Mass.) 1950, p.14。

15. Theodor Mommsen, "Rede zur Vorfeier des Geburtstages des Kaisers", 1880年3月18日, in *Reden und Aufsätze*, Berlin, 1905, p. 91。关于探讨普遍的衰落感, 参见 D. Wilhelm Lütgert, *Das Ende des Idealismus im Zeitalter Bismarcks*, Gütersloh, 1930, pp. 224—298。

16. Max Weber, *Gesammelte politische Schriften*, München, 1921, pp. 24ff。

第一章

1. 参见 Ludwig Schemann, *Paul de Lagarde, Ein Lebens- und Erinnerungsbild*, 3d ed., Leipzig, 1943。这是一部最完整的传记研究。该书1919年首次问世, 并于同年有过两次改版, 之后再版于1943年。拉加德的写作中类似自传的细节随处可见, 笔者运用了这些表达来缓和对于斯基曼的奉承。也参见 Anna de Lagarde, *Paul de Lagarde. Erinnerungen aus seinem Leben für die Freunde zusammengestellt*, Göttingen, 1894。关于拉加德学术作品的最佳介绍由他之前的学生阿尔弗雷德·拉尔夫斯所作, 参见 Alfred Rahlfs, *Paul de Lagardes wissenschaftliches Lebenswerk im Rahmen einer Geschichte seines*

Lebens dargestellt, Berlin, 1928。我还可以通过研究哥廷根关于拉加德的档案,**尤其**包括其信件,来对以上出版材料进行补充。
2. Alfred Rahlfs, *Paul de Lagardes*, p. 13.
3. Paul de Lagarde, *Ausgewählte Schriften*, ed. by Paul Fischer, 2d ed., München, 1934, p. 34.
4. Anna de Lagarde, *Paul de Lagarde*, p. 5.
5. Paul de Lagarde, "Erinnerungen an Friedrich Rückert", *Ausgewählte Schriften*, p. 42.
6. Ibid., p. 43.
7. 想了解亨斯滕贝格思想的梗概,可参见 Emanuel Hirsch, *Geschichte der neueren evangelischen Theologie im Zusammenhang mit den allgemeinen Bewegungen des europäischen Denkens*, Gütersloh, Bertelsmann, 1954, V, 118—130。
8. 关于托勒克的精彩论述,可参见 Karl Barth, *Die protestantische Theologie im 19. Jahrhundert. Ihre Vorgeschichte und ihre Geschichte*, 2d ed., Zürich, 1952, pp. 459—468。
9. Paul de Lagarde, *Mittheilungen*, Göttingen, 1887, II, 94.
10. 参见 Alfred Stern, "Waldeck", *Allgemeine Deutsche Biographie*, Leipzig, 1896, XL, 672。
11. Anna de Lagarde, *Paul de Lagarde*, pp. 12—13.
12. Paul de Lagarde, "Über einige Berliner Theologen und was von ihnen zu lernen ist", *Ausgewählte Schriften*, p. 75.
13. 对于这段拉加德事业中具有危害性的事件的研究,参见 Alfred Rahlfs, *Paul de Lagardes*, pp. 38—39, 95—97; 以及 Helmuth M. Pölcher, ed., "Symphilologein. Briefe von Paul de Lagarde an Adolf Hilgenfeld aus den Jahren 1862—1887", in *Lehendiger Geist. Hans-Joachim Schoeps zum 50. Geburtstag von Schülern dargebracht*, ed. by Hellmut Diwald, Leiden-Koln, 1959, pp. 24—26。
14. 关于邦森与英国学术生活的密切联系,参见 Dr. Wilma Höcker, *Der Gesandte Bunsen als Vermittler zwischen Deutschland und England*, Göttingen, Musterschmidt, 1951, esp. pp. 99—147。
15. Anna de Lagarde, *Paul de Lagarde*, p. 25.
16. Ibid., pp. 42—43.
17. Paul de Lagarde, "Nachrichten über einige Familien des Namens Bötticher",

Ausgewählte Schriften, pp. 24—31.
18. Alfred Rahlfs, *Paulde Lagardes*, p. 16.
19. Pölcher, "Symphilologein", p. 31.
20. 作为这种阴谋之感的实例,参见 Paul de Lagarde, *Symmicta*, Göttingen, 1880, II, iii—viii。
21. 转引自 Ludwig Schemann, *Paul de Lagarde*, p. 132。
22. Ibid., p. 132.
23. Paul de Lagarde, *Aus dem deutschen Gelehrtenleben*, Göttingen, 1880, p. 6.
24. 参见 George F. Moore, "Paul Anton de Lagarde", *University Quarterly*, XVI: 4(1893年7月), 19。
25. Ludwig Schemann, *Paul de Lagarde*, p. 50. 拉加德曾经的学生阿尔弗雷德·拉尔夫斯也坚称,没有他的帮助,拉加德这样一个满腹牢骚之人,其总体观点是无法让别人信服的。
26. G. Nathanael Bonwetsch, "Aus vierzig Jahren deutscher Kirchengeschichte. Briefe an E. W. Hengstenberg", *Beiträge zur Förderung christlicher Theologie*, 2d series, XXIV: 2(Gütersloh, 1919), 5—6.
27. Alfred Rahlfs, *Paulde Lagardes*, p. 60.
28. Paul de Lagarde, *Aus dem deutschen Gelehrtenleben*, pp. 73—86.
29. Anna de Lagarde, *Paul de Lagarde*, pp. 76—78.
30. Pölcher, "Symphilologein", p. 28.
31. Anna de Lagarde, *Paul de Lagarde*, p. 84.
32. Andrew L. Drummond, *German Protestantism since Luther*, London, 1951, p. 134.
33. Paul de Lagarde, "Bescheinigung über den richtigen Empfang eines von Herrn Otto Ritschl an mich gerichteten offenen Briefes", *Ausgewählte Schriften*, pp. 267—301. 关于里奇尔和拉加德的矛盾,参见 Götz von Selle, *Gotz von Selle, Die Georg-August-Universität zu Göttingen 1737—1937*, Göttingen, Vandenhoeck & Ruprecht, 1937, pp. 328—313。
34. 拉加德写给国王威廉一世的信的复印版,1870年9月4日,收录于哥廷根的拉加德档案(Lagarde Archive)。
35. *L'Allemagne aux Tuileries de 1850 à 1870*, ed. by Henri Bordier, Paris, 1872, pp. 36—37.
36. Anna de Lagarde, *Paul de Lagarde*, pp. 96—103.

37. Paul de Lagarde,"Drei Vorreden"(1878), *Deutsche Schriften*, 3d ed., München,1937,pp. 93—94.
38. 该计划将在后文中加以讨论。鲁道夫·斯曼德(Rudolf Smend)在其最近出版的著作中赞扬道:"拉加德对于社会改革的想法……有时显得举足轻重,有时又显得无关紧要,含有理想成分又有实际考量,这些让有耐心的人都失去了耐心。"(Rudolf Smend, *Festschrift zur Feier des zweihundertjährigen Bestehens der Akademie der Wissenschaften in Göttingen*, Berlin,Springer,1951,II,xiii)
39. Ludwig Schemann,*Paul de Lagarde*,pp. 81—82.
40. Alfred Rahlfs,*Paul de Lagardes*,p. 70.
41. Ibid.,pp. 78—79.
42. *Ausgewählte Schriften*,pp. 187—188.
43. Ibid.,p. 190.
44. Paul de Lagarde,*Die königliche Gesellschaft der Wissenschaften in Göttingen betreffend. Ein zweites und letztes Gutachten*,Göttingen,1889,p. 4.
45. Ludwig Schemann,*Paul de Lagarde*,p. 369.
46. 参见Richard J. H. Gottheil,"Bibliography of the Works of Paul de Lagarde", *Proceedings of the American Oriental Society*,XV(1892年4月),ccxi—ccxxix。
47. 参见S.R.Driver,"Recent Literature Relating to the Old Testament",in *The Contemporary Review*,LV(1889年3月),393—394。其中列举了十四篇拉加德的文章,并对每一篇做出了评论,除了关于"迂腐的犹太学者"之辩论。
48. Ulrich von Wilamowitz-Moellendorff,*Reden und Vorträge*,Berlin,Weidmann, 1901,pp. 90—96.
49. 1891年12月28日的信件与1892年1月5日的信件,参见*Mommsen und Wilamowitz Briefwechsel,1872—1903*,ed. by F. and D. Hiller von Gaertringen, Berlin,Weidmann,1935,pp. 452—453。两位学者的书信往来为德国学术界提供了宝贵的真知灼见,参见Ulrich von Wilamowitz-Moellendorff, *My Recollections,1848—1914*,trans. by G. C. Richards,London,Chatto and Windus,1930,pp. 277—283。
50. William James,*The Principles of Psychology*,New YorkHolt,1893,I,310—311.
51. Anna de Lagarde,*Paul de Lagarde*,p. 125.
52. 参见Paul de Lagarde, *Gedichte*, Göttingen, 1885;以及*Gedichte von Paul*

de Lagarde. *Gesamtausgabe besorgt von Anna de Lagarde*, 2d enlarged ed., Göttingen, 1911。
53. 参见 Karl Ernst Knodt, "Paul de Lagarde, der Dichter. Eine literarische Studie", *Monatsblätter für Deutsche Literatur*, IV: 1(1899年10月),132。

第二章

1. 参见 Paul de Lagarde, "Über das Verhältnis des deutschen Staates zu Theologie, Kirche und Religion. Ein Versuch"(1873), *Deutsche Schriften*, p. 82; 以及"Zum Unterrichtsgesetze" (1878), *Deutsche Schriften*, p. 221。
2. Anna de Lagarde, *Paul de Lagarde*, p. 38.
3. 参见 Paul de Lagarde, "Konservativ？" (1853), *Deutsche Schriften*, p. 10; 以及 "Die Reorganization des Adels" (1881), *Deutsche Schriften*, p. 333。
4. Paul de Lagarde, "Noch einmal zum Unterrichtsgesetze" (1881), *Deutsche Schriften*, p. 325.
5. Paul de Lagarde, "Zum Unterrichtsgesetze", *Deutsche Schriften*, p. 201.
6. Paul de Lagarde, "Die Reorganization des Adels", *Deutsche Schriften*, p. 333.
7. Paul de Lagarde, "Über die gegenwärtigen Aufgaben der deutschen Politik" (1853), *Deutsche Schriften*, p. 29.
8. 转引自 Anna de Lagarde, *Paul de Lagarde*, p. 163。
9. Ibid., p. 164.
10. 参见 Georg Steinhausen, *Deutsche Geistes- und Kulturgeschichte von 1870 bis zur Gegenwart*, Halle, 1931, pp. 17—61, 305—399。主要记录了1914年之前德国思想中这一普遍的批评。
11. Paul de Lagarde, "Die Reorganization des Adels", *Deutsche Schriften*, p. 334.
12. Paul de Lagarde, "Über die Klage, dass der deutschen Jugend der Idealismus fehle" (1885), *Deutsche Schriften*, p. 439.
13. Paul de Lagarde, "Über die gegenwärtige Lage des deutschen Reichs" (1875), *Deutsche Schriften*, p. 184.

第三章

1. Paul de Lagarde, *Mittheilungen*, Göttingen, 1887, II, 256.

2. Paul de Lagarde, *Ausgewählte Schriften*, p. 41.
3. Ibid., p. 28.
4. Paul de Lagarde, *Mittheilungen*, II, 75.
5. Paul de Lagarde, "Die Religion der Zukunft" (1878), *Deutsche Schriften*, p. 267.
6. Paul de Lagarde, "Über das Verhältnis des deutschen Staates zu Theologie, Kirche und Religion. Ein Versuch", *Deutsche Schriften*, p. 69.
7. Ibid., p. 67.
8. Paul de Lagarde, "Über die gegenwärtigen Aufgaben der deutschen Politik", *Deutsche Schriften*, p. 30.
9. Paul de Lagarde, *Ausgewählte Schriften*, p. 93.
10. Paul de Lagarde, "Über das Verhältnis des deutschen Staates zu Theologie, Kirche und Religion. Ein Versuch", *Deutsche Schriften*, p. 54.
11. Paul de Lagarde, *Ausgewählte Schriften*, p. 293.
12. Ibid., p. 292.
13. Paul de Lagarde, "Über das Verhältnis des deutschen Staates zu Theologie, Kirche und Religion. Ein Versuch", *Deutsche Schriften*, p. 57.
14. Paul de Lagarde, *Ausgewählte Schriften*, p. 98.
15. Paul de Lagarde, "Konservativ?", *Deutsche Schriften*, p. 18.
16. Paul de Lagarde, *Ausgewählte Schriften*, pp. 97—98.
17. Paul de Lagarde, *Die königliche Gesellschaft*, p. 4.
18. Paul de Lagarde, "Über das Verhältnis des deutschen Staates zu Theologie, Kirche und Religion. Ein Versuch", *Deutsche Schriften*, p. 57.
19. Ibid.
20. Ibid., p. 62.
21. Paul de Lagarde, *Ausgewählte Schriften*, p. 192.
22. Paul de Lagarde, "Die Stellung der Religionsgesellschaften im Staate" (1881), *Deutsche Schriften*, p. 300.
23. Paul de Lagarde, "Über die gegenwärtige Lage des deutschen Reichs", *Deutsche Schriften*, p. 158.
24. Paul de Lagarde, "Die Religion der Zukunft", *Deutsche Schriften*, pp. 251—286.
25. Ibid., p. 270.

26. Ibid., p. 273.
27. Ibid., p. 278.
28. Ibid., p. 276.
29. Ibid., p. 274.
30. Ibid., p. 286.
31. 参见 *Jakob Burckhardts Briefe an seinen Freund Friedrich von Preen, 1864—1893*, ed. by Emil Strauss, Stuttgart and Berlin, Deutsche Verlagsanstalt, 1922, p. 18。
32. G. B. Shaw, *Androcles and the Lion*, New York, 1919, p. cxxv.
33. Paul de Lagarde, "Über das Verhältnis des deutschen Staates zu Theologie, Kirche und Religion. Ein Versuch", *Deutsche Schriften*, p. 79.
34. Paul de Lagarde, "Die Religion der Zukunft", *Deutsche Schriften*, p. 286.

第四章

1. 参见 Erich Brandenburg, *Die Reichsgründung*, 2d ed., Leipzig, Quelle und Meyer, n.d. (1922?), Ⅰ, 362。
2. 对"反动的19世纪50年代"思想的全面考察，参见 "The Reactionary Fifties", in William O. Shanahan, *German Protestants Face the Social Question*, Vol. Ⅰ: *The Conservative Phase 1815—1871*, Notre Dame, Indiana, 1954, chapter 6; 以及一些具有启发性的评论，参见 Theodore S. Hamerow, *Restoration Revolution Reaction. Economics and Politics in Germany 1815—1871*, Princeton, 1958, chapter 11。
3. Paul de Lagarde, "Über die gegenwärtigen Aufgaben der deutschen Politik", *Deutsche Schriften*, p. 33.
4. 转引自 Ludwig Schemann, *Paul de Lagarde*, p. 79。
5. Paul de Lagarde, "Die nächsten Pflichten deutscher Politik" (1886), *Deutsche Schriften*, pp. 473—475.
6. Paul de Lagarde, "Über die gegenwärtige Lage des deutschen Reichs", *Deutsche Schriften*, pp. 136—140.
7. Paul de Lagarde, "Programm für die konservative Partei Preussens", *Deutsche Schriften*, pp. 418—419.
8. Ibid., p. 375.

9. Paul de Lagarde, "Konservativ?", *Deutsche Schriften*, pp. 9—21. 新兴贵族的思想得到了充分发展,参见"Die Reorganization des Adels", *Deutsche Schriften*, pp. 326—333。
10. 参见 Eugene N. Anderson, *The Social and Political Conflict in Prussia 1858—1864*, Lincoln, 1954, chapter 2, esp. pp. 20—22。
11. Paul de Lagarde, "Die Reorganization des Adels", *Deutsche Schriften*, pp. 326—327.
12. "Programm für die konservative Partei Preussens", *Deutsche Schriften*, pp. 421—422.
13. "Über die gegenwärtigen Aufgaben der deutschen Politik", *Deutsche Schriften*, p. 41.
14. *Ausgewählte Schriften*, p. 223.
15. "Über die gegenwärtigen Aufgaben der deutschen Politik", *Deutsche Schriften*, p. 30.
16. "Die Stellung der Religionsgesellschaften im Staate", *Deutsche Schriften*, p. 295.
17. *Ausgewählte Schriften*, p. 248.
18. Ibid., p. 239.
19. 关于这个主题,参见 S. Adler-Rudel, *Ostjuden in Deutschland 1880—1940. Zugleich eine Geschichte der Organisationen, die sie betreuten*, Tübingen, Mohr, 1959。
20. 譬如,参见 Bernard D. Weinryb, "The Economic and Social Background of Modern Antisemitism", in *Essays on Antisemitism*, ed. by Koppel S. Pinson, New York, Conference on Jewish Relations, 1946, pp. 17—34。
21. Paul de Lagarde, "Die graue Internationale"(1881), *Deutsche Schriften*, p. 370.
22. Ibid., p. 358.
23. Paul de Lagarde, "Konservativ?" and "Die Religion der Zukunft", *Deutsche Schriften*, pp. 20, 283.
24. Paul de Lagarde, "Noch einmal zum Unterrichtsgesetze", *Deutsche Schriften*, p. 318.
25. Ludwig Schemann, *Paul de Lagarde*, p. 216.
26. 亨利·科德·迈尔(Henry Cord Meyer)在其一项优秀的研究(*Mitteleuropa*

in German Thought and Action 1815—1945, The Hague, 1955, pp. 30—33)中，将拉加德视为最重要的中欧名流，是时，这一观点很快便黯然失色。

27. Paul de Lagarde, "Über die gegenwärtigen Aufgaben der deutschen Politik", *Deutsche Schriften*, pp. 33—34.
28. Ibid., pp. 30—35.
29. Ibid., p. 37.
30. *Ausgewählte Schriften*, p. 245.
31. "Über die gegenwärtige Lage des deutschen Reichs", *Deutsche Schriften*, p. 129.
32. "Die nächsten Pflichten deutscher Politik", *Deutsche Schriften*, pp. 449—450.
33. "Über die gegenwärtige Lage des deutschen Reichs", *Deutsche Schriften*, p. 116.
34. "Die nächsten Pflichten deutscher Politik", *Deutsche Schriften*, pp. 442—481.
35. Paul de Lagarde, "Die Finanzpolitik Deutschlands" (1881), *Deutsche Schriften*, p. 355.

第五章

1. Paul de Lagarde, "Noch einmal zum Unterrichtsgesetze", *Deutsche Schriften*, p. 312.
2. *Ausgewählte Schriften*, p.141.
3. Ibid., p. 181.
4. 关于"学术文化的批评与讽刺"的概述，参见 Frederic Lilge, *The Abuse of Learning. The Failure of the German Universities*, New York, 1948, chapter 4。也参见 Karl Löwith, *Von Hegel zu Nietzsche. Der revolutionäre Bruch im Denken des Neunzehnten Jahrhunderts. Marx und Kierkegaard*, Stuttgart, 1950, 2d printing, pp. 312—326。
5. 应注意的是，尼采和拉加德将德国教育贬斥为一无是处，而许多教师与时事评论员要求对现有教育体系进行小幅度改革。相关探讨可参见 Friedrich Paulsen, *Geschichte des gelehrten Unterrichts*, 3d ed., Berlin and Leipzig, 1921, II, pp. 362—389。
6. Anna de Lagarde, *Paul de Lagarde*, p. 110.
7. Paul de Lagarde, "Diagnose", *Deutsche Schriften*, p.109.

8. "Zum Unterrichtsgesetze", *Deutsche Schriften*, p.198.
9. "Über die gegenwärtige Lage des deutschen Reichs", *Deutsche Schriften*, pp. 148—149.
10. 关于普鲁士的文理中学，参见 Franz Schnabel, *Deutsche Geschichte im Neunzehnten Jahrhundert*, Vol.II：*Monarchie und Volkssouveränität*, 2d ed., Freiburg im Breisgau, 1949, pp. 342—354。
11. 转引自 Edward H. Reisner, *Nationalism and Education since 1789. A Social and Political History of Modern Education*, New York, 1923, p. 145。
12. Paul de Lagarde, "Über das Verhältnis des deutschen Staates zu Theologie, Kirche und Religion. Ein Versuch", *Deutsche Schriften*, p. 84.
13. "Die graue Internationale", *Deutsche Schriften*, p. 365.
14. "Zum Unterrichtsgesetze", *Deutsche Schriften*, p. 198.
15. *Ausgewählte Schriften*, p. 125.
16. "Die Religion der Zukunft", *Deutsche Schriften*, p. 198.
17. *Ausgewählte Schriften*, p. 103.
18. "Über die gegenwärtige Lage des deutschen Reichs", *Deutsche Schriften*, p. 181.
19. "Zum Unterrichtsgesetze", *Deutsche Schriften*, p. 237.
20. "Noch einmal zum Unterrichtsgesetze", *Deutsche Schriften*, p. 322.
21. "Zum Unterrichtsgesetze", *Deutsche Schriften*, p. 233.
22. Paul de Lagarde, *Die königliche Gesellschaft der Wissenschaften in Göttingen betreffend. Ein zweites und letztes Gutachten*, Göttingen, 1889, p. 6.

第六章

1. 托马斯·卡莱尔写给拉加德的信件，1875年5月20日，收录于哥廷根的拉加德档案。
2. 譬如，路德维希·库尔提乌斯写道，临近世纪末，在罗马的一个晚上，他将《德国作品》全文拜读了一遍，"从那时起我就一直对它坚信不疑"（参见 Ludwig Curtius, *Deutsche und Antike Welt. Lebenserinnerungen*, pp. 175—176）。也参见 Richard Dehmel, *Lebensblätter. Gedichte und Anderes*, Berlin, Genossenschaft Pan, 1895, pp. 19, 27。
3. Thomas Mann, *Betrachtungen eines Unpolitischen*, Berlin, 1919, p. 262.

4. Ibid., pp. 260—263. "媒体之下，方有民主"这一短语引自 Richard Wagner, "Was ist Deutsch？", *Gesammelte Schriften und Dichtungen von Richard Wagner*, 3d ed., Leipzig, Fritzsch, 1898, X, 50。
5. Ernst Troeltsch, *Gesammelte Schriften*, Vol.II: *Zur religiösen Lage, Religionsphilosophie und Ethik*, Tübingen, 1913, pp. 20—21。
6. Ludwig Schemann, "Paul de Lagarde. Ein Nachruf", *Bayreuther Blätter*, XV: 6(1892年6月), 185—210。参见 Adolph Wahrmund, "Paul de Lagarde", in ibid., 210—222。
7. Houston Stewart Chamberlain, *Die Grundlagen des neunzehnten Jahrhunderts*, 5th ed., München, 1904, p. lxii.
8. 尤其参见 Friedrich Lange, *Reines Deutschtum. Grundzüge einer nationalen Weltanschauung*, Berlin, 1894; 以及 Theodor Fritsch, *Antisemiten-Katechismus*, 17th ed., Leipzig, 1892。
9. 拉加德与各类职业反犹人士的通信可在哥廷根的拉加德档案中找到。
10. Adolf Bartels, *Der völkische Gedanke. Ein Wegweiser*, Weimar, 1923, p. 23.
11. Else Frobenius, *Mit uns zieht die neue Zeit. Eine Geschichte der deutschen Jugendbewegung*, Berlin, 1927, pp. 176—180. 关于德国青年运动以及拉加德对青年运动的影响，参见 Ibid., pp. 32, 415; 以及 Mario Domandi, "The German Youth Movement", Columbia University doctoral dissertation. Department of History, 1960。
12. Adolf Rapp, *Der deutsche Gedanke: Seine Entwicklung im politischen und geistigen Leben seit dem 18. Jahrhundert*, Bonn, 1920, p. 328.
13. Hans Buchheim, *Glaubenskrise im Dritten Reich. Drei Kapitel nationalsozialistischer Religionspolitik*, Stuttgart, 1953, pp. 45ff.
14. 拉加德无疑在泛日耳曼意识形态的发展中发挥了重要作用，因此夏尔·安德莱将他写进了其著作中，参见 *Les Origines du Pangermanisme (1800 à 1888)*, ed. by Charles Andler, Paris, 1915, pp. 231—263。
15. 关于这一主题，参见 Felix Gilbert, "Mitteleuropa—The Final Stage", *Journal of Central European Affairs*, VII: 1(1947年4月), 58—67; 以及 Henry Cord Meyer, *Mitteleuropa in German Thought and Action 1815—1945*。
16. Wilhelm Hartmann, *Paul de Lagarde, ein Prophet deutschen Christentums. Seine theologische Stellung, Religionsanschauung und Frömmigkeit*, Halle, 1933, p. 10.

17. Alfred Rosenberg, *Der Mythus des 20. Jahrhunderts. Eine Wertung der seelisch-geistigen Gestaltenkämpfe unserer Zeit*, 25th—26th printing, München, 1934, p. 457.

第七章

1. 自传的主要来源是朗本公开承认的朋友兼信徒贝内迪克特·姆米·尼森所作的颂词,《德国的伦勃朗：尤利乌斯·朗本》(*Der Rembrandtdeutsche Julius Langhehn*, Freiburg im Breisgau, 1927)。下文引用了较短、较客观的作品。一位德国精神病专家对朗本的作品与性格做了一篇"病理心理学"分析, 为临床精神病研究做出了贡献。参见 Hans Bürger-Prinz and Annemarie Segelke, *Julius Langbehn der Rembrandtdeutsche. Eine pathopsychologische Studie*, Leipzig, 1940。
2. 参见 Lawrence D. Steefel, *The Schleswig-Holstein Question*, Cambridge (Mass.), Harvard University Press, 1932, chapter 1。该作品为解开这些州的政治谜团指点了迷津。
3. 转引自 Nissen, *Der Rembrandtdeutsche Julius Langhehn*, p. 18。
4. Ibid., p. 22.
5. Ibid., p. 24.
6. Julius Langbehn, *Flügelgestalten der ältesten griechischen Kunst*, München, 1880.
7. 参见 Hermann Brunn, "Julius Langbehn, Karl Haider, Heinrich von Brunn", *Deutsche Rundschau*, CCXVIII (1929年1月), 22。
8. Ibid., 32.
9. 转引自 Nissen, *Der Rembrandtdeutsche Julius Langhehn*, p. 52。
10. Cornelius Gurlitt, "Der Rembrandtdeutsche", *Die Zukunft*, LXIX (1909年12月18日), 371。
11. Nissen, *Der Rembrandtdeutsche Julius Langhehn*, p. 50.
12. Ibid., p. 54.
13. Cornelius Gurlitt, "Der Rembrandtdeutsche", *Die Zukunft*, LXII (1908年2月1日), 143。
14. Ibid., 142.
15. Cornelius Gurlitt, "Der Rembrandtdeutsche", *Westermanns Monatshefte*, LV:

2(1911年7月),681—682。

16. 朗本写给拉加德的信,1887年12月12日,收录于哥廷根的拉加德档案。
17. 朗本写给安娜·德·拉加德的信,1889年4月9日,收录于哥廷根的拉加德档案。
18. Hermann Brunn, "Julius Langbehn, Karl Haider, Heinrich von Brunn", 21.
19. Hermann E. Busse, ed., *Hans Thoma. Sein Leben in Selbstzeugnissen Briefen und Berichten*, Berlin, Propyläen-Verlag, 1942, pp. 134—143.
20. 出自一封1883年的信件,转引自Nissen, *Der Rembrandtdeutsche Julius Langhehn*, pp. 89—90。
21. Frau Forster Nietzsche, *The Life of Nietzsche*, Vol. II: *The Lonely Nietzsche*, New York, Sturgis & Walton, 1915, p. 395. 关于朗本的干预,一项更为透彻且更加重要的研究,可参见Erich F. Podach, *Gestalten um Nietzsche, mit unveröffentlichen Dokumenten zur Geschichte seines Lebens und seines Werks*, Weimar, Lichtenstein, 1932, pp. 177—199。
22. Carl Albrecht Bernoulli, *Franz Overbeck und Friedrich Nietzsche. Eine Freundschaft*, Jena, 1908, II, 318.
23. Liselotte Ilschner, *Rembrandt als Erzieher und seine Bedeutung. Studie über die kulturelle Struktur der neunziger Jahre*, Danzig, n.d. (1928?), p. 78.
24. 参见*40 Lieder: Von einem Deutschen*, Dresden, Glöss, 1891。作者去世后,这些诗歌经过精选与删减后得到再版,参见*Langbehns Lieder*, ed. by Benedikt Momme Nissen, München, n.d. (1931?)。关于尼森的善意审查以及诗歌本身的重要评论,参见Josef Hofmiller, "Der Rembrandt-Deutsche als Dichter", Süddeutsche Monatshefte, XXVIII: 11(1931年8月), 819—821。其中两首赤裸裸的色情诗歌可参见Podach, Gestalten um Nietzsche, p. 177。一些诗歌的再版和相关分析,可参见Hans Bürger-Prinz, "Über die künstlerischen Arbeiten Schizophrener", in Oswald Bumke, ed., *Handbuch der Geisteskrankheiten*, Vol. IX, part v: *Die Schizophrenie*, ed. by K. Wilmanns, Berlin, 1932, pp. 685—690。
25. Cornelius Gurlitt, "Langbehn, der Rembrandtdeutsche", *Protestantische Studien*, No. 9 (Berlin, 1927), p. 87.
26. Nissen, *Der Rembrandtdeutsche Julius Langhehn*, p. 177.
27. Ibid., p. 187.
28. Ibid., p. 207.

注 释

29. Ibid., pp. 296—298.
30. 1901年12月28日的信件,参见 *Langbehn-Briefe an Bischof Keppler*, ed. by Benedikt Momme Nissen, Freiburg im Breisgau, 1937, p. 39。
31. Paul Wilhelm von Keppler, *Wahre und Falsche Reform*, 3d ed., Freiburg im Breisgau, 1903;参见写给兰波拉红衣主教的信件,信中传达了教宗利奥十三世的许可。
32. 开普勒为尼森写的序言, Nissen, *Der Rembrandtdeutsche Julius Langhehn*, p. 7。
33. 1901年7月的信件,参见 *Langbehn-Briefe an Bischof Keppler*, ed. by Benedikt Momme Nissen, p. 37。
34. 最初的争议是由天主教的《高地》(Hochland)和哈登的《未来》(Zukunft)共同提出的。1908年,科尔内留斯·古利特开始在《未来》中出版一些他对朗本的回忆,当时他并未得知朗本已经去世。参见 Heinrich Vorwald, "Neues über den Rembrandt-Deutschen", *Hochland*, VI: 1(1908年10月), 126—127。该文揭示了作者是如何偶然发现朗本在鹿特丹皈依天主教的。也参见 E. M. Roloff, "Julius Langbehn, der Rembrandt-Deutsche", *Hochland*, VII: 8(1910年5月), 206—213;文中揭露,实际上朗本已经去世了,作者描述了一个不可能的情形,这一情形会引他前去朗本的无标之墓。古利特质疑这一报告的真实性,引发了一场激烈争论。随后,其他人也介入了这一争论。

第八章

1. *Rembrandt als Erzieher. Von einem Deutschen*, 33d ed., Leipzig, 1891, p. 300.
2. 世界观一词之所以被滥用,很大程度上应归咎于国家社会主义者。这一概念最近被庸俗化,但在此之前它颇具某种哲学层面的崇高性,参见 Wilhelm Dilthey, *Gesammelte Schriften*, Vol. VIII: *Weltanschauungslehre. Abhandlungen zur Philosophie der Philosophie*, Leipzig, Teubner, 1931;以及与此研究相关的简短对话,"Der moderne Mensch und der Streit der Weltanschauungen", 1904, pp. 225—233。也参见 Karl Joël, *Wandlungen der Weltanschauung. Eine Philosophiegeschichte als Geschichtsphilosophie*, Tübingen, Mohr, 1932, II, 747—947;该作品旨在对19世纪中期以来主要的世界观进行评论。

3. *Rembrandt als Erzieher*, 33d ed., p. 1.
4. Ibid., p. 60.
5. Franz Schnabel, *Deutsche Geschichte im Neunzehnten Jahrhundert*, Vol. III: *Erfahrungswissenschaften und Technik*, 2d ed, Freiburg im Breisgau, 1950, p. 199.
6. Jacques Barzun, *Darwin*, *Marx*, *Wagner. Critique of a Heritage*, Boston, 1941, pp. 110—137, chapter 5; 该作品将这一运动置于19世纪晚期的背景下评判。也参见 Richard von Mises, *Kleines Lehrbuch des Positivismus. Einführung in die empiristische Wissenschaftsauffassung*, The Hague, Stockum and Zoon, 1939, pp. 46—61；该作品是一个"反科学"思想的重要概括："当下的时代为某些思想所主导，我们将这些思想定义为否定论思想，这些思想旨在将理性描绘成低劣的、有害的东西，并期望从本质上不同的特质中得到救赎，如直觉与感伤。"(p. 61)在阿利奥塔教授的著作中也许会发现更具体的解决方式，参见 Aliotta, *The Idealistic Reaction Against Science*, trans. by Agnes McCaskill, London, 1914。
7. *Rembrandt als Erzieher*, 33d ed., p. 187.
8. Ibid., p. 67.
9. Ibid., p. 70.
10. Ibid., p. 58.
11. Ibid., p. 184.
12. Ibid., p. 96.
13. Ibid., p. 290.
14. Ibid., p. 328.
15. Ibid., p. 302.
16. *Rembrandt als Erzieher. Von einem Deutschen*, 49d ed., Leipzig, 1909, p. 312.
17. *Rembrandt als Erzieher*, 33d ed., pp. 315—316.
18. 关于英雄活力论，参见 Eric Russell Bentley, *A Century of Hero-Worship*, Philadelphia, 1944, esp. pp. 205—230, Part V。
19. *Rembrandt als Erzieher*, 33d ed., pp. 288, 317.
20. Julius Langbehn, *Der Geist des Ganzen*, ed. by Benedikt Momme Nissen, Freiburg im Breisgau, 1930, p. 77. 该作品是朗本文学作品遗稿的合集，由他从前的学生有序而详尽地收集并整理成书。
21. *Rembrandt als Erzieher*, 33d ed., p. 329.

22. Ibid., p. 308.
23. Ibid., p. 268.
24. Ibid., p. 269.
25. Ibid., pp. 323—327. 德国有关左拉的重要文学争论,可参见 Winthrop H. Root, *German Criticism of Zola 1875—1893*, New York, Columbia University Press, 1931;该作品对朗本的评论做了探讨(pp. 88ff.)。
26. *Rembrandt als Erzieher*, 33d ed., p. 209.
27. Ibid., p. 201.
28. Ibid., p. 255.
29. 朗本作品的影响将在第十章中讨论;其对阿芬那留斯和利希特瓦克领导的艺术-教育运动的影响,可参见 Konrad Lange, *Die künstlerische Erziehung der deutschen Jugend*, Darmstadt, 1893;该作品也将朗本的著作视为这一运动的起始点。
30. *Rembrandt als Erzieher*, 33d ed., p. 216.
31. Ibid., p. 37.

第九章

1. 齐格勒(Ziegler)揭示了弗里德里希·瑙曼思想中"对权力观念的美化"。参见 Theodor Ziegler, *Die geistigen und sozialen Strömungen Deutschlands im neunzehnten Jahrhundert*, Berlin, 1911, p. 512。
2. *Rembrandt als Erzieher*, 33d ed., p. 120.
3. Ibid., p. 119. 参见 Hans Naumann, *Die deutsche Dichtung der Gegenwart 1885—1923*, Stuttgart, 1923, esp. pp. 8—11;该作品讨论了自然主义者们的信条,这些信条涉及出身背景与性格之间的关系。
4. *Rembrandt als Erzieher*, 33d ed., p. 182.
5. Ibid., p. 284.
6. *Der Rembrandtdeutsche. Von einem Wahrheitsfreund*, Dresden, 1892, p. 184.
7. *Rembrandt als Erzieher*, 49d ed., p. 352.
8. Ibid., p. 317.
9. 1914年之前的德国反犹太主义文献已然浩繁,且数量仍在增长。这些文献中,最优秀的几项研究部分出自 Paul W. Massing, *Rehearsal for Destruction. A Study of Political Anti-Semitism in Imperial Germany*, New York, 1949;

部分出自 Eva G. Reichmann, *Hostages of Civilisation. The Social Sources of National Socialist Anti-Semitism*, Boston, 1951。参见 Hannah Arendt, *The Origins of Totalitarianism*, New York, 1951; Adolf Leschnitzer, *The Magic Background of Modern Anti-Semitism. An Analysis of the German-Jewish Relationship*, New York, International Universities Press, 1956; Waldemar Gurian, "Antisemitism in Modern Germany", in *Essays on Antisemitism*, ed. by Koppel Pinson, New York, Conference on Jewish Relations, 1946; 以及 Kurt Wawrzinek, "Die Entstehung der deutschen Antisemitenparteien 1873—1890", *Historische Studien*, No. 168, Berlin, 1927。但上述研究未能凸显文化不满与反现代性作为反犹太主义来源所起到的作用。

10. *Rembrandt als Erzieher*, 33d ed., p. 310.
11. Ibid., p. 312.
12. Ibid., p. 186.
13. Ibid., p. 175.
14. *Rembrandt als Erzieher*, 49d ed., pp. 327—331.
15. *Der Rembrandtdeutsche. Von einem Wahrheitsfreund*, Dresden, 1892, p. 127.
16. *Rembrandt als Erzieher*, 33d ed., p. 153.
17. Ibid., p. 152.
18. Julius Langbehn, *Der Geist des Ganzen*, p. 33.
19. *Rembrandt als Erzieher*, 33d ed., p. 154.
20. Ibid., p. 227.
21. Ibid., p. 262.
22. Ibid., p. 158.
23. Ibid., p. 271.
24. Ibid., p. 274.
25. Ibid., pp. 230—233.
26. 参见 Charles Andler, ed., *Le Pangermanisme philosophique (1800 à 1914)*, Paris, 1917, pp. 188, 190—239；该书精选了一部分朗本的作品。

第十章

1. 广告标语转引自 Leo Berg, "Monsieur Chauvin als Philosoph", *Zwischen zwei Jahrhunderten. Gesammelte Essays*, Frankfurt am Main, 1896, p. 434。贝格的

注　释

文章于1890年首次问世，是对伦勃朗著作的猛烈抨击。
2. "Rembrandt als Erzieher", *Börsenblatt für den Deutschen Buchhandel*（1926年5月25日），661—662。由贝内迪克特·姆米·尼森全新编辑的版本，*Rembrandt als Erzieher*, ed. by Momme Nissen, 61st—84th printing, Hirschfeld, Leipzig, 1925—1928; 85th—90th printing, W. Kohlhammer-Verlag, Stuttgart, 1938; 此外还有 *Illustrierte Volksausgabe*, ed. by H. Kellermann, 1st—31st printing, Duncker, Weimar, 1922—1944; 以及对尼森的早期不同版本发起了猛烈攻击的 *Rembrandt als Erzieher*, ed. by Gerhard Krüger, 1944。参见 C. G. Kayser, *Bücher-Lexicon*, vol. 26, Leipzig, 1891, 以及该作品随后推出的几卷，另外还有出版商 W. Kohlhammer 从斯图加特写给我的一封信，日期是1959年4月8日。本书广泛流传，导致如今二手书比原版书要便宜得多。
3. Herbert Cysarz, *Von Schiller zu Nietzsche. Hauptfragen der Dichtungs- und Bildungsgeschichte des jüngsten Jahrhunderts*, Halle, 1928, p. 361.
4. H. Stuart Hughes, *Oswald Spengler. A Critical Estimate*, New York, 1952, p. 89.
5. Frederic Lilge, *The Abuse of Learning. The Failure of the German Universities*, New York, 1948, p. 112.
6. 转引自 Nissen, *Der Rembrandtdeutsche Julius Langhehn*, p. 126。
7. 为了详细研究这本书的批评接受度，我们需要借助以下作品，尽管该研究偏向于朗本，参见 *Rembrandt als Erzieher und seine Bedeutung. Studie über die kulturelle Struktur der neunziger Jahre*, Danzig, n.d.（1928?），pp. 55—74。
8. 诸如此类的拙劣模仿作品，可参见 *Höllenbreughel als Erzieher. Auch von einem Deutschen*, 4th ed., Leipzig, Reissner, 1890; *Billige Weisheit*, Leipzig, 1890; *Goethe als Hemmschuh*, Berlin, 1892。也有很多广受赞誉的作品，参见 Heinrich Pudor, *Ein ernstes Wort über Rembrandt als Erzieher*, Göttingen, 1890; 以及 Max Bewer, *Bei Bismarck*, Dresden, 1891。
9. 参见 *Kladderadatsch*, XLIII: 30（1890年7月13日）。
10. 转引自 Liselotte Ilschner, *Rembrandt als Erzieher und seine Bedeutung*, p. 63。
11. 参见 "Vom Zeitalter deutscher Kunst", *Der Kunstwart*, III: 12（1890年3月18日），177—179。
12. 参见 *Die Kunst für Alle*, V: 13（1890年4月1日），193—197。

13. 参见 "Kritik", *Die Gesellschaft*, No. 5(1890年5月), p. 767。
14. 参见 W. Bode, "Rembrandt als Erzieher von einem Deutschen", *Preussische Jahrbücher*, LXV: 3(1890年3月), 301—314。
15. 参见 Georg Brandes, "Rembrandt als Erzieher", *Freie Bühne für Modernes Leben*, Berlin, I: 14(1890年5月7日), 390—392。
16. 参见 Maximilian Harden, "Rembrandt als Erzieher", *Das Magazin für die Litteratur des In- und Auslandes*, LIX: 27(1890年7月5日), 417—421。
17. Johannes Proelss, "Rembrandt als Erzieher. Ideen eines niederdeutschen Idealisten", *Die Gartenlaube*, No. 12(1890), pp. 382—386.
18. 参见 Otto Seeck, "Zeitphrasen", *Deutsche Rundschau*, LXVII(1891年6月), 407—421; LXVIII(1891年7月), 86—104; LXIX(1891年8月), 230—240。
19. Leo Berg, "Monsieur Chauvin als Philosoph", *Zwischen zwei Jahrhunderten. Gesammelte Essays*, p. 444.
20. Nissen, *Der Rembrandtdeutsche Julius Langhehn*, pp. 139, 147.
21. Anonymous, "Ein nationalpädagogischer Versuch", *Historisch-politische Blätter für das katholische Deutschland*, CVI(1890) 266—288.
22. Anonymous, "'Rembrandt als Erzieher' Zur 37. Auflage nocheinmal", *Historisch-politische Blätter für das katholische Deutschland*, CVIII(1891), 900—910.
23. Anonymous, "Der Rembrandtdeutsche", *Historisch-politische Blätter für das katholische Deutschland*, CXI(1893), 48—56.
24. A. Baumgartner, S. J., "Rembrandt als Erzieher", *Stimmen aus Maria-Laach. Katholische Blätter*, XL(1891), 86—104.
25. Adolf Rapp, *Der deutsche Gedanke: Seine Entwicklung im politischen und geistigen Leben seit dem 18. Jahrhundert*, Bonn, 1920, p. 295.
26. 参见 Paul Weiglin, "Fin de siècle", *Deutsche Rundschau*, LXXVIII: 11(1952年12月), 1128。
27. Adolf Rapp, *Der deutsche Gedanke: Seine Entwicklung im politischen und geistigen Leben seit dem 18. Jahrhundert*, p. 295; 关于19世纪90年代"日耳曼运动"的详尽历史, 参见 pp. 295—336。关于"德意志运动"的组织情况, 可参见 Philipp Stauff, *Das Deutsche Wehrbuch*, Wittenberg, 1912; 以及 Fr. Guntram Schultheiss, "Deutschnationales Vereinswesen. Ein Beitrag zur Geschichte des deutschen Nationalgefühls", in *Der Kampf um das*

Deutschtum, München, 1897。
28. 参见弗里德里希·朗格最著名的作品：Friedrich Lange, *Reines Deutschtum*, 4th ed., Berlin, 1904, pp. 351—353。该作品对朗本大为赞赏（p. 40）。
29. F. Greiffenrath, "Bischof von Ketteler und die deutsche Sozialreform", *Frankfurter zeitgemässe Broschüren*, 1893, pp. 363 ff. 转引自 Nissen, *Der Rembrandtdeutsche Julius Langhehn*, p. 125。
30. Alfred Kruck, *Geschichte des Alldeutschen Verbandes 1890—1939*, Wiesbaden, 1954, p. 10。克拉克的著作对泛德意志的贡献比以下作品更大，如 Mildred S. Wertheimer, *The Pan-German League 1890—1914*, New York, 1924；或 Lothar Werner, "Der Alldeutsche Verband 1890—1918", *Historische Studien*, No. 278, Berlin, 1935。相关精彩概述也参见 Pauline Relyea Anderson, *The Background of Anti-English Feeling in Germany, 1890—1902*), Washington, 1939, pp. 194—210。
31. Alfred Kruck, *Geschichte des Alldeutschen Verbandes 1890—1939*, pp. 10—11。
32. Gisela Deesz, *Die Entwicklung des Nietzsche-Bildes in Deutschland*, Würzburg, Triltsch, 1933, p. 9。
33. Leo Berg, *Der Übermensch in der modernen Literatur. Ein Kapitel zur Geistesgeschichte des 19. Jahrhunderts*, Leipzig, 1897, p. 213。
34. 威廉演讲的概要可参见 *Deutschland unter Kaiser Wilhelm II*, ed. by S. Körte and others, Berlin, 1914, II, 1085。
35. R. H. Samuel and R. Hinton Thomas, *Education and Society in Modern Germany*, London, 1949, p. 156.
36. 关于这一点的全面探讨，可参见 Hans Strobel, *Der Begriff von Kunst und Erziehung bei Julius Langbehn. Ein Beitrag zur Geschichte der Kunsterziehungsbewegung*, Würzburg, 1940。
37. Alfred Lichtwark, "Der Deutsche der Zukunft", *Auswahlseiner Schriften*, ed. by Wolf Mannhardt, Berlin, 1917, I, 3—4, 17.
38. 参见 Hermann Diels, "Festrede", 1902年1月23日, *Sitzungsberichte der königlich Preussischen Akademie der Wissenschaften zu Berlin*, Berlin, 1902, IV, 25—43。
39. 讲述青年运动的历史，很显然超出了本书的极限。关于该运动的现存文献，尤其是德国文献，可以说是卷帙浩繁。读者尤其可参见以下著作，Hans

Blüher, *Wandervogel. Geschichte einer Jugendbewegung*, 2 vols., 4th ed., Berlin and Prien, 1919; Luise Fick, Die deutsche Jugendbewegung, Jena, Eugen Diederichs, 1939; Else Frobenius, *Mit uns zieht die neue Zeit. Eine Geschichte der deutschen Jugendbewegung*, Berlin, 1927; 以及近期的作品, Hermann Mau, "Die deutsche Jugendbewegung. Rückblick und Ausblick", *Zeitschrift für Religions- und Geistesgeschichte*, I(1948), 135—149。在英国, 可参见 Howard Becker, *German Youth: Bond or Free*, London, 1946; 以及一份富于想象力的博士论文, Mario Domandi, "The German Youth Movement", Columbia University Press, Department of History, 1960。

40. Hans Blüher, *Wandervogel. Geschichte einer Jugendbewegung*, I, 133, and II, 126; Frobenius, *Mit uns zieht die neue Zeit. Eine Geschichte der deutschen Jugendbewegung*, pp.33—34; Domandi, "The German Youth Movement", pp. 60ff.

第十一章

1. 关于默勒在莱比锡的岁月, 参见 Paul Ssymank, "Es gellt wie Trommelklang", *Velhagen und Klasings Monatshefte*, IL: 9(1935年5月), 262—265。
2. Paul Fechter, *Moeller van den Bruck. Ein politisches Schicksal*, Berlin, 1934, p. 19.
3. Moeller van den Bruck, *Der Preussische Stil*, 3d ed., Breslau, 1931, p. 193.
4. 赫伯特·奥伊伦贝格写给我的信件, 1959年12月12日; 以及 Harry Slochower, *Richard Dehmel: Der Mensch und der Denker*, Dresden, Reissner, 1938, p. 94。
5. *Faust*, I, "Night".
6. Arthur Moeller-Bruck, *Die Moderne Literatur*, Berlin and Leipzig, 1902, p. 137.
7. Ibid., p. 440.
8. Ibid., p. 608.
9. 布吕宁教授向我讲述了默勒与梅列日科夫斯基之间的联系(在1947年3月26日给我的信件中提到)。众所周知, 梅列日科夫斯基很"向往第三帝国"。参见 Bernhard Schultze, *Russische Denker. Ihre Stellung zu Christus, Kirche und Papsttum*, Wien, Thomas Morus-Presse, 1950, p. 245。

注 释

10. 参见Reinhard Piper, *Vormittag. Erinnerungen eines Verlegers*, München, Piper, 1947, pp. 406—416。该作品探讨了陀思妥耶夫斯基这一版本的作品,并认为它是该出版社最重要的成就之一。
11. 参见Ernst Barlach, *Ein selbsterzähltes Leben*, Berlin, Paul Cassirer, 1928, pp.68—69; 以及Theodor Däubler, *Dichtungen und Schriften*, ed. by Friedhelm Kemp, München, Kösel, 1956, pp. 868—869。后一作品讨论了多伊布勒与默勒的友谊。
12. Arthur Moeller van den Bruck, *Die Deutschen. Unsere Menschengeschichte*, in eight volumes, Minden, 1904—1910.
13. Moeller van den Bruck, *Die Zeitgenossen. Die Geister—die Menschen*, Minden, 1906.
14. 参见Moeller van den Bruck, *Die italienische Schönheit*, München, 1913; 以及Piper, *Vormittag. Erinnerungen eines Verlegers*, p. 414。皮珀虽然叹息痛恨于这次商业失败,但对此书仍大加褒扬。
15. Moeller, *Die Zeitgenossen*, p. 26.
16. Ibid., p. 16.
17. Moeller, *Führende Deutsche*, Vol. II of *Die Deutschen. Unsere Menschengeschichte*, p. 5.
18. Moeller, *Verirrte Deutsche*, Vol. I of *Die Deutschen. Unsere Menschengeschichte*, p. 140.
19. Moeller, *Die Zeitgenossen*, pp. 75—80.
20. Ibid., pp. 326—336.
21. Ibid., p. 37.
22. Moeller, *Scheiternde Deutsche*, Vol. VII of *Die Deutschen. Unsere Menschengeschichte*, p. 262.
23. 讨论此问题, 参见Herbert Marcuse, "Der Kampf gegen den Liberalismus in der totalitären Staatsauffassung", in *Zeitschrift für Sozialforschung*, III: 2 (1934), 161—194。
24. Moeller, *Entscheidende Deutsche*, Vol. IV of *Die Deutschen. Unsere Menschengeschichte*, p. 33.
25. Moeller, *Verschwärmte Deutsche*, Vol. III of *Die Deutschen. Unsere Menschengeschichte*, pp. 13—14.
26. Moeller, *Die Zeitgenossen*, p. 22.

27. Ibid., p. 21.
28. Moeller, *Entscheidende Deutsche*, pp. 234—235.
29. Moeller, *Die Zeitgenossen*, pp. 118—119.
30. Ibid., p. 27.
31. Moeller, *Scheiternde Deutsche*, p. 275.
32. Moeller, *Entscheidende Deutsche*, pp. 260—261.
33. Ibid., p. 17.
34. 参见Moeller, *Scheiternde Deutsche*, pp. 243—318；本书讨论了德国的未来。
35. 默勒写给路德维希·斯基曼的信件，1908年1月22日，转载于*Deutschlands Erneuerung*, XVIII: 6（1934年6月），323。
36. Moeller, "Der Kaiser und die architektonische Tradition", *Die Tat*, V: 6（1913年9月），595—601。
37. Moeller, *Die Zeitgenossen*, p. 202.

第十二章

1. Thomas Mann, *Friedrich und die grosse Koalition*, Berlin, 1915, pp. 12—13.
2. Helmut Rödel, *Moeller van den Bruck*, Berlin, 1939, p. 27.
3. F. M. Dostojewsky, *Die Dämonen*, 2d ed., München, 1921, Introduction by Moeller von den Bruck, I, xviii—xix.
4. F. M. Dostojewsky, *Politische Schriften*, München, 1920, Introduction by Moeller von den Bruck, p.xxi.
5. Ibid., pp. xii ff. 参见Hans Kohn, *Prophets and Peoples. Studies in Nineteenth Century Nationalism*, New York, 1946；其中提及陀思妥耶夫斯基："自由主义与理性主义对他来说是致命危险……西化的自由主义者自身也许并不是罪人……他们的自由主义已然陈腐，并导致虚无主义。"（p. 145）
6. 一篇颇具影响力的文章，参见Leo Lowenthal, "Die Auffassung Dostojewskis im Vorkriegsdeutschland", in *Zeitschrift für Sozialforschung*, III: 3（1934），343—382；该作品旨在研究其产生的影响。
7. Hermann Rauschning, *The Conservative Revolution*, New York, 1941, p. 254；关于陀思妥耶夫斯基的"德国表现主义的持久印记"，可参见Walter H. Sokel, *The Writer in Extremis. Expressionism in Twentieth-Century German Literature*, Stanford, 1959, p. 154。

注　释

8. Reinhard Piper, *Vormittag. Erinnerungen eincs Verlegers*, p. 411.
9. 费希特尔和罗德尔认为这本书是他最了不起的"日耳曼"作品。参见 Fechter, *Moeller van den Bruck*, p. 59；以及 Helmut Rödel, *Moeller van den Bruck*, p. 30. 斯蒂克将其看作默勒"最伟大的作品"，并最终利用这部作品来完善他的论文，他认为国家社会主义不过是普鲁士主义的高潮，参见 S. D. Stirk, *The Prussian Spirit. A Survey of German Literature and Politics 1914—1940*, London, Gollancz, 1941, p. 45；对默勒作品所进行的评论，参见 pp. 42—59。
10. Moeller, *Der Preussische Stil*, 3d ed., Breslau, 1931, p. 15.
11. Ibid., p. 77.
12. Ibid., pp. 189—190.
13. Ibid., p. 33.
14. 参见 Moeller, "Schicksal ist stärker als Staatskunst", in *Deutsche Rundschau*, CLXIX（1916年11月），161—167。
15. Moeller, "Belgier und Balten", *Der Deutsche Krieg. Politische Flugschriften*, No. 9, ed. by Ernst Jäckh, Stuttgart, 1915, p. 29.
16. Ibid., p. 36.
17. Ibid., p. 37.
18. Moeller, "Politik nach Osten", in *Stimmen aus dem Osten*（1918年1月18日），转载于 Das Recht der jungen Völker, ed. by Hans Schwarz, Berlin, 1932, p. 188。
19. 关于弗里德里希·瑙曼，参见 Henry Cord Meyer, *Mitteleuropa in German Thought and Action 1815—1945*, The Hague, 1955, esp. chapter 9。
20. 转引自 Hermann Rauschning, *The Revolution of Nihilism. Warning to the West*, New York, 1939, p.xiii。
21. 参见 Moeller, "Stellung zu Amerika", *Gewissen*, V：17（1921年4月25日）。
22. 写给特奥多尔·多伊布勒的信，1919年11月；一次偶然的机会，这是默勒·范登布鲁克夫人唯一能从默勒档案中提供给我的信件。
23. 对于希特勒来说，这段经历具有决定性的影响；参见 *Mein Kampf*, New York, 1940, chapter 6。
24. Moeller, *Das Recht der jungen Völker*, München, 1919, p. 115. 此作品与之前引用的同名作品不同，这里还包含默勒的文章选集。
25. Ibid., p. 25.

26. Ibid., p. 42.
27. Ibid., p. 84.
28. Ibid., pp. 60, 62.
29. Ibid., p. 95.

第十三章

1. 参见Max Hildebert Boehm, "Moeller van den Bruck im Kreise seiner politischen Freunde", *Deutsches Volkstum*, XIV: 14（1932年9月）, 693。
2. Ernst Troeltsch, *Spektator-Briefe. Aufsätze über die deutsche Revolution und die Weltpolitik 1918—1922*, ed. by H. Baron, Tübingen, 1924, p. 69. 关于梦幻世界，可参见Klemens von Klemperer, *Germany's New Conservatism. Its History and Dilemma in the Twentieth Century*, Princeton, 1957, pp. 76—80。
3. 参见Alma Luckau, *The German Delegation at the Paris Peace Conference. A Documentary Study of Germany's Acceptance of the Treaty of Versailles*, New York, 1941, pp. 28—53；该研究主要侧重于对德国期望和平的总结。
4. 参见Heinrich von Gleichen, "Das politische Kolleg", *Deutsche Rundschau*, CLXXXVII（1921年4月）, 105。
5. 譬如，马克斯·希尔德贝特·伯姆对默勒团体的叙述，参见"Die Front der Jungen", *Süddeutsche Monatshefte*, XVIII: 1（1920年10月）, 8—12；关于拉丁格言，参见"Das Erbe", *Gewissen*, III: 4（1921年1月26日）。
6. Robert G. L. Waite, *Vanguard of Nazism. The Free Corps Movement in Postwar Germany 1918—1923*, Cambridge（Mass.）, 1952, chapter 2；此书详细描述了自由军团士兵的这种情绪。
7. 约三十年后，鲁道夫·佩歇尔写道："也许某人不认为默勒是个政治思想家，但就性格来讲，他是个十分迷人且极具艺术特色的人，为人正直，富有高尚的伦理力量。"（来自一封写给我的信，1947年5月16日）约阿希姆·蒂布尔齐乌斯教授如今是西柏林的教育参议员，他回忆了自己与默勒的多次联系，以及他从"这位温柔可爱的知识分子"身上获得的乐趣（来自写给我的信，1959年12月2日）。
8. Max Hildebert Boehm, "Die Front der Jungen", p. 8. 我起初关心的是默勒的思想，而非1918年以后的保守主义革命，对于后者，参见Klemens von Klemperer, *Germany's New Conservatism. Its History and Dilemma in the*

注 释

Twentieth Century, pp. 97—112。还可参见 Armin Mohler, *Die konseruative Revolution in Deutschland 1918—1932. Grundriss ihrer Weltanschauungen*, Stuttgart, 1950, pp. 50—70; 以及 *Gewissen*, III: 4(1921年1月26日)。也参见 Ralph F. Bischoff, *Nazi Conquest through German Culture*, Cambridge (Mass.), 1942, pp. 63—72; 该作品中六月俱乐部做了不可靠的解释, 而这些解释大多基于他与马克斯·希尔德贝特·伯姆的谈话。

9. 我想要感谢海因里希·赫尔法特, 他送给了我一份默勒所著《六月俱乐部的三十三条准则》的复印件; 1951年3月8日的来信。

10. Heinrich von Gleichen, "Das politische Kolleg", *Deutsche Rundschau*, pp. 105—106; 海因里希·布吕宁写给我的信, 1947年3月26日; 与布吕宁的谈话, 1954年7月30日; Otto Strasser, *History in My Time*, trans. by Douglas Reed, London, Cape, 1941, p. 200; Hans Blüher, *Werke und Tage. Geschichte eines Denkers*, München, List, 1953, pp. 328—329; Gustav Hillard (Gustav Steinbömer), *Herren und Narren der Welt*, München, List, 1954, pp. 292—293。

11. Klemens von Klemperer, *Germany's New Conservatism. Its History and Dilemma in the Twentieth Century*, pp. 108—109; 以及 Hans-Joachim Schwierskott, "Das Gewissen", in *Lebendiger Geist: Hans-Joachim Schoeps zum 50. Geburtstag von Schülern dargebracht*, ed. by Hellmut Diwald, Leiden-Koln, 1959, p. 165。

12. 参见 *Gewissen*, I: 11(1919年6月24日)。我对斯坦福大学(加利福尼亚州)的胡佛战争、革命与和平研究所允许我使用关于《良知》的复印照片深表感激。

13. *Gewissen*, II: 29(1920年7月28日)。

14. Ibid., I: 1(1919年4月9日)。

15. Eduard Stadtler, "Chaos und Ziel", *Gewissen*, II: 12(1920年3月31日)。

16. Ibid., III: 43(1921年10月24日); 以及 IV: 1(1922年1月2日)。

17. Ibid., III: 9(1921年3月2日)。

18. Ibid., IV: 1(1922年1月2日)。

19. Ernst Troeltsch, *Spektator-Briefe*, 1920年7月1日的文章, p. 146。

20. Ibid., 1921年12月12日的文章, p. 247。

21. 参见写给读者的笔记, *Gewissen*, IV: 1(1922年1月2日)。

22. Helmut Hüttig, *Die politischen Zeitschriften der Nachkriegszeit in*

Deutschland, Magdeburg, 1928, pp. 33, 90.
23. Schwierskott, "Das Gewissen", p. 174.
24. Rudolf Pechel, "Das Wort geht um", in *Die Neue Front*, ed. by Moeller van den Bruck, Heinrich von Gleichen, Max Hildebert Boehm, Berlin, 1922, pp. 72—75.
25. Rudolf Pechel, *Deutscher Widerstand*, Zürich, 1947, pp. 277—280.
26. 来自布吕宁写给我的信，1947年3月26日。
27. *Gewissen*, V: 45, 转引自 Schwierskott, "Das Gewissen", p. 167。
28. 人们认为他是"那一代人中唯一一名副其实的政治家"。参见 Wolfgang Herrmann, *Moeller van den Bruck*, *Die Tat*, XXV: 4（1933年7月），274。
29. Manfred Schroeter, *Der Streit um Spengler. Kritik seiner Kritiker*, München, Becksche Verlagsbuchhandlung, 1922, p. 12.
30. 参见 Moeller, "Der Untergang des Abendlandes. Für und Wider Spengler", *Deutsche Rundschau*, CLXXXIV（1920年7月），61，63。
31. 参见 "Revolution, Persönlichkeit, Drittes Reich", *Gewissen*（1920年5月30日），转载于 Moeller van den Bruck, *Der politische Mensch*, ed. by Hans Schwarz, Breslau, 1933, p. 83。
32. "Sind Kommunisten Deutsche?", *Gewissen*, III: 26（1921年6月27日）。
33. "Freiheit", *Gewissen*, IV: 1（1922年1月2日）。
34. "Italia docet", *Gewissen*（1922年11月3日），转载于 Moeller van den Bruck, *Das Recht der jungen Völker*, ed. by Hans Schwarz, Berlin, 1932, p. 123。
35. 参见 Moeller, "Der Auslandsdeutsche", *Grenzboten*（1920年4月28日）; 以及 "Der Aussenseiter als Weg zum Führer", *Der Tag*（1919年1月15日），转载于 Moeller, *Der politische Mensch*, pp. 44—75。
36. "社会主义外交政策"，转载于 Moeller van den Bruck, *Sozialismus und Aussenpolitik*, ed. by Hans Schwarz, Berlin, 1933, p. 81。
37. 参见 Abraham Ascher, *National Solidarity and Imperial Power: the sources and early development of social imperialist thought in Germany, 1871—1914*, University microfilm, Ann Arbor, 1958. 阿舍尔认为社会帝国主义是德国社会中施穆勒、瑙曼、默勒及其他作家作品的重要主题，这些作家可以解释德国社会的面貌。
38. "Wirklichkeit", *Gewissen*（1923年8月30日），转载于 Moeller, *Das Recht der jungen Völker*, ed. by Hans Schwarz, p. 98。

39. "Der Auslandsdeutsche", *Grenzboten*(1920年4月28日), 转载于Moeller, *Der politische Mensch*, p. 63页。
40. "Deutsche Grenzpolitik", *Grenzboten*(1920年5月19日), 转载于Moeller, *Sozialismus und Aussenpolitik*, pp. 70—71。
41. "Das unheimliche Deutschland", *Gewissen*(1924年1月7日), 转载于Moeller, *Das Recht der jungen Völker*, ed. by Hans Schwarz, pp. 103—108。

第十四章

1. 参见Woldemar Fink, *Ostideologie und Ostpolitik. Die Ostideologie ein Gefahrenmoment in der deutschen Aussenpolitik*, Berlin, 1936; 纳粹军官芬克反对默勒所提出的与苏联合作的计划。三年后,希特勒与斯大林签订条约,可见芬克之愚蠢,而默勒却堪称先知——这就是党派意识形态对职业思想家造成的危害。
2. 参见Hans W. Gatzke, "Russo-German Military Collaboration during the Weimar Republic", *American Historical Review*, LXIII: 3(1958年4月), 565—597。
3. 参见Erich Müller, "Zur Geschichte des Nationalbolschevismus", *Deutsches Volkstum*, XIV: 16(1932年10月), 782—290; Klemens von Klemperer, *Germany's New Conservatism. Its History and Dilemma in the Twentieth Century*, pp. 143—150; Abraham Ascher and Guenter Lewy, "National Bolshevism in Weimar Germany. Alliance of Political Extremes Against Democracy", *Social Research*, XXIII(1956年冬), 451, 456, 471。有关民族布尔什维克主义,参见Ruth Fischer, *Stalin and German Communism. A Study in the Origins of the State Party*, Cambridge(Mass.), 1948, pp. 189—287(但该作品是站不住脚的); 以及Edward Hallett Carr, *A History of Soviet Russia*, Vol. IV: *The Interregnum 1923—1924*, New York, Macmillan, 1954, chapter 7。也参见Otto-Ernst Schüddekopf, *Linke Leute von Rechts. Die nationalrevolutionären Minderheiten und der Kommunismus in der Weimarer Republik*, Stuttgart, Kohlhammer, 1960(由于本书出版时,该书尚未出版,因此我未能将其考虑在内)。
4. "Deutsche Grenzpolitik", *Grenzboten*(1920年5月19日), 转载于Moeller, *Sozialismus und Aussenpolitik*, p. 65。
5. "Sind Kommunisten Deutsche?", *Gewissen*, III: 26(1921年6月27日)。

6. "Kritik der Presse", *Gewissen*, III: 41(1921年10月10日)。
7. "Politik wider Willen", *Gewissen*(1922年4月24日), 转载于Moeller van den Bruck, *Rechenschaft über Russland*, ed. by Hans Schwarz, Berlin, 1933, p. 188。
8. "Die deutsch-russische Seite der Welt", *Gewissen*(1922年5月15日), 转载于Moeller, *Rechenschaft über Russland*, p. 196。
9. Karl Radek, "Leo Schlageter—The Wanderer into the void", *The Labour Monthly*, V: 3(1923年9月), 152—157。
10. "Der Wanderer ins Nichts", *Gewissen*(1923年7月2日), 转载于Karl Radek, P. Frölich, Graf Ernst Reventlow, Moeller van den Bruck, *Schlageter. Eine Auseinandersetzung*, Berlin, Vereinigung Internationaler Verlags-Anstalten, n.d.(1923？), pp. 9—10。
11. "Wirklichkeit", *Gewissen*(1923年7月30日), 转载于Moeller, *Das Recht der jungen Völker*, ed. by Hans Schwarz, p. 96。
12. Ibid., p. 95。
13. 参见Max Hildebert Boehm, "Moeller van den Bruck im Kreise seiner politischen Freunde", *Deutsches Volkstum*, XIV: 14(1932年9月), 695。
14. 弗洛里斯的约阿希姆关于预言第三帝国(圣灵帝国)到来的评论, 参见Alois Dempf, *Sacrum Imperium. Geschichts- und Staatsphilosophie des Mittelalters und der politischen Renaissance*, München, Oldenbourg, 1929, pp. 269—284。书中记了关于第三帝国思想的党派史, 但这段历史是不完整的, 也参见Julius Petersen, *Die Sehnsucht nach dem Dritten Reich in deutscher Sage und Dichtung*, Stuttgart, Metzler, 1934。关于政治谜团重要性的最完美总结可参见Jean Neurohr, *Der Mythos vom Dritten Reich. Zur Geistesgeschichte des Nationalsozialismus*, Stuttgart, 1957。
15. Oswald Spengler, *Der Untergang des Abendlandes. Umrisse einer Morphologie der Weltgeschichte*, Vol. I: *Gestalt und Wirklichkeit*, 33d—47th rev. ed., München, 1923, p.467。
16. Moeller van den Bruck, *Das Dritte Reich*, 3d ed. by Hans Schwarz, Hamburg: 1931, p. 116。虽然有英语版本, 但译者为了追求效果, 将默勒的修辞进行了简化和浓缩。结果, 默勒成了彻头彻尾的理性批评家, 原著中的神秘主义色彩荡然无存。参见*Germany's Third Empire*, authorized(condensed)English ed. by E. O. Lorimer, London, 1934。

注　释

17. Moeller, *Das Dritte Reich*, p. vii.
18. 默勒《第三帝国》的大部分评论都轻描淡写甚至省略了许多战前故事,因此遗漏了其主要作品中深层次的、非政治的一些来源。对于该作品的概要,参见 Gerhard Krebs, "Moeller van den Bruck: Inventor of the 'Third Reich'", *American Political Science Review*, XXXV: 6(1941年12月),1085—1105; Edmond Vermeil, *Doctrinaires de la Révolution Allemande, 1918—1938*, new ed., Paris: Sorlot, 1948, chapter 3。以及 Albert R. Chandler, "The Political Typology of Moeller van den Bruck", *in Essays in Political Theory, presented to George H. Sabine*, ed. by Milton R. Konvitz and Arthur E. Murphy, Ithaca, 1948, pp. 228—245;该作品对比了默勒与柏拉图的政治分析方法,除了这个缺乏说服力的主题,他的文章确实对默勒的作品做了有用的介绍。也参见 Roy Pascal, "Revolutionary Conservatism: Moeller van den Bruck", in *The Third Reich*, 由 Edmond Vermeil, London, 1955, chapter 7。
19. Moeller, *Das Dritte Reich*, p. 1.
20. Ibid., p. 6.
21. Ibid., p. 13.
22. Ibid., p. 29.
23. Ibid., pp. 34, 180.
24. Ibid., p. 144.
25. Ibid., p. 189.
26. Ibid., p. 164.
27. Ibid., pp. 97, 99.
28. Ibid., p. 100.
29. Ibid., p. 79.
30. Ibid., p. 219.
31. Ibid., p. 234.
32. Ibid., p. 320.
33. Ibid., p. 317.
34. 譬如,参见 Kurt Sontheimer, "Antidemokratisches Denken in der Weimarer Republik", *Vierteljahrshefte für Zeitgeschichte*, V: 1(1957年1月), 42—62。
35. 塔泽鲁特教授称其为政治宗教,参见 Tazerout, "La Pensée politique de Moeller van den Bruck", *Revue Internationale de Sociologie*, XLIX: 1—2(1936年1—2月), 65。

36. 六月俱乐部的真正解散原因仍然富有争议。参见Klemens von Klemperer，*Germany's New Conservatism*, p. 120；该作品认为解散时间在1924年，并将解散归因于内部纠纷与资金撤销。其他人，包括默勒的遗孀，则指控格莱兴及其朋友出卖了它，他们变得"自由，颇具资本主义性"。也参见Wilhelm Wunderlich,"Die Spinne",*Die Tat*, XXIII：10（1932年1月），842；以及Lucy Moeller van den Bruck,"Erbe und Auftrag",*Der Nahe Osten*, V：20（1932年10月15日），435。

37. *Der Nahe Osten*, I（1928年1月1日），1。

38. 例如，沃尔夫冈·赫尔曼就抱怨过默勒的异端思想和对默勒的盲目崇拜；参见Wolfgang Herrmann, *Moeller van den Bruck*, *Die Tat*, XXV：4（1933年7月），273。

39. Ernst H. Posse, *Die politischen Kampfbünde Deutschlands*, Berlin, Junker und Dünnhaupt, 1930, pp. 73 f.

40. 参见Hermann Rauschning, *The Revolution of Nihilism. Warning to the West*, New York, 1939, pp. 111—115；以及Otto Friedlaender,"Die ideologische Front der Nationalen Opposition", *Sozialistische Monatshefte*, XXXV（1929年3月18日），209。

41. 转引自Karl Dietrich Bracher, *Die Auflösung der Weimarer Republik*, 2d ed., Stuttgart and Düsseldorf, 1957, p. 537。布雷彻的作品是研究该时期的最佳素材。

42. 参见Gert Buchheit, *Franz von Papen. Eine politische Biographie*, Breslau, 1933。该书作者将探讨巴本思想的章节命名为《保守主义革命者》，并引用巴本的讲话反对自由主义，褒扬拉加德和朗本（pp. 77—93）。

43. Karl Dietrich Bracher,"Ideologie des'Neuen Staates'", *Die Auflösung der Weimarer Republik*, pp. 536—545。

44. 参见*Der Ring*, VI：25（1933年6月23日）；面对国家社会主义者，这一阶段保守主义革命衰败的原因可在《指环》（从1933年2月3日至6月30日）中找到。

45. 参见Hans Buchheim,"Ernst Niekischs Ideologie des Widerstands", *Vierteljahrshefte für Zeitgeschichte*, V：4（1957年10月），334—361。

46. Ernst Niekisch, *Gewagtes Leben. Begegnungen und Begebnisse*, Koln, Kiepenheuer und Witsch, 1958, p. 136.

47. Richard Schapke, *Die Schwarze Front*, Leipzig, Lindner, 1932, p. 77.

48. 1925年12月28日,参见Joseph Goebbels, *The Goebbels Diaries*, 1925, p. 58。斯坦福大学(加利福尼亚州)的胡佛战争、革命与和平研究所。
49. Andreas Hohlfeld, *Unsere geschichtliche Verantwortung*, Leipzig, 1933, p. 5.
50. 转引自Schwierskott, "Das Gewissen", p. 173。
51. 恩斯特·雅克也持这一观点,参见Ernst Jäckh, *The War for Man's Soul*, New York, 1943, p.86。奥托·施特拉塞尔曾写道:"我想到了我的老同事默勒·范登布鲁克,他是德国革命的卢梭(在意识到希特勒背叛了其思想的那一天,他结束了自己的生命)。"参见*Hitler and I*, trans. by Gwenda David and Eric Mosbacher, Boston, Houghton Mifflin, 1940, p. 15。

结 论

1. Basil Willey, *Nineteenth Century Studies*, New York, 1949, p. 221.
2. 关于阐释"非文学文献"或"反知性主义的知识分子"的问题,参见Armin Mohler, *Die konseruative Revolution in Deutschland 1918—1932*, pp. 27—29。
3. 参见Ludwig Schemann, "Paul de Lagarde. Ein Nachruf", *Bayreuther Blätter*, XV:6(1892年6月), 202。
4. J. G. von Herder, "Aehnlichkeit der mittlern englischen und deutschen Dichtkunst", *Sämmtliche Werke*, Carlsruhe, 1821, VIII, 55, 58.
5. Johann Gottlieb Fichte, *Addresses to the German Nation*, The Open Court Publishing Company, Chicago and London, 1922, pp. 208, 256, 268.
6. Friedrich Meinecke, *Weltbürgertum und Nationalstaat. Studien zur Genesis des deutschen Nationalstaates*, 5th ed., München and Berlin, Oldenbourg, 1919, p. 111.
7. Novalis, "Die Christenheit oder Europa", *Sämmtliche Werke*, ed. by Ernst Kamnitzer, München, Paetel, 1924, III, 25.
8. 有关大日耳曼与反犹太主义,参见Eleonore Sterling, *Er ist wie Du. Aus der Frühgeschichte des Antisemitismus in Deutschland 1815—1850*, München, 1956, esp. pp. 128—143;关于技工,可参见Theodore S. Hamerow, *Restoration Revolution Reaction. Economics and Politics in Germany 1815—1871*, Princeton, 1958。
9. 参见Charles W. Cole, "The Heavy Hand of Hegel", in *Nationalism and Internationalism.*

Essays Inscribed to Carlton J. H. Hayes, ed. by Edward Mead Earle, New York, Columbia University Press, 1950, pp. 64—78。该作品讨论了黑格尔《历史的哲学》对现代德国历史阐释所产生的恶劣影响。Franz Schnabel, *Deutsche Geschichte im Neunzehnten Jahrhundert*, Vol. III: *Erfahrungswissenschaften und Technik*, 2d ed, Freiburg im Breisgau, 1950, pp. 22—30。该作品支撑了一个观点：黑格尔死后，他的声誉逐渐消退。参见 Walter Kaufmann, "The Hegel Myth and Its Method", *From Shakespeare to Existentialism: Studies in Poetry, Religion and Philosophy*, Boston, Beacon Press, 1959, pp. 88—119；该文是黑格尔中心思想的简要说明，同时也抨击了卡尔·波普尔的《开放社会》。

10. 关于"黑格尔反对国家社会主义"，参见 Herbert Marcuse, *Reason and Revolution. Hegel and the Rise of Social Theory*, New York, Oxford University Press, 1941, pp. 409—419。
11. Albert Camus, *The Rebel. An Essay on Man in Revolt*, rev. trans. by Anthony Bower, New York, Knopf(Vintage Books), 1956, p. 75.
12. 在柏林对默勒遗孀的采访稿，1954年7月。
13. 参见 Moeller van den Bruck, *Die Zeitgenossen*, p. 22。转引自 Walter A. Kaufmann, *Nietzsche*, p. 312。
14. *Die fröhliche Wissenschaft*, in *Friedrich Nietzsche. Werke in Drei Bänden*, ed. by Karl Schlechta, München, 1955, II, 152—153.
15. Moeller van den Bruck, *Führende Deutsche*, Vol. II of *Die Deutschen. Unsere Menschengeschichte*, pp. 248 ff.
16. Armin Mohler, *Die konseruative Revolution in Deutschland 1918—1932*, p. 206.
17. *Also Sprach Zarathustra*, in *Friedrich Nietzsche. Werke in Drei Bänden*, ed. by Karl Schlechta, München, 1955, II, 340.
18. 参见 Ernst Krieck, *Nationalpolitische Erziehung*, 11th ed., Leipzig, Armanen-Verlag, 1933；以及 George Frederick Kneller, *The Educational Philosophy of National Socialism*, New Haven, Yale University Press, 1941, chapters 4 and 8。
19. Ernst Bergmann, *Die deutsche Nationalkirche*, Breslau, Hirt, 1933.
20. Christoph Steding, *Das Reich und die Krankheit der europäischen Kultur*, Hamburg, 1938.
21. 转引自 Joachim H. Knoll, "Der Autoritäre Staat. Konservative Ideologie und

Staatstheorien am Ende der Weimarer Republik", in *Lebendiger Geist*, ed. by Hellmut Diwald, p. 205。

22. Helmut Rödel, *Moeller van den Bruck*, pp. 3—5.
23. Ibid., p. 164. 即便在战争进行到白热化的阶段，国家社会主义者仍高度认同默勒纯正的意识形态。1942年，一位撒克逊高级公务员给一份报告作序，序中引用了默勒的格言。他的领导却将格言删去，并对其进行了批评。该作者向位于柏林的党总部投诉，党总部将此事件上报罗森贝格办公室。几周后，当局否认了默勒的思想，并做出定论："最重要的是，必须记住，默勒作品问世前三年，元首就声明了党的方针政策，并在此基础上发起了这一运动。可见，这一世界观并非源自默勒的作品，因为国家社会主义是阿道夫·希特勒兼具政治性与精神性的创造。"参见库尔普博士的信件，科学总局，1942年7月11日（Microcopy T-81, roll 198, records of the National Socialist German Labor party, National Archive, Washington, D. C.）。

致　谢

本书雏形是我在雅克·巴尔赞（Jacques Barzun）和利昂内尔·特里林毕业班研讨会上发表的一篇学位论文。很高兴终于有机会向两位教授表达深深的敬意。他们的启发和建议令我受益终身。

在雅克·巴尔赞的精心指导和悉心帮助下，论文于几年后终于完稿。在终稿之前，我在好几个场合与弗朗茨·诺伊曼（Franz Neumann）进行了探讨，他的观点不仅惠及此书，也影响到我日后的著作。我将永久珍藏这一段回忆。

论文完成后，我暂别日耳曼批评研究队伍。几年之后，受到彼得·盖伊（Peter Gay）、理查德·霍夫施塔特和保罗·西伯里（Paul Seabury）等友人的鼓励，我又重回这一领域。我于1957—1958年冬在加州的斯坦福"行为科学研究中心"着手修订手稿，结果这次修订比我原先设想的更为激进。中心主任拉尔夫·W. 泰勒（Ralph W. Tyler）营造出了理想的氛围，使我有机会与约翰·鲍尔比（John Bowlby）、拉尔夫·达伦多夫（Ralf Dahrendorf）进行长时间的、轻松愉悦的交谈——之后还在纽约继续了该谈话。本书的若干内容与 J. 克里斯托弗·赫罗尔德（J. Christopher Herold）、戴维·S. 兰德斯（David S. Landes）、亨利·科德·迈尔、菲利普·里夫（Philip Rieff）以及沃尔特·索科尔

致 谢

(Walter Sokel)等人进行了探讨。同时我也希望借此机会表达对位于加利福尼亚斯坦福的胡佛战争、革命与和平研究所,对位于哥廷根的下萨克森州立大学图书馆,以及尤其对提供了大力支持的哥伦比亚大学图书馆和达特茅斯学院贝克图书馆表示衷心感谢。哥伦比亚大学社会科学研究委员会为我提供了科研经费,苏珊·鲁宾小姐(Miss Susan Rubin)以极其娴熟的技法细心打印了手稿。

修订稿完成之时,我再次叨扰雅克·巴尔赞,他像阅读早先版本一样再次细致阅读,不仅关注内容,也关注写作风格。感谢理查德·霍夫施塔特阅读了部分手稿,以及比阿特丽斯·K. 霍夫施塔特(Beatrice K. Hofstadter)阅读了全部手稿,并认真指正其中的错误。伦纳德·克里格(Leonard Krieger)和R. K. 韦布(R. K. Webb)也通读了修订稿,他们的鼓励和建议对我帮助很大。最后,还要感谢我的朋友和邻居,亨利·L. 罗伯茨(Henry L. Roberts),关于本书及其他话题我们有过许多对话。

感谢所有的朋友和同事,特别感谢我的妻子和我一道分享快乐,从而缓解了我的工作压力。

弗里茨·斯特恩
1960年8月9日,于佛蒙特州,罗彻斯特

参考文献

  本参考文献并未列出注释和脚注中所引用的所有作品。我只收录了那些我认为对研究这三个人和他们的时代特别重要的作品。对于文中提到但在参考书目中省略的书籍,我在第一次引用它们时提供了必要的书目信息。我相信一个更短的、有选择性的参考文献比不加选择地列出所有作品更有用。

I. 拉加德、朗本和默勒的主要及次要资料来源
A. 拉加德的作品和关于拉加德的作品
 1. 未出版作品
  Lagarde *Nachlass*, containing his unpublished correspondence and some papers. Niedersächsische Staats- und Universitätsbibliothek, Göttingen.
 2. 已出版的拉加德著作
  Lagarde, Paul de, *Aus dem deutschen Gelehrtenleben. Aktenstücke und Glossen*, Göttingen, Dieterich, 1880.
  ——, *Ausgewählte Schriften*, ed. by Paul Fischer, 2d ed., München, Lehmanns, 1934.
  ——, *Bemerkungen zu einem von Herrn Professor Felix Klein über die Reorganisation der königlichen Gesellschaft der Wissenschaften zu Göttingen abgegebene Gutachten*, Göttingen, Dieterich, 1889.
  ——, *Deutsche Schriften*, 3d ed., München, Lehmanns, 1937. The first edition was published by Dieterich, Göttingen, 1878. Other editions and anthologies are listed in the notes.
  ——, *Gedichte*, Göttingen, Dieterich, 1885.
  ——, *Gedichte von Paul de Lagarde*, ed. by Anna de Lagarde, 2d enlarged ed., Göttingen, Dieterich, 1911.
  ——, *Gesammelte Abhandlungen*, Leipzig, Brockhaus, 1866.
  ——, *Die königliche Gesellschaft der Wissenschaften betreffend. Ein Gutachten*, Göttingen, Dieterich, 1887.
  ——, *Die königliche Gesellschaft der Wissenschaften betreffend. Ein zweites*

  und letztes Gutachten, Göttingen, Dieterich, 1889.

  ——, *Mittheilungen*, 4 vols., Göttingen, Dieterich, 1884, 1887, 1889, 1891.

  ——, *Symmicta*, 2 vols., Göttingen, Dieterich, 1877, 1880.

3. 关于拉加德的书籍和文章

  Albrecht, Karl, "Paul de Lagarde," *Burschenschaftliche Bücherei*, II: 2, Berlin, 1904.

  Anstett, Jean-Jacques, "Paul de Lagarde," in *The Third Reich*, ed. by Edmond Vermeil et al., London, Weidenfeld and Nicolson, 1955, pp. 148–202.

  Berliner, Dr. Abraham, *Professor Paul de Lagarde nach seiner Natur gezeichnet*, Berlin, Benzian, 1887.

  Breitling, Richard, "Die Einflüsse der Aufkärung und Romantik auf Lagarde," *Archiv für Kulturgeschichte*, XVIII: 1 (1927), 97–103.

  ——, *Paul de Lagarde und der grossdeutsche Gedanke*, Wien, Braumüller, 1927.

  Christlieb, Max, "Paul de Lagarde," *Die Tat*, V: 1 (April, 1913), 1–9.

  Driver, S. R., "Recent Literature Relating to the Old Testament," *The Contemporary Review*, LV (March, 1889), 393–402.

  Gottheil, Richard J. H., "Bibliography of the Works of Paul de Lagarde," *Proceedings of the American Oriental Society*, XV (April, 1892), ccxi–ccxxix.

  Grabs, Rudolf, *Paul de Lagarde und H. St. Chamberlain*, Weimar, Verlag deutscher Christen, 1940.

  Hahne, Fritz, "Lagarde als Politiker," in *Deutscher Aufstieg. Bilder aus der Vergangenheit und Gegenwart der rechtsstehenden Parteien*, ed. by Hans von Arnim and Georg von Below, Berlin, Schneider, 1925, pp. 287–295.

  Hartmann, Wilhelm, *Paul de Lagarde: Ein Prophet deutschen Christentums. Seine theologische Stellung, Religionsanschauung und Frömmigkeit*, Halle, Akade-mischer Verlag, 1933.

  Hippier, Fritz, *Staat und Gesellschaft bei Mill, Marx und Lagarde. Ein Beitrag zum soziologischen Denken der Gegenwart*, Berlin, Junker und Dünnhaupt, 1934.

  Karpp, Heinrich, "Lagardes Kritik an Kirche und Theologie," *Zeitschrift für Theologie und Kirche*, IL (1952), 367–385.

  Kaufmann, David, *Paul de Lagardes jüdische Gelehrsamkeit*, Leipzig,

Schulze, 1887.

Knodt, Karl Ernst, "Paul de Lagarde, der Dichter. Eine literarische Studie," *Monatsblätter für Deutsche Literatur*, IV: 1 (October, 1899), 125–165.

Koselleck, Arno, "Die Entfaltung des völkischen Bewusstseins bei Paul de Lagarde," *Historische Vierteljahr-schrift*, XXX: 2 (1935), 316–360.

Krammer, Mario, "Paul de Lagarde," *Die Grossen Deutschen*, ed. by Willy Andreas and Wilhelm von Scholz, Vol. IV, Berlin, Propyläen, 1936, pp. 24–38.

——, "Deutschtum als Prophetie," *Preussische Jahrbücher*, CCII: 2 (November, 1925), 175–192.

Lagarde, Anna de, *Paul de Lagarde. Erinnerungen aus seinem Leben für die Freunde zusammengestellt*, Göttingen, Kaestner, 1894.

Lougee, Robert W., "Paul de Lagarde as Critic. A Romantic Protest in an Age of Realism," *Journal of Central European Affairs*, XIII (October, 1953), 232–245.

Mehring, Franz, "Man nennt das Volk," *Die Neue Zeit*, XIII: 8, part 1 (November 15, 1894), 225–228.

Moore, George F., "Paul Anton de Lagarde," *University Quarterly*, XVI: 4 (July, 1893), 166–179.

Overbeck, Franz, *Über die Christlichkeit unserer heutigen Theologie. Streit- und Friedensschrift*, Leipzig, Fritzsch, 1873.

Platz, Hermann, *Grossstadt und Menschentum*, chapter iv: "Paul de Lagarde," München, Kösel und Pustet, 1924.

Pölcher, Helmut M., "Symphilologein: Briefe von Paul de Lagarde an Adolf Hilgenfeld aus den Jahren 1862–1887," in *Lebendiger Geist. Hans-Joachim Schoeps zum 50. Geburtstag von Schülern dargebracht*, ed. by Hellmut Diwald, Leiden-Köln, Brill, 1959, pp. 19–47.

Rahlfs, Alfred, "Paul de Lagardes wissenschaftliches Lebenswerk im Rahmen einer Geschichte seines Lebens dargestellt," in *Mitteilungen des Septuaginta-Unternehmens der Gesellschaft der Wissenschaften zu Göttingen*, Berlin, Weidmann, IV: 1 (1928), 1–98.

Saitschick, Robert, *Bismarck und das Schicksal des deutschen Volkes. Zur Psychologie und Geschichte der deutschen Frage*, chapter viii: Paul de

Lagarde, Basel, Reinhardt, 1949.

Schemann, Ludwig, *Paul de Lagarde. Ein Lebens- und Erinnerungsbild*, 3d. ed., Leipzig, Matthes, 1943.

Schiffmann, Käte, *Lagardes Kulturanschauung*, Münster, Coppenrath, 1938.

Schmid, Lothar, *Paul de Lagardes Kritik an Kirche, Theologie und Christentum*, Stuttgart, Kohlhammer, 1935.

Schweinshaupt, Georg, "Nationalsozialismus und Lagarde," *Nationalsozialistische Monatshefte*, III: 32 (November, 1932), 500-503.

Wilamowitz-Moellendorff, Ulrich von, *Rede gehalten im Auftrage der königlichen Georg-August-Universität am Sarge von Paul de Lagarde am 25. Dezember 1891*, Göttingen, Dieterich, 1892.

Wittig, Hans, *Die geistige Welt Paul de Lagardes*, Borna-Leipzig, Noske, 1937.

B. 朗本的作品和关于朗本的作品

1. 已出版的朗本著作

Langbehn, Julius, *Flügelgestalten der ältesten griechischen Kunst*, München, Ackermann, 1881.

——, *Der Geist des Ganzen*, ed. by Momme Nissen, Freiburg im Breisgau, Herder, 1930.

——, *Langbehns Lieder*, ed. by B. M. Nissen, München, Kösel und Pustet, n. d. (1931?).

——, *Rembrandt als Erzieher. Von einem Deutschen*, 33d ed., Leipzig, Hirschfeld, 1891.

——, *Rembrandt als Erzieher*, ed. by Gerhard Krüger, Berlin, Fritsch, 1944.

——, *Der Rembrandtdeutsche. Von einem Wahrheitsfreund*, Dresden, Glöss, 1892.

——, *Langbehn-Briefe an Bischof Keppler*, ed. by Momme Nissen, Freiburg im Breisgau, Herder, 1937.

——, *40 Lieder von einem Deutschen*, Dresden, Glöss, 1891.

——, *Deutsches Denken. Gedrucktes und Ungedrucktes vom Rembrandtdeutschen. Ein Seherbuch*. Leipzig, Hirschfeld, 1933.

2. 关于朗本的书籍和文章

Andersen, Friedrich, *Der wahre Rembrandtdeutsche. Eine notwendige*

Auseinandersetzung, Stuttgart, Roth, 1927.
Bewer, Max, *Bei Bismarck*, Dresden, Glöss, 1891.
——, *Rembrandt und Bismarck*, 10th ed., Dresden, Glöss, 1891.
Brunn, Hermann, "Julius Langbehn, Karl Haider, Heinrich von Brunn," *Deutsche Rundschau*, CCXVIII (January, 1929), 20–34.
Bürger-Prinz, Hans, "Über die künstlerischen Arbeiten Schizophrener," in Oswald Bumke, ed., *Handbuch der Geisteskrankheiten*, Vol. IX, part v: *Die Schizophrenie*, ed. by Karl Wilmanns, Berlin, Springer, 1932.
Bürger-Prinz, Hans, and Segelke, Annemarie, *Julius Langbehn der Rembrandtdeutsche: Eine pathopsychologische Studie*, Leipzig, Barth, 1940.
Carr, C. T., "Julius Langbehn—a Forerunner of National Socialism," *German Life and Letters*, III: 1 (1938), 45–54.
Diels, Hermann, "Festrede" January 23, 1902, *Sitzungsberichte der königlichen Preussischen Akademie der Wissenschaften*, Berlin 1902, IV, 25–43.
Gurlitt, Cornelius D., "Langbehn, der Rembrandtdeutsche," *Protestantische Studien*, No. 9, Berlin 1927. A brochure of 92 pp.
Hartwig, Hermann, *Langbehn als Vorkämpfer der deutschen Volkswerdung*, Mannheim, Gengenbach und Hahn, 1938.
Ilschner, Liselotte, *Rembrandt als Erzieher und seine Bedeutung: Studie über die kulturelle Struktur der neunziger Jahre*, Danzig, Kafemann, n. d. (1928?). This monograph has also appeared under the name of Liselotte Voss.
Keppler, Paul Wilhelm von, *Wahre und falsche Reform*, Freiburg im Breisgau, Herder, 1903.
Müller, Karl Alexander von, "Zwei Münchener Doktordiplome," in *Festgabe für seine königliche Hoheit Kronprinz Rupprecht von Bayern*, ed. by Walter Goetz, München-Pasing, Bayerische Heimatforschung, 1953, pp. 180–193.
Nissen, Momme Benedikt, *Der Rembrandtdeutsche Julius Langbehn*, Freiburg im Breisgau, Herder, 1927.
Pudor, Heinrich, *Ein ernstes Wort über Rembrandt als Erzieher*, Göttingen,

Dieterich, 1890.

Roloff, E. M., "Julius Langbehn, der Rembrandt-Deutsche," *Hochland*, VII: 8 (May, 1910), 206–213.

Seillière, Ernest, *Morales et religions nouvelles en Allemagne. Le Néoromantisme au delà du Rhin*, Paris, Payot, 1927. On Langbehn: pp. 69–125.

Strobel, Hans, *Der Begriff von Kunst und Erziehung bei Julius Langbehn. Ein Beitrag zur Geschichte der Kunsterziehungsbewegung*, Würzburg, Triltsch, 1940.

Vorwald, Heinrich, "Neues über den Rembrandtdeutschen," *Hochland*, VI: 1 (October, 1908), 126–127.

C. 默勒的作品和关于默勒的作品

1. 已出版的默勒著作

Moeller van den Bruck, Arthur, *Die Deutschen. Unsere Menschengeschichte*, 8 vols., Minden, Bruns, 1904–1910.

——, F. M. Dostojewski, *Sämtliche Werke*, ed. by Moeller van den Bruck, München, Piper, 1906–1914.

——, *Das Dritte Reich*, 3d ed. by Hans Schwarz, Hamburg, Hanseatische Verlagsanstalt, 1931.

——, *Germany's Third Empire*, authorized English ed., transl. and condensed by E. O. Lorimer, London, Allen and Unwin, 1934.

——, *Die italienische Schönheit*, München, Piper, 1913.

——, *Die Moderne Literatur in Gruppen- und Einzeldarstellungen*, Berlin and Leipzig, Schuster und Loeffler, 1902 (published under Moeller-Bruck).

Moeller van den Bruck, Heinrich von Gleichen, and Max Hildebert Boehm, *Die Neue Front*, Berlin, Paetel, 1922.

——, *Der politische Mensch*, ed., by Hans Schwarz, Breslau, Korn, 1933.

——, *Der preussische Stil*, 2d. ed., München, Piper, 1922.

——, *Rechenschaft über Russland*, ed. by Hans Schwarz, Berlin, Der Nahe Osten, 1933.

——, *Das Recht der jungen Völker*, München, Piper, 1919.

——, *Das Recht der jungen Völker. Sammlung politischer Aufsätze*, ed. by Hans Schwarz, Berlin, Der Nahe Osten, 1932.

——, *Sozialismus und Aussenpolitik*, ed. by Hans Schwarz, Breslau, Korn, 1933.

——, *Das Théâtre Français*, Berlin und Leipzig, Schuster und Loeffler, 1905.

——, *Die Zeitgenossen. Die Geister—die Menschen*, Minden, Bruns, 1906.

——, "Belgier und Balten," in *Der Deutsche Krieg*, ed. by Ernst Jäckh, No. 59, Berlin 1915.

——, "Der Kaiser und die architektonische Tradition," *Die Tat*, V: 6 (September, 1913), 595–601.

——, "Schicksal ist stärker als Staatskunst," in *Deutsche Rundschau*, CLXIX (November, 1916), 161–167.

——, "Der Untergang des Abendlandes. Für und wider Spengler," *Deutsche Rundschau*, CLXXXIV (July, 1920), 41–70.

——, "Briefe Moeller van den Brucks an Ludwig Schemann," *Deutschlands Erneuerung. Monatsschrift für das deutsche Volk*, XVIII: 6 and XVIII: 7 (June and July, 1934), 321–327 and 396–399.

2. 关于默勒的书籍和文章

Adam, Reinhard, "Moeller van den Bruck," *Schriften der königlichen Deutschen Gesellschaft zu Königsberg*, No. 9, Königsberg, 1933.

Boehm, Max Hildebert, "Moeller van den Bruck im Kreise seiner politischen Freunde," *Deutsches Volkstum*, XIV: 14 (September, 1932), 693–697.

——, *Ruf der Jungen: Eine Stimme aus dem Kreise von Moeller van den Bruck*, 3d ed., Freiburg im Breisgau, Urban, 1933.

Chandler, Albert R., "The Political Typology of Moeller van den Bruck," in *Essays in Political Theory, Presented to George H. Sabine*, ed. by Milton R. Konvitz and Arthur E. Murphy, Ithaca, Cornell University Press, 1948, pp. 228–245.

Eulenberg, Hedda, *Im Doppelglück von Kunst und Leben*, Düsseldorf, Die Faehre, n. d. (1948?)

Fechter, Paul, *Moeller van den Bruck: Ein politisches Schicksal*, Berlin, Frundsberg, 1934.

Fink, Woldemar, *Ostideologie und Ostpolitik. Die Ostideologie als Gefahrenmoment in der deutschen Aussenpolitik*, Berlin, Götz und Bengisch, 1936.

Herrmann, Wolfgang, "Moeller van den Bruck," *Die Tat*, XXV: 4 (July, 1933), 273-297.

Hohlfeld, Andreas, *Unsere geschichtliche Verantwortung: Eine zeitgeschichtliche Betrachtung zu einer politischen Aufgabe*, Leipzig, Armanen, 1933.

Krebs, Gerhard, "Moeller van den Bruck: Inventor of the Third Reich," *American Political Science Review*, XXXV: 6 (December, 1941), 1085-1105.

Moeller van den Bruck, Lucy, "Erbe und Auftrag," *Der Nahe Osten*, V: 20 (October 15, 1932), 429-436.

Pascal, Roy, "Revolutionary Conservatism: Moeller van den Bruck," in *The Third Reich*, ed. by Edmond Vermeil *et al.*, London, Weidenfeld and Nicolson, 1955, pp. 316-349.

Rödel, Helmut, *Moeller van den Bruck. Standort und Wertung*, Berlin, Stollberg, 1939.

Schwarz, Hans, "Über Moeller van den Bruck," *Deutsches Volkstum*, XIV: 14 (September, 1932), 689-692.

Schwierskott, Hans-Joachim, "'Das Gewissen.' Ergebnisse und Probleme aus den ersten Jahren der Weimarer Republik im Spiegel einer politischen Zeitschrift," in *Lebendiger Geist: Hans-Joachim Schoeps zum 50. Geburtstag von Schülern dargebracht*, ed. by Hellmut Diwald, Leiden-Köln, Brill, 1959, pp. 161-176.

Seddin, Wilhelm, "Nachwort zu Moeller van den Bruck," *Wille und Macht*, III: 23 (December 18, 1935), 1-6.

Ssymank, Paul, "Es gellt wie Trommelklang," *Velhagen und Klasings Monatshefte*, IL: 9 (May, 1935), 262-265.

Tazerout, Professor, "La pensée politique de Moeller van den Bruck," *Revue Internationale de Sociologie*, XLIV: 1-2 (January-February, 1936), 65-100.

Wunderlich, Wilhelm, "Die Spinne," *Die Tat*, XXIII: 10 (January, 1932), 833-844.

II. 综合文献

A. 与德国历史相关的文献

Anderson, Pauline Relyea, *The Background of anti-English Feeling in*

Germany, *1890–1902*, Washington, American University Press, 1939.
Anderson, Eugene N., *The Social and Political Conflict in Prussia 1858–1864*, Lincoln, University of Nebraska Press, 1954.
Andler, Charles, ed., *Les Origines du Pangermanisme*, Paris, Conard, 1915.
——, *Le Pangermanisme philosophique* (1800 à 1914), Paris, Conard, 1917.
Baumgarten, Otto, et al., *Geistige und sittliche Wirkungen des Krieges in Deutschland*, Stuttgart, Berlin, Deutsche Verlagsanstalt, 1927.
Becker, Howard, *German Youth: Bond or Free?* London, K. Paul, Trench, Trübner, 1946.
Bischoff, Ralph F., *Nazi Conquest through German Culture*, Cambridge, Harvard University Press, 1942.
Blüher, Hans, *Wandervogel. Geschichte einer Jugendbewegung.* Vol. I: *Heimat und Aufgang*, 4th ed., Charlottenburg, Blüher, 1919. Vol. II: *Blüte und Niedergang*, 4th ed., Prien (Oberbayern), Anthropos, 1919.
Bordier, Henri, ed., *L'Allemagne aux Tuileries de 1850 à 1870. Collection de documents tirés du Cabinet de l'Empereur*, Paris, Beauvais, 1872.
Bracher, Karl Dietrich, *Die Auflösung der Weimarer Republik. Eine Studie zum Problem des Machtverfalls in der Demokratie*, Stuttgart and Düsseldorf, Ring, 1957.
Bracher, Karl Dietrich and Wolfgang Sauer and Gerhard Schulz, *Die nationalsozialistische Machtergreifung. Studien zur Errichtung des totalitären Herrschaftssystems in Deutschland 1933–1934*, Köln and Opladen, Westdeutscher Verlag, 1960.
Buchheim, Hans, *Glaubenskrise im Dritten Reich. Drei Kapitel nationalsozialistischer Religionspolitik*, Stuttgart, Deutsche Verlagsanstalt, 1953.
Butler, Rohan d'O., *The Roots of National Socialism, 1783–1933*, London, Faber and Faber, 1941.
Cysarz, Herbert, *Von Schiller zu Nietzsche. Hauptfragen der Dichtungs- und Bildungsgeschichte des jüngsten Jahrhunderts*, Halle, Niemeyer, 1928.
Deesz, Gisela, *Die Entwicklung des Nietzsche-Bildes in Deutschland*, Würzburg, Triltsch, 1933.
Dehio, Ludwig, *Deutschland und die Weltpolitik im 20. Jahrhundert*,

München, Oldenbourg, 1955.

Dehmel, Richard, *Ausgewählte Briefe aus den Jahren 1883 bis 1902*, Berlin, Fischer, 1923.

——, *Ausgewählte Briefe aus den Jahren 1902 bis 1920*, Berlin, Fischer, 1923.

Drummond, Andrew Laudale, *German Protestantism since Luther*, London, Epworth Press, 1951.

Eschenburg, Theodor, *Das Kaiserreich am Scheideweg. Bassermann, Bülow und der Block*. Berlin, Verlag für Kulturpolitik, 1929.

Fischer, Fritz, "Der Deutsche Protestantismus und die Politik im 19. Jahrhundert," *Historische Zeitschrift*, CLXXI: 3 (May, 1951), 473–518.

Fischer, Ruth, *Stalin and German Communism. A Study in the Origins of the State Party*, Cambridge (Mass.), Harvard University Press, 1948.

Fontane, Theodor, *Briefe an Georg Friedlaender*, ed. by Kurt Schreinert, Heidelberg, Quelle und Meyer, 1954.

Fraser, Lindley, *Germany between Two Wars. A Study of Propaganda and War Guilt*, London, Oxford University Press, 1944.

Gatzke, Hans, *Germany's Drive to the West (Drang nach Westen). A Study of Germany's Western War Aims during the First World War*, Baltimore, Johns Hopkins Press, 1950.

Glum, Friedrich, *Philosophen im Spiegel und Zerrspiegel. Deutschlands Weg in den Nationalismus und Nationalsozialismus*. München, Isar, 1954.

Gurlitt, Cornelius, *Die deutsche Kunst des neunzehnten Jahrhunderts. Ihre Ziele und Taten*, 3d ed., Berlin, Bondi, 1907.

Hamerow, Theodore S., *Restoration Revolution Reaction. Economics and Politics in Germany 1815–1871*, Princeton, Princeton University Press, 1958.

Heiden, Konrad, *Der Fuehrer. Hitler's Rise to Power*, Boston, Houghton Mifflin, 1944.

Heller, Erich, *The Disinherited Mind. Essays in Modern German Literature and Thought*, Cambridge (England), Bowes and Bowes, 1952.

Heuss, Theodor, *Friedrich Naumann. Der Mann, Das Werk, Die Zeit*, 2d ed., Tübingen, Wunderlich, 1949.

——, *Hitlers Weg. Eine historisch-politische Studie über den Nationalsozialismus*. Stuttgart, Union deutsche Verlagsgesellschaft, 1932.

Hitler, Adolf, *Mein Kampf*, annotated American ed., New York, Reynal and Hitchcock, 1940.

——, *The Speeches of Adolf Hitler April 1922–August 1939*, ed. by Norman H. Baynes, 2 vols., London, New York, Oxford University Press, 1942.

Höfele, Karl Heinrich, "Selbstverständnis und Zeitkritik des deutschen Bürgertums vor dem ersten Weltkrieg," *Zeitschrift für Religions- und Geistesgeschichte*, VIII (1956), 40–56.

Holborn, Hajo, "Der deutsche Idealismus in sozialgeschichtlicher Beleuchtung," *Historische Zeitschrift*, CLXXIV: 2 (October 1952), 359–384.

Hornung, Klaus, *Der Jungdeutsche Orden*, Düsseldorf, Droste, 1958.

Jäckh, Ernst, *Der Goldene Pflug. Lebensernte eines Weltbürgers*, Stuttgart, Deutsche Verlagsanstalt, 1954.

Jahn, Friedrich Ludwig, *Deutsches Volksthum*, Lübeck, Niemann, 1810.

Kahler, Erich, *Der deutsche Charakter in der Geschichte Europas*, Zürich, Europa, 1937.

Kehr, Eckart, "Schlachtflottenbau und Parteipolitik 1894–1901. Versuch eines Querschnitts durch die innenpolitischen, sozialen und ideologischen Voraussetzungen des deutschen Imperialismus," in *Historische Studien*, No. 197, Berlin, Ebering, 1930.

Klemperer, Klemens von, *Germany's New Conservatism. Its History and Dilemma in the Twentieth Century*, Princeton, Princeton University Press, 1957.

Krieger, Leonard, *The German Idea of Freedom. History of a Political Tradition*, Boston, Beacon, 1957.

Kruck, Alfred, *Geschichte des Alldeutschen Verbandes 1890–1939*, Wiesbaden, Steiner, 1954.

Künneth, Walther, *Der grosse Abfall. Eine geschichtstheologische Untersuchung der Begegnung zwischen Nationalsozialismus und Christentum*, Hamburg, Wittig, 1947.

Kupisch, Karl, *Zwischen Idealismus und Massendemokratie. Eine Geschichte* der evangelischen Kirche in Deutschland von 1815–1945, Berlin, Lettner, 1955.

Lilge, Frederic, *The Abuse of Learning. The Failure of the German University*, New York, Macmillan, 1948.

Lukács, Georg, *Die Zerstörung der Vernunft. Der Weg des Irrationalismus von Schelling zu Hitler*, East Berlin, Aufbau, 1948.

Lütgert, Wilhelm D., *Das Ende des Idealismus im Zeitalter Bismarcks*, Gütersloh, Bertelsmann, 1930.

Mann, Golo, *Deutsche Geschichte des neunzehnten und zwanzigsten Jahrhunderts*, Frankfurt am Main, Fischer, 1959.

Mann, Thomas, *Bemühungen. Neue Folge der gesammelten Abhandlungen und kleinen Aufsätze*, Berlin, Fischer, 1925.

——, *Betrachtungen eines Unpolitischen*, Berlin, Fischer, 1918.

——, *Deutsche Ansprache. Ein Appell an die Vernunft. Rede gehalten am 17. 10. 1930*, Berlin, Fischer, 1930.

——, *Friedrich und die grosse Koalition*, Berlin, Fischer, 1915.

——, *Gesammelte Werke*, Vols. X–XII, East Berlin, Aufbau, 1955.

Mayer, Carl, "On the Intellectual Origin of National Socialism," *Social Research*, IX: 2 (May, 1942), 225–247.

Meinecke, Friedrich, *Erlebtes 1862–1901*, Leipzig, Koehler und Amelang, 1941.

——, *The German Catastrophe. Reflections and Recollections*, transl. by Sidney B. Fay, Cambridge (Mass.), Harvard University Press, 1950.

——, *Weltbürgertum und Nationalstaat. Studien zur Genesis des deutschen Nationalstaates*, 5th ed., München and Berlin, Oldenbourg, 1919.

Mendelssohn Bartholdy, Albrecht, *The War and German Society. The Testament of a Liberal*, New Haven, Yale University Press, 1938.

Meyer, Henry Cord, *Mitteleuropa in German Thought and Action 1815–1945*, The Hague, Nijhoff, 1955.

Michels, Robert, *Umschichtungen in den herrschenden Klassen nach dem Kriege*, Stuttgart-Berlin, Kohlhammer, 1934.

Mommsen, Theodor, *Reden und Aufsätze*, Berlin, Weidmann, 1905.

Naumann, Hans, *Die deutsche Dichtung der Gegenwart 1885–1923*, Stuttgart,

Metzler, 1923.

Neumann, Franz, *Behemoth. The Structure and Practice of National Socialism*, Toronto, New York, Oxford University Press, 1942.

Neumann, Sigmund, "Die Stufen des preussischen Konservatismus. Ein Beitrag zum Staats- und Gesellschaftsbild Deutschlands im neunzehnten Jahrhundert," in *Historische Studien*, No. 190, Berlin, Ebering, 1930.

Neurohr, Jean F., *Der Mythos vom Dritten Reich. Zur Geistesgeschichte des Nationalsozialismus*, Stuttgart, Cotta, 1957.

Nietzsche, Friedrich, *Werke in Drei Bänden*, ed. by Karl Schlechta, München, Hanser, 1954–1956.

Paulsen, Friedrich, *Geschichte des gelehrten Unterrichts auf den deutschen Schulen und Universitäten vom Ausgang des Mittelalters bis zur Gegenwart*, 2 vols., Leipzig, Veit, 1919–1921.

Petersdorff, Herman von, *Die Vereine deutscher Studenten. Zwölf Jahre akademischer Kämpfe*, 3d. ed., Leipzig, Breitkopf und Härtel, 1890.

Plessner, Helmuth, *Die verspätete Nation. Über die politische Verführbarkeit bürgerlichen Geistes*, Stuttgart, Kohlhammer, 1959.

Rosenberg, Alfred, *Der Mythus der 20. Jahrhunderts. Eine Wertung der seelisch-geistigen Gestaltenkämpfe unserer Zeit*, 25th–26th printing, München, Hoheneichen, 1934.

Rosenberg, Arthur, *The Birth of the German Republic, 1871–1918*, transl. by Ian F. D. Morrow, London, Oxford Press, 1931.

Rousset, David, *The Other Kingdom*, transl. by Ramon Guthrie, New York, Reynal and Hitchcock, 1947.

Samuel, Richard H. and Thomas R. Hinton, *Education and Society in Modern Germany*, London, Routledge and K. Paul, 1949.

Scheler, Max, *Die Ursachen des Deutschenhasses. Eine nationalpädagogische Erörterung*, Leipzig, Wolff, 1917.

Schemann, Ludwig, *Gobineau und die deutsche Kultur*, 7th ed., Leipzig, Eckardt, 1910.

Schnabel, Franz, *Deutsche Geschichte im neunzehnten Jahrhundert*, 2d ed., 4 vols., Freiburg im Breisgau, Herder, 1937–1949.

Shanahan, William O., *German Protestants Face the Social Question*, vol. I,

参考文献

The Conservative Phase 1815-1871, Notre Dame (Ind.), University of Notre Dame Press, 1954.

Sokel, Walter H., *The Writer in Extremis. Expressionism in Twentieth-Century German Literature*, Stanford, Stanford University Press, 1959.

Stechert, Kurt, *Wie war das möglich?* Stockholm, Bermann-Fischer, 1945.

Steinhausen, Georg, *Deutsche Geistes- und Kulturgeschichte von 1870 bis zur Gegenwart*, Halle, Niemeyer, 1931.

Sterling, Eleonore, *Er ist wie Du. Aus der Frühgeschichte des Antisemitismus in Deutschland (1815-1850)*, München, Kaiser, 1956.

Stern, Fritz, "The Political Consequences of the Unpolitical German," *History. A Meridian Periodical*, III (September, 1960), 104-134.

Troeltsch, Ernst, *Gesammelte Schriften*. Vol. II: *Zur religiösen Lage, Religionsphilosophie und Ethik*, Tübingen, Mohr, 1913; Vol. IV: *Aufsätze zur Geistesgeschichte und Religionssoziologie*, ed. by Hans Baron, Tübingen, Mohr, 1925.

——, *Spektator-Briefe. Aufsätze über die deutsche Revolution und die Weltpolitik 1918-1922*, ed. by Hans Baron, Tübingen, Mohr, 1924.

Veblen, Thorstein, *Imperial Germany and the Industrial Revolution*, 2d ed., New York, Viking, 1939.

Wahl, Adalbert, *Deutsche Geschichte, 1871-1914. Von der Reichsgründung bis zum Ausbruch des Weltkriegs*, 4 vols., Stuttgart, Kohlhammer, 1926-1936.

Waite, Robert G. L., *Vanguard of Nazism. The Free Corps Movement in Postwar Germany 1918-1923*, Cambridge (Mass.), Harvard University Press, 1952.

Weber, Max, *Gesammelte politische Schriften*, München, Drei Masken, 1921.

Westphal, Otto, *Feinde Bismarcks. Geistige Grundlagen der deutschen Opposition 1848-1918*, München and Berlin, Oldenbourg, 1930.

Windelband, Wilhelm, *Die Philosophie im deutschen Geistesleben des 19. Jahrhunderts*, Tübingen, Mohr, 1909.

Ziegler, Theobald, *Die geistigen und sozialen Strömungen Deutschlands im neunzehnten Jahrhundert*, Berlin, Bondi, 1911.

Ziekursch, Johannes, *Politische Geschichte des neuen deutschen*

Kaiserreiches, 3 vols., Frankfurt am Main, Frankfurter Societäts-Druckerei, 1925-1930.

B. 与欧洲政治和文化相关的文献

Aliotta, Antonio, *The Idealistic Reaction against Science*, transl. by Agnes McCaskill, London, Macmillan, 1914.

Arendt, Hannah, *The Origins of Totalitarianism*, New York, Harcourt, Brace, 1951.

Bahr, Hermann, *Der Antisemitismus. Ein Internationales Interview*, Berlin, Fischer, 1894.

Barth, Karl, *Die protestantische Theologie im 19. Jahrhundert. Ihre Vorgeschichte und ihre Geschichte*, 2d ed., Zollikon/Zürich, Evangelischer Verlag, 1952.

Barzun, Jacques, *Darwin, Marx, Wagner. Critique of a Heritage*, Boston, Little Brown, 1941.

——, *Race. A Study in Modern Superstition*. New York, Harcourt, Brace, 1937.

Bäumer, Gertrud, *Die soziale Idee in den Weltanschauungen des 19. Jahrhunderts. Die Grundzüge der modernen Sozialphilosophie*, Heilbronn, Salzer, 1910.

Bentley, Eric Russell, *A Century of Hero-Worship. A Study of the Idea of Heroism in Carlyle and Nietzsche, with Notes on Wagner, Spengler, Stefan George, and D. H. Lawrence*, 2d ed., Boston, Beacon, 1957.

Berg, Leo, *Der Übermensch in der modernen Literatur. Ein Kapitel zur Geistesgeschichte des neunzehnten Jahrhunderts*, München, Leipzig, Paris, Langen, 1897.

Bernoulli, Carl Albrecht, *Franz Overbeck und Friedrich Nietzsche. Eine Freundschaft*, 2 vols., Jena, Eugen Diederichs, 1908.

Brinton, Crane, *Nietzsche*, Cambridge (Mass.), Harvard University Press, 1941.

Casserley, Julian Victor Langmead, *The Retreat from Christianity in the Modern World*, London, Longmans, Green, 1952.

Fouillée, Alfred, *Moral des Idées-Forces*, 2d ed., Paris, Alcan, 1908.

Friedell, Egon, *Kulturgeschichte der Neuzeit*, Vol. III: *Romantik und*

Liberalismus, München, Beck, 1931.

Fromm, Erich, *Escape from Freedom*, New York and Toronto, Farrar and Rhinehart, 1941.

Gundolf, Friedrich, *Caesar im neunzehnten Jahrhundert*, Berlin, Bondi, 1926.

Hughes, H. Stuart, *Consciousness and Society. The Reorientation of European Social Thought*, New York, Knopf, 1958.

——, *Oswald Spengler. A Critical Estimate*, New York, Scribner, 1952.

Huizinga, Johan, *Mein Weg zur Geschichte. Letzte Reden und Skizzen*, transl. by Werner Kaegi. Basel, Schwabe, 1947.

Jackson, Holbrook, *The Eighteen Nineties. A Review of Art and Ideas at the Close of the Nineteenth Century*, new ed., London, Cape, 1927.

Kaufmann, Walter A., *Nietzsche: Philosopher, Psychologist, Anti-Christ*, Princeton, Princeton University Press, 1950.

Löwith, Karl, *Von Hegel zu Nietzsche. Der revolutionäre Bruch im Denken des neunzehnten Jahrhunderts. Marx und Kierkegaard*, 2d ed., Stuttgart, Kohlhammer, 1950.

Marck, Siegfried, *Der Neuhumanismus als politische Philosophie*, Zürich, Aufbruch, 1938.

Marcuse, Herbert, "Der Kampf gegen den Liberalismus in der totalitären Staatsauffassung," *Zeitschrift für Sozialforschung*, III: 2 (1934), 161–194.

Merz, John Theodore, *A History of European Thought in the Nineteenth Century*, 4 vols., Edinburgh and London, Blackwood, 1896–1914.

Namier, Lewis Bernstein, *In the Margin of History*, London, Macmillan, 1939.

Otto, Rudolf, *The Idea of the Holy. An Inquiry into the Non-rational Factor in the Idea of the Divine and Its Relation to the Rational*, transl. by John W. Harvey, London, Oxford University Press, 1950.

Ranulf, Svend, *Moral Indignation and Middle-Class Psychology. A Sociological Study*, Copenhagen, Levin and Munksgaard, 1938.

Schemann, Ludwig, *Die Rasse in den Geisteswissenschaften. Studien zur Geschichte des Rassengedankensr*, 3 vols. München, Lehmanns, 1928–1931.

Voegelin, Eric, *Die politischen Religionen*, Stockholm, Bermann-Fischer,

1939.

Willey, Basil, *Nineteenth Century Studies. Coleridge to Matthew Arnold*, New York, Columbia University Press, 1949.

Williams, Raymond, *Culture and Society, 1780–1950*, New York, Columbia University Press, 1958.

C. 与德国保守主义革命和其他类似运动相关的文献

Alter, Junius (pseudonym of Franz Sontag), *Nationalisten. Deutschlands nationales Führertum der Nachkriegszeit*, 2d ed., Leipzig, Koehler, 1932.

Bartels, Adolf, *Der völkische Gedanke. Ein Wegweiser*, Weimar, Fink, 1923.

Bayer-Katte, Wanda von, *Das Zerstörende in der Politik. Eine Psychologie der politischen Grundeinstellung*, Heidelberg, Quelle und Mayer, 1958.

Bell, Daniel, ed., *The New American Right*, New York, Criterion, 1955.

Benda, Julien, *The Betrayal of the Intellectuals (La trahison des clercs)* Boston, Beacon Paperback, 1955.

Böhm, Franz, *Anti-Cartesianismus. Deutsche Philosophie im Widerstand*, Leipzig, Meiner, 1938.

Bowen, Ralph, *German Theories of the Corporative State. With Special Reference to the Period 1870–1919*, New York, McGraw-Hill, 1947.

Chamberlain, Houston Stewart, *Die Grundlagen des neunzehnten Jahrhunderts*, 2 vols., 5th ed., München, Bruckmann, 1904.

Class, Heinrich, *Wider den Strom. Vom Werden und Wachsen der nationalen Opposition im alten Reich*, Leipzig, Koehler, 1932.

Curtis, Michael, *Three Against the Third Republic. Sorel, Barrès, and Maurras*, Princeton, Princeton University Press, 1959.

Domandi, Mario, "The German Youth Movement," doctoral dissertation, Columbia University, Department of History, 1960.

Ernst, Paul, *Der Zusammenbruch des deutschen Idealismus*, München, Müller, 1918.

Frank, Walter, *Hofprediger Adolf Stoecker und die christlichsoziale Bewegung*, 2d ed., Hamburg, Hanseatische Verlagsanstalt, 1935.

Frobenius, Else, *Mit uns zieht die neue Zeit. Eine Geschichte der deutschen Jugendbewegung*, Berlin, Deutsche Buchgemeinschaft, 1927.

Fünfzig Jahre J. F. Lehmanns Verlag. 1890–1940. Zur Erinnerung an das 50 jährige Bestehen, München, Lehmanns, 1940.

Gerhart, Walter (pseudonym for Woldemar Gurian), *Um des Reiches Zukunft. Nationale Wiedergeburt oder politische Reaktion?* Freiburg im Breisgau, Herder, 1932.

Gerlach, Hellmuth von, *Von Rechts nach Links*, Zürich, Europa, 1937.

Gerstenhauer, Max Robert, *Der völkische Gedanke in Vergangenheit und Zukunft. Aus der Geschichte der völkischen Bewegung*, Leipzig, Armanen, 1933.

Heer, Friedrich, "Der Konservative und die Reaktion," *Die Neue Rundschau*, LXIX: 3 (1958), 490–527.

Hentschel, Cedric, *The Byronic Teuton. Aspects of German Pessimism 1800–1933*, London, Methuen, 1940.

Hesse, Hermann, *Zarathustras Wiederkehr*, Berlin, Fischer, 1924.

Hoffer, Eric, *The True Believer. Thoughts on the Nature of Mass Movements*, New York, Harper, 1951.

Hofmannsthal, Hugo von, *Das Schrifttum als geistiger Raum der Nation*, München, Bremer Presse, 1927.

Hotzel, Curt, *Deutscher Aufstand: Die Revolution des Nachkriegs*, Stuttgart, Kohlhammer, 1934.

Kolnai, Aurel, *The War against the West*, New York, Viking, 1938.

Krüger, Horst, "Vom Irrationalismus zum Nationalsozialismus," *Das Goldene Tor*, II: 8–9 (1947), 108–111.

Massing, Paul W., *Rehearsal for Destruction. A Study of Political Anti-Semitism in Imperial Germany*, New York, Harper, 1949.

Mau, Hermann, "Die Deutsche Jugendbewegung. Rückblick und Ausblick," *Zeitschrift für Religions- und Geistesgeschichte*, I (1948), 135–149.

Metnitz, Gustav Adolf von, *Die deutsche Nationalbe-wegung 1871–1933*, Berlin, Junker und Dünnhaupt, 1939.

Michels, Robert, "Psychologie der antikapitalistischen Massenbewegungen," *Grundriss der Sozialökonomik*, Vol. IX, part i, Tübingen, Mohr, 1926.

Mohler, Armin, *Die konservative Revolution in Deutschland 1918–1932. Grundriss ihrer Weltanschauungen*, Stuttgart, Vorwerk, 1950.

Müffling, Wilhelm Freiherr von, *Wegbereiter und Vorkämpfer für das neue*

Deutschland, München, Lehmanns, 1933.
Nicolas, M.-P., *De Nietzsche à Hitler*, Paris, Fasquelle, 1936.
Niekisch, Ernst, *Das Reich der niederen Dämonen*, Hamburg, Rowohlt, 1953.
Nohl, Herman, "Die Deutsche Bewegung und die idealistische Systeme," *Logos*, II (1912), 350–359.
Pechel, Rudolf, *Deutscher Widerstand*, Erlenbach-Zürich, Rentsch, 1947.
Quabbe, Georg, *Tar a Ri. Variationen über ein konservatives Thema*, Berlin, Verlag für Politik und Wirtschaft, 1927.
Radek, Karl, "Leo Schlageter—The Wanderer into the Void," *The Labour Monthly. A Magazine of International Labour*, V: 3 (September, 1923), 152–157.
Rapp, Adolf, *Der deutsche Gedanke. Seine Entwicklung im politischen und geistigen Leben seit dem 18. Jahrhundert*, Bonn, Schroeder, 1920.
Rauschning, Hermann, *The Conservative Revolution*, New York, Putnam, 1941.
——, *The Revolution of Nihilism. Warning to the West*. Transl. by E. W. Dickes. New York, Alliance, 1939.
Reichmann, Eva G., *Hostages of Civilization. The Social Sources of National Socialist Anti-Semitism*, Boston, Beacon, 1951.
Rohrbach, Paul, *Der deutsche Gedanke in der Welt*, Düsseldorf and Leipzig, Langewiesche, 1912.
Rosteutscher, J. H. W., *Die Wiederkunft des Dionysos. Der naturmystische Irrationalismus in Deutschland*, Bern, Franke, 1947.
Rüsten, Rudolf, *Was tut Not? Ein Führer durch die gesamte Literatur der Deutschbewegung*, Leipzig, Hedeler, 1914.
Schmal, Eugen, *Der Aufstieg der nationalen Idee*, Stuttgart, Berlin, Union deutsche Verlagsgesellschaft, 1933.
Schultheiss, Fr. Guntram, *Deutschnationales Vereinswesen. Ein Beitrag zur Geschichte des deutschen Nationalgefühls*. A pamphlet in the series *Der Kampf um das Deutschtum*, München, Lehmanns, 1897.
Sontheimer, Kurt, "Antidemokratisches Denken in der Weimarer Republik," *Vierteljahrshefte für Zeitgeschichte*, V: 1 (January, 1957), 42–62.
——, "Der Tatkreis," *Vierteljahrshefte für Zeitgeschichte*, VII: 3 (July,

1959), 229-260.

——, "Thomas Mann als politischer Schriftsteller," *Vierteljahrshefte für Zeitgeschichte*, VI: 1 (January, 1958), 1-44.

Spengler, Oswald, *Preussentum und Sozialismus*, München, Beck, 1920.

——, *Der Untergang des Abendlandes. Umrisse einer Morphologie der Weltgeschichte*, 2 vols., München, Beck, 1923.

Spranger, Eduard, "Wesen und Wert politischer Ideologien," *Vierteljahrshefte für Zeitgeschichte*, II: 2 (April, 1954), 118-136.

Stauff, Philipp, *Das deutsche Wehrbuch*, Wittenberg, Ziemsen, 1912.

Steding, Christoph, *Das Reich und die Krankheit der europäischen Kultur*, Hamburg, Hanseatische Verlagsanstalt, 1938.

Stoffregen, Goetz Otto, *Aufstand. Querschnitt durch den revolutionären Nationalismus*, Berlin, Brunnen, 1931.

Ullmann, Hermann, *Das Neunzehnte Jahrhundert. Volk gegen Masse im Kampf um die Gestalt Europas*, Jena, Eugen Diederichs, 1936.

Unger, Erich, *Das Schrifttum des Nationalsozialismus von 1919 bis zum 1. Januar 1934*, Berlin, Junker und Dünnhaupt, 1934.

Vermeil, Edmond, *Doctrinaires de la Révolution Allemande 1918-1938*, Paris, Sorlot, 1938.

Viereck, Peter, *Metapolitics. From the Romantics to Hitler*, New York, Knopf, 1941.

Virtanen, Reine, "Nietzsche and the Action Française," *Journal of the History of Ideas*, XI: 2 (April, 1950), 191-214.

Webster, Richard A., "The Cross and The Fasces. Christian Democracy and Fascism in Italy," doctoral dissertation, Columbia University, 1959.

Whiteside, Andrew G., "The Nature and Origins of National Socialism," *Journal of Central European Affairs*, XVII: 1 (April, 1957), 48-73.

索 引

（条目后的数字为原书页码，见本书边码，数字后的n指该页脚注）

Alberti, Conrad 阿尔贝蒂，康拉德 140n
Allied powers 同盟国 87, 216, 218, 219, 220, 228, 230, 249, 260
Altenstein, Baron von 阿尔滕施泰因男爵，冯 75, 76
Althoff, Friedrich 阿尔特霍夫，弗里德里希 21, 23n
America 美国 xix, xxii, 68, 72, 194, 197, 200, 201, 216, 217; Americanization 美国化 130, 131n, 194, 234
Andler, Charles 安德莱，夏尔 151, 169
Anglomanie 亲英（英国迷）10
Angry Young Men 愤怒的青年 xxii
d'Annunzio, Gabriel 邓南遮，加布里埃尔 xx
Ansorge, Conrad 安佐格，康拉德 186
Anti-Bolshevik League 反布尔什维克联盟 226, 237n
Anti-Bolshevism 反布尔什维克主义 220n, 224, 226, 229, 258
Anti-Semitic parties 反犹太主义党 xx, 91, 154, 168—169
Anti-Semitism: in the Germanic ideology 反犹太主义在日耳曼意识形态中 xiii, 17, 18, 24, 33, 42, 55, 57, 61—64, 79, 110, 139—143, 145, 163, 257, 289, 295; in the Germany 在德意志 xx, 66n, 84, 89, 90—92, 93, 140n—141n, 154, 169, 170, 202, 257; Nietzsche against 尼采的反犹太主义 285; in the West 反犹太主义在西方国家 xvi, xix, 154
Architecture 建筑 136, 174, 203, 212
Arndt, Ernst Moritz 阿恩特，恩斯特·莫里茨 xxiv, 277, 281
Arnim, Achim von 阿尼姆，阿希姆·冯 6
Art 艺术 118—138, 157—164; folk 民间艺术 133, 134, 136, 178, 189,

348

278; modern 现代艺术 134—135, 204n; Moeller's turn from 默勒的艺术转向 208, 211; as salvation 艺术拯救 102, 118—122, 131—133, 143, 173—174, 188, 203; vs.science 艺术对科学 98, 119, 122, 131, 175

Artists, German 德国艺术家 xxvi, 87, 88, 97, 100, 102, 136, 173, 174

Artist as hero 艺术家是英雄 120, 132, 133—134, 138, 188

Arts and Crafts Movement 工艺美术运动 174—175

Aryan 雅利安 42n, 135, 139, 142

Austro-Prussian war 普奥战争（或德意志战争）15, 69n

Avenarius, Ferdinand 阿芬那留斯, 费迪南德 158, 174

Bahr, Hermann 巴尔, 赫尔曼 85

Bamberger, Ludwig 班贝格尔, 路德维希 191n

Barlach, Ernst 巴拉赫, 恩斯特 190, 193n

Barrès, Maurice 巴雷斯, 莫里斯 xx, xxiv, 268n

Bauer, Bruno 鲍威尔, 布鲁诺 37

Baumgartner, Alexander 鲍姆加特纳, 亚历山大 144n, 164

Benda, Julien 本达, 朱利安 xv

Bentley, Eric 本特利, 埃里克 30

Berg, Leo 贝格, 利奥 161, 170n

Bergson, Henri 柏格森, 亨利 124

Berlin 柏林 5, 6, 9, 103; Lagarde's dislike of 拉加德对柏林的厌恶 15; Langbehn's dislike of 朗本对柏林的厌恶 130—131; Moeller's dislike of 默勒对柏林的厌恶 186

Berliner, Abraham 贝利纳, 亚伯拉罕 17n

Bewer, Max 贝韦尔, 马克斯 111, 156n

Bismarck, Otto von 俾斯麦, 奥托·冯 xii, xxv, xxviii, 3, 18n, 20, 27, 34, 44, 46, 49, 57, 66n, 68, 104, 116n, 130, 133, 147—149, 151, 154, 156n, 196, 212, 254, 292

Black Front 黑色战线 227, 265

Bleichröder, Gerson von 布莱希罗德, 格尔松·冯 64n

Blüher, Hans 布吕厄, 汉斯 178, 179, 227

Böcklin, Arnold 勃克林, 阿诺德 188

Bode, Wilhelm 博德, 威廉 119n, 159

Boehm, Max Hildebert 伯姆, 马克斯·希尔德贝特 226, 227, 235, 236, 279n, 297n

Boers 布尔人 147, 167n

Bosch, Robert 博施, 罗伯特 235n

Bötticher, Wilhelm 波提舍, 威廉 4, 5

Bourgeoisie, contempt for 蔑视资产阶级 xix, xxviii, xxix, 63n, 78, 85, 130, 131, 170, 195, 197, 220, 276

Brandes, Georg 布兰德斯, 格奥尔格 159, 171n, 210n

Brandt, General von 勃兰特将军, 冯 15

349

Brecht, Bertold 布雷希特，贝托尔德 256，259

Brockdorff-Rantzau, Count von 布罗克多夫-兰曹伯爵，冯 247—248

Brüning, Heinrich 布吕宁，海因里希 184n，227，237，264

Brunn, Heinrich 布鲁恩，海因里希 100—101

Bruno, Giordano 布鲁诺，乔尔丹诺 22n，24

Büchner, Ludwig 比希纳，路德维希 123，282

Bunsen, Baron von 邦森男爵，冯 9，11

Burckhardt, Jakob 布尔克哈特，雅各布 xvii，51，64n，126，192，277，282n，286

Bürger-Prinz, Hans 比尔格-普林茨，汉斯 100n，105n

Butler, Samuel 巴特勒，塞缪尔 124

Caesarism 专制政治 xxviii，xxix，149，167，195，239；Caesar legend 恺撒传奇 149n 也参见 Führer

Camus, Albert 加缪，阿尔贝 284

Capitalism 资本主义 143，146，178n，200，210，258；decried 被诋毁的资本主义 xviii，xxn，xxiv，55，60—61，65—66，247，250，295

Carlyle, Thomas 卡莱尔，托马斯 xvii，24，31，84，132，193

Catholic Church 天主教堂 xix，46，110，112—114，198，274；modernist heresy in 现代主义异端在天主教堂 114

Catholicism 天主教义 37，39，45—46，48，62，112—115，113 也参见 Christianity, Religion

Catholics 天主教徒 xxviii，145，155，162，262

Chamberlain, Houston Stewart 张伯伦，休斯敦·斯图尔特 90，91n，187

Charisma 感召力 82，145，176，225

Christianity 基督教 xviii，xx，3，35—52，54，61，62，78，87—88，92—93，143—144，162，194，198—199，231，234，273

Churchill, Winston 丘吉尔，温斯顿 220n，232

Clausewitz, Carl 克劳塞维茨，卡尔 211

Clemenceau, Georges 克列孟梭，乔治 258

Communism 共产主义 xxii，220，226，229，258，261，291n

Communists(party) 共产主义者(党派) 231，241，247；and Nationalists 共产主义者与民族主义者 248—253

Conradi, Hermann 康拉迪，赫尔曼 185n，186，195

Conservative party 保守党 58—59，168，216

Conservative revolution 保守主义革命 xv—xxx，224—237，260—261，265；appeal in Germany 保守主义革命在德国的吸引力 xxiii—

xxvii, xxix—xxx; defined 定义 xv—xvii; Moeller and 默勒和保守主义革命 183, 195, 213, 224—228, 238, 242—243, 296; and national socialism 保守主义革命和国家社会主义 xxiii, 296—298; tradition of, in the West 西方保守主义革命的传统 xvii—xxii 也参见 Germanic ideology

Conservative revolutionaries 保守主义革命者 xviii, xix, 59, 210, 224—238, 264, 268, 296—298 也参见 Conservatives

Conservatives, in Germany 保守派在德国 xix, xxviii, 8, 52, 53—56, 58—59, 65, 75, 82—94, 135, 194, 200, 210, 242, 262—265, 267, 278; Moeller' scritique of trditional, national socialism and 默勒对传统和保守派的批判 289—294; "young conservatives" "年轻的保守派" xii, 224—237, 245

Corporatism 社团主义 xxi n, 200, 226, 230—231, 233—235, 249, 258, 280

Corradini, Enrico 科拉迪尼, 恩里科 xx, 201

Croce, Benedetto 克罗齐, 贝内代托 126

Culture vs. civilization 文化对文明 196—197, 207, 238

Cureton, William 丘尔顿, 威廉 9

Curtius, Ludwig 库尔提乌斯, 路德维希 xxiv, 85

Darwin, Charles 达尔文, 查尔斯 124, 125, 188, 219, 282—283, 287

Darwinism 进化论 197, 202, 283—284, 287; moral 道德进化论 199—200, social 社会进化论 xx, 283, 287

Däubler, Theodor 多伊布勒, 特奥多尔 190, 192, 238

Dauthendey, Max 道滕代, 马克斯 189

Dawes Plan 道威斯计划 266

Defoe, Daniel 笛福, 丹尼尔 186

Dehio, Ludwig 德希奥, 路德维希 150n

Dehmel, Richard 德默尔, 里夏德 85, 186, 187, 188, 189n, 201n

Democracy, opposition to 反对民主 xiii, xvi, xxi, xxviii, 65, 72, 134, 135, 146, 148—149, 196n, 218, 232—233

Depair, cultural 文化绝望 xii, xx, xxix, 27, 32, 71, 83, 151, 155, 242, 266, 289, 291, 298 也参见 Discontent, cultural

Deutsche Christen 德意志基督徒 92

Deutschbund 德意志联盟 167

Deutschtum 德意志的民族特性 xii, 29, 89, 93 也参见 Nationalism

Dictatorship: call for 呼吁独裁 xxviii, 232, 235, 241, 243, 249, 264; economic 经济独裁 230—231, 233—234, 249, 252—253, 258 也

参见 Führer
Diederichs, Eugen 迪德里希斯, 欧根 174
Diels, Hermann 迪尔斯, 赫尔曼 175, 176
Dietrich, Albert 迪特里希, 阿尔贝特 227
Dilthey, Wilhelm 狄尔泰, 威廉 124, 126
Discontent, cultural 文化不满: the Germanic critics and 日耳曼批评家和文化不满 xi—xii, 3, 57—58, 67, 70—71, 121—122, 152, 180, 197, 241—242, 246, 267, 289; in Germany 文化不满在德国 xviii—xix, xxvi—xxix, 54—55, 82—84, 92—93, 97—98, 154—155, 177—180, 225, 267, 289—290; the malcontent as a cultural type 文化不满作为一种文化类型 xi—xii, xx—xxii, xxiii, 151—152, 167—170, 202—203, 256, 266, 275, 291—295; in the West 文化不满在西方 xxii, 10, 33, 154—155, 268n—269n
Discontent, personal 个人不满 70, 83, 98, 197, 203, 268—273
Dostoevski, F. M. 陀思妥耶夫斯基: and antimodernity 陀思妥耶夫斯基和反现代性 xvi, xviii; German edition of 德国版本的陀思妥耶夫斯基 190, 209—211; Moeller's interpretation of 默勒对陀思妥耶夫斯基的诠释 194, 198, 209—210, 215, 217, 246—247
Dreyfus Affair 德雷福斯案件 154
Driver, S. R. 德赖弗 22
Droysen, J. G. 德罗伊森 13
Du Bois-Reymond, Emil 杜布瓦-雷蒙, 埃米尔 127, 131n, 161

Eastern policy, Germany's 德国的东方政策; Lagarde on 拉加德论德国的东方政策 66—68; Moeller on 默勒论德国的东方政策 220, 246—253
Ebert, Friedrich 埃伯特, 弗里德里希 219n, 248, 290n
Edigna, St. 圣埃蒂戈纳 115
Education, German 德国教育 270—271; attacks on 对德国教育的抨击 20, 71—80, 101, 102, 126—128; reform of 德国教育改革 48, 77—81, 136, 172
Education, progressive 进步主义教育 72
Emerson, Ralph Waldo 拉尔夫·沃尔多·爱默生 193, 217
Enlightenment 启蒙运动 119, 234, 259, 277, 285; German 德国启蒙运动 39
Erasmus 伊拉斯谟 126
Erzberger, Matthias 埃茨贝尔克尔, 马蒂亚斯 229—230, 290n
Eschenbach, Wolfram von 艾森巴赫, 沃夫兰·冯 6, 7
Eucken, Rudolf 奥伊肯, 鲁道夫 156
Eulenberg, Hedda (née Maase) 奥伊伦

贝格,黑达(结婚前姓马斯)184n,185n,186—187,189—190
Eulenberg, Herbert 奥伊伦贝格,赫伯特 186,190
Evers, Franz 埃弗斯,弗兰兹 186,189
Ewald, Heinrich 埃瓦尔德,海因里希 16
Existentialism 存在主义 198
Expressionists 表现主义作家 190, 197, 202, 208, 269n

Faith 信仰: disappearance of 信仰的缺失 xi, xviii, xxv, 27, 45, 47, 198, 267; faute de mieux 不得已而求其次 143; search for 寻找信仰 xii, xxii, 36, 47, 84, 86—87, 194, 198, 228, 268, 269n, 290 也参见 Religion
Falconer, J. Keith 法尔科纳,J. 基思 22
Fascism 法西斯主义 xxi n, xxii, 130n, 242, 290n
Fechter, Paul 费希特尔,保罗 227
Fellman, Aloys 费尔曼,阿洛伊斯 135
Feuerbach, Ludwig 费尔巴哈,路德维希 37
Fichte, Johann Gottlieb 费希特,约翰·戈特利布 xxiv, 41n, 51, 75, 234, 279—280, 282
Fin de siècle 世纪末 168n, 269n
Fischer, Karl 菲舍尔,卡尔 176, 177, 179
Fontane, Theodor 冯塔纳,特奥多尔 10n, 129n, 130n, 141n, 153
Förster, Bernhard 弗尔斯特,伯恩哈德 91
Förster-Nietzsche, Elizabeth 福斯特-尼采,伊丽莎白 283—284
Fouillée, Alfred 富耶,阿尔弗雷德 xiv
Franco-Prussian War 普法战争 18, 20, 69n, 99—100, 195—196
Frantz, Konstantin 弗朗茨,康斯坦丁 66n, 89n, 150n
Frederick William I 腓特烈·威廉一世 212
Frederick William III 腓特烈·威廉三世 38, 260
Frederick William IV 腓特烈·威廉四世 9, 38, 54, 75n
Freemasonry 共济会 62, 259
French Revolution 法国大革命 xxv, 132, 146, 148, 277, 279
Freud, Sigmund 弗洛伊德,西格蒙德 124, 127n—128n, 201
Frisch, Efraim 弗里施,埃夫拉伊姆 86
Fritsch, Theodor 弗里奇,特奥多尔 91, 168, 285n
Fromentin Eugène 弗罗芒坦,尤金 119n
Führer 元首: call for 呼吁元首 xiii, 58, 139, 149, 236, 261, 292, 296; myth of 元首神话 240; in Youth Movement 年轻人运动中的元首 177
Führergedanke 元首思想 237n, 261

Gast, Peter 加斯特,彼得 108

Geibel, Emanuel 盖伯尔，埃马努埃尔 150n

Generationsproblem 代际冲突 185 也参见 Youth

George, Stefan 乔治，斯特凡 88, 149n, 158n, 171

Germania irredenta 日耳曼尼亚民族统一运动 xiii, 234 也参见 Imperialism

Germanic critics 日耳曼批评家 参见 Lagarde, Langbehn, Moeller van den Bruck; and Germanic ideology

Germanic ideology 日耳曼意识形态 xii—xxx, 253—254, 267—298; defined 定义 xiii—xiv; intellectual sources of 知识来源 xvi—xviii, xxiv, 276—283; national socialism and 国际社会主义和日耳曼意识形态 xiv—xv, 4, 62, 63n, 77—78, 92—94, 128n, 130, 202—203, 246, 253, 265, 275, 281, 283, 289, 291—298; and Nietzsche 日耳曼意识形态和尼采 188, 283—289

Gewissen 良知，良心 228—235, 238, 251n, 264

Gilly, Friedrich 基利，弗里德里希 212

Gleichen-Russwurm, Heinrich von 格莱兴-鲁思沃，海因里希·冯 184n, 226, 227, 230—231, 235n, 236, 237n, 255, 262, 264

Gneisenau, August Wilhelm von 格奈森瑙，奥古斯特·威廉·冯 251

Gobineau, Comte de 戈比诺伯爵 287n

Goebbels, Josef 戈培尔，约瑟夫 265, 296

Goethe 歌德 xxiv, xxv, 44, 116n, 125, 138n, 139, 144, 188, 193, 195, 277—278

Greiffenrath, F. 格赖费拉特 169

Grimm, Hans 格林，汉斯 227, 236

Grimm, Jakob 格林，雅各布 6, 107, 120

Grossdeutsch 大德意志的，泛德意志的 4, 66n, 67, 92, 93, 243, 262 也参见 Imperialism

Grosz, George 格罗斯，乔治 256

Guizot, François 基佐，弗朗索瓦 197

Günther, Johann Christian 金特，约翰·克里斯蒂安 193, 195

Gurlitt, Cornelius 古利特，科尔内留斯 100n, 102n, 103—104, 110, 156n, 204n

Gurlitt, Ludwig 古利特，路德维希 74n, 84n

Gymnasium 体育馆 14, 74, 75, 76, 77, 79, 172, 176, 177, 184, 185; importance of, in German culture 体育馆在德国文化中的重要性 270—271 也参见 Education, German

Haeckel, Ernst 海克尔，恩斯特 123, 171n, 282

Haider, Karl 海德尔，卡尔 102, 106

Hamsun, Knut 汉姆生，克努特 268n

Harden, Maximilian 哈登，马克西米利

安 159—160

Hauptmann, Gerhart 豪普特曼，格哈特 119n, 135, 141n, 187

Hebbel, Friedrich 黑贝尔，弗里德里希 98

Heer, Friedrich 黑尔，弗里德里希 260n

Hegel 黑格尔 6, 56, 75, 121, 211, 281—282; Hegelianism 黑格尔主义 281; Hegelians 黑格尔派 37

Heine, Heinrich 海涅，海因里希 6n, 277

Helmholtz, Hermann Ludwig von 亥姆霍兹，赫尔曼·路德维希·冯 123

Hengstenberg, Ernst Wilhelm 亨斯滕贝格，恩斯特·威廉 6—9, 14, 37

Herder, Johann Gottfried von 赫尔德，约翰·戈特弗里德·冯 13, 44, 278

Heroic vitalism 英雄生机论 xi, 30, 128

Heroism, hero worship 英雄气概，英雄崇拜 xxi, 27—29, 30, 33, 73, 99, 117—119, 139, 144, 147, 149, 192—193, 195, 199, 202, 277, 283, 286

Herrenklub 德国绅士俱乐部 262, 264, 265

Herrfahrdt, Heinrich 赫尔法特，海因里希 184n, 227

Heydebrand, Ernst von 海德布兰德，恩斯特·冯 216

Higher criticism, Biblical 高级批评，《圣经》批判 7, 37, 39, 143—144, 194, 274

Hille, Peter 希勒，彼得 193

Hindenburg, Paul von 兴登堡，保尔·冯 266

Hinzpeter, Georg 欣茨佩特，格奥尔格 109

History, Philosophy of 历史哲学: Langbehn on 朗本论历史哲学 126; Moeller's 默勒的历史哲学 187—188, 191—193, 200, 214—215, 238—240, 255, 281

Hitler, Adolf 阿道夫·希特勒 xi, xiv, xxx, 34, 63, 112n, 128n, 133, 183, 202n, 203, 218, 252, 253n, 263, 265—266, 290—292, 296—298; Moeller and 默勒和希特勒 237—238, 266; and World War I 希特勒和第一次世界大战 206n

Hoetzsch, Otto 赫奇，奥托 227

Hoffer, Eric 霍费尔，埃里克 275n

Hofmannsthal, Hugo von 霍夫曼斯塔尔，胡戈·冯 xv

Hofstadter, Richard 霍夫施塔特，理查德 xxi n—xxii n, 72n, 154n

Holroyd, Stuart 霍尔罗伊德，斯图尔特 xxiii n

Holz, Arno 霍尔茨，阿尔诺 137n, 187

Homer 荷马 99, 128n, 194

House, Colonel 豪斯上校 220

Hugenberg, Alfred 胡根贝格，阿尔弗雷德 227, 235n

Huizinga, Johan 赫伊津哈，约翰 122n

Humboldt, Wilhelm von 洪堡，威

355

廉·冯 75,196n,270

Ibsen, Henrik 易卜生,亨利克 86,97,171,210,254
Idealism 理想主义: of the Germanic critics 日耳曼批评家的理想主义 xxiv—xxvi,33—34,50,61,71,73,82,85—86,152,202,220,258—259,268; philosophic 哲学理想主义 xxiv, 34,196n,286—287; in politics 理想主义在政治中 xxv,xxvii,xxix,69,202—203,207—208,224—225,228,236,292,292n—293n
Ideas of 1914 德国1914年思想 207,213,221
Idées-forces 观念力 xiv
Imperial Germany 德意志帝国 xxv,xxvi—xxviii,27—28,78,82—94,131n,137n,148n,164—180,183,189,195—204; collapse of 德意志帝国的瓦解 205
Imperialism 帝国主义: in the Germanic ideology 日耳曼意识形态中的帝国主义 30,49,56—57,66—69,147,150—152,200,202,214—216,221; in Germany 德国的帝国主义,167—170,202—203
Individualism,xviii 个人主义 65,197,210,279,285; cult of 个人主义的狂热 xii, xiii,xxiv,28,33,49,57,59—60,97—98,118—120,123,138,159—160,166,170—171,173n,236,286
Industrial revolution, German 德国工业革命 xxvii—xxviii
Industrialism, attacked 抨击工业主义 xi,xxi,xxvi,31,38n,60,210,267
Industrialists, German 德国工业家 66,174,227,230,233—234,235n,253
Intellectuals 知识分子: American 美国知识分子 xxii; anti-intellectual 反知识分子 xiv, 78,276; faute de mieux 最优秀的知识分子 269—270; German 德国知识分子 xxiv,xxvi,xxix,66,77,85,88,97,196n,227,263,266,273,290—294
Intuition, intuitive knowledge 直觉,直观知识 xiv, 13,27,118—119,125,134,271
Irrationalism 非理性主义: the Germanic ideology and 日耳曼意识形态和非理性主义 xii, xxx n,85,98,118n,259,266,271,276; man as irrational creature 人是一种非理性的动物 xviii, 28,195,210,261,281—282

Jäckh,Ernst 雅克,恩斯特 175n,184n,208,235n,248n
Jahn, Friedrich 雅恩,弗里德里希 120n,277,281
James, William 詹姆斯,威廉 25,124,201
Janssen,Johannes 扬森,约翰内斯 162
Jesuits 耶稣会 46,63,142 也参见

Catholic Church
Jesus Christ 耶稣基督 41, 42, 51n, 116n, 139, 143, 144n, 145, 163, 199
Jews 犹太人 xiii, xix, 4, 40, 42, 57, 61—64, 66n, 68—69, 78, 84, 86, 88, 90, 91—92, 113n, 131, 134n, 137n, 139—143, 148, 157, 163, 167—168, 179n, 202, 218, 257, 281; assimilation of 犹太人的同化 xxvii—xxviii, 62, 140—141; and modernity 犹太人和现代性 xix, 33, 61, 63—64, 140, 142—143 也参见 Anti-Semitism
Joachim of Floris 弗洛里斯的约阿希姆 253, 254
Jörg, Edmund 约尔格, 爱德蒙 162
Jung, Edgar 容, 埃德加 296n, 297
Juni-Klub 六月俱乐部 226—237; dissolution of 六月俱乐部的解散 262; Moeller as leader of 默勒作为"六月俱乐部"的领导者 226—227, 238
Junkers 容克地主 54—55, 60, 67

Kant, Immanuel 康德, 伊曼努尔 xxiv, 44, 171n, 195, 196n, 277
Kapp putsch 卡普政变 229, 233n, 241
Kaufmann, David 考夫曼, 戴维 17n
Kepler, Johann 开普勒, 约翰 125
Keplerbund 开普勒联盟 125
Keppler, P. W. von 开普勒, P. W. 冯 108n, 111, 113—114, 195n, 162—164

Key, Ellen 凯, 埃伦 172
Kierkegaard, Sören 克尔恺郭尔, 索伦 210
Kleindeutsch 小德意志的 44, 57, 66
Krieck, Ernst 克里克, 恩斯特 254n, 295
Kultur 沙文主义 33, 140, 150, 169; vs Zivilisation 沙文主义对文明 196—197, 207, 238
Kulturkampf, 19, 39, 44, 46, 79, 162 文化斗争, 19, 39, 44, 46, 79, 162
Kulturreligion 文化宗教 xxv—xxvi, 44, 140 也参见 Secularization
Kunstpolitik 地方自治（政策）135—136, 138

Lachmann, Karl 拉赫曼, 卡尔 6, 7, 13
Lagarde, Anna de 拉加德, 安娜·德 10
Lagarde, Ernestine de 拉加德, 欧内斯廷·德 11
Lagarde, Paul de 拉加德, 保罗: childhood 童年 4—6; formal education 正式教育 6—9; travels 旅行 9—10; marriage 婚姻 10; change of name 改名 11; personality 性格 16—18, 20, 24—26, 269—273; academic career 学术生涯 11—16; turn to politics 转向政治学 19, 27; death 逝世 23; Langbehn and 朗本和拉加德 94, 106, 109n; on religion 朗本和拉加德论宗教 3—4, 30, 55—52; on education 朗本和拉加

德论教育，48，71—81；on politics
朗本和拉加德论政治 53—70；
literary style 写作风格 xiv, 20,
27；influence 影响 4，35，42n，82—
94，145，158，160，168，197—198，
235—236，289—296；works：
Deutsche Schriften 著作：《德国作
品》19，27—31，83，86，88—90，
94，106，109，168

Lamprecht, Karl 兰普雷希特，卡尔
186，193

Langbehn, Julius 朗本，尤利乌斯：
childhood 童年 98—99；formal
education 正规教育 99—102；
travels 旅行 103—112；personality
性格 101，103—108，269—273；
conversion to Catholicism 改信天主
教 113；death 逝世 115；on religion
论宗教 140—145；on politics 论
政治 135—137，145—152；literary
style 写作风格 xiv, 98，109，116—
117，157，159—160；influence 影
响 164—180，187n—188n，235，
289—296；Works：*Rembrandt als
Erzieher* 著作：《教育家伦勃朗》，
94，97，109—110，116—152；its
commercial success 作品取得的
商业成功 109—110，155—156；
reviews of 作品回顾 119n—120n，
157—164

Lange, Friedrich 朗格，弗里德里希
91，167

Lawrence, David Herbert 劳伦斯，戴
维·赫伯特 269n

League of German Farmers 德国农民
联盟 168

Leibl, Wilhelm 莱布尔，威廉 102，135

Lenin, V. I. 列宁 247，257—258

Leo XIII 利奥十三世 114，131n

Lessing, G. E. 莱辛 39，44，117n，141

Liberalism 自由主义 xi, xviii, xix—
xx，4，8，51，56n，57，64—66，71，
122，138，178n，194—195，197—
198，203，209—210，220，259—
260，286，295；Jews and 犹太人
和自由主义 55，61—62，63—
64，142—143，281；as symbol of
modernity 自由主义作为现代性
的象征 xii—xiii, xix—xx, xxiii—
xxiv, 64, 194, 198, 259

Liberals, German 自由主义者，德国
xx，33，52，54，61，65—66，78，86，
88，194，196，218，260，291，294n

Lichtwark, Alfred 利希特瓦克，阿尔
弗雷德 98n，174

Liliencron, Detlev von 李利恩克龙，德
特勒夫·冯 188

Lipset, S. M. 利普塞特，S. M. 294n

Lloyd George, David 劳合·乔治，戴
维 250

Luddites, cultural 卢德主义者，文化
xvii

Ludendorff, Ericti 鲁登道夫，埃里希
208，217

Lueger, Karl, xx 卢埃格尔，卡尔 xx,
112

Luther, Martin 路德,马丁 16,17n,43, 49,99,107,144—145,149,288, 294

McCarthyism 麦卡锡主义 xx
Mackay, John Henry 麦凯,约翰·亨利 170n
Mann, Thomas 曼,托马斯 xxix, xxxn,4,85,87,134n,196n,206—207, 210,211n,229,254n,259,277, 280n,289,292n
Manteuffel, Otto von 曼陀菲尔,奥托·冯 54
Marx, Karl 马克思,卡尔 34,131, 210n,257,284
Marxism 马克思主义 55,224,227, 243,256—258
Masaryk, T. G. 马萨里克 85
Mass society 大众社会 xvii, xviii, xxii, 31,166n,220 也参见 Modernity
Maupassant, Guy de 莫泊桑,居伊·德 186
Maurras, Charles 莫拉斯,查尔斯 xx, xxiv,268n
Meinecke, Friedrich 迈内克,弗里德里希 xxv,165n,205n—206n,271n, 279
Merezkowski, Dmitri 梅列日科夫斯基,德米特里 190
Merian, Hans 梅里安·汉斯 186
Meyerbeer, Giacomo 迈尔贝尔,贾科莫 134
Mitteleuropa 中欧 57,67,68

Modernity and modern society, rejection of 现代主义和现代社会,拒绝, xi, xii, xiv, xv—xxviii, 30—34,51,60—61,63—65,74,75n, 78,84,87,94,97—98,114,117—118,121—122,128,131,139—140,166—167,177—179,196n, 220,234,256—262,267—269
Moellendorff, Wichard von 默伦多夫,维夏德·冯 231
Moeller van den Bruck, Arthur 默勒·范登布鲁克,阿图尔: childhood 童年 183—184; formal education 正规教育 184—185; travels 旅行 185—186,189—191; marriages 婚姻 186,190; change of name 改名 192; personality 性格 184,186,231—232,268—273; prewar career 战前事业 187, 190—193,203; turn to politics 转向政治学 207—208,211,223—224; suicide 自杀 261,266,273; on religion 论宗教 194,197—198: on politics 论政治 200—202, 239—253; Weltanschauung 世界观 194—203; literary style 写作风格 xiv,186—187,211—212,225, 245—246,255; influence 影响 223—225,245—246,262—266, 289—298; works: *Der Preussische Stil* 著作:《普鲁士风格》211—214; *Das Recht der jungen Völker* 《青年的权利》201n,216—221;

359

Das Dritte Reich《第三帝国》xii, xxix, 183, 213, 223, 236, 247n, 253—262, 265—266, 296

Moeller van den Bruck, Lucy (née Kaerrich) 默勒·范登布鲁克, 露西 (结婚前姓卡里克) 184n, 190, 263

Moeller van den Bruck, Wolfgang 默勒·范登布鲁克, 沃尔夫冈 189

Moleschott, Jacob 莫勒朔特, 雅各布 123

Morabert, Alfred 莫拉伯特, 阿尔弗雷德 187

Mommsen, Theodor 莫姆森, 特奥多尔 xxvi, xxvii, 18n, 22, 24, 101n, 126, 140, 161, 191

Morgenstern, Christian 莫根施特恩, 克里斯蒂安 86, 289

Morris, William 莫里斯, 威廉 175n

Möser, Justus 默泽尔, 尤斯图斯 278

Muller, Adam 穆勒, 亚当 254

Müller, Karl Alexander von 穆勒, 卡尔·亚历山大·冯 102n

Munch, Edvard 蒙克, 爱德华 185n, 189, 210

Mussolini, Benito 墨索里尼, 贝尼托 232, 242, 288n

Muthesius, Hermann 穆特修斯, 赫尔曼 174

Namier, Lewis B. 内米尔, 刘易斯·B. 142n—143n

Napoleon III 拿破仑三世 18

National bolshevism 民族的布尔什维主义 209, 237, 244, 248—253, 260, 265

National socialism (movement) 国家社会主义 (运动) 291—298; and the Germanic ideology 国家社会主义和德国的意识形态 xiv—xv, 4, 62, 63n, 77—78, 91n, 92—94, 128n, 130, 142, 202—203, 241, 246, 253, 265, 275, 281, 283, 289, 291—294; historic roots of 历史根源 292n—293n; Nietzsche and 尼采和国家社会主义 284, 288n, ideology of 意识形态 295—296; reasons for acceptance of, by Germans 被德国人接受的原因 290—294

Nationalism 民族主义: aggressive 侵略性的民族主义 271; cultural 文化 xxvi, 277—280; in the Germanic ideology 民族主义在德国的意识形态中 xiii, xx, xxviii, 27, 29—30, 50, 52, 56, 73, 85, 126, 139, 146—148, 191—192, 201, 241—243, 257—262, 268, 277, 278—279; in Germany, xx—xxi, xxiv, xxviii—xxix, 84, 92, 132—133, 154—155, 165, 167—170, 219, 235, 262—264, 266, 292n—293n; Nietzsche against 尼采针对民族主义 73, 285; in the West 民族主义在西方 xx—xxi, 154

Nationalists (parties) 民族主义者 (党派) 224, 229, 247, 262; Communists and 共产主义者和民

族主义者 248—253
Naturalists, in art 自然主义者, 在艺术领域 141n, 159, 185n; criticisms of 对自然主义者的批评 135, 138, 188—189
Naumann, Friedrich 瑙曼, 弗里德里希 85, 88, 92, 116n, 174, 175n, 215—216, 235n, 237n, 289
Neander, August 内安德, 奥古斯特 7
Neuhof, Theodor von 诺伊霍夫, 特奥多尔·冯 19
Newman, John Henry 纽曼, 约翰·亨利 xix
Niebuhr, Barthold Georg 尼布尔, 巴托尔德·格奥尔格 6
Niederdeutschland 低地德语区 113, 120, 129, 147, 151—152, 161
Niekisch, Ernst 尼基施, 恩斯特 265
Nietzsche, Franziska 尼采, 弗兰齐斯卡 107, 108
Nietzsche, Friedrich 尼采, 弗里德里希 xxvi, 32n, 85, 89n, 100, 116—117, 121n, 128n, 133, 137n, 151, 159, 160, 170n, 175, 187, 210, 219, 254, 281; and anti-modernity 尼采和反现代主义 xvi, xvii, 87, 97, 234; his appeal in Germany 他在德国的呼吁 165, 171, 184; on education 论教育 72—73, 74, 126—127; Lagarde and 拉加德和尼采 41n—42n; Langbehn and 朗本和尼采 107—109; misinter-pretations and distortions of 对尼采的误解和歪曲 283—289, 294; on religion 论宗教 xviii, 36n, 143; against science 反科学 124
Nihilism 虚无主义: in the Germanic ideology 虚无主义在德国的意识形态中 155, 244; in Germany 虚无主义在德国 xii, 289, 292, 294; Nietzsche and 尼采和虚无主义, 284
Nissen, Benedikt Momme 尼森, 贝内迪克特·莫姆, 100n, 105n, 108n, 111—115
Nordau, Max 诺尔道, 马克斯 97
Northcliffe, Lord 诺思克利夫勋爵 229
Novalis 诺瓦利斯 276, 280
November revolution 十一月革命 92, 183, 222, 229, 256, 261

Ossian 莪相 99
Ostideologie 东方意识形态 参见 Eastern policy, Germany's
Outsiders 局外人: the Germanic critics as 德国批评家作为局外人 xii, xxv, 5, 39, 90, 102, 183—184, 203, 254, 262, 268—273
Overbeck, Franz 奥弗贝克, 弗朗茨 19, 40n—41n, 48n, 85, 108, 284n

Pan-German League 泛日耳曼联盟 91n, 92, 167n, 169, 202; Pan-Germans 泛日耳曼人 xx, 206n, 214—215; Pan-Germanism 泛日耳曼主义 151, 154, 167—170

Panama Scandal 巴拿马丑闻 xix, 154

Papen, Franz von 巴本，弗朗茨·冯 264—265

Parliamentarianism 议会制: rejection of 否决议会制 xii, xviii, xxiv, xxviii, 8, 58, 135, 137, 148, 198, 224, 229—232, 236—237, 241, 249, 255, 259, 263—264; in Weimar 议会制在魏玛 263, 290n—291n

Parties, political 政党 参见 Parliamentarianism

Pastor, Ludwig von 帕斯托尔，路德维希·冯 162

Paul, Saint 圣保罗 41—42, 44n

Peasantry, German 德国农民阶级 参见 Volk

Pechel, Rudolf 佩歇尔，鲁道夫 184n, 227, 236—237, 297n

Pecht, Friedrich 佩希特，弗里德里希 158

Pessimism, cultural 文化消极主义 参见 Discontent, cultural; Despair, cultural

Philistinism, decried 被谴责的腓特烈主义 xii, xxiv, 65, 72, 74, 130, 132, 136, 138, 286, 289

Piero della Francesca 皮耶罗·德拉·弗朗西斯卡 192

Pietism 虔诚派 36, 44

Pietists 虔诚派教徒 6, 9, 37, 49, 50, 55

Piper, Reinhard 皮珀，赖因哈德 190—192

Pius IX 庇护九世 xix

Poe, Edgar Allan 坡，埃德加·爱伦 186

Poetry 诗集: Lagarde's 拉加德的诗集 25; Langbehn's 朗本的诗集 110—111

Politische Seminar 政治研讨会 235—236

Population transfers 人口转移 68, 93

Populism, American 美国民粹主义 xxi

Positivism 实证主义 xviii, 30, 122, 124, 170, 282, 286

Primitivism 原始主义 60, 118, 129, 134, 139, 167, 179, 281 也参见 Volk

Proletariat 无产阶级: German 德国无产阶级 xxviii, xxix; the Germanic critics and 德国的批评家们和无产阶级 55, 146, 220—221, 243, 249—251, 253, 257—258, 262, 267

Propaganda 政治宣传 218, 224, 234, 292

Protestant Churches 新教教堂 xix, xxvii, 3, 6, 23, 37—38, 47

Protestantism 新教 xii, xxv, 11, 29, 35, 37—38, 43—45, 59, 90, 140, 144—145, 198, 274 也参见 Christianity, Religion

Prussia 普鲁士 15, 18, 29, 54—55, 147—148; Prussianism 普鲁士主义 15, 18, 29, 211—213

Przybyszewski, Stanislaw 普日比谢夫斯基,斯坦尼斯瓦夫 187
Pudor, Heinrich 普多尔,海因里希 111

Quabbe, George 克瓦博,乔治 85, 86n

Racism 种族主义 xiii, xx, 61—62, 86n, 90—91, 201—202, 263, 295 也参见 Anti-Semitism
Radek, Karl 拉狄克,卡尔 237, 248, 251—253
Rahlfs, Alfred 拉尔夫斯,阿尔弗雷德 21
Ranke, Leopold von 兰克,利奥波德·冯 13, 126, 139, 161
Rapallo Treaty《拉帕洛条约》250
Rashin, E. J. 拉申 190
Rathenau, Walter 拉特瑙,瓦尔特 230
Rationalism 理性主义: denigration of 对理性主义的诋毁 xi, xvii, xviii, xix, xxiv, 93, 119, 144, 162, 179, 259, 281—282; theological 神学理性主义 9, 36—37, 44
Rauschning, Hermann 劳施宁,赫尔曼 177n, 263, 297n
Reality, estrangement from 脱离现实: in the Germanic ideology 在日耳曼意识形态中 xi, 28, 54n, 69—70, 204, 268, 298; in Germany 在德国 xxv, xxvii, xxviii, 88, 204, 207—208 也参见 Idealism
Realpolitik 现实政治 34n, 57, 152, 154, 298

Reformation 改革 xv, 43, 198
Reichstag 国会大厦 58, 148, 208, 292n 也参见 Parliamentarianism
Relativism 相对主义 144, 199, 203, 283
Religion 宗教 35—52, 143—145, 194, 198—199; call for a national 号召国民 xii, 3—4, 30, 35—36, 38, 46, 48—52, 91—92, 143, 198, 274; decline of 衰退 参见 Secularization; modern need for 现代需要 xxiii n, 84—85, 88; religious view of the world 世界的宗教观 273n—274n
Rembrandt van Rijn 伦勃朗·凡·莱因 98, 112, 132—173; Langbehn's use of 朗本对伦勃朗的使用 117—121, 175—176; Rembrandt revival 伦勃朗复兴, 118, 119n
Renan, Ernest 勒南,埃内斯特 12n, 41n
Reventlow, Ernst von 雷文特洛,恩斯特·冯 252
Riehl, Wilhelm Heinrich 里尔,威廉·海因希 55
Rilke, Rainer Maria 里尔克,赖纳·玛丽亚 206n
Ritschl, Alois 里奇尔,阿洛伊斯 16—17
Ritschl, Otto 里奇尔,奥托 17
Romanticism, the Germanic critics and 德国批评家与浪漫主义 xvi, 6, 29, 39, 132—133, 274, 277—278, 280,

363

282

Rosenberg, Alfred 罗森贝格,阿尔弗雷德 93,190,203,295,297

Rothschild, Meyer Carl 罗特席尔德,迈耶·卡尔 64n

Rousseau, Jean-Jacques 卢梭,让-雅克,xvii,24,51,175,278,288

Rubens, Peter Paul 鲁本斯,皮特·保罗 144

Rückert, Friedrich 吕克特,弗里德里希 7,8n,11,12

Ruhr invasion 鲁尔危机 241,251,290n

Ruskin, John 拉斯金,约翰 135n,187

Russia 俄罗斯: German policy toward 德国针对俄罗斯的政策 68,247—248,250—253; Lagarde and Moeller on 拉加德和默勒论俄罗斯 67,197,201,209,214,220,246—253

Russian revolution 俄国革命: of 1905 1905年俄国革命 190,209; Bolshevik 布尔什维克 220

Rust, Bernhard 鲁斯特,伯恩哈德 128n

Savigny, Friedrich Karl von 萨维尼,弗里德里希·卡尔·冯 6

Scharnhorst, Gerhard von 沙恩霍斯特,格哈德·冯 251

Schelling, Friedrich von 谢林,弗里德里希·冯 280—281

Schemann, Ludwig 舍曼,路德维希 13,20,90,113n,203n

Schiller, Friedrich von 席勒,弗里德里希·冯 xxiv,xxv,150n,226,279

Schinkel, Karl Friedrich 申克尔,卡尔·弗里德里希 212

Schlageter, Leo 施拉格特,莱奥 251—253

Schleicher, Kurt von 施莱歇,科特·冯 264

Schleiermacher, Friedrich 施莱尔马赫,弗雷德里希 5,6,36—37,45,50

Schleswig-Holstein 施勒斯维希-荷尔斯泰因 98—99,110

Scholz, Wilhelm von 肖尔茨,威廉·冯 173n

Schone, Alfred 舍内,阿尔弗雷德 21

Schopenhauer, Arthur 叔本华,亚瑟 72—73,90,121n,126,133,160,281—282

Schotte, Walter 肖特,瓦尔特 427

Schulze, Johannes 舒尔策,约翰内斯 75

Science 科学 122—128; defended 捍卫科学 161,175—176; denigrated 诋毁 46,98,118—119,122,124,131; intuitive 直觉 125; rise of, in nineteenth century 在19世纪崛起 xix,122—124,154,198,272,282

Scientific materialism 科学的物质主义 xxiin,123,282

Scientism 科学主义 124,273—274

Scientists 科学家们 65,123,125,127,

364

194, 274
Scott, Walter 司各特,沃尔特 99
Secret emperor 神秘的帝国 149, 151—152, 275
Secularization, in Germany 世俗化,在德国 xxv—xxvi, xxvii—xxviii, 6, 36—38, 194, 198, 273—274; deplored 哀叹 37—38, 42—45, 49, 53, 72, 84, 87—88, 274; Jews and 犹太和世俗化 60—61, 140—141
Seeck, Otto 泽克,奥托 161
Seeckt, Hans von 泽克特,汉斯·冯 248
Seillière, Ernest 塞埃,埃内斯特 156n
Septuagint edition, Lagarde's 拉加德的《旧约》希腊文译本 7, 14, 17n, 20—21, 37
Shakespeare 莎士比亚 119, 134, 135n, 145, 147, 149, 278
Shaw, George Bernard 萧伯纳,乔治·伯纳德 41n, 51
Simmel, Georg 西梅尔,格奥尔格 157
Simson, Eduard 西姆松,爱德华 18
Sokel, Walter 索科尔,瓦尔特 197
Social democracy 社会民主 8, 128, 146, 255
Socialism 社会主义: call for a national 号召国民 146, 213, 220—221, 226, 242—243, 257—258, 261, 264—265; Marxian 马克思主义者 55, 220—221, 231, 257
Socialists, German 德国社会主义者 xix, xx, 200, 218, 224, 229, 258,

263, 291
Sömmering, Sophie 舍默林,索菲 104
Spahn, Martin 施潘,马丁 227, 235—236
Specialization, scientific and academic 科学与学术的特殊化 121—123, 126—127
Spengler, Oswald 斯宾格勒,奥斯瓦尔德 119n, 156, 188, 196n, 213n, 254; Moeller's critique of 默勒的批评 238—239
Spinoza, Baruch 斯宾诺莎,巴鲁赫 140
Stadtler, Eduard 施塔德特勒,爱德华 226—228, 230—231, 236, 237n
Stael, Mme. de 施塔尔夫人 49
Stahl, Friedrich Julius 施塔尔,弗里德里希·尤利乌斯 55
Stalin, Joseph 斯大林,约瑟夫 252
"Stab-in-the-back" legend "背后捅刀子"的传说 219 也参见 World War I
Steding, Christoph 施特丁,克里斯托夫 295
Steinbömer, Gustav 施泰因博默尔,古斯塔夫 227
Steiner, Rudolf 施泰纳,鲁道夫 86
Stinnes, Hugo 施廷内斯,胡戈 226, 234
Stirner, Max 施蒂纳,马克斯 170
Strasser, Otto 施特拉塞尔,奥托 227, 239n, 265
Strauss, David Friedrich 施特劳斯,戴

维・弗里德里希, 6, 37, 50, 117, 288

Stresemann, Gustav 施特雷泽曼, 古斯塔夫 263, 266, 290n

Strindberg, August 斯特林堡, 奥古斯特 171, 186, 210

Sturm und Drang 狂飙突进运动 132, 278

Sudermann, Hermann 苏德尔曼, 赫尔曼 135n

Swedenborg, Emanuel 斯韦登堡, 埃马努埃尔 126

Tennyson, Alfred 丁尼生, 阿尔弗雷德 10, 31

Tetzel, Johann 台彻尔, 约翰 127

Theology 神学 6—7, 14, 19, 21, 36—51, 144—145, 162—163, 198—199; Lagarde's definition of 拉加德对神学的定义 8n, 47—48; Lagarde's influence on 拉加德对神学的影响 35, 88

Thiers, Louis Adolphe 蒂尔斯, 路易斯・阿道夫 229

Third Reich 第三帝国, 183, 204, 211, 239, 244, 246, 253—255, 261—262, 264—265, 268, 272, 274, 292, 296; Hitler's 希特勒的第三帝国, xi, 265—266, 298

Tholuck, Friedrich August 托勒克, 弗里德里希・奥古斯特 7, 8n

Thoma, Hans 托马, 汉斯 102, 105n, 106—107

Tivoli Program 蒂沃利计划 168

Tocqueville, Alexis de 托克维尔, 亚历克西斯 287

Toller, Ernst 托勒, 恩斯特 206n

Tönnies, Ferdinand 滕尼斯, 费迪南德 56n

Treitschke, Heinrich von 特赖奇克, 海因里希・冯 19

Trilling, Lionel 特里林, 利昂内尔 xix

Troeltsch, Ernst 特勒尔奇, 恩斯特 35n, 44n, 85, 88, 207, 215n, 219n, 223, 227, 233—234, 289

Trotha, A. von 特罗塔, A. 冯 263

Twesten, August 特维斯腾, 奥古斯特 7

Unamuno, Miguel de 乌纳穆诺, 米格尔・德 268n

Universities, German 德国大学 参见 Education, German

Urbanism, dissatisfaction with 对城市主义的不满 xx n, xxii, xxvii, 32, 38n, 67, 77, 129, 130, 147, 174 也参见 Modernity

Varnhagen, Rahel von 瓦恩哈根, 拉埃尔・冯 140

Verein deutscher Studenien 德国学生协会 91

Verjudung 犹太化 62, 163 也参见 Jews, Anti-Semitism

Versailles, Treaty of 凡尔赛条约 183, 222—223, 226, 232, 236, 242—

243,246,248,291—292
Victorians 维多利亚时代的人 129n
Violence, endorsement of 支持暴力 xxx,34,69,142,155,244,269,284 也参见 War
Volk, glorification of 人民,赞颂 xiii, 87,98,138—139,146—149,151, 281,287,292,295
Volksthum 民族精神 28,135, 138,166,169,180,236; Volksthümlichkeit 民族性 120, 130,136,138n,139,290n

Wagner, Cosima 瓦格纳,科西马 89
Wagner, Richard 瓦格纳,理查德 87, 89—90,133—134,285n
Waitz, Georg 魏茨,格奥尔格 16
Waldeck, Benedikt 瓦尔德克,贝内迪克特 8; Waldecktrial 瓦尔德克审判 8,54
Wandervogel 漂鸟运动 91,177,178n, 179,227 也参见 Youth Movement, German
War 战争: exaltation of 对战争的歌颂 xv,33,69,70,188—189,201, 206—207,283; Langbehn's dislike of 朗本对战争的厌恶 100
Weber, Max 韦伯,马克斯 xx n, xxv, xxviii, xxix
Wedekind, Frank 韦德金德,弗兰克 189
Weimar Republic 魏玛共和国 34n, 84,93,134n,155,168,175,183,

222—266,280n,289—298; attacks on 攻击魏玛共和国 229—237,240—241,255—265; disillusionment with 对魏玛共和国幻灭 xxix,92—93,205,222,225—256,290
Weltanschauung 世界观 65,118,158, 160,194,198,203,224
Werkbund 德意志制造联盟 174, 175n,208
Whitman, Walt 惠特曼,沃尔特 194, 217,280n
Wilamowitz-Moellendorff, Ulrich von 维拉莫维茨-默伦多夫,乌尔里希,冯,23—24
Willey, Basil 威利,巴西尔 273
William I 威廉一世 15,18,21
William II 威廉二世 80,89n,90,109, 149,172,203
Wilson, Colin 威尔逊,科林 xxii n—xxiii n
Wilson, Woodrow 威尔逊,伍德罗 216—219,223
Winckelmann, Johann 温克尔曼,约翰 44
Wirth, Joseph 维尔特,约瑟夫 230
Wirths, Werner 维尔茨,维尔纳 228
Wordsworth, William 华兹华斯,威廉 122
World War I 第一次世界大战 xxvi, 83,87,92,130n,141n,148n,155—156,171,180,192,223,236; Moeller on 默勒论第一次世界

大战 214—221,239,242—243, 250; welcome of its outbreak, in Germany 在德国,欢迎第一次世界大战的爆发 xxix,84,205—208, 213

World War II 第二次世界大战 4,155, 203

Wright,William 赖特,威廉 21,22n

Wundt,Wilhelm 冯特,威廉 123,186

Wylie,Philip 怀利,菲利普 269n

Wyneken,Gustav 维内肯,古斯塔夫 173

Young vs.old 年轻的 vs.年老的 175, 185; young peoples and old 年轻人和老年人 191—192,200—201, 214,216—218,239

Youth, German 德国青年人 71—72, 165,172—179,184,194,203; cult of 狂热崇拜 129—130,172—173, 224—225,235—236

Youth Movement, German 德国青年运动 98,154,166,176—179,225, 271,290,292

Zehrer,Hans 策雷尔,汉斯 264,297n

Zola,Emile 左拉,埃米尔 135,159, 210

人文与社会译丛

第一批书目

1. 《政治自由主义》(增订版),[美]J. 罗尔斯著,万俊人译　118.00 元
2. 《文化的解释》,[美]C. 格尔茨著,韩莉译　89.00 元
3. 《技术与时间:1. 爱比米修斯的过失》,[法]B. 斯蒂格勒著,裴程译　62.00 元
4. 《依附性积累与不发达》,[德]A. G. 弗兰克著,高铦等译　13.60 元
5. 《身处欧美的波兰农民》,[美]F. 兹纳涅茨基、W. I. 托马斯著,张友云译　9.20 元
6. 《现代性的后果》,[英]A. 吉登斯著,田禾译　45.00 元
7. 《消费文化与后现代主义》,[英]M. 费瑟斯通著,刘精明译　14.20 元
8. 《英国工人阶级的形成》(上、下册),[英]E. P. 汤普森著,钱乘旦等译　168.00 元
9. 《知识人的社会角色》,[美]F. 兹纳涅茨基著,郏斌祥译　49.00 元

第二批书目

10. 《文化生产:媒体与都市艺术》,[美]D. 克兰著,赵国新译　49.00 元
11. 《现代社会中的法律》,[美]R. M. 昂格尔著,吴玉章等译　39.00 元
12. 《后形而上学思想》,[德]J. 哈贝马斯著,曹卫东等译　58.00 元
13. 《自由主义与正义的局限》,[美]M. 桑德尔著,万俊人等译　30.00 元

14.《临床医学的诞生》,[法]M.福柯著,刘北成译　　　　55.00元
15.《农民的道义经济学》,[美]J.C.斯科特著,程立显等译　42.00元
16.《俄国思想家》,[英]I.伯林著,彭淮栋译　　　　　　35.00元
17.《自我的根源:现代认同的形成》,[加]C.泰勒著,韩震等译
　　　　　　　　　　　　　　　　　　　　　　　　128.00元
18.《霍布斯的政治哲学》,[美]L.施特劳斯著,申彤译　　49.00元
19.《现代性与大屠杀》,[英]Z.鲍曼著,杨渝东等译　　　59.00元

第三批书目

20.《新功能主义及其后》,[美]J.C.亚历山大著,彭牧等译　15.80元
21.《自由史论》,[英]J.阿克顿著,胡传胜等译　　　　　89.00元
22.《伯林谈话录》,[伊朗]R.贾汉贝格鲁等著,杨祯钦译　48.00元
23.《阶级斗争》,[法]R.阿隆著,周以光译　　　　　　　13.50元
24.《正义诸领域:为多元主义与平等一辩》,[美]M.沃尔泽著,
　　褚松燕等译　　　　　　　　　　　　　　　　　　24.80元
25.《大萧条的孩子们》,[美]G.H.埃尔德著,田禾等译　　27.30元
26.《黑格尔》,[加]C.泰勒著,张国清等译　　　　　　　135.00元
27.《反潮流》,[英]I.伯林著,冯克利译　　　　　　　　48.00元
28.《统治阶级》,[意]G.莫斯卡著,贾鹤鹏译　　　　　　98.00元
29.《现代性的哲学话语》,[德]J.哈贝马斯著,曹卫东等译　78.00元

第四批书目

30.《自由论》(修订版),[英]I.伯林著,胡传胜译　　　　69.00元
31.《保守主义》,[德]K.曼海姆著,李朝晖、牟建君译　　58.00元
32.《科学的反革命》(修订版),[英]F.哈耶克著,冯克利译　58.00元

33.《实践感》,[法]P.布迪厄著,蒋梓骅译　　　　　75.00元
34.《风险社会:新的现代性之路》,[德]U.贝克著,张文杰等译　58.00元
35.《社会行动的结构》,[美]T.帕森斯著,彭刚等译　　80.00元
36.《个体的社会》,[德]N.埃利亚斯著,翟三江、陆兴华译　15.30元
37.《传统的发明》,[英]E.霍布斯鲍姆等著,顾杭、庞冠群译　68.00元
38.《关于马基雅维里的思考》,[美]L.施特劳斯著,申彤译　78.00元
39.《追寻美德》,[美]A.麦金太尔著,宋继杰译　　　68.00元

第五批书目

40.《现实感》,[英]I.伯林著,潘荣荣、林茂译　　　30.00元
41.《启蒙的时代》,[英]I.伯林著,孙尚扬、杨深译　35.00元
42.《元史学》,[美]H.怀特著,陈新译　　　　　　89.00元
43.《意识形态与现代文化》,[英]J.B.汤普森著,高銛等译　68.00元
44.《美国大城市的死与生》,[加]J.雅各布斯著,金衡山译　78.00元
45.《社会理论和社会结构》,[美]R.K.默顿著,唐少杰等译　128.00元
46.《黑皮肤,白面具》,[法]F.法农著,万冰译　　　58.00元
47.《德国的历史观》,[美]G.伊格尔斯著,彭刚、顾杭译　58.00元
48.《全世界受苦的人》,[法]F.法农著,万冰译　　　17.80元
49.《知识分子的鸦片》,[法]R.阿隆著,吕一民、顾杭译　45.00元

第六批书目

50.《驯化君主》,[美]H.C.曼斯菲尔德著,冯克利译　68.00元
51.《黑格尔导读》,[法]A.科耶夫著,姜志辉译　　　98.00元
52.《象征交换与死亡》,[法]J.波德里亚著,车槿山译　68.00元
53.《自由及其背叛》,[英]I.伯林著,赵国新译　　　48.00元

54.《启蒙的三个批评者》,[英]I.伯林著,马寅卯、郑想译　　48.00元
55.《运动中的力量》,[美]S.塔罗著,吴庆宏译　　23.50元
56.《斗争的动力》,[美]D.麦克亚当、S.塔罗、C.蒂利著,
　　李义中等译　　31.50元
57.《善的脆弱性》,[美]M.纳斯鲍姆著,徐向东、陆萌译　　55.00元
58.《弱者的武器》,[美]J.C.斯科特著,郑广怀等译　　82.00元
59.《图绘》,[美]S.弗里德曼著,陈丽译　　49.00元

第七批书目

60.《现代悲剧》,[英]R.威廉斯著,丁尔苏译　　45.00元
61.《论革命》,[美]H.阿伦特著,陈周旺译　　59.00元
62.《美国精神的封闭》,[美]A.布卢姆著,战旭英译,冯克利校　68.00元
63.《浪漫主义的根源》,[英]I.伯林著,吕梁等译　　49.00元
64.《扭曲的人性之材》,[英]I.伯林著,岳秀坤译　　22.00元
65.《民族主义思想与殖民地世界》,[美]P.查特吉著,
　　范慕尤、杨曦译　　18.00元
66.《现代性社会学》,[法]D.马尔图切利著,姜志辉译　　32.00元
67.《社会政治理论的重构》,[美]R.J.伯恩斯坦著,黄瑞祺译　72.00元
68.《以色列与启示》,[美]E.沃格林著,霍伟岸、叶颖译　　128.00元
69.《城邦的世界》,[美]E.沃格林著,陈周旺译　　85.00元
70.《历史主义的兴起》,[德]F.梅尼克著,陆月宏译　　48.00元

第八批书目

71.《环境与历史》,[英]W.贝纳特、P.科茨著,包茂红译　　25.00元
72.《人类与自然世界》,[英]K.托马斯著,宋丽丽译　　35.00元

73.《卢梭问题》,[德]E.卡西勒著,王春华译　　　　　39.00元
74.《男性气概》,[美]H.C.曼斯菲尔德著,刘玮译　　　28.00元
75.《战争与和平的权利》,[美]R.塔克著,罗炯等译　　25.00元
76.《谁统治美国》,[美]W.多姆霍夫著,吕鹏、闻翔译　35.00元
77.《健康与社会》,[法]M.德吕勒著,王鲲译　　　　　35.00元
78.《读柏拉图》,[德]T.A.斯勒扎克著,程炜译　　　　68.00元
79.《苏联的心灵》,[英]I.伯林著,潘永强、刘北成译　　59.00元
80.《个人印象》,[英]I.伯林著,林振义、王洁译　　　35.00元

第九批书目

81.《技术与时间:2.迷失方向》,[法]B.斯蒂格勒著,
　　赵和平、印螺译　　　　　　　　　　　　　　　59.00元
82.《抗争政治》,[美]C.蒂利、S.塔罗著,李义中译　　28.00元
83.《亚当·斯密的政治学》,[英]D.温奇著,褚平译　　21.00元
84.《怀旧的未来》,[美]S.博伊姆著,杨德友译　　　　85.00元
85.《妇女在经济发展中的角色》,[丹]E.博斯拉普著,陈慧平译　30.00元
86.《风景与认同》,[美]W.J.达比著,张箭飞、赵红英译　68.00元
87.《过去与未来之间》,[美]H.阿伦特著,王寅丽、张立立译　58.00元
88.《大西洋的跨越》,[美]D.T.罗杰斯著,吴万伟译　　108.00元
89.《资本主义的新精神》,[法]L.博尔坦斯基、E.希亚佩洛著,
　　高銛译　　　　　　　　　　　　　　　　　　　58.00元
90.《比较的幽灵》,[美]B.安德森著,甘会斌译　　　　79.00元

第十批书目

91.《灾异手记》,[美]E.科尔伯特著,何恬译　　　　　25.00元

92.《技术与时间:3.电影的时间与存在之痛的问题》,
　　[法]B.斯蒂格勒著,方尔平译　　　　　　　　65.00元
93.《马克思主义与历史学》,[英]S.H.里格比著,吴英译　78.00元
94.《学做工》,[英]P.威利斯著,秘舒、凌旻华译　　　68.00元
95.《哲学与治术:1572—1651》,[美]R.塔克著,韩潮译　45.00元
96.《认同伦理学》,[美]K.A.阿皮亚著,张容南译　　　45.00元
97.《风景与记忆》,[英]S.沙玛著,胡淑陈、冯樨译　　78.00元
98.《马基雅维里时刻》,[英]J.G.A.波考克著,冯克利、傅乾译108.00元
99.《未完的对话》,[英]I.伯林、[波]B.P.-塞古尔斯卡著,
　　杨德友译　　　　　　　　　　　　　　　　　65.00元
100.《后殖民理性批判》,[印]G.C.斯皮瓦克著,严蓓雯译　79.00元

第十一批书目

101.《现代社会想象》,[加]C.泰勒著,林曼红译　　　45.00元
102.《柏拉图与亚里士多德》,[美]E.沃格林著,刘曙辉译　78.00元
103.《论个体主义》,[法]L.迪蒙著,桂裕芳译　　　　30.00元
104.《根本恶》,[美]R.J.伯恩斯坦著,王钦、朱康译　　78.00元
105.《这受难的国度》,[美]D.G.福斯特著,孙宏哲、张聚国译　39.00元
106.《公民的激情》,[美]S.克劳斯著,谭安奎译　　　49.00元
107.《美国生活中的同化》,[美]M.M.戈登著,马戎译　58.00元
108.《风景与权力》,[美]W.J.T.米切尔著,杨丽、万信琼译　78.00元
109.《第二人称观点》,[美]S.达沃尔著,章晟译　　　69.00元
110.《性的起源》,[英]F.达伯霍瓦拉著,杨朗译　　　85.00元

第十二批书目

111.《希腊民主的问题》,[法]J.罗米伊著,高煜译　　　　48.00元
112.《论人权》,[英]J.格里芬著,徐向东、刘明译　　　　75.00元
113.《柏拉图的伦理学》,[英]T.埃尔文著,陈玮、刘玮译　118.00元
114.《自由主义与荣誉》,[美]S.克劳斯著,林垚译　　　　62.00元
115.《法国大革命的文化起源》,[法]R.夏蒂埃著,洪庆明译 38.00元
116.《对知识的恐惧》,[美]P.博格西昂著,刘鹏博译　　　38.00元
117.《修辞术的诞生》,[英]R.沃迪著,何博超译　　　　　48.00元
118.《历史表现中的真理、意义和指称》,[荷]F.安克斯密特著,
　　周建漳译　　　　　　　　　　　　　　　　　　　58.00元
119.《天下时代》,[美]E.沃格林著,叶颖译　　　　　　　78.00元
120.《求索秩序》,[美]E.沃格林著,徐志跃译　　　　　　48.00元

第十三批书目

121.《美德伦理学》,[新西兰]R.赫斯特豪斯著,李义天译　 68.00元
122.《同情的启蒙》,[美]M.弗雷泽著,胡靖译　　　　　　48.00元
123.《图绘暹罗》,[美]T.威尼差恭著,袁剑译　　　　　　58.00元
124.《道德的演化》,[新西兰]R.乔伊斯著,刘鹏博、黄素珍译 65.00元
125.《大屠杀与集体记忆》,[美]P.诺维克著,王志华译　　 78.00元
126.《帝国之眼》,[美]M.L.普拉特著,方杰、方宸译　　　68.00元
127.《帝国之河》,[美]D.沃斯特著,侯深译　　　　　　　76.00元
128.《从道德到美德》,[美]M.斯洛特著,周亮译　　　　　58.00元
129.《源自动机的道德》,[美]M.斯洛特著,韩辰锴译　　　58.00元
130.《理解海德格尔:范式的转变》,[美]T.希恩著,
　　邓定译　　　　　　　　　　　　　　　　　　　　89.00元

第十四批书目

131. 《城邦与灵魂:费拉里〈理想国〉论集》,[美]G. R. F. 费拉里著,刘玮编译　　　　　　　58.00 元
132. 《人民主权与德国宪法危机》,[美]P. C. 考威尔著,曹晗蓉、虞维华译　　　　　　　58.00 元
133. 《16 和 17 世纪英格兰大众信仰研究》,[英]K. 托马斯著,芮传明、梅剑华译　　　　　　　168.00 元
134. 《民族认同》,[英]A. D. 史密斯著,王娟译　　55.00 元
135. 《世俗主义之乐:我们当下如何生活》,[英]G. 莱文编,赵元译　　　　　　　　　　　58.00 元
136. 《国王或人民》,[美]R. 本迪克斯著,褚平译(即出)
137. 《自由意志、能动性与生命的意义》,[美] D. 佩里布姆著,张可译　　　　　　　　　68.00 元
138. 《自由与多元论:以赛亚·伯林思想研究》,[英]G. 克劳德著,应奇等译　　　　　　58.00 元
139. 《暴力:思无所限》,[美]R. J. 伯恩斯坦著,李元来译　　59.00 元
140. 《中心与边缘:宏观社会学论集》,[美]E. 希尔斯著,甘会斌、余昕译　　　　　　　　88.00 元

第十五批书目

141. 《自足的世俗社会》,[美]P. 朱克曼著,杨靖译　　58.00 元
142. 《历史与记忆》,[英]G. 丘比特著,王晨凤译　　59.00 元
143. 《媒体、国家与民族》,[英]P. 施莱辛格著,林玮译　　68.00 元
144. 《道德错误论:历史、批判、辩护》,

[瑞典]J.奥尔松著,周奕李译　　　　　　　　　58.00元
145.《废墟上的未来:联合国教科文组织、世界遗产与和平之梦》,
　　[澳]L.梅斯克尔著,王丹阳、胡牧译　　　　88.00元
146.《为历史而战》,[法]L.费弗尔著,高煜译　　98.00元
147.《语言动物:人类语言能力概览》,[加]C.泰勒著,
　　赵清丽译(即出)
148.《我们中的我:承认理论研究》,[德]A.霍耐特著,
　　张曦、孙逸凡译　　　　　　　　　　　　62.00元
149.《人文学科与公共生活》,[美]P.布鲁克斯、H.杰维特编,
　　余婉卉译　　　　　　　　　　　　　　　52.00元
150.《美国生活中的反智主义》,[美]R.霍夫施塔特著,
　　何博超译　　　　　　　　　　　　　　　68.00元

第十六批书目

151.《关怀伦理与移情》,[美]M.斯洛特著,韩玉胜译　48.00元
152.《形象与象征》,[罗]M.伊利亚德著,沈珂译　　48.00元
153.《艾希曼审判》,[美]D.利普斯塔特著,刘颖洁译(即出)
154.《现代主义观念论:黑格尔式变奏》,[美]R.B.皮平著,郭东辉译
　　(即出)
155.《文化绝望的政治:日耳曼意识形态崛起研究》,[美]F.R.斯特
　　恩著,杨靖译　　　　　　　　　　　　　　98.00元
156.《作为文化现实的未来:全球现状论集》,[印]A.阿帕杜拉伊著,
　　周云水、马建福译(即出)
157.《一种思想及其时代:以赛亚·伯林政治思想的发展》,[美]
　　J.L.彻尼斯著,寿天艺、宋文佳译(即出)
158.《人类的领土性:理论与历史》,[美]R.B.萨克著,袁剑译(即出)

159.《理想的暴政:多元社会中的正义》,[美]G.高斯著,范震亚译(即出)
160.《荒原:一部历史》,[美]V.D.帕尔马著,梅雪芹译(即出)

有关"人文与社会译丛"及本社其他资讯,欢迎点击www.yilin.com浏览,对本丛书的意见和建议请反馈至新浪微博@译林人文社科。